한국법경제학회 법경제학연구총서 Ⅳ

법경제학

이론과 응용 [Ⅲ]

김두얼 · 양용현 편

Law and Economics

Theory and Application

해남

본서에 수록된 글들 가운데 일부는 LEC에서 발표된 이후 학술지에 게재되었는데, 그 출처는 아래와 같다.

제1장은 조병구, 「개발이익 배제원칙에 대한 소고」, 『법경제학연구』, 제9권 제2호, 2012, pp. 193-222를 수정 · 보완해서 수록한 것이다.

제2장은 이호준 · 김형태, 『공공수용제도 개선방안 연구(II): 적정 보상기준지가에 관한 분석』, 정책연구시리즈 2011-05, 한국개발연구원, 2011을 수정 · 보완해서 수록한 것이다.

제3장은 권창환, 「혁신시장에서의 시장지배적 지위 남용에 관한 몇 가지 문제 -멜론 사례를 중심으로-」, 『법경제학연구』, 제10권 제1호, 2013, pp. 25-50을 수정 · 보완해서 수록한 것이다.

제4장은 최준규, 「계약해석의 방법에 관한 연구」, 박사학위논문, 2012, 제3 · 4장을 수정 · 보완해서 수록한 것이다.

제5장은 김정현, 「불법행위법의 경제 분석: 표준 모형을 중심으로」, 『법경제학연구』, 제10권 제1호, 2013, pp. 141-166을 수정 · 보완해서 수록한 것이다.

제6장은 양민호, 「지방자치단체와 회생절차」, 『법경제학연구』, 제10권 제1호, 2013, pp. 51-84를 수정 · 보완해서 수록한 것이다.

제7장은 이동진, 「상소율의 국제 비교」, 『소송비용 체계 및 재판 불복 사유와 관련한 민사소송제도 개선에 관한 사법정책연구』, 제6장, 한국개발연구원 · 한국법경제학회, 2012, pp. 227-259를 수정 · 보완해서 수록한 것이다.

제8장은 김두얼, 「경영범죄와 기업성과」, 『법경제학연구』, 제10권 제2호, 2013, pp. 315-358을 수정 · 보완해서 수록한 것이다.

머리말

올해로 5년째를 맞는 '법원과의 법경제학연구회'(Law and Economics with Courts: LEC)는 점차 심도 있는 연구주제를 통해 교류하고 있다. 2010년에 첫발을 내디딘 이후 2년간은 법경제학이라는 다소 생소한 분야를 탐색하듯 공부하는 시간이었다면, 그 뒤로는 법적 해석이 필요한 주제에 대해 법경제학 방법론을 동원하여 분석하고 토론하면서 연구의 깊이를 더해 가고 있다. 그간의 모임이 법경제학자, 실무가, 판사들의 지식 축적에도 큰 기여를 하였으며, 이를 통해 법경제학과 관련된 쟁점의 해석에도 직 · 간접적으로 지대한 영향을 주고 있다고 확신한다. 그 연구 결과를 더 널리 공유하고자 작년에 이어 올해에도 그간 발표된 논문들을 모아 '법경제학 총서' 제4권을 발간하고자 한다.

본서는 2012년에 발표된 논문들을 수록하고 있다. 2012년에는 몇 가지 주제를 정해 놓고 각각에 대하여 법경제학자와 판사의 논문을 동시에 발표하고 토론하는 방식으로 연구모임을 운영하였다. 가장 대표적인 사례로서 제1장과 제2장을 꼽을 수 있는데, 이 두 논문을 통하여 공공수용제도에 대한 조병구 판사님과 이호준 · 김형태 박사님의 법적, 경제학적 분석을 엿볼 수 있다. 권창환 판사님의 제3장과 양민호 판사님의 제6장도 그러한 과정을 통해 발표된 논문들이다. 제3장은 혁신시장에서 시장지배적 지위의 남용행위를 적용하는 문제를, 제6장은 파산과 회생절차 문제를 다루고 있는데, 법경제학적 접근방법을 따르면서도 재판을 담당하는 판사의 시각에서 고찰하고 있다. 한편, 제4장이나 제5장과 같이 법적 쟁점에 대하여 법학적 관점, 경제학적 관점에서 분석한 논문들도 있다. 최준규 교수님의 제4장은 불완전계약에 대하여, 김정현 교수님의 제5장은 법적 분쟁시 경제 분석 모형에 대하여 다루고 있다. 모임에서 발표되지는 않았으나 법원이나 검찰청과의 긴밀한 공조하에 작성된 논문들도 본서에 수록되어 있다. 이동진 교수님의 제7장은 대법원에서 소송절차의 개선방안을 모색하고자 발주한 연구용역을 수행한 결과로 작성된 논문이다. 김두얼 교수님의 제8장은 대검찰청에서 경영범죄 처벌이 미치는 경제적 효과를 파악하기 위하여 발주한 연구용역을 기반으로 발전된 논문이다.

이 책을 발간하는 데 많은 분들의 도움을 받았다. 2012년 당시 한국법경제학회장이었던 송웅순 변호사님은 꾸준히 연구모임에 참석하면서 세미나의 질적 향상에 도움을 주셨고, 대법원의 권순일 판사님은 연구모임을 초창기부터 지원하신 데 이어 법원과 법경제학회가 함께 연구할 수 있는 기회를 지속적으로 만들어 주셨다. 전임 학회장이었던 윤진수 교수님, 신도철 교수님과 현 학회장인 김일중 교수님도 세미나에 늘 참석하여 연구모임을 든든히 지탱해 주시고 운영방향을 적극 지지해 주셨다. 법원 업무로 바쁜 와중에도 판사 회원들을 초청하고 발표자를 섭외해 주신 김환수 판사님, 조병구 판사님도 연구모임을 지속하는 데 큰 기여를 해주셨다. KDI의 임효정 연구원과 전수민 연구원은 세미나 준비를 도맡아 연구모임이 차질 없이 진행되도록 해주셨고, 당시 KDI 경제정보센터 소장이었던 고일동 박사님은 연구모임이 잘 진행될 수 있도록 물심양면으로 지원해 주셨다. 마지막으로 발표를 맡아 주신 많은 법경제학자와 판사 여러분, 토론에 참여해 주신 회원 여러분도 연구모임의 활성화와 질적 향상에 큰 도움을 주셨다. 이 모든 분들께 깊은 감사를 드린다.

앞으로도 연구할 주제들은 무궁무진하다. 연구모임에서 이 주제들을 하나씩 발표하고 토론할 때마다 한국 법경제학은 점점 발전할 것이고, 연구 결과는 법원 실무에 반영될 것이라 믿어 의심치 않는다. 연구모임이 오랫동안 지속되어 더 흥미롭고 심도 있는 논문들로 후속 '법경제학총서'가 꾸준히 발간되기를 기대한다.

2014년 9월

LEC 편집위원회 위원장
명지대학교 경제학과 교수
김두얼

LEC 편집위원회 간사
한국개발연구원 연구위원
양용현

차 례

제1장 개발이익 배제원칙에 대한 소고

제2장 공공수용 적정보상지가에 관한 분석

제3장 혁신시장에서의 시장지배적 지위 남용에 관한 몇 가지 문제 -멜론 사례를 중심으로-

제4장 불완전계약과 계약의 해석

제5장 불법행위법의 경제 분석: 표준 모형을 중심으로

제6장 지방자치단체와 회생절차

제7장 민사재판 상소율의 국제비교

제8장 경영범죄와 기업성과

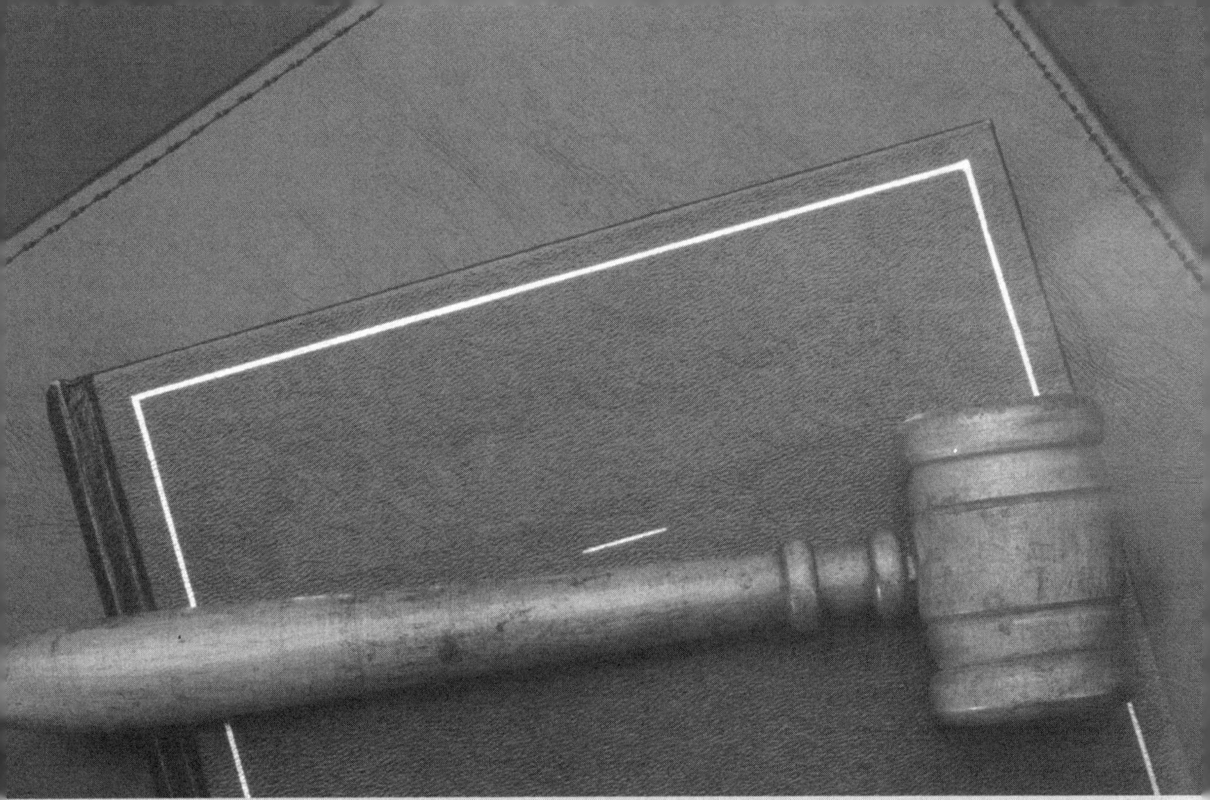

Chapter 1 개발이익 배제원칙에 대한 소고

조병구

Chapter 1

개발이익 배제원칙에 대한 소고

Ⅰ. 정당한 보상과 개발이익 배제의 원칙

1. 정당한 보상

우리 헌법 제23조에서는 "① 모든 국민의 재산권은 보장된다. 그 내용과 한계는 법률로 정한다. ② 재산권의 행사는 공공복리에 적합하도록 하여야 한다. ③ 공공필요에 의한 재산권의 수용 · 사용 또는 제한 및 그에 대한 보상은 법률로써 하되, 정당한 보상을 지급하여야 한다"라고 규정하고 있다. 헌법상 재산권의 보장은 일차적으로는 재산권 자체의 존속보장이어야 하고, 예외적으로 헌법 제23조 제3항에서 정한 요건이 충족되는 특별한 희생의 경우 재산권의 가치보장으로 전환되는 것이며, 그러한 취지에서 손실보상이란 재산권의 존속보장 파괴를 재산권의 가치보장을 통해 회복하는 것이라 할 수 있다.

이때 헌법 제23조 제3항에서 규정하고 있는 정당한 보상의 의미에 대해서는 침해된 재산의 객관적 가치의 완전한 보상을 의미한다는 완전보상설, 사회 통념에 비추어 합리적이고 타당성 있는 보상을 의미한다는 상당보상설, 완전보상(perfect compensation)을 원칙으로 하나 공익상 합리적인 이유가 있는 경우 달리 정할 수 있다는 절충설이 대립하고 있는바, '정당(正當)하다'라는 어의는 이치에 맞아 올바르고 마땅하다는 의미[1]인데, 그 해석에는 다양한 의견이 제시될 수 있기 때문에 헌법상 원칙인 정당한 보상이 어떤 경우에 실현되는 것인지 기준을 정립하는 것은 쉬운 일이 아니다.[2][3]

헌법재판소는 토지수용으로 인한 손실보상에서 손실액의 산정 시기 및 방법을 기준지가에 따라 산정하도록 규정한 토지수용법(1981. 12. 31. 법률 제3534호) 제46조 제2항에 관한 헌법재판소 1990. 6. 25. 89헌마107 결정에서, "헌법 제23조 제3항에서 규정한 정당한 보상이란 원칙적으로 피수용 재산의 객관적 재산가치를 완전하게 보상하여야 한다는 완전보상을 뜻하는 것이지만, 공익사업의 시행으로 인한 개발이익은 완전보상의 범위에 포함되는 피수용 토지의 객관적 가치 내지 피수용자의 손실이라고 볼 수 없다"라고 판시한 이래 지속적으로 정당한 보상(just compensation)을 완전보상의 관점에서 보고 있다. 아울러 개발이익(betterment)은 배제되어야 한다는 원칙도 확인하고 있다.

2. 개발이익 배제의 원칙

개발이익 배제의 원칙을 논함에 있어 우선 개발이익의 개념을 보면, 재개발, 재건축, 공공시설물 건설 등으로 개발이 이루어질 경우 그 개발지와 주변의 지가가 종전에 비하여 급격하게 상승하는 경우 그 상승분을 의미한다. 개발이익을 배제하는 이유가 무엇인지에 대하여 학설[4]과 헌법재판소[5]는 공평의 관념상 피수용

1) 국립국어원 표준국어대사전 참조.
2) 정당한 보상의 개념은 선험적인 것일 수 없음은 물론이고, 경험주의적이나 귀납적으로 보더라도 무엇이 정당한 것인지 추론하는 것이 쉬운 일은 아니다. 유명한 러셀의 칠면조 비유를 들어 보자. 어떤 칠면조 농장에서는 아침과 오후 6시에 모이를 규칙적으로 주었다. 한 칠면조는 6시에 모이를 먹는다는 법칙을 세웠다. 그 후 이 법칙의 정당성은 아침, 저녁으로 매일 확인되었다. 그러나 추수감사절이 되자 그 칠면조는 아침에는 모이를 먹었으나 저녁에는 먹지 못하였다. 주인의 만찬 식탁에 올랐던 것이다. 보편법칙을 추론하는 일도 정당화되지 않지만 이에 대한 확증은 아예 불가능하다는 것을 보여 준다. 자연과학에서마저도 이럴진대 법이나 정의를 논하는 신념체계에서는 두 말할 나위도 없을 것이다.
3) 보상의 대상은 과거에 비하여 확대되어 왔는데, 지금은 부대적 손실, 간접적 손실에 대한 보상도 상당히 이루어지고 있다. 예컨대, 수용 대상 토지에 대한 보상을 넘어, 농업보상, 영업보상, 어업보상, 이전보상, 이주대책 수립, 주거이전비 및 이사비 지급 등이 새로운 보상 대상으로 소송에서 쟁점이 되는 경우가 증가하고 있는데, 이러한 보상은 사회복지적 수혜의 취지에서 행해지는 생활보상으로 볼 수 있겠으나 정당한 보상의 범주에 편입된다고 보는 견해도 있다(류해웅, 2004, pp. 549-551).

자에게 '불로소득'을 허용하여서는 아니된다는 명쾌한 이유를 주된 근거로 들고 있다. 즉, 개발이익은 국가 등의 공공투자 또는 사업시행자의 투자에 의하여 발생하는 것으로서 피수용자의 노력이나 자본에 의해 발생하는 것이 아닌 불로소득이므로, 이러한 개발이익은 형평의 관념에 비추어 볼 때 토지소유자에게 당연히 귀속되어야 할 성질의 것이 아니고, 또한 개발이익은 공공사업의 시행에 의하여 비로소 발생하는 것이므로 피수용토지가 수용 당시에 갖는 객관적 가치에 포함된다고도 할 수 없으며, 이러한 개발이익은 국가나 사업시행자 또는 궁극적으로는 국민 모두에게 귀속되어야 한다는 것이다.

「공익사업을 위한 토지 등의 취득 및 보상에 관한 법률」(이하 '공익사업법'이라 함) 제67조 제2항에서는 "보상액을 산정할 경우에 해당 공익사업으로 인하여 토지 등의 가격이 변동되었을 때에는 이를 고려하지 아니한다"고 개발이익 배제원칙을 명확히 선언하고 있고, 제70조 제1항에서도 "협의나 재결에 의하여 취득하는 토지에 대하여는 「부동산 가격공시 및 감정평가에 관한 법률」에 따른 공시지가를 기준으로 하여 보상하되, 그 공시기준일부터 가격 시점까지의 관계 법령에 따른 그 토지의 이용계획, 해당 공익사업으로 인한 지가의 영향을 받지 아니하는 지역의 대통령령으로 정하는 지가변동률, 생산자물가 상승률과 그 밖에 그 토지의 위치 · 형상 · 환경 · 이용 상황 등을 고려하여 평가한 적정 가격으로 보상하여야 한다"라고 규정하여 개발이익 배제원칙을 확인하고 있다. 또한 개발이익 배제를 위한 구체적 규정으로 제70조 제3항 내지 제5항[6]을 두고 있다.[7]

4) 박균성(2003), 홍정선(2002), 류해웅(2005) 등.
5) 헌재 2009. 9. 24. 2008헌바112 결정; 헌재 2010. 3. 25. 2008헌바102 결정 등 다수.
6) 공익사업법 제70조(취득하는 토지의 보상)
  ③ 사업인정 전 협의에 의한 취득의 경우에 제1항에 따른 공시지가는 해당 토지의 가격 시점 당시 공시된 공시지가 중 가격 시점과 가장 가까운 시점에 공시된 공시지가로 한다.
  ④ 사업인정 후의 취득의 경우에 제1항에 따른 공시지가는 사업인정 고시일 전의 시점을 공시기준일로 하는 공시지가로서, 해당 토지에 관한 협의의 성립 또는 재결 당시 공시된 공시지가 중 그 사업인정 고시일과 가장 가까운 시점에 공시된 공시지가로 한다.
  ⑤ 제3항 및 제4항에도 불구하고 공익사업의 계획 또는 시행이 공고되거나 고시됨으로 인하여 취득하여야 할 토지의 가격이 변동되었다고 인정되는 경우에는 제1항에 따른 공시지가는 해당 공고일 또는 고시일 전의 시점을 공시기준일로 하는 공시지가로서 그 토지의 가격 시점 당시 공시된 공시지가 중 그 공익사업의 공고일 또는 고시일과 가장 가까운 시점에 공시된 공시지가로 한다.
7) 개발이익 배제원칙은 수용보상에서의 배제 이외에도 조세 및 개발부담금 등 각종 직 · 간접적 개발이익 환수제도를 통하여 구현되고 있다.

3. 검토의 방향

정당한 보상의 원칙에 기초한 개발이익 배제원칙이 명쾌한 근거를 가지고 있는 듯 보이긴 하나, 실무에서는 개별 사안에 따라 개발이익 배제가 공평의 관념에 부합하는지, 개발이익의 측정은 타당한지 등 다양한 문제가 발생하고 있다. 특히, 개발이익 배제원칙의 적용과 관련해서는 실제로 수용보상금 증액 청구 사건에서 당사자는 공시지가를 기반으로 한 보상가가 인근 지역의 보상선례와 지나치게 차이가 발생한다면서 평등원칙 위배를 주장하는 경우가 다반사이다. 그런데 공익사업지구에 직접 편입되는 토지인지 편입되지 않는 바로 인근 토지인지와 같은 비교적 우연한 사정에 따라 소유자들 사이의 경제적인 결과의 차이는 지대한 점, 이른바 민간수용(private taking)을 인정하는 공익사업의 경우 그 개발이익을 전적으로 민간 사업시행자에게 귀속시키는 것이 분배정의에 적합하거나 적어도 배분적 효율(allocative efficiency)을 달성할 수 있는지 의문인 점, 유사한 성격의 지역개발사업이라 하더라도 재건축사업과 같이 매도청구권이 허용된 경우에는 소유자는 개발이익이 포함된 시가에 상응하는 매매가를 지급받을 수 있는데, 재개발사업 등과 같이 수용제도만이 있는 경우에는 개발이익이 배제된 공시지가 기준 조정금액만을 지급받게 되는 점 등의 문제가 발생하여 보상의 형평, 즉 평등원칙이라는 측면에서 정당한 보상의 원칙을 침해하는 것은 아닌지 의문이 생긴다.

이와 관련하여 선행 연구를 보면, 개발이익 배제원칙에 관련해서는 종래 우리 법학계에서 다수의 논의가 있어 왔는데, 통설적 견해는 앞에서 본 바와 같이 개발이익 배제원칙의 헌법적 정당성을 인정하고 있고, 이에 비해 일부 견해[8]는 헌법상 사유재산 보호원칙에 비추어 볼 때 개발이익의 배제원칙은 토지소유자의 소유권을 침해하는 위헌성이 있는 법리라고 비판하고 있다. 이는 모두 헌법상 사유재산 보호의 원칙과 정당한 보상의 원칙의 범위를 어떻게 설정할 것인지에 중점이 놓여 있다. 이에 비해 법경제학적으로는 수용제도 자체의 법경제학적 정당성에 관하여 이론적, 실증적 분석이 주를 이루어 온 것으로 보인다.[9] 최근 연구 중에는 개발이

8) 예컨대, 류하백(2008), 류해웅(2007) 등.
9) 예컨대, 김일중(2008), Thomas J. Miceli and Kathleen Segerson(2007) 등.

익 배제원칙의 준수와 관련해서 수용보상 실무에서 개발이익 배제의 원칙이 엄격히 지켜지지 않고 있으며, 감정평가업무의 자의성이 개입될 우려도 있어 현재 공익사업법 규정체계만으로는 이미 개발이익이 반영되어 있는 공시지가가 수용보상가의 기준이 되는 것을 막을 수 없다는 비판을 제시한 연구가 있다(이호준 · 김형태, 2011).

이 글은 개발이익 배제원칙의 정당성을 종래의 법학적 측면을 벗어나 법경제학적 측면에서 논증을 하는 데에 일차적 의미가 있고, 다만 우리 수용보상 실무에서 개발이익 배제원칙이 표준지 공시지가 산정 기준과 결합으로써 나타나는 실질적 정당한 보상원칙의 침해에 대하여 분석을 하고 그 대책을 제시하는 데에 이차적 의미가 있다.

이를 위하여 개발이익 배제에 관한 법제와 기존 대법원 판결 및 헌법재판소 결정례를 살펴보고, 개발이익 배제원칙의 정당성과 한계에 대하여 법경제학적 관점에서 조망해 보며, 바람직한 공용수용제도의 방향 설정을 위하여 개발이익 배제원칙이 어떻게 구현되는 것이 타당한지에 관하여 논의를 전개해 보고자 한다.

II. 개발이익 배제에 관한 법제도와 판결례

1. 외국의 예

사유재산권을 보장하는 국가에서 어떠한 공공의 필요를 구현하고자 수용제도를 운영하는 경우 적정한 보상의 원칙을 세우게 되는데, 보상의 기준으로서 당해 사업으로 인하여 증가된 개발이익을 보상액에서 배제할 것인지 여부에 관하여 각기 다른 제도와 실무를 운영하고 있다. 다음에서는 미국과 독일 및 일본의 예를 간략히 살펴본다.

1) 미국의 경우

미국은 연방수정헌법 제5조에서 “정당한 보상 없이는 공적 사용을 목적으로 사적 재산권을 수용할 수 없다”[10]라고 규정하여 정당한 보상(just compensation)의 원칙을 선언하고 있다. 미국 연방대법원은 정당한 보상의 목적은 피수용자에게 완전한(whole) 보상을 하는 것이며, 이는 공정시장가치(fair market value)를 지급하는 것으로 달성될 수 있다는 원칙을 세우고 있다(Wyman, 2007, p. 252). 개발이익의 배제와 관련해서는 연방법에서 당해 사업으로 인하여 공정시장가치가 증가하거나 감소된 경우에는 배제하도록 하고 있다.[11] 다만, 실제로는 정당한 보상의 실현을 위해서 개발이익을 포함하여 보상을 하고 있으며, 더구나 Kelo vs. New London 사건 이후 주에 따라 시장가치를 초과하는 보상액을 지급하도록 규정을 마련하거나 사법판단을 하는 경우가 생기는 등 공정시장가치를 초과하는 변호사비용, 이주비용뿐 아니라 더 나아가 주관적 가치까지도 고려하는 보상예도 있어 객관적 기준 정립이 필요하다는 비판도 제기되고 있다.[12]

2) 독일의 경우

독일 기본법 제14조 제3항은 “공용수용은 공공복리를 위해서만 허용된다. 공용수용은 오직 보상의 종류와 정도를 규정하는 법률에 의하여 또는 법률에 근거하여 실행될 수 있다. 보상은 공공의 이익과 관계자의 이익을 정당하게 형량하여 결

10) Fifth Amendment to the US Constitution(1791) “*[N]or shall private property be taken for public use, without just compensation.*”

11) 42 USC Sec. 4651 (3) “*Before the initiation of negotiations for real property, the head of the Federal agency concerned shall establish an amount which he believes to be just compensation therefor and shall make a prompt offer to acquire the property for the full amount so established. In no event shall such amount be less than the agency's approved appraisal of the fair market value of such property. Any decrease or increase in the fair market value of real property prior to the date of valuation caused by the public improvement for which such property is acquired, or by the likelihood that the property would be acquired for such improvement, other than that due to physical deterioration within the reasonable control of the owner, will be disregarded in determining the compensation for the property. The head of the Federal agency concerned shall provide the owner of real property to be acquired with a written statement of, and summary of the basis for, the amount he established as just compensation. Where appropriate the just compensation for the real property acquired and for damages to remaining real property shall be separately stated.*”

12) Wyman(2007, pp. 252-256) 주 10) 참조.

정되어야 한다. 보상의 수준에 대한 분쟁의 경우에는 일반법원에 소송을 제기할 수 있다"[13]라고 규정하고 있다. 아울러 연방건설법전 제194조에서는 "거래가격(시장가격)은 감정 시점을 기준으로 법적 상황이나 사실상의 특성에 따른 통상적인 상거래에서 특별한 성질이나 그 밖의 토지 위치, 기타 가치조사에 따른 특별한 상태에 따라 결정하되, 비통상적이거나 주관적 관계는 고려하면 아니된다"[14]고 규정하고 있으며, 제95조 제2항에서는 제194조의 거래가격(Verkehrswert)을 산정함에 있어 고려하지 말아야 하는 사항을 규정하고 있는데 이 중 "소유자의 자본이나 노동이 들어가지 않은 경우에 있어서, 소유자가 수용을 피하기 위해서 신청자가 적정한 조건으로 매수나 교환의 제안을 하였더라면 받아들일 수 있었을 시점 이후의 가치 증가"[15](제3호)라고 하여 개발이익 배제를 정하고 있다. 또한 독일은 공용수용 단계에서의 공공성을 강하게 심사하고 있다.

3) 일본의 경우

일본 헌법 제29조 제3항에서는 "사유재산은 정당한 보상 하에 이것을 공공을 위하여 사용할 수 있다"고 규정하고 있고,[16] 일본 토지수용법 제71조는 "수용하는 토지 또는 그 토지에 관한 소유권 이외의 권리에 대한 보상금의 액수는 근방 유사 토지의 거래가격 등을 고려하여 산정한 사업승인 고시 때에서의 상당한 가격에 권리취득 재결 때까지의 물가의 변동에 응하는 수정률을 곱하여 얻은 액으로 한다"[17]

---

13) **Grungesetz §14** ③ Eine Enteignung ist nur zum Wohle der Allgemeinheit zula…ssig. Sie darf nur durch Gesetz oder auf Grund eines Gesetzes erfolgen, das Art und Ausmaß der Entschädigung regelt. Die Entschädigung ist untergerechter Abwägung der Interessen der Allgemeinheit und der Beteiligten zu bestimmen. Wegen der Höhe der Entschädigung steht im Streitfalle der Rechtsweg vor den ordentlichen Gerichten offen.

14) **Baugesetzbüch §194** Der Verkehrswert(Marktwert) wird durch den Preis bestimmt, der in dem Zeitpunkt, auf den sich die Ermittlung bezieht, im gewöhnlichen Geschäftsverkehr nach den rechtlichen Gegebenheiten undtatsächlichen Eigenschaften, der sonstigen Beschaffenheit undder Lage des Grundstücks oder des sonstigen Gegenstands der Wertermittlung ohne Rücksicht auf ungewöhnliche oder persönliche Verhältnisse zu erzielen wäre.

15) **Baugesetzbuch §95(2)3** Werterhöhungen, die nach dem Zeitpunkt eingetreten sind, in dem der Eigentümer zur Vermeidung der Enteignung ein Kauf- oder Tauschangebot des Antragstellers mit angemessenen Bedingungen (§87 Abs. 2 Satz 1 und §88) hätte annehmen können, es sei denn, dass der Eigentümer Kapital oder Arbeit für sie aufgewendet hat.

16) 日本國憲法 第29條 3 私有財産は, 正當な補償の下に, これを公共のために用ひることができる.

17) 土地收用法 第71條(土地等に對する補償金の額) 收用する土地又はその土地に關する所有權以外の權利に對する補償金の額は, 近傍類地の取引價格等を考慮して算定した事業の認定の告示の時における相當な價格に, 權利取得裁決の時までの物價の變動に應ずる修正率を乘じて得た額とする.

라고 규정하고 있다. 최고재판소도 당해 도시개발사업 때문에 건축제한을 받아 평가가액이 낮아진 사안에서 "수용 대상이라는 점을 고려하지 아니하고, 수용되지 않은 근방의 땅과 동등한 가치가 있는 것으로 평가해야 한다"라고 판단[18]하는 등 인근 유사토지의 거래가격을 기초로 보상가액을 산정하고 있다.

2. 우리나라의 경우[19]

1) 헌법상 보상 개념 및 개발이익 배제원칙의 변천

우리 헌법상 수용보상원칙은 4회에 걸쳐 바뀌었는데, 제헌헌법에서는 상당보상원칙(제15조 제3항), 제3공화국 헌법에서는 정당보상원칙(제20조 제3항), 유신헌법에서는 보상법률 유보주의(제20조 제3항), 제5공화국 헌법에서는 이익형량원칙(제22조 제3항)을 규정하였으며, 제6공화국 헌법에서 정당보상원칙(제23조 제3항)을 규정하여 현재까지 자리잡고 있다. 토지수용법이 제정된 1962년 당시에는 일본과 유사하게 '인근 토지의 거래가격'을 기준으로 적정 가격을 산정하도록 하고 개발이익 배제원칙을 규정화하지는 아니하였다. 그런데 급격한 산업화, 도시화 등으로 부동산 투기가 사회 문제가 되자 투기 방지를 목적으로 수용 관련 제도 개선시 논의가 이루어져 오다가 구체적으로는 일차적으로 1971. 1. 19. 법률 제2293호로 개정된 토지수용법에 따라 공시되는 지가 기준으로 보상금 산정 기준이 세워져서 개발이익 배제원칙이 구현되었고, 나아가 1991. 12. 31. 법률 제4483호로 토지수용법이 개정됨으로써 개발이익이 포함되지 아니하는 사업인정 고시일 등 이전의 공시지가를

18) 最高裁判所 1971(昭和 46) (オ) 146.
19) 정당한 보상에 관한 각국의 법령상 기준 비교

	개발이익 배제 규정	토지보상가 산정방법	비투기적 개발이익 보상 포함 가부
우리나라	O	표준지 공시지가 기준 보정	×
미국	O(단, 주별로 상이)	공정시장가치 산정(단, 주별로 상이)	O
독일	O	연방건설법전에 세부 규정	×(단, 세부 규정)
일본	×	인근 유사토지 거래가격 기준	O

기준으로 삼음으로써 보완되었다. 그 이후 공익사업법 제정시 개발이익 배제원칙 자체를 법률에 규정하기에 이르렀다.

2) 개발이익 배제에 관한 헌법재판소 결정례 및 대법원 판례

(1) 헌법재판소 결정례

헌법재판소는 개발이익 배제원칙 및 표준지 공시지가 기준 보상원칙에 대하여 일관되게 합헌성을 인정하면서 아래와 같은 판시를 하고 있다.

가. 개발이익 배제원칙

공익사업법 제67조 제2항은 보상액을 산정함에 있어 당해 공익사업으로 인한 개발이익을 배제하는 조항이다. 공익사업의 시행으로 지가가 상승하여 발생하는 개발이익은 사업시행자의 투자에 의한 것으로서 피수용자인 토지소유자의 노력이나 자본에 의하여 발생한 것이 아니므로, 이러한 개발이익은 형평의 관념에 비추어 볼 때 토지소유자에게 당연히 귀속되어야 할 성질의 것이 아니고, 오히려 투자자인 사업시행자 또는 궁극적으로는 국민 모두에게 귀속되어야 할 성질의 것이다. 또한 개발이익은 공공사업의 시행에 의하여 비로소 발생하는 것이므로, 그것이 피수용토지가 수용 당시 갖는 객관적 가치에 포함된다고 볼 수 없고, 또 시간적으로도 당해 공익사업이 순조롭게 시행되어야 비로소 현재화될 수 있는 것이므로, 아직 공익사업이 시행되기도 전에 개발이익을 기대하여 증가한 지가 부분을 고려하는 것은 공익사업의 시행을 볼모로 하는 주관적인 가치 부여에 지나지 않는다. 토지수용에 의하여 그 소유자가 입은 손실과 공익사업의 시행으로 발생하는 이익은 별개의 문제이므로, 공익사업이 시행되기도 전에 미리 그 시행으로 기대되는 이용가치의 상승을 감안한 지가의 상승분을 보상액에 포함시킨다는 것은 피수용토지에 대한 사업시행 당시의 객관적 가치를 초과하여 보상액을 산정하는 셈이 된다. 따라서 개발이익은 그 성질상 완전보상의 범위에 포함되는 피수용자의 손실이라고 볼 수 없으므로, 이러한 개발이익을 배제하고 손실보상액을 산정한다 하여 헌법이 규정한 정당보상의 원리에 어긋나는 것이라고 할 수 없다. [헌재 2010. 12. 28. 2008헌바57; 헌재 2009. 9. 24. 2008헌바112; 헌재 2009. 12. 29. 2009헌바142; 헌재 2010. 3. 25. 2008헌바102 등]

나. 표준지 공시지가 기준 평가원칙

헌법 제23조 제3항이 규정하는 정당한 보상이란 원칙적으로 피수용재산의 객관적인 재산가치를 완전하게 보상하는 완전보상을 의미하는바, 구 토지수용법 제46조 제2항 및 지가공시법 제10조 제1항 제1호가 토지수용으로 인한 손실보상액의 산정을 공시지가를 기준으로 하되 개발이익을 배제하고, 공시기준일부터 재결시까지의 시점 보정을 인근 토지의 가격변동률과 도매물가 상승률 등에 의하여 행하도록 규정한 것은 위 각 법률의 규정에 의한 공시지가가 공시기준일 당시의 표준지의 객관적 가치를 정당하게 반영하는 것이고, 표준지와 지가 산정 대상 토지 사이에 가격의 유사성을 인정할 수 있도록 표준지의 선정이 적정하며, 공시기준일 이후 수용시까지의 시가 변동을 산출하는 시점 보정의 방법이 적정한 것으로 보이므로, 헌법 제23조 제3항이 규정한 정당보상의 원칙에 위배되는 것이 아니며, 또한 위 헌법 조항의 법률유보를 넘어섰다거나 과잉금지의 원칙에 위배된다고 볼 수 없다. [헌재 2010. 12. 28. 2008헌바57; 헌재 2007. 11. 29. 2006헌바79; 헌재 2010. 3. 25. 2008헌바102 등]

즉, 헌법재판소는 모든 수용권 행사에 있어서 공익사업법에 기초한 개발이익 배제원칙과 표준지 공시지가[20] 기준 보상원칙의 합헌성을 인정하면서, 이러한 원칙들은 모두 헌법상 정당한 보상의 원칙에 위배되지 않는다고 판시하고 있다.

20) 표준지 공시지가는 부동산가격공시 및 감정평가에 관한 법률(이하 '부동산가격공시법'이라 함)에서 정한 절차에 따라 국토해양부 장관이 조사 · 평가하여 공시한 표준지의 단위면적당 가격이다(전국 약 3,143만 필지(과세 대상 필지는 약 2,750만 필지) 중에서 대표성 있는 약 50만 필지를 평가함). 표준지 공시지가는 토지시장의 지가정보를 제공하고 일반적인 토지거래의 지표가 되며, 국가 · 지방자치단체 등의 기관이 그 업무와 관련하여 지가를 산정하거나 감정평가업자가 개별적으로 토지를 감정평가하는 경우에 그 기준이 된다(부동산가격공시법 제10조).
　이에 비하여 개별공시지가는 표준지 공시지가를 기준으로 토지가격비준표를 적용하여 가격을 산정한 후 시 · 군 · 구 부동산평가위원회 심의를 거쳐 시장, 군수, 구청장이 결정 · 공시한 지가로서 국세 · 지방세 및 각종 부담금과 사용료 등의 산정 기준으로 활용된다(부동산가격공시법 제11조).
　토지보상의 근거는 표준지 공시지가이며 개별공시지가는 토지보상금 산정에 이용되지 않는다.

(2) 대법원 판례

대법원은 개발이익 배제와 관련하여 아래와 같은 원칙 및 구체적 기준을 마련하고 있다.

가. 개발이익 배제원칙

헌법 제23조 제3항은 "공공필요에 의한 재산권의 수용 · 사용 또는 제한 및 그에 대한 보상은 법률로써 하되, 정당한 보상을 지급하여야 한다"라고 규정하고 있는바, 이 헌법의 규정은 보상청구권의 근거에 관하여서뿐만 아니라 보상의 기준과 방법에 관하여서도 법률의 규정에 유보하고 있는 것으로 보아야 하고, 위 구 토지수용법과 지가공시법의 규정들은 바로 헌법에서 유보하고 있는 그 법률의 규정들로 보아야 할 것이다. 그리고 '정당한 보상'이라 함은 원칙적으로 피수용재산의 객관적인 재산가치를 완전하게 보상하여야 한다는 완전보상을 뜻하는 것이라 할 것이나, 투기적인 거래에 의하여 형성되는 가격은 정상적인 객관적 재산가치로는 볼 수 없으므로 이를 배제한다고 하여 완전보상의 원칙에 어긋나는 것은 아니며, 공익사업의 시행으로 지가가 상승하여 발생하는 개발이익은 궁극적으로는 국민 모두에게 귀속되어야 할 성질의 것이므로 이는 완전보상의 범위에 포함되는 피수용토지의 객관적 가치 내지 피수용자의 손실이라고는 볼 수 없다. [대법원 1993. 7. 13. 선고 93누2131 판결 등]

당해 수용사업의 시행으로 인한 개발이익은 수용 대상 토지의 수용 당시의 객관적 가치에 포함되지 아니하는 것이므로 수용 대상 토지에 대한 손실보상액을 산정함에 있어서 … 공시지가에 당해 수용사업의 시행으로 인한 개발이익이 포함되어 있을 경우 그 공시지가에서 그러한 개발이익을 배제한 다음 이를 기준으로 하여 손실보상액을 평가하고, 반대로 그 공시지가가 당해 수용사업의 시행으로 지가가 동결된 관계로 개발이익을 배제한 자연적 지가 상승분도 반영하지 못한 경우에는 그 자연적 지가상승률을 산출하여 이를 기타 사항으로 참작하여 손실보상액을 평가하는 것이 정당보상의 원리에 합당하다. [대법원 1993. 7. 27. 선고 92누11084 판결]

토지수용으로 인한 손실보상액을 산정함에 있어서 당해 공공사업의 시행을 직접 목적으로 하는 계획의 승인 · 고시로 인한 가격변동은 이를 고려함이 없이 수용 재결 당시의 가격을 기준으로 하여 적정 가격을 정하여야 하나, 당해 공공사업과는 관계없는 다른 사업의 시행으로 인한 개발이익은 이를 배제하지 아니한 가격으로 평가하여야 한다. [대법원 1999. 1. 15. 선고 98두8896 판결 등]

판례는 공공사업으로 인하여 개발이익이 발생한 경우 헌법 및 공익사업법령 제 규정의 취지에 따라 이를 보상액에서 배제하여야 한다고 보고 있다. 또한 공공사업으로 인하여 표준지 공시지가가 동결되는 등으로 개발이익을 배제한 자연적 지가 상승분조차도 반영되지 못하는 경우는 이를 보정하여 자연적 지가 상승분은 반영되도록 하여야 정당한 보상의 원칙을 준수하는 것이라고 한다. 아울러 배제하여야 할 개발이익은 당해 공공사업으로 인한 부분이며, A 공공사업으로 인하여 인접지에 개발이익이 발생하고, 그 인접지가 B 공공사업으로 수용되는 경우 A 공공사업시 이미 발생하여 지가에 반영된 개발이익은 B 공공사업과 관련된 보상금 산정시 배제할 것이 아니라고 하고 있다.

나. 표준지 공시지가 기준 평가원칙

수용 대상 토지가 도시계획구역 내에 있는 경우에는 그 용도 지역이 토지의 가격 형성에 미치는 영향을 고려하여 볼 때, 당해 토지와 같은 용도 지역의 표준지가 있으면 다른 특별한 사정이 없는 한 용도 지역이 같은 토지를 당해 토지에 적용할 표준지로 선정함이 상당하고, 표준지와 당해 토지의 이용 상황이나 주변 환경 등에 다소 상이한 점이 있다 하더라도 이러한 점은 지역요인이나 개별요인의 분석 등 품등비교에서 참작하면 되는 것이다. [대법원 1997. 4. 8. 선고 96누11396 판결 등]

수용 대상 토지를 평가하는 실무의 방식은 감정평가에 관한 규칙 제17조[21)]에

21) 감정평가에 관한 규칙(국토해양부령) 제17조(토지의 평가)
① 토지의 평가에 있어서는 평가 대상 토지와 용도 지역 · 이용 상황 · 지목 · 주변 환경 등이 동일 또는 유사한 인

따르는데, '대상 토지에 대하여 용도 지역, 이용 상황, 지목, 주변 환경 등이 동일하거나 유사한 인근 지역의 표준지를 비교표준지로 선정→당해 사업의 인정 고시일에 가장 근접한 시점의 비교표준지 공시지가를 지가변동률[22]에 의하여 보상 기준 시점으로 수정→그 시점 수정된 공시지가에 대상 토지와 비교표준지 사이의 품등비교를 통하여 산정된 지역요인 · 개별요인 보정률을 적용→인근 유사토지의 보상사례 등을 기타요인으로 참작'하여 최종적인 평가액을 산정하게 된다.

즉, 토지보상액 산정을 위한 평가방법은 '토지평가액=표준지 공시지가×지가변동률×시점 수정×지역요인×개별요인(가로요인×접근요인×환경요인×획지요인×행정요인×기타요인)×기타요인'이라는 산식으로 표현될 수 있다. 실제 토지수용보상금 증액 청구 사건에서 감정인의 토지평가가 적정한지 심리하는 방식은 각 단계별 감정에서 비교표준지 선정과 품등비교가 제대로 이루어졌는지 살펴보는 것이 주된 내용[23]이다. 이를 통하여 법원은 재결의 기초가 된 감정평가와 법원에서 명

근 지역에 소재하는 표준지의 공시지가를 기준으로 공시기준일부터 가격 시점까지의 지가변동률 · 생산자물가 상승률 및 그 밖의 사항을 종합적으로 참작하여 평가하여야 한다. 이 경우 평가 대상 토지와 표준지의 지역요인 및 개별요인에 대한 분석 등 필요한 조정을 하여야 한다.

② 지가공시 후 인근 지역의 표준지가 용도변경이나 형질변경 등으로 표준지로 선정하는 것이 적정하지 아니한 경우에는 인근 지역과 유사한 지역적 특성을 갖는 동일수급권 내의 유사 지역 표준지의 공시지가를 기준으로 평가한다.

④ 제1항의 규정에 의한 지가변동률은 국토의 계획 및 이용에 관한 법률 제125조의 규정에 의하여 국토해양부 장관이 조사 · 발표하는 평가 대상 토지가 소재하는 시 · 군 · 구의 동일 용도 지역의 지가변동률로 한다. 다만, 동일 용도 지역의 지가변동률을 적용하는 것이 불가능하거나 적정하지 아니하다고 판단되는 경우에는 이용상황별 지가변동률 또는 당해 시 · 군 · 구의 평균지가변동률을 적용할 수 있다.

⑤ 제1항의 규정에 의한 생산자물가 상승률은 한국은행이 조사 · 발표하는 생산자물가지수에 의하여 산정된 비율로 한다.

⑥ 제1항 전단에 따른 그 밖의 사항은 지가변동에 영향을 미치는 다음 각 호의 사항으로 한다.

1. 관계법령에 의한 토지의 사용 · 처분 등의 제한 또는 그 해제
2. 도시 · 군관리계획의 결정, 변경 또는 도시 · 군계획사업의 시행
3. 공공사업의 시행이나 공공시설의 정비
4. 토지의 형질변경이나 지목의 변경
5. 토지개량비 등 유익비의 지출
6. 은행 등 금융기관의 이자율의 변동
7. 기타 지가에 영향을 미치는 요인 등

22) 생산자물가 상승률에 의한 수정은 드물다.

23) 소송 실무에서 품등비교의 방식 예시(표) – 비교표준지 선정 및 각 요인의 평가가 적절하게 이루어졌는지를 판단한다(보상단가는 표준지 공시지가에 각 요인을 곱하여 조정한 값이 된다).

단계	감정인	시점 수정	지역 요인	개별요인							기타 요인	보상단가 (원/m^2)
				가로	접근	환경	획지	행정	기타	소계		
수용 재결 감정	A	1.07854	1.00	0.95	0.90	0.92	0.96	1.00	1.00	0.755	1.97	770,100
	B	1.07854	1.00	0.95	0.90	0.92	0.96	1.00	1.00	0.755	1.97	770,000
이의 재결 감정	C	1.07740	1.00	0.95	0.92	0.92	0.97	1.00	1.00	0.780	1.97	794,700
	D	1.07740	1.00	0.95	0.94	0.92	0.96	1.00	1.00	0.789	1.97	803,800
법원감정	E	1.07740	1.00	0.95	0.94	0.94	0.95	1.00	1.00	0.797	1.97	812,000

하여 실시한 감정이 모두 그 평가방법에 있어 위법사유가 없고 품등비교를 제외한 나머지 가격 산정 요인의 참작에 있어서는, 서로 견해가 일치하나 품등비교에만 그 평가를 다소 달리한 관계로 감정 결과에 차이가 생기게 된 경우 그 감정평가 중 더 신뢰하는 것을 채택할 수 있다.[24)]

시점 수정, 지역요인, 개별요인 등은 비교적 정형화된 수치들이어서 평가에 있어서 차이가 그리 크지 아니하나, 기타요인은 특히 인근 유사토지 정상거래사례나 보상사례(이하 '거래사례 등'이라 함)를 참작하는 것이어서 소송의 쟁점이 되는 경우가 종종 있다.

다. 인근 유사토지 거래사례 등 참작 기준

토지수용 보상액 산정에 관한 관계 법령의 규정을 종합하여 보면, 수용 대상 토지에 대한 보상액을 산정하는 경우 거래사례나 보상선례 등을 반드시 조사하여 참작하여야 하는 것은 아니지만, 인근 유사토지가 거래되거나 보상이 된 사례가 있고 그 가격이 정상적인 것으로서 적정한 보상액 평가에 영향을 미칠 수 있는 것임이 입증된 경우에는 인근 유사토지의 정상거래가격을 참작할 수 있고, 보상선례가 인근 유사토지에 관한 것으로서 당해 수용 대상 토지의 적정가격을 평가하는 데 있어 중요한 자료가 되는 경우에는 이를 참작하는 것이 상당하다. [대법원 2007. 7. 12. 선고 2006두11507 판결 등]

수용 대상 토지의 보상액을 산정하면서 인근 유사토지의 보상사례가 있고 그 가격이 정상적인 것으로서 적정한 보상액 평가에 영향을 미칠 수 있는 것임이 입증된 경우에는 이를 참작할 수 있고, 여기서 '정상적인 가격'이란 개발이익이 포함되지 아니하고 투기적인 거래로 형성되지 아니한 가격을 말한다. 그러나 그 보상사례의 가격이 개발이익을 포함하고 있어 정상적인 것이 아닌 경우라도 그 개발이익을 배제하여 정상적인 가격으로 보정할 수 있는 합리적인 방법이 있다면 그러한 방법에 의하여 보정한 보상사례의 가격은 수용 대상 토지

24) 대법원 2008. 10. 9. 선고 2007두25237 판결 등.

의 보상액을 산정하면서 이를 참작할 수 있다. [대법원 2010. 4. 29. 선고 2009두17360 판결]

인근 유사토지의 거래사례 등은 수용보상금 산정시 반드시 참작할 필요는 없지만 적정 보상액 평가에 영향을 미칠 경우 이를 고려하는 것이 바람직하다는 것이 판례의 입장이다. 이와 같이 영향을 미친다고 주장하는 당사자는 이를 입증할 책임이 있는데, 통상의 경우 토지평가시 감정인은 인근 유사토지의 거래사례 등을 기타요인으로 참작하여 보상금을 산정하게 된다. 이때에 원칙적으로는 인근 유사토지의 정상거래가격이란 수용 대상 토지의 인근 지역에 있는 지목, 등급, 지적, 형태, 이용 상황, 용도 지역, 법령상의 제한 등 자연적 · 사회적 조건이 수용 대상 토지와 동일하거나 유사한 토지에 관하여, 통상의 거래에서 성립된 가격으로서 개발이익이 포함되지 아니하고, 투기적인 거래에서 형성된 것이 아닌 가격을 말한다. 다만, 최근의 판례(위 2009두17360 판결)는 개발이익이 포함되어 있는 보상사례라 하더라도 개발이익을 배제하는 보정방식이 있다면 보정을 거친 보상사례를 보상금 산정에 참작할 수 있다고 판단[25]하고 있다.[26]

25) 위 판결에서 인정한 기타요인 보정과 관련한 사항을 아래 산식과 같이 표현할 수 있다.
ⓐ 기타요인 보정률=거래사례 등 기준가격÷비교표준지 기준가격
ⓑ 거래사례 등 기준가격=거래사례 등 가격×지가변동률×지역요인 보정률×비교표준지와의 개별요인 보정률
ⓒ 비교표준지 기준가격=비교표준지 공시지가×지가변동률×지역요인 보정률×대상 토지와의 개별요인 보정률
대상 사안에서는 ⓑ, ⓒ에 개발이익이 포함되어 있긴 하나, 양자가 모두 동일한 지구에 속하고 지가변동률이 동일한 수치로서 ⓐ 보정률 산정시 분자, 분모에 모두 포함되어 상쇄되므로 이에 기초하여 산정된 ⓐ 기타요인 보정률도 위법하다고 볼 수 없다는 취지로 판단하였다.
하지만 개발이익 반영속도 등으로 인해 거래사례 등 가격과 비교표준지 공시지가 사이의 편차가 클 경우 항상 위 판단 기준이 적용될 수 있는 것은 아닐 것으로 사료된다.

26) 기타요인 보정치와 관련하여 실증분석을 한 글로 박성규(2011, pp. 133-154)에서는 기타요인 보정의 문제점에 대하여 의미 있는 접근을 하고 있다.

Ⅲ. 개발이익 배제원칙과 관련한 제 문제

1. 개발이익 배제원칙의 정당성

1) 개발이익의 구성요소

개발이익이란 공공사업으로 개발이 이루어질 경우 그 개발지와 주변의 지가가 종전에 비하여 급격하게 상승하는 경우 그 상승분을 의미하는데, 이는 뜻하지 않는 이익(windfall)으로서 자신의 노력에 의하거나 통상적인 일반적 인플레이션에 의하지 아니하고 부동산의 가치가 증가되는 것이다. 따라서 통상적인 지가 상승분은 개발이익의 개념에서는 배제되어야 한다.

원래 개발이익은 당해 사업 시행 이후 토지 등의 효용이 증가된 경우를 의미하기 때문에 협의로는 개발사업 시행으로 인하여 사후적으로 토지의 객관적 가치가 증가된 부분만을 지칭한다.[27] 하지만 개발사업이 진행되는 경우의 지가에는 토지의 주관적 · 객관적 현재 효용 이외에도 토지의 가치 증가에 대한 기대이익이 통상 반영되기 때문에 광의의 개발이익은 토지의 객관적 가치 증가 이익뿐만 아니라 토지의 가치 증가로 인한 양도차익 발생에 대한 기대이익도 포함하는 것으로 볼 수 있다.[28] 이때 협의의 개발이익인 객관적 개발이익은 실현된 이익이고, 주관적 개발이익인 기대이익은 실현되지 않은 이익이다.

한편, 앞에서 본 바와 같이 개발로 인한 기대이익이 지가에 반영되는 것과 관련하여 헌법재판소는 "개발이익은 공공사업의 시행에 의하여 비로소 발생하는 것

27) 개발이익 환수에 관한 법률 제2조 제1호에서는 "개발이익이란 개발사업의 시행이나 토지이용계획의 변경, 그 밖에 사회적 · 경제적 요인에 따라 정상지가 상승분을 초과하여 개발사업을 시행하는 자나 토지소유자에게 귀속되는 토지 가액의 증가분"이라고 개념을 정의하고 있는데, 이는 이미 실현된 이익으로서 협의의 개발이익을 지칭한다.

28) 일정 기간 동안 지가 상승의 요인을 볼 때 함수관계[일정 기간 동안의 지가의 전증가(V)=[토지소유자의 투자에 의한 증가(A)+정부의 투자에 의한 증가(B)+도시계획적 결정에 의한 증가(C)+투기에 의한 증가(D)+기타 사회 · 경제적 요인에 의한 증가(E)]를 정립할 수 있고, 이 중 협의의 개발이익은 B+C, 광의의 개발이익은 A를 제외한 모든 증가를 의미한다는 견해도 있다(김태광, 1988, pp. 17-20).

이므로, 그것이 피수용토지가 수용 당시 갖는 객관적 가치에 포함된다고 볼 수 없고, 또 시간적으로도 당해 공익사업이 순조롭게 시행되어야 비로소 현재화될 수 있는 것이므로, 아직 공익사업이 시행되기도 전에 개발이익을 기대하여 증가한 지가 부분을 고려하는 것은 공익사업의 시행을 볼모로 하는 주관적인 가치 부여에 지나지 않는다"라고 평가하고 있다.

그런데 토지수용에 있어서는 선개발 후보상이 아니라 사전보상의 원칙(공익사업법 제40조)이 세워져 있기 때문에, 공익사업 시행으로 인하여 사후적으로 현재화될 객관적 가치 증가가 개발이익으로서 수용보상금 산정시 사전에 지가에 반영되는 경우는 논리적 선후를 볼 때 당해 피수용자에 대해서는 생각하기 어렵다. 사후적 · 객관적 개발이익의 개념은 사업시행 후 개발이익의 배분이나 환수 단계에서 문제되는 경우가 대부분이며, 토지수용 단계에서는 공익사업이 시행되기 전 토지의 가치 증가에 대한 기대이익이 반영되어 있는 지가를 보상에 반영할지 여부만이 문제된다. 그리고 이러한 문제는 인근지 보상선례와의 차이, 사업시행지 인접지 소유자가 얻는 이익[29]과의 차이 등과 같이 형평의 관념을 침해한다는 인식에 기반하고 있는 것이다.

결국 위 헌재 결정 등에서 지칭하는 배제원칙의 대상이 되는 개발이익은 객관적 개발이익이 아니라 '토지의 가치 증가로 인한 양도차익 발생에 대한 기대이익'이라 함이 정확하고, 더욱이 이 글에서는 정당한 보상원칙의 실질적 구현을 위해서 그러한 기대이익 중에서도 '투기적 기대이익'만이 배제의 대상이 되어야 한다고 본다.

2) 개발이익 배제의 필요성과 정당성

기대이익이 반영되어 있는 지가를 보상금으로 지급할 경우 결국 사업 시행 이후 증가될 개발이익을 사전에 피수용자에게 분배하는 것이 되므로 이를 차단할 필요성이 있다. 학설과 판례는 그 근거로서 개발이익은 그 증가에 피수용자의 노력이나 자본이 기여한 바가 없다는 점에서, 형평의 관념에 비추어 볼 때 투자자인 사

29) 인접지 소유자에게 긍정적 외부효과(positive externality)이다.

업시행자 또는 궁극적으로는 국민 모두에게 귀속되어야 할 성질이라는 데에 정당성을 부여하고 있다.

하지만 사업시행자에게 독점적 수용권을 부여한 전제에서 본다면, 설령 피수용자가 지역개발 등에 참여하거나 자발적 노력을 기여하고 싶은 의사가 있다고 하더라도 애초 개발사업에 피수용자가 참여할 수 없는 구조인 이상[30)]피수용자의 노력이 기여한 바가 없다는 사정은 정당성의 근거가 되기 어렵다. 오히려 재산이 수용되는 것 자체가 다른 일반 국민에 비해서 개발사업을 위하여 피수용자가 '비자발적' 노력과 기여를 한 것으로 평가될 수 있으므로 다른 일반 국민들이 누릴 이익보다 더 큰 보상을 받아야 한다고 볼 수도 있다. 더구나 개발이익의 발생에 있어서 토지요인이 기여한 바를 본다면, 수용을 통한 토지결합(land assembly)으로 인하여 규모의 경제(economies of scale)가 발생하게 되는 것인데, 피수용자의 자본이 개발이익 증가에 기여한 바가 없기 때문에 개발이익이 차단되어야 한다는 근거 제시는 부동산 개발사업에서의 규모의 경제를 이루는 개별 생산단위라 할 수 있는 피수용자의 토지가 규모에 대한 수확체감(decreasing return to scale)의 결과를 가져온다거나, 토지자본보다 사업시행자측의 다른 자본요소가 훨씬 더 큰 기여를 하고 있다는 확증이 없는 이상 쉽게 받아들이기 어렵다.

오히려 법경제학적 관점에서 개발이익 배제의 정당성은 피수용자가 사업 시행으로 인한 위험(risk)은 부담하지 않으면서 사업 시행으로 인하여 발생할 가능성이 있는 이익만을 미리 취득하려는 행태를 보이는 것, 즉 개발사업에서 발생하는 일종의 지대를 추구하는(rent-seeking) 기회주의적 행위의 비효율성을 방지하기 위한 데에서 찾을 수 있다. 공공사업의 주체가 피수용자에게 개발이익의 구현되기 전 기대이익을 분배해야 한다면 –특히, 기대이익의 주관성 및 비정형성의 측면에서 볼 때– 사업비용은 급증할 것이고, 공공자원 투입으로 인하여 사회적으로 증가된 부의 재분배에 있어서의 형평이 실질적으로 침해될 우려가 있는 것이다.

결국 개발이익의 배제원칙은 개발사업으로 인하여 발생한 이익의 공평한 분배를 왜곡하고 거래비용을 증가시키는 등 사회적 효용을 침해하는 투기 방지에 일차

30) 독일의 경우에는 도시개발을 함에 있어 공권적인 토지수용의 방식이 아니라 개발계약 등 이른바 수용계약(Enteignungsvertrag)의 방식을 통해 토지소유자가 사업에 참여할 수 있는 제도를 마련하고 있다. 자세한 것은 김성수(2002) 참조.

적 목적이 있다고 할 것이고, 이를 통하여 공정한 부동산시장 질서를 보호하고자 하는 데에서 그 원칙의 정당성을 찾을 수 있다고 본다. 즉, 수용권이 인정되는 정당성의 근거는 토지결합에 있어서 발생하는 이른바 알박기(hold out)를 방지하기 위한 것이라고 경제학적으로 검토되어져 왔는데(Miceli and Segerson, 2007), 투기행위 방지의 측면에서 볼 때 사업시행 단계(권리 취득 단계)에서 알박기로 인한 투기행위 방지를 위하여 인정되는 권한이 수용권이라 한다면, 보상 단계에서 투기행위 방지를 위하여 인정되는 원칙이 개발이익 배제원칙이라 할 수 있다.

3) 개발이익 배제원칙의 범위

우리나라는 급격한 산업화로 인한 경제개발 및 지역개발 과정에서 부동산 투기가 광범위한 사회 문제를 발생시킨 바 있고 현재도 투기에 대한 방지책이 부동산정책 수립에 있어 중요한 고려요소가 되고 있어, 공익사업 추진과 정당한 보상의 원칙을 구현함에 있어 여전히 완전보상보다는 개발이익 배제에 무게를 두고 있는 것으로 보인다.

정당한 보상(just compensation)에서의 의미하는 정당성이란 객관적 정당성을 의미하며 주관적 정당성을 의미하는 것은 아니다. 따라서 공공사업의 필요성상 토지를 수용함에 있어서 토지를 팔려고 하는 생각이 없는 자(unwilling seller)를 대상으로 주관적 정당성을 보장하는 수준의 보상을 할 필요는 없을 것이며, 토지를 팔려고 하는 생각이 있는 자(willing seller)를 대상으로 객관적 정당성을 보장하는 수준의 보상을 하는 것으로 충분하다고 본다. 다만, 이러한 수용보상에 있어서의 객관적 정당성도 선험적으로 주어지는 것은 아니며 상이한 욕망들, 즉 피수용자들의 주관적 정당성들이 공공의 필요성이라는 전제 하에서 일반적으로 합일될 수 있는 범위 내에서 객관적 정당성이 확보될 수 있을 것이다.

이와 같은 객관적 정당성이 확보되는 범위는 피수용자들이 보유하였던 토지소유권의 존속보장의 파괴를 재산권의 가치보장을 통해 회복하는 것이며, 이는 공정하고 합리적인 시장가치 보상으로 구현될 수 있다고 본다. 결국 이론적으로든 실질적으로든 수용 대상 토지에 대한 공정하고 합리적인 시장가치 보상을 침해하지 않아야 한다는 것이 개발이익 배제원칙의 적용범위상 한계이다.

4) 공정하고 합리적인 시장가치의 구성요소

구체적으로, 개발이익 배제원칙 적용의 정당성이 확보되는 범위에서 수용 대상 토지에 대한 공정하고 합리적인 시장가격을 산정하기 위해서 고려해야 할 요소들이 어떠한지 문제가 된다. 이는 우선 특정한 토지의 시가를 측정하는 것이 일반적으로도 쉬운 일이 아니며,[31] 더구나 특정한 사업에 편입되는 특정한 토지는 그 사업을 위해서 필요한 희소하거나 유일한 자원이어서 이른바 얇은 시장(thin market)의 문제가 발생하여 독점적 지위에 있는 소유자가 알박기를 하는 행태가 출현하게 될 우려가 커서 수용권이 인정되는 것인데(Cohen, 2006, pp. 534-535), 이러한 얇은 시장에서는 시장가격의 변동성이 크다는 문제가 있기 때문이다.

토지의 시가는 통상 그 토지의 본래 효용에 따른 공정한 가치인 객관적 가치(objective value)[32]와 토지소유자의 주관적 애착, 보유효과에 따른 주관적 가치(subjective premium) 및 토지의 가치 증가로 인해 예상되는 기대이익(profit expectation)[33]으로 구성된다고 볼 수 있다. 이때 기대이익은 일반적인 지가 상승에 대한 기대, 소유자의 노력 등을 통해 토지의 가치 증가로 인하여 장래 예상되는 이익 및 개발로 인하여 비정상적으로 증가되는 투기이익으로 구성되며, 이는 차후 토지 양도시 얻을 수 있는 차액에 대한 기대(surplus from transfer)로써 토지의 시가에 반영된다. 즉, 현

31) 부대체물인 토지의 객관적 가치를 산정하는 것은 어렵고, 토지를 팔려고 하는 사람이든, 팔지 않으려 하는 사람이든 토지에 대하여 보유효과(endowment effect), 나아가 주관적 애착(sentimental attachment)을 가지는 경우가 많은데 이러한 사정이 객관적 지가 측정의 난점이다.

32) 토지의 객관적 가치의 의미에 대하여 헌법재판소 1990. 6. 25. 선고 89헌마107 결정에서는 "재산권의 객체가 갖는 객관적 가치란 그 물건의 성질에 정통한 사람들의 자유로운 거래에 의하여 도달할 수 있는 합리적인 매매 가능 가격 즉 시가에 의하여 산정되는 것이 보통이다. … 토지의 경우에는 위치 · 면적 · 지형 · 환경 및 용도 등 가격 형성에 영향을 미치는 제반 요소가 서로 흡사한 다른 토지를 목적물로 하여 다수의 공급자나 수요자가 합리적인 가격으로 거래한 경우를 상정한다는 것은 어려운 일이므로 그 시가를 곧바로 산정할 수는 없는 노릇이다. 따라서 토지의 경우 시가의 산정은 부득이 위치나 용도가 비슷하여 가장 근사한 가치를 지닌 것으로 예상되는 인근 유사토지의 거래가격을 기준으로 하여 추산하는 방법에 의할 수밖에 없다. 인근 유사토지의 거래가격은 직접 피수용토지의 객관적 가치와 완전히 일치하는 것이라고는 볼 수 없으므로 이를 기준으로 하여 양 토지 간의 가격 형성에 영향을 미치는 제 요소를 종합적으로 고려한 합리적인 조정을 거쳐야 비로소 피수용토지의 객관적 가치로 평가될 수 있는 것이다. 이러한 평가는 피수용토지나 인근 유사토지의 일반적인 이용방법에 의한 객관적 상황을 기준으로 하여야 하며, 소유자가 갖는 주관적 가치, 투기적 성격을 띠고 우연히 결정된 거래가격 또는 흔히 불리우는 호가, 객관적 가치의 증가에 기여하지 못한 투자비용이나 그 토지 등을 특별한 용도에 사용할 것을 전제로 한 가격 등에 좌우되어서는 아니된다"라고 판시하고 있다.

33) 다만, 토지개량이나 개발의 가능성이 없는 토지라면 그 시가에 기대이익이 반영된다고 볼 수는 없을 것이다.

실의 토지거래시장에서 토지시가 자체에 주관적 가치와 기대이익이 포함되어 있고, 객관적 가치에 더하여 주관적 가치와 기대이익이 소유자의 유보가격(reservation price)을 구성하는 것이다.

수용 대상 토지에 대한 공정하고 합리적인 가격을 산정함에 있어 토지의 객관적 가치는 모두 포함되어야 함이 당연하다. 아울러 공공사업의 필요성상 토지를 팔려고 하는 생각이 있는 자를 기준으로 삼는 이상 토지거래시장에 참여하는 합리적인 매도인을 전제로 하여야 할 것이므로 주관적 가치는 배제함이 옳다.[34] 나아가 기대이익 중 비정상적 지가 상승을 노리는 투기이익은 제외하는 것이 타당하며, 개발이익 배제원칙에서 배제되는 이익이 바로 이 부분이라 할 것이다.[35] 하지만 일반적이고 정상적인 지가 상승에 대한 기대와 소유자의 노력(예컨대, 적법한 개간, 우물 설치 등)이 반영[36]되어 장래적으로 객관적 가치 증가가 예상되는 이익(이를 '합리적 기대이익'이라 칭할 수 있을 것이다)은 수용 대상 토지에 대한 공정하고 합리적인 가격을 산정함에 반영될 필요가 있다.[37]

34) 주관적 가치는 그 측정에 있어서 심각한 실무상 난점이 있다. U.S. v. 564.54 Acres of Land, 441 U.S. 506, 511(1979) 참조.

35) 앞에서 본 바와 같이 엄밀히 말하자면 토지수용 보상에 있어서 개발이익 배제원칙이란 개발사업의 시행으로 인하여 발생한 이익(증가된 사회적 효용의 취득)을 배제한다는 것이 아니라, 개발 대상 토지에 대한 비정상적 지가 상승에 따라 이를 양도할 경우 얻을 것으로 기대되는 투기성 이익 배제(사회적 효용의 증가가 없이 지대를 추구하는 행위의 배제)로 새기는 것이 옳다.

36) 이 부분에 관하여 감정평가에 관한 규칙 제17조 제6항에서는 지가변동에 영향을 미치는 사항으로 토지의 형질 변경이나 지목의 변경(제4호), 토지개량비 등 유익비의 지출(제5호)을 규정하고 있다. 단, 위 규칙에서 정하는 사항은 장래 예상하는 기대이익의 측면보다는 현재 발생한 이익이나 비용에 착안하고 있다.

37) 앞에서 본 바와 같이 헌법재판소 및 대법원에서는 기대이익을 배제한 객관적 가치만이 수용보상금으로 산정되어야 한다고 보고 있다. 사견(私見)에 의하여 합리적 기대이익을 보상가 산정에 반영한다고 할 때 기대이익 중 투기이익을 배제하는 방법이 어렵고 그 산정을 위한 거래비용이 증가될 우려도 있다. 이와 관련해서는 개발사업에 임하여 형성된 부동산시장의 거래가를 기준으로 비정상적 지가 상승으로 보이는 부분을 배제하는 방식을 생각해 볼 수 있는데, 이러한 개별적 평가를 통해 과소보상을 막을 수 있고 과다보상도 막을 수 있을 것으로 생각된다. 단, 아래에서 보는 바와 같이 현재 우리 토지수용법 체제 하에서는 표준지 공시지가 기준 보상을 실시함으로써 개발이익은 배제되었다고 의제하고 있어 문제인데, 어느 시점과 장소의 표준지를 선택하느냐에 따라 과소보상 혹은 과다보상이 행해질 우려가 있다.

2. 민간수용과 개발이익 배제원칙의 완화

1) 민간수용[38]의 의의

사실 개발이익 배제원칙은 일단 수용이 이루어진 이후에 고려되는 원칙임에 비하여, 민간수용에 관한 논의는 민간수용을 허용할 것인지, 즉 수용권을 부여하는 단계에서 문제되는 경우가 많다.[39][40] 민간수용은 크게 두 유형으로 구분되는데, 첫째는 민간 개발업자가 정부로부터 위임받은 수용권을 직접 행사하여 토지를 강제취득하는 경우이고, 둘째는 정부가 수용권을 행사하여 토지를 취득한 후 민간 개발업자에게 이전시키는 경우이다(김일중 · 박성규, 2012).

우리 수용법제에서는 전자의 경우가 많은데, 일정한 공익사업의 경우 요건을 갖추면 민간 사업시행자의 수용권 행사가 가능하도록 공익사업법상 규정[41]을 두고 있고, 민간수용의 한 방식으로 인정되는 매도청구권도 조합 등 민간 사업시행자가 부동산소유자를 대상으로 직접 행사할 수 있도록 규정[42]을 두고 있다. 특히, 매도청구권은 사적 매매관계가 성립되도록 하는 청구권이긴 하나 민간 사업시행자가 권리를 행사함으로써 상대방의 의사와 무관하게 매매계약이 성립하는 형성

38) 수용은 모두 공공의 필요(헌법 제23조 제3항)에 의해서 이루어지는 것이므로 수용권이 공공기관에게 부여되든 민간 사업자에게 부여되든 수용권 행사자는 행정청으로서의 지위를 갖게 되고 수용은 모두 '공용수용'(eminent domain for public use)이라 할 수 있다. 다만, 수용권 귀속자의 성격에 따라 공공기관이 시행하는 수용은 공공수용으로, 민간 사업시행자가 시행하는 수용은 민간수용으로 개념을 구분할 수 있다.

39) 미국 및 일본에서 민간수용은 대개 공공적 민간수용(public-private taking)의 형태가 문제되었는데 이를 허용하고 있다. 미국 연방대법원에서 민간수용의 허용 여부에 관하여, Berman vs. Parker(348 U.S. 26(1954)) 사건에서 "폐허화 방지를 위하여 사유지를 수용한 것은 공적 사용에 제공되는 것으로 수정헌법 제5조의 요건을 충족한다. 이는 취득된 토지가 사적 이익을 위해 매각되는 등 반드시 공중에 의하여 널리 이용되지 않는 경우라도 그러하다" 고 하였고, Hawaii Housing Authority vs. Midkiff(467 U.S. 229(1984)- Berman vs. Parker 사건을 선례(precedent)로 인용하였다.) 사건에서는 하와이 주의 토지 대부분을 소수의 토지소유자들이 소유함으로써 토지시장의 경쟁이 제한되고 있는 상황인 이상 주는 사적 토지소유자들로부터 토지를 수용해서 다른 사람들에게 할당할 수 있다고 판단하였으며, Kelo vs. New London(545 U.S. 469(2005)- Berman vs. Parker 사건 및 Hawaii Housing Authority vs. Midkiff 사건이 선례로 인용되었다.) 사건에서는 경제발전(economic development)을 위해서라면 사기업에 양여하기 위해서라도 토지소유자로부터 토지를 수용할 수 있다고 판단하는 등 민간수용을 허용하는 입장을 취하고 있다. 일본 최고재판소도 "헌법 제29조 제3항에서 이야기하는 수용은 공공의 이익을 위해서 수행되어야 한다는 것이기는 하지만 그것이 반드시 물리적으로 공공의 이익 또는 사용을 위해서만 수행되어야 함을 의미하는 것은 아니며, 수용의 결과로 어느 특정 개인(소수집단)이 수익자가 되더라도 정부에 따른 수용의 전체적인 목적이 공공의 이익 또는 사용에 있다면 용인할 수 있다" 고 하여 민간수용을 허용하고 있다(最高裁判所 1952(昭和 27) (オ) 679). 이에 비하여 독일에서는 간접적 공익을 지향하는 사적 수용을 허용하지 않는 판결을 한 바 있다(BverfGe 74, 264).

40) 이와 관련하여 미국, 일본, 독일의 예에 관한 자세한 소개는 이인호(2011) 발표자료 참조.

41) 공익사업법 제4조 제8호, 제20조, 시행령 제10조 등.

42) 주택법 제18조의2, 도시 및 주거환경정비법 제39조, 집합건물의 소유 및 관리에 관한 법률 제48조.

권으로서의 성격을 가지기 때문에 그 실질은 공용수용과 유사한 성질을 가진다.

2) 민간수용에서의 보상가액 산정

(1) 헌법재판소 결정례

민간수용의 헌법적 정당성과 관련한 사건이 많이 있었는데, 특히 이 중 보상가액 부분에 관한 헌법재판소의 판시를 살펴본다.

가. 민간수용에서의 매도청구

이 사건 법률조항은 매도청구권의 요건을 엄격하게 제한함으로써 통상의 공용수용보다 완화된 소유권 박탈제도라고 볼 수 있고, 그 매도청구권 행사와 관련해서 상대방의 이익도 충분히 보장하고 매도청구권의 행사로 인한 기본권 침해를 최소화하고 있으므로, 기본권 침해의 최소성 원칙에 위반된다고 보기 어렵고, 매도청구권을 행사할 경우에는 시가에 따른 대금을 지급하도록 하여 정당한 보상을 보장하고 있으므로, 매도청구의 대상 토지에 대한 재산권을 본질적으로 침해한다고 보기 어렵다. [헌법재판소 2009. 11. 26. 선고 2008헌바133 결정 등]

나. 민간수용에서의 수용보상

이 사건 수용조항을 통하여 사업시행자는 협의에 응하지 않는 사람들의 토지를 시가에 따라 적절히 매수할 수 있으며, 이에 따라 사업을 원활하게 진행할 수 있을 것이므로 위 수용조항은 위와 같은 입법목적의 달성에 매우 효과적인 수단임이 인정된다. 산업입지법상 사업시행자에게도 여전히 토지 등에 대한 보상에 관하여 토지소유자 및 관계인과 성실하게 협의하여야 하는 의무가 주어지고, 산업단지로 지정된 토지가 사후에 산업단지에서 제외되거나 아니면 산업단지로서의 효용을 상실하게 되면 환매권이 발생하는 점, 사업시행자는 피수용권자에게 정당한 보상을 지급해야 하는 점, 산업입지법상 수용에 이르기까지의 과정이 적법절차원칙에 따라 진행되도록 보장되는 점, 우리 법제는 구체적인 수용처분에 하자가 있을 경우 행정소송 등을 통한 실효적인 권리구

> 제의 방안들을 마련하고 있는 점, 수용 대상의 범위도 필요한 범위를 넘는다고 보이지 아니하는 점 등에 비추어 이 사건 수용조항이 피수용자의 재산권을 필요 이상으로 과도하게 제한한다고 할 수 없고, 국민경제의 건전한 발전 및 산업의 지방분산 촉진, 지역경제의 활성화 등의 공익적 중대성을 감안한다면 이 사건 수용조항이 공익과 사익 간의 균형성을 도외시한 것이라고 보기도 어렵다. [헌법재판소 2009. 9. 24. 선고 2007헌바114 결정 등]

민간수용에 따른 보상과 관련하여 헌법재판소는 매도청구권이 인정된 민간수용에 있어서 매도청구권 행사시 시가에 따른 대금을 지급하도록 함으로써 정당한 보상을 보장하고 있다고 판단하고 있으며, 수용권이 부여된 민간수용에 있어서도 같은 취지로 시가에 따라 매수할 수 있어 정당한 보상이라는 취지로 판단하고 있다. 하지만 피수용자 입장에서는 민간수용 중 재건축이나 주택건설사업과 같은 경우에는 매도청구권 행사로 개발이익이 포함된 시가를 취득함에 비하여 수용권이 행사되는 민간수용의 경우는 공익사업법의 적용을 받기 때문에 개발이익이 배제된 보상가를 지급받게 되어 동일하게 '시가'를 지급받는다고 볼 수는 없다.

민간 사업시행자에 의하여 수용이 행해진 경우라도 공익사업법이 적용되는 이상 개발이익 배제원칙이 적용된다고 볼 수밖에 없다. 매도청구권이 부여된 재건축, 주택건설사업 등은 수용권이 부여된 여타 공익사업보다 공공성이나 공익성이 상대적으로 낮으므로 개발이익에 대한 보상 기준이 다를 수 있다고 할 수도 있겠으나, 사업시행 주체가 민간 사업자인 이상 공공성이나 공익성에 질적인 차이가 있는지는 의문이다.

특히, 민간 사업시행자가 시행하는 사업의 개발이익이 민간 사업시행자에게 귀속되는 경우에는 사인(私人)들 사이에서의 강제적 재산이전이 일어나게 된다. 이때 정당한 보상이 이루어지지 않는다면 경제적 강자인 사업시행자가 경제적 약자인 피수용자들의 재산을 강탈하는 결과까지 나타날 수 있다. 이와 같이 민간수용에서는 매도청구권이나 수용권을 민간 사업자에게 부여할 것인지의 문제가 우선적으로 검토되어야 할 헌법적 문제가 된다. 하지만 연이어 매도청구권이나 수용권이 부여된 경우 정당한 보상은 실질적으로 어떠해야 하는지에 대한 판단 또한 토지소유자들에게는 중대한 이해관계가 걸린 문제임을 지적하지 않을 수 없다.[43] 공공수용에서든 민간수용에서든 공공의 필요와 정당한 보상은 서로 떼놓을 수 없는 관계인 것이다.

(2) 대법원 판례

사업시행자가 주택재건축사업에 참가하지 않은 자에 대하여 도정법 제39조에 의한 매도청구권을 행사하면, 그 매도청구권 행사의 의사표시가 도달함과 동시에 주택재건축사업에 참가하지 않은 자의 토지나 건축물에 관하여 시가에 의한 매매계약이 성립되는 것인바, 이때의 시가란 매도청구권이 행사된 당시의 토지나 건물의 객관적 거래가격으로서, 노후되어 철거될 상태를 전제로 하거나 주택재건축사업이 시행되지 않은 현재의 현황을 전제로 한 거래가격이 아니라 그 토지나 건물에 관하여 주택재건축사업이 시행된다는 것을 전제로 하여 토지나 건축물을 평가한 가격, 즉 재건축으로 인하여 발생할 것으로 예상되는 개발이익이 포함된 가격을 말한다. [대법원 2009. 3. 26. 선고 2008다21549, 21556, 21563 판결 등]

매도청구권 행사에 따라 정해지는 매매가격의 산정에 개발이익을 포함할 것인지 여부에 대하여 대법원은 개발이익이 포함된 시가가 지급되어야 한다고 판단하고 있다. 대법원은 매도청구권 행사로 인하여 발생하는 법률관계가 사적 매매계약인 이상 매매대금의 결정도 실질적 시가에 기초해야 한다는 것이다. 이에 대하여는 불로소득을 토지소유자에게 귀속시키게 되고, 투기가 만연하게 된다는 사정을 들어 개발이익을 배제해야 한다는 견해 및 재건축 조합원이 아닌 소유자의 경우는 어차피 처음부터 개발이익을 취득할 수 없는 지위이므로 매매가격 산정시 개발이익을 배제해야 한다는 견해 등 반론이 있다.[44] 이른바 최협의의 알박기[45]로 인하여 취득한 부당이득이나 투기적 기대이익을 배제할 수 있다면 개발이익이 포함된 시가를 매매가격으로 지급하는 것은 정당한 보상이라 할 수 있다고 본다.

43) 자세한 것은 조병구(2012), pp. 579-599 참조.
44) 성중탁(2012), p. 13.
45) 조병구(2012), p. 544의 주 32 참조.

3. 표준지 공시지가 기준 보상원칙의 문제점

1) 토지보상 기준의 변천

토지수용 보상의 기준과 관련한 법률의 변천을 보면 1962. 1. 1.부터 시행된 제정 토지수용법에서는 인근 토지 거래가격을 기초로 보상금을 산정하도록 규정하였는데, 그 이후 개발이익을 노리는 투기행위 제한을 위해[46] 토지수용법상 기준지가 고시제도를 만들어 시행(1971. 1. 19.-1981. 12. 30.)하였고, 그에 이어 토지수용법에 의한 지가고시제도를 삭제하고 국토이용관리법에 의한 기준지가 고시제도로 일원화하여 이를 기초로 보상가액을 산정(1981. 12. 31.-1989. 3. 31.)하였다. 그 후 「지가공시 및 토지 등의 평가에 관한 법률」(1989. 4. 1. 법률 제4120호로 제정됨)에 의하여 공시지가제도[47]가 마련되자 표준지 공시지가에 기초하여 보상금을 산정하게 되었는데, 1991. 12. 31. 토지수용법 제46조를 전면개정(법률 제4483호)하여 '인근 토지 거래가격'을 기초로 보상하도록 한 규정을 없애고 보상액 산정은 공시지가에 기초하여 평가한 적정 가격으로 정하도록 하였으며, 협의취득 또는 수용하여야 할 토지의 보상액은 개발이익이 포함되지 아니하는 사업인정고시일 이전의 공시지가를 기준으로 하도록 규정하게 되었다.[48] 토지수용법 및 「공공용지의 취득 및 손실보상에

46) 토지수용법 개정문(1971. 1. 19. 법률 제2293호)을 보면, "현행 규정에 의하면 재결 당시의 인근 토지의 거래가격을 고려한 적정 가격으로 하도록 되어 있으므로 실제로 기업자는 그 토지의 적정 가격이라고 볼 수 없는 개발이익을 기대하여 무궤도로 폭등된 투기가격으로 보상하여야 하는 부당한 결과가 초래되고 있는바, 이러한 모순의 해결책으로 우선 기업자가 국가나 지방자치단체인 경우에는 수용할 토지에 대한 지가의 고시제를 채택하여 토지수용의 적정한 보상을 기하려는 것임"이라고 개정이유를 들고 있다.

47) 지가공시 및 토지 등의 평가에 관한 법률에 의한 공시지가가 도입되기 이전에도 국토이용관리법에 의한 기준지가(보상가 산정목적), 지방세법에 의한 시가표준액(지방세 과세표준 기준), 상속세 및 증여세법에 의한 기준시가(국세 과세표준 기준), 감정평가에 관한 법률에 의한 감정시가(주로 담보가격 산정) 등 국가가 지가를 산정하는 제도는 다수 산재하고 있다. 이들 토지가격은 도입된 목적에 따라 보상, 세금 부과, 담보가격 산정에 각각 사용되고 있었지만, 동일한 토지에 여러 가격이 존재하여 혼동과 논란이 발생하였고 이를 통합적으로 관리하기 위하여 공시지가제도가 마련되었다(민태욱, 2010, p. 70).

48) 토지수용법 제46조(산정의 시기 및 방법)

① 손실액의 산정은 제25조 제1항의 규정에 의한 협의의 경우에는 협의 성립 당시의 가격을 기준으로 하고 제29조의 규정에 의한 재결의 경우에는 수용 또는 사용의 재결 당시의 가격을 기준으로 한다.

② 제1항의 규정에 의한 보상액의 산정방법은 다음 각 호와 같다.

1. 협의취득 또는 수용하여야 할 토지에 대하여는 지가공시 및 토지 등의 평가에 관한 법률에 의한 공시지가를 기준으로 하되, 그 공시기준일부터 협의 성립시 또는 재결시까지의 관계법령에 의한 당해 토지의 이용계획, 당해 공익사업으로 인한 지가의 변동이 없는 지역의 대통령령이 정하는 지가변동률, 도매물가 상승률 기타 당해 토지의 위치 · 형상 · 환경 · 이용 상황 등을 참작하여 평가한 적정 가격으로 보상액을 정한다.
2. 사용하여야 할 토지에 대하여는 그 토지 및 인근 토지의 지료 · 임대료 등을 참작한 적정 가격으로 보상액을 정한다.

관한 특례법」[49]은 2003. 1. 1. 폐지되고 그 이후 공익사업법이 제정되었는데, 앞에서 본 바와 같이 공익사업법에서는 개발이익 배제원칙을 명백히 하였고(제67조 제2항), 위 토지수용법 전면 개정 이후 확립된 토지보상의 기준으로서의 부동산가격공시법에 의한 표준지 공시지가 기준 보상원칙을 유지하고 있다(제70조).

2) 실질적 정당보상과 의제된 정당보상

우리 토지수용법제상 개발이익 배제원칙은, ① 개발이익이 반영될 우려가 있는 인근 토지거래가가 아니라 개발이익이 반영되지 아니한 공시지가를 기초로 보상가를 산정함으로써 구현되며, ② 공시지가는 협의 가격 시점에 가까운 시점 및 사업인정 고시일에 가까운 시점에 공시된 것을 기준으로 하되, 만약 사업계획 등의 고시나 공고로 인하여 개발이익이 위 공시지가에 반영되었을 우려가 있는 경우에는 더 이전 시점인 그 공익사업의 공고일 또는 고시일 이전의 가장 가까운 시점에 공시된 공시지가를 기준으로 한다는 구조를 가지고 있다.

앞서 살펴본 바와 같이 헌법재판소는 완전보상설을 취하면서도 개발이익은 보상의 개념에서 배제하고, 한편 실제 시장에서의 토지거래가가 아니라 표준지 공시지가에 기초하여 보정을 거친 가액으로 보상금을 산정하는 방식의 위와 같은 보상기준 체계를 완전보상의 개념에 부합한다고 인정하고 있다. 대법원도 위와 동일한 프레임을 가지고 있지만 개별 사안에서는 인근 유사토지 거래가액 등을 참작함에 있어 다소 완화된 듯한 입장을 보이는 예도 있다.

그런데 각국의 입법례, 판례 및 우리 토지수용 보상체계상 보상의 기준과 개발이익 배제원칙이 법제화되어 온 상황을 종합적으로 살펴보면, 개발이익 배제원칙이 외연과 내포가 공평한 법원리라거나 정당한 보상의 원칙으로부터 당연히 도출

③ 제2항의 규정에 의한 공시지가는 제16조의 규정에 의한 사업인정 고시일 전의 시점을 공시기준일로 하는 공시지가로서 당해 토지의 협의 성립 또는 재결 당시 공시된 공시지가 중 당해 사업인정 고시일에 가장 근접한 시점에 공시된 공시지가로 한다.

49) 「공공용지의 취득 및 손실보상에 관한 특례법」은 협의취득의 경우 손실보상의 기준과 방법을 정한 법률인데, 보상액의 산정 기준과 관련한 제4조에서, 제정(1975. 12. 31. 법률 제2847호)시에는 '당해 사업 공고일 또는 고시일 현재 시점의 인근 유사토지 거래가격을 고려한 적정 가격'을 기준으로 하도록 규정하였다가, 1991. 12. 31. 법률 제4484호로 개정되어 '개발이익이 반영되지 않는 공시지가 공시일 현재 시점의 표준지 공시지가에 기초하여 보정한 적정 가격'을 기준으로 하도록 규정하였다.

되는 명확한 원리라고 할 수 없다. 그보다는 우리 사회의 특성상 투기 방지 등 부동산정책적 필요성이 있어 개발이익 배제원칙을 고수할 필요가 입법재량의 범위 내에서 구현된 것으로 볼 수 있지 않나 하며, 실제로 위와 같은 방지책으로 개발이익을 상당히 배제하는 효과를 거둘 수 있다는 점도 수긍이 된다.

이와 같이 투기거래 방지를 위한 개발이익 배제의 필요성은 존중되어야 하겠지만, 그 사유로 정당한 보상의 원칙을 침해하는 것을 허용할 수는 없다. 보상의 기준인 표준지 공시지가는 부동산가격공시법 제3조, 제5조, 제10조 등 제 규정에서 시장에서 정상적으로 거래되는 시장가치임을 전제로 하고 있고 법률이 표준지 공시지가를 토지 평가의 출발점으로 삼는 것은 이것이 법령에서 인정한 시장에서 거래되는 정상적인 시장가치이기 때문이다. 공시지가제도 이전에 국가 등에서 산정하는 토지가격은 통상 객관적 시가보다 낮게 산정되었지만, 표준지 공시지가는 시장에서 정상적으로 거래되는 시장가치임을 법령에서 선언하고 있으며, 표준지 공시지가가 시장에서 정상적으로 거래되는 시가인 이상 감정평가업자는 이것에 근거하여 토지를 평가하여야 한다는 것이다.[50)]

하지만 표준지 공시지가와 시장에서 정상적으로 거래되는 가치가 지나친 차이가 있다는 비판이 다수이다.[51)] 표준지 공시지가가 시장에서의 정상적인 가격을 반영하지 못함으로 인하여 소폭의 개별요인 등의 조정 과정만으로 토지의 정당한 보상가인 공정한 시장가치에 이를 수 없게 되고, 더구나 그러한 공정한 시장가치에 미달하는 현상이 체계적이고 구조적으로 반복되고 있다면 이는 분명 실질적으로 정당한 보상원칙에 반하는 헌법적 문제가 발생하고 있는 것이라고 보지 않을 수 없다. 이는 과다수용의 결과를 가져와 비효율적 토지자원 이용이라는 비효용을 초래하게 된다. 더구나 현재 공익사업법상 표준지 공시지가 선정의 기준 시점은 개발이익을 배제하는 기능도 제대로 수행하지도 못하고 있어 오히려 과다보상이 이

50) 민태욱(2010), pp. 75-76의 주 36 참조.

51) 실상 표준지 공시지가는 시장가격을 그대로 반영하는 것이 아니라 시가의 70-80% 정도 수준에 그치고 있는 실정이고, 현재의 보상 수준은 시세의 30-60%대에서 이루어지고 있어서 개발 지역의 토지수용자들은 개발이익이 반영되기 전 기존 토지가액보다 오히려 낮은 금액을 받는 경우도 발생하며, 당해 개발 지역을 벗어난 인근지는 통상 개발이익이 반영되어 지가가 등귀하기 때문에 보상금을 받아 인근지로 이전하는 것은 가능하지 아니한 실정이라고 한다. 엄수원(2005, pp. 136-137), 민태욱(2010, pp. 78-79) 및 박성규(2011, p. 143)도 같은 취지로 보인다.
표준지 공시지가 기준 보상원칙에 대하여 헌법학계의 통설은 이를 정당한 보상의 범위 내라고 보고 있으나 시가에 미치지 못하는 보상을 하는 것이어서 정당한 보상으로 보기 어렵다는 견해도 있다(허영, 2005, p. 489).

루어지는 경우도 발생하고 있다(이호준 · 김형태, 2011).[52] 이러한 경우 표준지 공시지가에 기초하여 산정된 보상가는 '의제된' 정당보상에 불과하다.

Ⅳ. 대응방안

1. 대응방안의 모색의 방향

앞에서 살펴본 바와 같이 개발이익 배제원칙 자체에 대해서는 법경제학적 정당성을 부여할 수 있다고 할 것이나, 실무에서 그 원칙을 적용함에는 다소의 문제가 발생하고 있다. 그 해결을 위해서 아래와 같은 몇 가지 방안을 모색해 볼 수 있다. 이러한 대응방안 모색에 있어서는 거래비용을 낮추며, 투기행위 등 지대추구행위를 방지함으로써 개발사업의 정당성과 지속성을 확보하고 사회적 효용 증대를 지향한다는 방향을 고려할 필요가 있다.

2. 구체적 방안

1) 보상가 감정제도의 보완

정당한 보상의 범위 내에서 개발이익 배제원칙을 구현하기 위하여 시급한 문

52) 즉, 공익사업법 제70조 제 규정 등을 볼 때 보상의 기준 시점으로 제시되는 협의취득 가격 시점, 사업인정 고시일, 공익사업의 공고일 또는 고시일과 가장 가까운 시점으로 공시지가가 공시된 시점이 개발이익을 전적으로 배제하지 못하는 현상이 나타나는데, 그러한 점을 보더라도 공시지가 기준 보상원칙은 실질적 정당보상이 아니라 의제된 정당보상에 불과하다고 볼 수 있다. 특히, 이른바 공약사업이나 국책사업 등 장기간에 걸쳐 진행되는 사업에서 사업계획 발표 시점과 사업 인정 고시 시점 사이에 차이가 있는 경우 표준지 공시지가에 투기기대이익이 반영되어 있을 가능성이 높아질 수 있다.

제는 공정한 시장가치를 반영하는 토지평가 기준을 정립하는 것이다. 토지감정실무에서는 보상가 감정에 있어 표준지 공시지가에 기초를 두고 몇몇 개별요인들만 보정하는 방식으로 기계적으로 보상가를 산정하고 있는 실정이다. 보상가에 가장 큰 영향을 주는 요소가 표준지 공시지가이므로 표준지 공시지가의 시가반영률을 더 높여서 보상가액이 실질적으로 시가에 근접하도록 할 필요가 있다. 보상가를 산정함에 있어서는 공시지가에 기초하는 것이 대량의 획일적 보상제도 운영에 있어서 단기적으로는 거래비용이 적게 들 수 있겠으나, 이때 저감되는 주된 거래비용은 감정절차에 소요되는 시간과 비용 정도에 불과할 것이다. 이에 비해서 저가보상에 대한 불만이나 개발사업의 공정성에 대한 의문 제기 등 법적 · 사실적 분쟁이 늘어남으로써 사후적 · 장기적 거래비용은 상당히 증가될 우려가 있다.

표준지 공시지가는 보상가 산정 이외에도 과세표준 등 각종 지표에 반영되는 기준이므로 전반적인 부동산가격 상승, 조세저항 등 파장이 우려되는 것이 표준지 공시지가를 실제 시가에 근접시키지 못하는 이유가 되는 듯하나, 그러한 우려를 막기 위해 시가를 반영해야 할 지표인 표준지 공시지가를 낮은 수준으로 유지하는 것은 타당하지 않다고 본다. 토지보상가 산정의 기준이 되는 지가는 현실적 수준으로 높이되, 토지보상 이외에 부동산정책이나 조세정책을 수행함에 있어 상대적으로 낮은 지가 기준을 적용할 필요가 있다면 그에 따라 관련 제도를 정비하면 될 것이다. 시가에 미달하는 공시지가를 법에서 시가라고 의제하여 보상 기준으로 운영할 것은 아니다.

아울러 수용보상금 감정절차에서는 실제 시가에서 비정상적 지가 상승분 등 개발이익을 배제하고 공정하고 합리적인 시장가치를 평가하는 감정방법을 강구할 필요가 있다. 현재 토지수용 감정체제 하에서는 기타요인 보정을 보완적인 방법으로 이용할 수 있긴 하지만 기준이 명확하지 않고 오용될 우려가 있으므로 거래사례비교법과 수익환원법 등을 참작하여 좀더 합리적이고 객관적 감정방법을 고안해 낼 필요가 크다고 본다.

2) 보상협의 절차의 개선

다음으로 공익사업의 계획수립 단계에서 적극적으로 주민참여 절차를 거침으로써 불필요한 분쟁을 방지하여 사회적 거래비용을 줄일 수도 있을 것으로 보인다. 공익사업이 진행될 때에 토지소유자는 자신의 토지가 어느 범위에서 수용될지, 보상금은 어느 정도가 될 것인지 예측하기 쉽지 않다. 협의 단계에서 소유자측이 추천한 감정인이 감정 결과를 제출하긴 하나 그 정도만으로 부족하다. 사업시행자로서는 막연한 사업내용뿐 아니라 실질적 보상의 개요도 피수용자들에게 초기부터 상세히 고지하고 논의를 진행할 필요가 있다. 이 과정에서 협상비용은 다소 증가할 수 있으나 사후적 거래비용이 감소될 것이고, 상호 논의를 통하여 정당한 보상의 수준에 대한 공감대가 형성될 수도 있을 것이다.

이와 관련하여 국토의 계획 및 이용에 관한 법률(제13조, 제14조, 제20조, 제28조 등), 행정절차법 등에서는 민간참여로서 의견 제출, 공청회, 청문회 및 도시계획위원회에의 참여 등의 제도를 마련하고 있는데, 토지수용을 수반한 모든 개발사업에 있어서도 이러한 절차를 실질적으로 활성화할 필요가 있다.[53)]

3) 투기이익의 박탈

개발이익 배제원칙의 궁극적 목적인 투기 근절을 위해서는 발생한 개발이익을 환수하는 제도를 재정비하는 방안을 고려해 볼 필요가 있다. 현재 우리 수용법제상 개발이익 배제원칙은 실질적 정당한 보상에 이르지 못하는 한계를 감수하면서 투기를 방지하는 결과를 달성하려는 것이라 볼 수 있다. 하지만 이보다는 헌법상 정당한 보상의 원칙은 준수하되 과다한 투기성 개발이익은 조세 및 부담금을 통해 적극적으로 회수하는 방안을 검토할 필요가 있다.

현재 개발이익 환수의 방법으로서 양도소득세, 간주취득세 등 과세조치가 이

53) 현재는 재건축, 재개발조합이 사업을 추진하는 경우에는 참여 · 협상 과정을 거치고 있고, 대규모 사업에도 공청회 등을 거치는 경우가 많은데, 공익사업 전반에서 주민참여 절차를 강화할 필요성이 있다. 다만, 이러한 절차의 공개 및 주민참여를 강화할 경우 사업 초기 단계부터 사업정보가 공개됨으로써 알박기 행위의 만연으로 사업 자체의 진행이 불가능하게 될 우려가 있는데, 이는 수용권의 적정한 보장과 투기행위에 대한 제재 및 투기수익 박탈 등으로 대처할 수 있을 것이다.

용되고 있으며, 개발부담금, 수익자부담금, 재건축초과이익 환수, 기반시설부담금 등의 비과세조치도 이용되고 있다. 다만, 과세조치는 간접적 조치이기 때문에 시급한 투기 방지의 목적을 위해서는 즉시적 효과는 떨어진다. 이에 비하여 직접적 개발이익 환수제도의 경우 토지공개념 구현을 위한 대표적 개발이익 환수제도였던 토지초과이득세제가 폐지된데다가 미실현 이익에 대한 환수라는 비판이 제기되는 점 등의 측면에서 그 환수 대상과 범위를 정하기 쉽지 아니하다.[54] 하지만 투기이익 배제의 범위에서라면 적극적으로 개발이익 환수제도를 보완하여 개발의 지속성과 공정성을 침해하고 거래비용을 증대시키는 투기적 지대추구행위를 방지하도록 할 필요가 있으며, 투기이익은 조세 및 준조세적 방법으로 결국 모두 회수된다는 시그널을 시장에 보낼 필요도 있다.

또한 투기적 이익 박탈이라는 개발이익 배제원칙의 목적 관철을 위해서 기회주의적 (최협의의) 알박기를 통하여 사업을 지연시키는 투기행위에 대하여는 형법상 부당이득죄(형법 제349조)로 처벌하고, 이를 통해 취득한 이익은 부당이득으로 반환하도록 함으로써 투기행위의 방지를 도모할 수 있을 것이다(조병구, 2012).

V. 결어

개발이익의 귀속에 있어 정당한 배분의 기준을 정하는 것은 개발사업의 지속과 공정성 확보를 위하여 필수적이고 중요하다. 개발이익 배제원칙은 공정하고 합리적인 시장질서를 보호하고 거래비용 급증으로 인한 사업 진행 저해를 방지하기 위해서 준수되어야 할 원칙으로 그 타당성과 정당성은 인정된다고 할 것이고 우리 대법원과 헌법재판소에 의해서도 일관되게 수긍되고 있다. 다만, 우리 토지수용법

54) 개발이익 환수에 관한 법률에서도 개발부담금 부과 대상 사업(제5조) 및 개발부담금 산정방식(제2절) 등이 제한적으로 규정되어 있어 일반적으로 투기 방지에 활용할 수 있도록 개발이익을 환수하는 기능을 하고 있지는 못하다. 자세한 것은 임윤수(2006) 참조.

제에서는 개발이익 배제원칙이 지나치게 강조됨으로써 실질적인 정당한 보상이 이루어지지 않는 상황이 발생하고 있고, 불완전한 표준지 공시지가 기준제도의 운영으로 개별 사안에서는 과소보상 혹은 과다보상의 결과도 나타나고 있으며, 민간수용이 허용됨으로써 개발이익의 상당한 부분은 민간 사업시행자가 취득하게 되고 경제적 지위가 상대적으로 불리한 개별 토지소유자들의 이익이 박탈될 우려도 있다. 투기행위이자 지대추구행위로서 개발이익은 배제하는 것이 바람직하다. 하지만 이때 정당한 보상의 원칙이 침해되지 않도록 하기 위해서 사업계획 단계에서 주민참여를 강화하고, 보상가 산정 단계에서 표준지 공시지가 기준 보상감정제도를 대폭 보완할 필요가 있으며, 투기행위 방지를 위하여 이를 사후적으로 환수하는 개발이익 환수제도의 구비도 필요하다. 이러한 보완을 통해 사업자와 토지소유자 사이의 인센티브를 참작한 적정한 보상제도를 정립함으로써 개발사업의 지속성과 공정성의 확보가 가능할 것이다.

김성수, 「도시개발을 위한 민관협력 –독일건설법전상의 개발계약 등을 중심으로」, 『헌법판례연구』, 제4권, 2002, pp. 158-228.

김일중 · 박성규, 「공공재 공급수단으로서의 민간수용: 경제학적 분석」, 『재정학연구』, 제5권 제4호, 2012.

김태광, 「개발이익환수의 법제에 관한 연구」, 서울대학교 석사학위논문, 1988.

류해웅, 『토지공법론』, 삼영사, 2004.

민태욱, 「공시지가를 기준으로 하는 토지감정평가체계의 재검토」, 『토지공법연구』, 제51집, 2010, pp. 67-88.

박균성, 『행정법론』, 박영사, 2003.

박성규, 「공용수용의 정당보상에 관한 경제학적 연구 –공시지가 기준 보상액 산정과 기타요인 보정을 중심으로–」, 『부동산학연구』, 제17집 제4호, 2011, pp. 133-154.

백종인 · 김상설, 「공시지가기준 보상원칙과 헌법상 정당보상 –판례를 중심으로–」, 『전북법학논집』, 제1편, 2000, pp. 63-90.

성중탁, 「매도청구소송에서 매매가격 산정시 개발이익 포함여부」, 법률신문, 2012. 8. 20.

엄수원, 「토지개발사업에 따른 재산권 제한과 손실보상에 관한 연구」, 『토지공법연구』, 제26집, 2005, pp. 121-147.

이동수, 「국토계획법에 있어서 민간참여」, 『토지공법연구』, 제43집 제1호, 2009, pp. 183-202.

이인호, 「역로빈훗 방식의 수용권행사의 위헌성」, 법경제학회 월례회, 2011. 9.

이호준 · 김형태, 『공공수용제도 개선방안연구(II)–적정보상기준지가에 관한 분석』, 한국개발연구원, 2011.

허 영, 『한국헌법론』, 박영사, 2005.

홍정선, 『행정법원론(상)』, 박영사, 2002.

Cohen, Charles E., "Eminent Domain After Kelo v. City of New London: An Argument for Banning Economic Development Takings," *Havard Journal of law & Public Policy*, vol. 29, 2006, pp. 491-568.

Miceli, Thomas J. and Kathleen Segerson, "Private Property, Public Use, And Just Compensation: The Economics of Eminent Domain," *Foundations and Trends in Microeconomics*, 2007.

Wyman, Miriam Katrina, "The Measure of Just Compensation," *UC Davis Law Review*, vol. 41, 2007, pp. 239-287.

Chapter 2 공공수용 적정보상지가에 관한 분석

이호준 · 김형태

Chapter 2

공공수용 적정보상지가에 관한 분석[1]

Ⅰ. 서론

1. 개발이익 배제원칙과 보상 갈등

헌법 제23조 제3항에 따르면 공공사업 추진 과정에서 부득이한 경우 정당한 보상을 지급하여 공공이 민간의 재산을 수용할 수 있다. 그리고 공공수용의 절차, 보상 등에 관한 구체적인 내용은 「공익사업을 위한 토지 등의 취득 및 보상에 관한 법률」(이하 토지보상법)을 비롯한 관련 법령에서 다루고 있다.[2]

이러한 공공수용과 관련한 법령과 판례들을 살펴보면, 헌법에서 말하는 정당한 보상의 의미에 대한 몇 가지 원칙이 있음을 알 수 있다. 그 중 대표적인 원칙으로 '개발이익의 배제'원칙을 들 수 있는데, 이는 공공의 이익을 위해 추진하는 공공사업 과정에서 발생하는 개발이익은 해당 사업부지의 원(原)토지소유자를 비롯한 개인에게 돌아가서는 안 되고 모두 공공에게 돌아가도록 해야 한다는 원칙이다.

그런데 개발이익의 배제원칙에 대해서는 지속적으로 논란이 있어 왔고, 특히

1) 본 연구는 KDI 정책연구 시리즈로 기 발간된 『공공수용제도 개선방안 연구(II): 적정 보상기준지가에 관한 분석』(2011)의 내용임.
2) 공공수용제도에 관한 전반적인 논의는 이호준(2010)을 참고하라.

공공수용을 통해 토지가 수용된 소유자들은 자신의 재산권 피해에 대한 보상의 의미로 개발이익의 일부가 보상금에 포함되어야 한다는 주장을 종종 펼쳐 왔다. 그러나 관련 법률 및 헌법재판소의 판례 등을 보면 우리의 법체계에서 개발이익의 배제원칙은 확고한 것으로 보인다. 〈표 2-1〉을 보면 개발이익 배제원칙과 관련한 법률과 대표적인 판례가 정리되어 있다. 여기서 볼 수 있듯이 공공사업은 근본적으로 공공의 이익을 증진시키기 위해 추진되는 만큼 해당 사업으로 인해 생겨나는 이익은 모두 공공에 환원되어야 한다는 것이 해당 법률과 판례에서 말하고 있는 원칙이다.[3)]

본장에서 문제를 제기하는 바는 이처럼 법체계상 확고한 원칙이 현실과 괴리가 존재한다는 점이다. 현실에서는 개발이익 배제의 원칙이 지켜지지 못하는 경우가 종종 있다. 즉, 수용에 따른 보상금을 산정하는 경우를 보면 다양한 이유로 인해 개발이익이 보상금에 포함되어 개발이익 배제의 원칙에 부합하지 못하는 경우가 존재한다.

그런데 이처럼 개발이익 배제원칙이 제대로 지켜지지 않을 경우 법체계상의 혼란을 야기할 뿐 아니라, 결과적으로 공공수용과 관련한 사회적 갈등을 증폭시킬 수 있다. 수용보상액 산정시 경우에 따라(예를 들어, 토지 원소유자의 갈등 유발 정도에 따라) 개발이익이 보상금에 포함될 여지가 있으면 매 공공사업에서 토지 원소유자들은 자신의 토지보상에서도 정당보상금 이상의 금액을 받아 내기 위해 다양한 노력을 하고 사회적 갈등을 일으킬 유인이 생겨난다. 다시 말해서, 개발이익의 배제원칙이 지켜지지 않고 경우에 따라서 보상금에 포함되는 개발이익의 정도가 달라진다면 '① 과다보상에 대한 토지소유자의 기대심리 → ② 정당보상금에 대한 불만 생성 → ③ 갈등 유발 → ④ 갈등으로 인한 사업지연 방지를 위한 과다보상 → ⑤ 다른 공공수용에서 과다보상에 대한 기대심리 유발'과 같은 악순환이 계속될 것이다.

따라서 법체계상의 혼란을 줄이고 공공수용과 관련한 사회적 갈등을 최소화시키기 위해서는 법체계상의 원칙과 현실 간의 괴리를 줄여 나갈 필요가 있다. 이를 위해 법체계상의 개발이익 배제의 원칙 자체를 현실에 부합하는 방향으로 재검토

3) 본 연구에서는 '개발이익의 배제원칙'의 정당성에 대한 법리적 논의는 배제한다. 여기서는 현 법체계에서 명시하고 있는 당 원칙 하에서 관련 제도의 개선 방향을 모색하고자 한다.

표 2-1 개발이익 배제원칙과 관련한 법률 및 헌재 판례

공익사업을 위한 토지 등의 취득 및 보상에 관한 법률 (제67조 제2항)	보상액의 산정에 있어서 당해 공익사업으로 인하여 토지 등의 가격에 변동이 있는 때에는 이를 고려하지 아니한다.
헌법재판소의 판례 (2008헌바112)	• 공익사업의 시행으로 지가가 상승하여 발생하는 개발이익은 사업시행자의 투자에 의한 것으로서 피수용자인 토지소유자의 노력이나 자본에 의하여 발생하는 것이 아니므로, 이러한 개발이익은 형평의 관념에 비추어 볼 때 토지소유자에게 당연히 귀속되어야 할 성질의 것이 아니고, 또한 개발이익은 공공사업의 시행에 의하여 비로소 발생하는 것이므로, 그것이 피수용토지가 수용 당시 갖는 객관적 가치에 포함된다고 볼 수도 없다. • 따라서 개발이익은 그 성질상 완전보상의 범위에 포함되는 피수용자의 손실이라고 볼 수 없으므로, 이러한 개발이익을 배제하고 손실보상액을 산정한다 하여 헌법이 규정한 정당보상의 원리에 어긋나는 것이라고 할 수 없다.
헌법재판소의 판례 (2008헌바102)	• 공익사업의 시행으로 지가가 상승하여 발생하는 개발이익은 사업시행자의 투자에 의한 것으로서 피수용자인 토지소유자의 노력이나 자본에 의하여 발생하는 것이 아니어서 피수용토지가 수용 당시 갖는 객관적 가치에 포함된다고 볼 수 없고, • 따라서 그 성질상 완전보상의 범위에 포함되는 피수용자의 손실이라고 볼 수 없으므로, 공익사업법 제67조 제2항이 이러한 개발이익을 배제하고 손실보상액을 산정한다 하여 헌법이 규정한 정당보상의 원칙에 어긋나는 것이라고 할 수 없다.

하거나, 또는 현실의 제도를 개발이익 배제의 원칙에 부합하도록 개선할 필요가 있다. 이를 통해 위의 악순환 중 '③ 갈등 유발 → ④ 갈등으로 인한 사업지연 방지를 위한 과다보상' 간의 연결고리를 차단할 수 있을 것이다. 본 연구에서는 개발이익 배제의 원칙 자체에 대한 재검토는 다루지 않는다. 그 동안 개발이익 배제의 원칙에 대하여 사법부는 수차례 정당성을 인정해 온바, 본 연구에서는 개발이익 배제의 원칙 하에서 현실의 제도가 어떤 괴리가 있는지 살펴보고, 이에 따른 제도의 개선방안을 모색하고자 한다.

그림 2-1 토지수용 절차

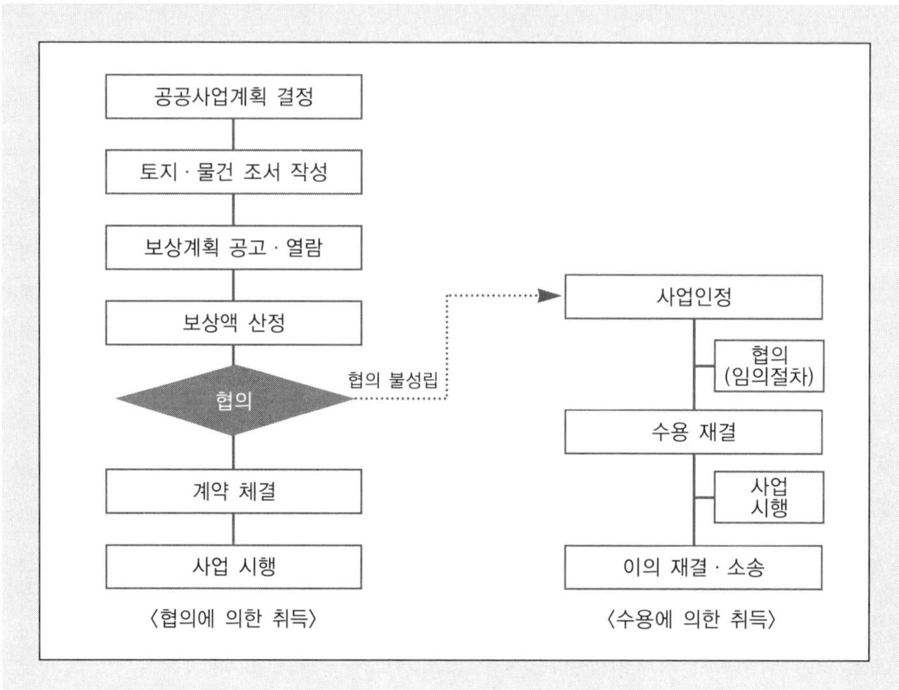

2. 문제의 제기

본절에서는 현행 제도 하에서 개발이익의 배제원칙이 지켜지기 힘든 이유에 대해서 살펴본다. 〈그림 2-1〉에서는 통상적인 토지수용 절차를 보여 주고 있다.

일반적으로 공공사업을 위한 토지 취득에는 협의에 의한 취득과 수용에 의한 취득의 두 가지 방법이 있으며, 전자는 토지 원소유자가 제시된 보상금액에 동의를 한 경우의 절차이고 후자는 그렇지 않은 경우의 절차이다. 그리고 공공사업의 특성에 따라 공공사업계획이 확정됨과 동시에 사업인정의 단계부터 절차가 시작되는 경우도 종종 있다. 이 경우에는 사업인정 이후에 협의 단계를 거치게 된다.

통상적으로 공공개발사업은 사업진행 과정에서 지역 주민들 혹은 전체 국민의 의견을 수렴하게 되므로 사업추진이 확정되기 이전부터 개발계획에 대한 정보가 널리 알려지게 된다. 그리고 의견수렴 이전 단계에서도 대규모 사업을 준비하는 과정에서 해당 사업에 대한 정보가 일반인에게 알려지는 경우가 종종 있다. 이처럼 개발계획이 미리 알려지게 되면 해당 부지의 가격은 대체적으로 상승한다. 공공개발사업에 따라 해당 지역의 이용가치가 높아질 것으로 예상하거나 토지수용 과정에서 거액의 보상금을 받을 것이라고 예상하기 때문이다. 이처럼 상승된 토지 가격에는 공공개발사업과 관련한 정보가 반영되어 있는 것이고, 이는 결국 개발이익이 지가에 반영되어 있다고 볼 수 있다.

따라서 개발이익 배제원칙에 부합하기 위해서는 개발계획에 영향을 받아 상승한 지가변동분은 배제하고, 개발계획과는 무관한 토지가치만큼을 보상액 산정의 기준으로 삼는 것이 필요하다. 즉, 보상액을 책정할 때 공공개발사업과 관련한 정보가 반영되지 않은 시점의 지가를 찾아서 보상가격 책정의 기준가격으로 삼고, 그 시점 이후 개발계획과는 무관한 전반적인 지가변동을 반영하는 보정작업을 거치는 것이 바람직하다.

이때 실제로 보상 기준 가격을 무엇으로 삼을지, 어느 시점을 기준 시점으로 삼을지에 대한 기준은 개발이익 배제원칙의 준수 여부와 직결되는 매우 중요한 내용이다. 그러므로 보상가격 책정시의 기준이 되는 가격인정 시점과 적용지가에 대한 면밀한 검토가 필요한 것이다.

〈표 2-2〉에는 앞서 말한 두 가지 기준이 정리되어 있다. 첫 번째는 보상가격을 산정하기 위해서는 어느 시점을 기준으로 가격을 산정할지에 대한 기준, 즉 가격인정 시점에 대한 것이고, 두 번째는 정해진 가격인정 시점에 적용할 지가에 대한 것이다. 이를 살펴보면 원칙적으로 협의 단계 혹은 사업인정 고시일 기준에서 가장 가까운 공시지가를 보상액 산정의 기준으로 삼고 있다. 그런데 앞서 〈그림 2-1〉을 보았을 때 협의 단계나 사업인정 고시일에는 이미 사업계획이 널리 알려진 경우가 많을 것임을 짐작할 수 있다. 즉, 이 당시의 공시지가에는 공공사업 추진 정보가 반영되어 있을 개연성이 높다.

보상가격의 기준으로 삼는 공시지가에 이미 개발이익이 반영된 경우 실제 보상액 산정시에 이를 배제하기 위한 노력을 별도로 해야 하지만, 현실적으로 감정

표 2-2 토지보상법 중 가격 시점과 관련한 조항

제67조(보상액의 가격 시점 등)	보상액의 산정은 협의에 의한 경우에는 협의 성립 당시의 가격을, 재결에 의한 경우에는 수용 또는 사용의 재결 당시의 가격을 기준으로 한다.
제70조(취득하는 토지의 보상)	• 사업인정 전의 협의에 의한 취득에 있어서 제1항의 규정에 의한 공시지가는 당해 토지의 가격 시점 당시 공시된 공시지가 중 가격 시점에 가장 가까운 시점에 공시된 공시지가로 한다. 〈개정 2007. 10. 17.〉 • 사업인정 후의 취득에 있어서 제1항의 규정에 의한 공시지가는 사업인정 고시일 전의 시점을 공시기준일로 하는 공시지가로서, 당해 토지에 관한 협의의 성립 또는 재결 당시 공시된 공시지가 중 당해 사업인정 고시일에 가장 가까운 시점에 공시된 공시지가로 한다. • 제3항 및 제4항에도 불구하고 공익사업의 계획 또는 시행이 공고 또는 고시됨으로 인하여 취득해야 할 토지의 가격이 변동되었다고 인정되는 경우에는 제1항에 따른 공시지가는 당해 공고일 또는 고시일 전의 시점을 공시기준일로 하는 공시지가로서, 당해 토지의 가격 시점 당시 공시된 공시지가 중 당해 공익사업의 공고일 또는 고시일에 가장 가까운 시점에 공시된 공시지가로 한다. 〈신설 2007. 10. 17.〉

평가사가 주관적인 판단으로 개발이익 부분을 배제하고 보상액을 산정하는 것에는 한계가 있다. 그래서 제도적으로 이를 보완하기 위한 노력이 있었고, 2007년 10월 토지보상법 제70조 제5항이 신설되었다. 〈표 2-2〉에 정리되어 있는 조항 내용을 보면 "제3항 및 제4항에도 불구하고 공익사업의 계획 또는 시행이 공고 또는 고시됨으로 인하여 취득해야 할 토지의 가격이 변동되었다고 인정되는 경우" 공고일 또는 고시일 직전의 공시지가를 보상액 산정의 기준가격으로 삼는다고 되어 있다. 이는 애당초 보상가격 산정시 기준이 되는 가격에 개발이익을 배제하고자 신설된 조항으로 기존 제도를 상당히 보완하였다고 볼 수 있다.

하지만 현재의 제도만으로는 크게 두 가지 제약점이 존재한다. 하나는 토지보상법 제70조와 관련된 하위 법령과 관련된 것이고, 나머지는 토지보상법 제70조 제5항 자체와 관련된 것이다.

첫 번째로 토지보상법 제70조 제5항에서 말하는 "공익사업의 계획 또는 시행이 공고 또는 고시됨으로 인하여 취득해야 할 토지의 가격이 변동되었다고 인정되는 경우"에 대한 기준이 명확하지가 않다. 통상적인 법체계에서는 상위 법에서 말하는 '경우'에 대한 판단 기준을 하위 법령에서 명시함으로써 자의적인 해석을 방지하고 있으나, 본 조항에 대해서는 하위 법령에서 전혀 규정하지 않고 단지 강제성이 없는 토지보상평가지침(감정평가협회)에 그 기준을 제시하고 있을 뿐이다.[4] 즉, 개발이익 배제원칙의 적용시 자의적인 해석을 탈피하기 위해 토지보상법 제70조 제5항이 도입되었지만, 관련 하위 법령이 제대로 정비되지 않아 명시적인 기준으로서의 역할을 하기에는 아직 부족한 점이 많이 있다.

두 번째로 토지보상법 제70조 제5항에 따르면, 공익사업에 관한 정보가 지가에 반영된 바가 명백하다고 할지라도 공고 또는 고시일에서 가장 가까운 시점의 공시지가보다 더 이전의 공시지가는 적용할 수가 없다. 하지만 공익사업에 대한 공고나 고시 이전부터 해당 사업에 대한 정보가 일반에게 알려진 경우가 종종 있다. 이 경우 해당 사업의 공고나 고시 시점에는 이미 개발이익이 지가에 반영되어 있을 것이다. 그러나 현행 제도 하에서는 공익사업에 대한 정보가 공고나 고시 시점의 공시지가에 이미 반영되어 있다고 하더라도 그 공시지가를 보상액 산정의 기준가격으로 삼을 수밖에 없는 한계가 있다.

본장에서는 데이터 분석을 통해 이러한 한계점들이 존재함을 명확히 밝히고, 이를 극복하기 위한 방안을 논의하고자 한다. 이를 위해 우선 현행 토지보상법 제70조의 조항들이 가지는 한계에 대해서 살펴보고자 한다. 혁신도시 내부와 주변 필지 데이터를 바탕으로 혁신도시 내부의 표준지 공시지가가 주변 필지의 표준지 공시지가에 비해 통계적으로 유의하게 변동하는 시점이 언제부터인지를 찾음으로써 해당 사업의 개발정보가 공시지가에 반영되기 시작한 시점을 찾으려고 시도하였다. 이를 통해 토지보상법 제70조에도 불구하고 개발이익이 보상기준지가에 반영될 수 있음을 보임으로써 해당 조항의 개선 필요성을 제기하고자 한다. 이와 더불어 토지보상법의 하위 법령에 개발정보가 지가에 반영되었는지를 판별하는 명시적인 기준이 포함될 필요가 있음을 강조하고자 한다. 그리고 혁신도시 지가변동

4) (토지보상평가지침 제10조 제3항) "당해 공익사업의 계획 또는 시행의 공고 또는 고시로 취득해야 할 토지의 가격이 변동되었다고 인정되는 경우"란 그 공고 또는 고시일 해당 연도 초(1월 1일)부터 제10조 제1항 제1호 또는 제2호에 따른 적용공시지가의 공시기준일까지의 당해 공익사업지구 안에 있는 표준지 공시지가 모두의 평균변동률이 같은 기간 동안의 당해 시 · 군 · 구 전체의 표준지 공시지가 평균변동률과 비교하여 당해 시 · 군 · 구 전체의 표준지 공시지가의 평균변동률을 기준으로 1.3배 이상 높거나 낮은 경우로서 그 변동률 차이가 5% 이상 나는 경우를 말한다(신설 2009년 10월 28일).

을 분석하기 위해 제시된 다양한 방법론들을 통해 명시적 기준 마련을 위한 학술적인 기초를 제공하고자 한다.

II. 선행 연구 검토

뉴타운 개발 및 택지 개발, 신도시 조성, 산업단지 조성과 같은 공공사업은 해당 지역은 물론 주변 지역의 지가에 지대한 영향을 미친다. 헌법상 공공사업으로 인한 지가변동분은 개발이익 환수라는 제도를 통해서 원칙적으로 국가에 환수되어야 하지만 현실적으로는 그렇지 않다. 보상 시점과 기타 보정요인이라는 항목, 감정평가사 선정과 관련된 문제 등 다양한 요인에 의해서 보상가 산정에 이미 개발이익이 많이 포함되어 있다는 사실을 심정적으로만 인정하고 있는 상황이다. 본 장에서는 공공사업이 지가에 미치는 영향을 분석한 기존의 연구를 살펴보고 이후에 현행 토지보상제도의 문제점과 해결책에 관한 연구들을 정리하고자 한다. 기존의 연구에서 혁신도시와 같은 정부 정책이 지가와 같은 부동산시장에 미치는 영향을 어떠한 계량모형으로 분석하고 있는지를 살펴보았으며, 지가변동모형에 적용할 수 있는 공간계량경제학의 내용과 한계를 살펴보았다. 마지막으로 선행 연구와 비교하여 본 연구가 갖는 의의에 대해 논하고자 한다.

1. 공공사업으로 인한 지가변동 관련 선행 연구

김선태(2003)는 대전 둔산 택지개발사업이 대전광역시 지가의 공간적 분포 변화에 미치는 영향을 헤도닉 모형으로 분석하였다. 22만 필지의 개별공시지가를 더미변수를 이용하여 사업 시점에 따라 1991년, 1996년, 2001년으로, 또 지역에 따라서는 4개 지역으로 구분하여 토지의 특성을 설명변수에 반영 · 분석하였고, 그 결과 둔산 지역의 지가 상승과 구도심 지역의 지가 하락으로 지가의 격차가 초기 7.6배에서 1.4배로 줄어들었음을 보였다. 둔산 지역의 지가는 급격하게 상승한 반면 인구나 시설의 이동으로 대전 구도심의 지가는 낮아졌기 때문이다. 일반적으로 공공사업은 해당 지역 및 주변 지역의 지가를 상승시키지만 이 경우는 대전이 단핵도심구조에서 다핵심 도시구조로 변화되고 있는 것을 반영한 결과라고 할 수 있다. 하지만 횡단면 자료를 통해 단순히 더미변수의 계수값을 통해서 지가변동을 구분하고 있다는 한계가 있다. 강미영(2009)의 연구에서도 택지개발예정지구 지정이 되기 전 택지개발계획이 세워질 때부터 이미 정보가 유출되어 투기세력에 의해 해당 지역 및 주변 지역의 지가가 폭등함을 보여 주고 있다. 특히, 전국에 걸친 택지개발예정지구의 고시면적을 규모별로 분류하여 규모에 따른 지가변동률의 차이를 살펴본 결과, 지구 지정일에 가까워질수록 지가변동률이 상승하고 있음이 나타났다. 특별히 특대규모 개발사업 예정지에서는 지구 지정일 1년 전에 약 50%가 상승하는 등 가장 높은 상승률을 보였다.

공공사업은 해당 지역의 지가만 상승시키는 것이 아니라 주변 지역의 지가까지 상승시킨다. 토지보상 갈등이 많이 발생하는 이유 중 하나가 공공사업 해당 지역은 개발이익이 환수되지만 그 주변 지역은 개발이익이 환수되지 않아서 생기는 상대적인 박탈감이다. 공공사업을 위해서 삶의 터전을 빼앗긴 사람들에 비해서 그렇지 않은 주변 지역 사람들에게 많은 이익이 돌아가기 때문이다. 박승철(2009)은 택지개발사업이 진행된 판교와 아산 배방, 대전 서남부 택지개발지구를 분석한 결과, 세 지역 모두 주변 지역의 지가가 급등하였으며, 지구 지정 단계 및 택지공급공고 단계보다 개발계획 승인 단계 및 실시계획 승인 단계에서, 그리고 지목별로는 전 · 답의 증가폭이 높았다. 이는 경기도 남양주시 마석택지개발사업지구 주변 지역을 대상으로 분석한 이동선(2001)의 연구와도 일치한다. 1991년부터 2000년까지 사업 대상 지역 1km 이내 필지들의 지가상승률은 남양주시 전체 평균상승률보다 약 12배 높은 것으로 나타났다. 이는 의정부의 금오지구 택지 개발이 반경 1.5km 주변 필지의 지가에 미치는 영향을 분석한 김영규 외(2003)의 연구 결과와도 일치한다.

위 연구들은 공공사업이 사업 지역 및 주변 지역의 지가변동에 큰 영향을 주는 요인임을 실증적으로 보여 주었다는 점에서 의미가 있지만, 몇 가지 사례를 통한 분석이기 때문에 공공사업이 진행될 때 어느 시점에 얼마 정도 올랐는지에 관한 일반화된 결과를 도출하지는 못하고 있다. 또한 지가상승률을 다른 지역과 단순 비교하여 그 차이를 분석하고 있다는 한계가 있다.

2. 토지보상 관련 선행 연구

공공사업 관련 토지보상의 문제점과 대안을 제시한 연구는 다음과 같다. 허강무(2008)는 「공익사업과 개발이익」에서 피수용지의 개발이익을 배제하는 방법으로 보상 기준 시점을 사업인정 전 단계로 조정할 것을 언급하고 있다. 일반적으로 공공사업은 사업기간이 길고 사업인정, 협의보상, 수용 재결에 따라 적용공시지가와 보상 선례가 달라서 합의 시점에 따라 피수용자 간의 보상에 차이가 발생하기 때문이다. 버티면 보상을 더 많이 받는다는 인식을 개선시킬 필요가 있다는 것이다. 또한 공익사업 편입 지역과의 형평성을 고려하여 공익사업 주변 지역의 개발이익을 환수하는 것이 필요하다고 언급하고 있다. 그리고 주변 지역의 개발이익을 환수하는 방법으로 토지공개념에 입각한 토지초과이득세법의 재도입 필요성을 주장하고 있다. 이 제도가 1998년에 폐지된 것은 법률 목적의 위헌성이라기보다는 외환위기라는 정책상의 목적 때문이었다고 본 연구에서는 지적하고 있다.

김용창(2010)은 「공익사업에서 정당보상과 손실보상제도의 쟁점 및 개선에 대한 연구」에서 개발사업에서 공익의 개념에 대한 명확한 정의가 무엇인지에 대한 문제를 제기하면서 어디까지가 공익인지에 대한 기준이 필요하다고 언급하고 있다. 이는 공익이라는 미명 하에 진행되는 공공사업이 피수용자의 권익을 침해할 수 있기 때문이다. 또한 각 법률마다 공시지가의 적용 시점에 차이가 있는데, 이를 통일하여 개발이익을 배제할 것을 제시하였다.

선병채(2007)는 「보상평가에 있어 개발이익 배제」에서 현행 보상 과정은 '기타 요인 보정'이라는 항목 때문에 사업인정 후 취득의 경우 보상 시점과 가장 가까운 보상선례를 적용하도록 되어 있어, 사업인정 전의 공시지가와 그 기간에 있어 차이가 많이 발생하여 개발이익이 포함될 가능성이 높다고 언급하고 있다. 이러한 보상선례를 적용하는 것은 다른 보상토지와의 형평성 때문인데, 이를 통해서 개발이익이 이중으로 포함될 가능성이 있다는 것이다. 이를 해결하기 위해서 저자는 최대한 개발이익이 포함되지 않도록 보상선례를 사업구역 고시일 이전으로 당기고, 사업인정 후에 취득하는 경우도 적용공시지가를 주민 공람이나 계획이 발표되는 시점에서 가장 가까운 공시지가를 적용할 것을 주장하였다. 강병운(2011)은 이에 덧붙여 기타 보정요인 적용에 있어 감정평가사의 자의성을 최소화하기 위해서 기타 보정요인의 정의와 적용 근거를 토지보상법령에 명시하고 검증하는 제도를 해결책으로 제시하고 있다. 하지만 토지보상법률과 감정평가사들이 적용하는 토지보상지침을 개정한다고 해도 당해 사업으로 인한 개발이익이 언제부터 얼마나 생겼는지에 관해 끊임없는 이견이 존재하며, 이해당사자들 간의 대립이 첨예하기 때문에 어떤 방식으로 제도를 개선하고 이를 어떻게 적용할지에 관해서 합의점에 도달하기가 쉽지 않은 상황이다.

이 외에 지가변동과 관련된 국내 연구들은 대부분 환율이나 실질GDP, 물가, 금리와 같은 거시경제지표들이 지가에 미치는 영향을 시계열 분석을 통해 분석하거나, 세율이나 정부의 부동산정책이 과연 정책의 의도와 일치하는 방향으로 구조적인 변화를 일으켰는지를 분석한 연구들이 주를 이룬다(서승환, 2003; 우종철, 2005; 성채원, 2005; 최정원, 2006; 박헌수 · 안지아, 2009). 공공사업에 따른 지가변동 및 토지보상에 관련된 외국의 연구들은 위의 주제를 직접 다루기보다는 정부가 토지수용권을 행사하는 것이 경제적인 효율성을 가져올 수 있는 것인지에 관한 문제와 정당한 보상액의 산정 기준, 경제적으로 효율성을 달성할 수 있는 보상액을 산정하는 시기와 방법에 관한 연구들이 있다(Innes, 2000). 또한 정부가 토지를 미리 사 두는 것이 과연 지가를 안정시키는지에 관한 연구도 있다(Carr and Smith, 1975).

3. 계량모형 관련 선행 연구

지가변동과 관련하여 지금까지 가장 많이 사용된 방식은 선형회귀분석이다.

연구자들은 지가변동에 영향을 미친 것이라고 추측되는 요인들을 독립변수로 추가하여 회귀분석을 한 결과를 제시한다. Wang(2009)은 중국 도시의 기준시가 횡단면 자료를 토대로 상업용지와 주택용지의 지가함수를 추정하였다. 종속변수는 기준시가에 로그를 취하여 사용하였으며 독립변수로는 비농업인구, 1인당 GDP, 중심 지역까지 거리, 중심 지역까지의 거리와 비농업인구를 곱한 값을 사용하였다. Diamond(1980)는 생활환경과 도시 지가의 관계를 분석하면서 도심까지의 거리, 통근열차까지의 거리, 인구 천명당 범죄율, 공기의 질, 언덕과 호수를 사용하기도 하였다. 우리나라 연구자들 또한 토지의 용도와 지목, 면적, 중심지로부터의 거리, 구역 등을 포함하여 지가변동에 영향을 미치는 요인들을 분석하였다.

하지만 이런 회귀분석방법은 자료가 공간적으로 서로 영향을 주고받거나 관측불가능한 이질성이 존재할 경우 추정값의 정확도가 현저하게 떨어진다. 일반적으로 지가 자료는 공간의 특성을 반영할 수밖에 없는데, 이를 고려하지 않는 것은 중요한 변수를 빼고 분석하는 것과 동일한 결과를 낳는 것이다. Paez *et al.*(2001)은 주변 지역의 종속변수를 독립변수에 포함시키고 에러 항에 존재하는 공간의존성을 고려하여 모형을 설정하여 최우도추정법을 통해 계수값을 추정하였다. 공간의존성이 존재하는지에 관한 사전적인 검정을 통해서 의존성이 존재하는 변수를 모형에 포함시킴으로써 이를 통제하였다. 공간의존성을 고려한 모형은 횡단면 자료에만 국한되지 않고 패널 자료에까지 확장되었다(Anselin, 1988). 앞에서도 언급하였듯이 어떤 변수에 공간의존성이 존재하느냐에 따라 다양한 모형으로 확장될 수 있는데, 최근에 이들 모형에 대한 이론적인 연구들이 활발하게 진행되고 있다. 패널모형은 크게 확률효과모형과 고정효과모형이 있는데, 이들 모형에서도 공간의존성이 존재하는 변수를 적절히 포함하고 시간더미를 활용하여 시간에 따른 효과를 통제할 수 있다. 동태적 패널모형에도 공간의존성을 고려한 모형으로 응용할 수 있다. 현재의 독립변수나 공간변수만이 현재의 종속변수에 영향을 미치는 것이 아니라, 과거의 변수들도 현재에 영향을 미칠 수 있다는 점을 착안한 것이다. 종속변수의 lag변수를 제외한 다른 독립변수가 외생적인 경우 MLE나 Quasi-MLE를 통해서 추정하는 방법이 있다. 동태적 패널모형에서 개별 효과에 대한 가정과 도구변수로 어떤 것을 사용하느냐에 따라 Arellano and Bond(1991), Arellano and Bover(1995),

Blundel and Bond(1998)로 구분된다. 단, 공간의존성을 고려한 모형이 항상 유용한 것은 아니라는 점은 염두에 두어야 한다. 다음의 분석모형에서 자세히 언급하겠지만 공간변수를 포함하는 것이 연구자가 관심을 갖는 변수의 계수값 해석을 어렵게 하는 경우 이를 제외하는 방안이 바람직할 수 있다.

정부 정책의 영향으로 인한 효과를 분석한 연구들은 상당히 많이 존재한다. 우리나라의 경우 토지가 전체 자산에서 차지하는 비중이 상당히 높고, 산업화가 진행되면서 지가가 급등해 발생한 부의 격차가 사회적으로 문제가 되었기 때문이다. 1990년 토지공개념에 입각한 정책을 비롯하여 부동산 경기의 변동에 따라 다양한 냉온정책들이 시행되었다. 본장에서는 이러한 정책들의 효과보다는 어떤 방법으로 정책의 효과를 분석하였는지를 중심으로 살펴보고자 한다. 정책의 효과를 분석하기 위해 사용하는 대표적인 방법은 기존의 시계열 분석에 더미변수를 사용하는 방법이다. 정희남 외(2010)는 「토지이용 규제완화의 지가 파급효과에 대한 실증분석」에서 지가토지규제가 있었던 해를 1로 놓고 그렇지 않은 해를 0으로 놓았으며, 토지규제 변수를 −5에서 +5까지 주관적으로 판단하여 3년간 이동평균한 값으로 만들어 VAR모형에 포함시켰다. 서승환(2003)은 부동산정책을 더미변수 조합으로 만들어 사용하였다. 부동산정책의 규제가 완화된 해는 +1, 강화된 해는 −1, 아무런 정책이 없었던 해는 0으로 변수를 만든 후에 시계열 자료를 통해 분석한 결과, 그 동안 정부의 부동산정책은 미봉책임을 보였다. 이 밖에도 부동산시장에서 정책이 미치는 영향을 구조 변화의 시점을 알고 있는 경우는 Chow 검정을 통해서 분석하고, 그 시기를 모를 경우 GMM 검정방법으로 분석한다(박헌수 · 김태경, 2007).

두 번째 방법은 이중차감법으로 위의 더미변수를 확장해서 사용하는 방법이다. 의학분야에서 자주 사용하는 실험군(treatment group)과 대조군(control group) 개념을 가져온 것으로 이를 통해 특정한 정책의 시행이 효과가 있는지를 분석할 수 있다(민인식 · 최필선, 2009). 특별히 패널 자료를 통해서 분석할 경우, 시간에 대해 고정적인 관측 불가능한 변수의 영향을 통제하면서 시행 전과 후에 따라 평균적으로 어떻게 변하였는지 알 수 있다(최강식, 2007). 이중차감법은 선택편의를 제거할 수 있는 방법 중 하나로 정책의 시행 전에 수혜집단과 비교집단에 대해 모두 기초조사를 하고 정책 시행 후에도 다시 한 번 조사한다. 이를 통해 수혜집단 안에 전후의 변화에서 비교집단의 전후의 변화를 제거하여 정책 시행의 평균적인 효과를 추정하는 것이다. 하지만 위 방법은 주로 직업훈련이나 노동훈련의 효과가 평균적으로 어떻게 영향을 미치는지를 분석하는 데 많이 쓰이고, 정부의 부동산정책이 지가변동에 미치는 영향을 분석한 사례는 없었다. 이는 정부의 부동산정책이 자주 변경 · 발표되는 점과도 무관하지 않을 것이다. 본 연구에 이중차감법을 적용한다면 혁신도시 내부의 표준지는 실험군, 즉 수혜집단이 되고, 혁신도시 외부의 표준지는 대조군, 즉 비교집단이 된다. 그리고 연도더미와 혁신도시더미를 곱한 변수를 통해서 기준연도와 비교하였을 때 혁신도시 내부와 외부의 지가변동률 차이를 살펴볼 수 있으며, 이는 제Ⅳ절에서 추가적으로 설명하기로 한다.

4. 본 연구의 의의

선행 연구와 비교하였을 때 본 연구가 가지는 가장 큰 차별성은 계량경제모형을 사용하여 개발이익의 배제원칙에 부합하는 보상가격 기준 시점을 찾아 내려는 시도를 하였다는 점이다. 기존의 연구에서는 개발이익 배제에 관한 법학적 · 제도적 분석에 그친 것에 반해, 본 연구에서는 혁신도시사업과 관련 있는 지가 데이터를 바탕으로 개발이익이 과연 어느 시점부터 어느 정도 반영되었는지를 계량화하여 분석하려는 시도를 하였다. 이를 통해 현재의 보상가격 기준 시점 규정에 대한 문제점을 제시할 뿐 아니라, 향후 개발이익의 배제원칙에 보다 부합하는 기준을 마련하기 위한 방향을 제시하였다는 점에서 본 연구의 의의가 있다.

한편, 기존 연구들에서는 단일 공공사업이 해당 지역 및 주변 지역의 지가에 미치는 영향을 파악하는 수준에서 연구가 이루어졌다. 예를 들어, 택지개발지구가 해당 및 주변 지역에 미치는 영향을 파악하는 경우 그 분석범위를 해당 사업으로만 한정하여 분석하였다. 또한 지구 지정, 개발계획 승인 등 사업 시점에 따른 변화 정도를 주변 시 · 군이나 광역시의 평균적인 지가변동률과 단순 비교하거나, 시기별 횡단면 자료를 이용하여 그 추정값의 변화 정도를 비교하는 수준에서 분석이 진행되었다. 그러나 지가 자료에 대한 횡단면 분석에서는 각 필지들이 가지고 있는 개별적인 비관측 입지 특성(unobserved location characteristics)을 통제할 수 없다는 한계를 내포하고 있다. 그리고 이러한 한계 때문에 기존의 횡단면 분석을 바탕으로 하는 연구들에서는 생략된 변수로 인한 모수추정에서의 오류(omitted variable bias)를 범할 수 있어 분석의 한계가 있었다.

하지만 본 연구에서는 혁신도시 9개 지역을 대상으로 각 혁신도시마다 최소 750개가 넘는 표준지 공시지가를 9년간의 패널 자료로 구축하여 분석함으로써 각 필지의 비관측 입지 특성과 시간에 따른 변화 문제를 효과적으로 통제할 수 있었다. 그리고 연도더미를 통해서 각 해마다 발생하는 공통적인 사회경제적인 충격을 통제할 수 있었고, 혁신도시더미 및 혁신도시더미와 연도더미의 교차항을 통해서 기준 연도와 비교하여 해당 연도에 지가가 얼마나 변동하였는지를 파악할 수 있었다. 이러한 분석을 통해 혁신도시 지정 시점 및 토지보상법에서 제시하는 각 공공사업별 사업인정 시점과 비교하여, 어느 시점부터 지가가 유의미한 수준으로 변동하였는지를 파악할 수 있었다. 따라서 본 연구는 기존의 연구들에 비해 풍부한 자료를 바탕으로 공공사업이 지가에 미치는 영향을 보다 정확하게 추정할 수 있었다는 점에서 의의가 있다고 볼 수 있다.

또한 본 연구에서는 구축한 패널 자료를 바탕으로 다양한 추정방법을 사용하여 분석함으로써 결과의 신뢰도를 높이고자 노력하였다. 우선 패널 자료의 특성을 활용하여 정책 전후의 효과를 비교하는 이중차감법을 통해서 혁신도시 지정의 평균적인 효과를 수혜집단과 비교집단을 명확하게 구분하여 파악하였다. 두 번째로 주변 지역의 평균지가변동률과 같은 공간변수를 사용함으로써 자료에 존재하는 공간의존성을 상당 부분 통제하면서 분석하였다. 세 번째로, 일반적으로 공간변수를 포함할 경우 발생하는 내생성 문제를 해결하기 위해 패널 자료 안에 있는 전기의 값을 도구변수로 활용함으로써 추정의 정확도를 높일 수 있었다. 이러한 분석 방법들은 충분한 자료를 확보함으로써 가능하였으며, 비록 각 방법론이 한계를 갖고 있지만 공공사업으로 인한 지가변동과 관련하여 일관성 있는 결과를 보여 줌으로써 분석 결과의 신뢰성을 높였다.

Ⅲ. 혁신도시사업 개요

본절에서는 본격적인 지가분석에 앞서 본 연구의 분석 대상이 되는 혁신도시사업에 대해 개괄적으로 살펴보고자 한다. 이후 계량분석의 효과적인 해석을 위해서는 혁신도시사업의 특성을 충분히 파악하는 것이 필요하기 때문이다.

1. 혁신도시사업

1960년대 이후 우리나라는 성장거점을 중심으로 한 지속적인 인프라 투자와 그로 인한 성공적인 산업화에 힘입어 전 세계에서 유례없는 고도성장을 경험하였다. 그러나 성장거점을 중심으로 한 급속한 경제성장 과정에서 수도권에 인구가 과도하게 집중하고 경제활동의 공간적 분포 또한 수도권에 지나치게 집중되었는데, 예를 들어 수도권 인구는 2010년 현재 2,361만 6,000명으로 전국의 49%를 차지하고 있으며, 2005년에 비해 85만 명이 증가하는 등 인구집중현상은 최근에도 지속되고 있다. 또한 공공기관의 85%, 100대 기업의 91%, 벤처기업의 70%가 수도권에 집중되어 있는 등 경제활동도 수도권에 집중되어 있는 일극화 현상이 지속되고 있다.

이러한 수도권 과밀과 양극화 현상과 같은 국토의 불균형 개발현상을 형평성 차원에서 접근한 참여정부는 국토를 수도권 중심 구조에서 다원화된 분산체제로 개편하여 국토의 균형발전을 도모하기 위한 일환으로 행정중심복합도시 및 기업도시사업과 더불어 공공기관을 비수도권으로 이전하기 위한 혁신도시[5]사업을 추진하였는데, 이러한 혁신도시사업은 수도권 과밀 해소뿐만 아니라 지역특성화 발전을 목표로 하고 있다는 점, 국가균형발전특별법에 근거하고 있다는 점, 이전기

5) '혁신도시'란 이론적으로 신상품, 신공정 개발 등 혁신에 의한 부가가치와 고용창출이 그 도시경제에서 차지하는 비중 및 성장성이 일정 수준 이상일 때 지칭하는 도시이나(양성혁, 2001(국토연구원, 『지역개발사업의 파급효과 분석기법 및 적용연구』, 2006)), 본 연구에서의 혁신도시는 '공공기관 지방 이전과 산·학·연·관이 서로 협력하여 최적의 혁신 여건과 수준 높은 생활환경을 갖춘 새로운 차원의 미래형 도시'로 공공기관 지방 이전을 통해 지역의 성장거점 지역에 조성되는 도시를 의미한다.

관이 정부 부처에 한정되지 않는다는 점 등에서 기존의 이전사례와 차별적이며, 공공기관 지방 이전을 통한 비수도권의 자생력 확보를 목표로 하고 있다는 점에서 수도권정비계획법, 공장총량규제 등을 통해 인구와 산업의 집중을 억제하려 하였던 기존의 소극적 수도권 관리정책과 차별적이라 할 수 있다. 특히, 참여정부는 공공기관 지방 이전시 공공기관의 기능적 특성과 지역전략산업 및 혁신 클러스터를 연계시킴으로써 자립적 지역발전의 토대를 구축하고, 혁신도시 건설과 연계하여 지역특성화 발전을 촉진함으로써 지방도시의 자생력을 제고하는 것을 목표로 하였으며, 이를 통해 수도권 인구 안정화, 지방의 혁신역량 제고, 지방교육의 질적 향상, 지역경제 활성화 등을 기대하였다.

한편, 혁신도시사업은 2002년 11월 당시 노무현 대통령 후보가 선거공약으로 제시한 150대 핵심 과제 가운데 하나로 채택한 '신행정수도의 건설과 지역균형발전 추진'이란 과제에서 '중앙행정기관의 부속기관, 정부 투자 및 출연기관 등 공공기관의 지방 이전'을 제시하면서 거론되기 시작하였다. 이후 2003년 11월 청와대에서 개최된 '국가균형발전을 위한 공공기관 지방 이전 추진방안 보고회'에서 공공기관 지방 이전 추진방안에 대한 구체적인 논의가 이루어졌으며, 12월에 국가균형발전특별법이 국회를 통과하면서 공공기관 지방 이전 근거가 마련되었다. 2005년 6월 정부는 전체 176개 이전 대상 기관의 시도별 배치방안을 발표하였는데, 이 가운데 125개 공공기관이 혁신도시에 배정되었으며, 이후 동년 9월에 입지선정위원회 및 시도별 혁신도시입지선정위원회가 구성되었고, 동년 12월에 정부 지침 및 시도별 지역의 특성을 반영한 세부 기준에 따라 입지선정위원회에서 혁신도시 후보지를 평가 · 선정하였으며, 2006년 2월 정부 협의를 거쳐 혁신도시 최종 입지 10곳을 확정 · 발표한 바 있다. 이어 관계부처 협의를 거쳐 동년 6월에 혁신도시지구 지정이 제안되었으며, 9월에 혁신도시지구 및 사업시행자가 지정되었다. 2007년 2월에는 혁신도시건설지원특별법이 제정 · 시행되어 혁신도시 개발 및 지원을 위한 법적 근거가 마련되었으며, 시도별 개발계획 및 실시계획이 각각 5월 및 9월에 승인되면서 동년 9월에 건설공사에 착수하였다. 그러나 이전 대상 공공기관이 정치적으로 선정되었다는 점과 입지선정이 시장수요나 주변 여건 등에 대한 종합적인 고려보다는 지역균형개발이라는 목표에 따라 지역별로 안배된 결과라는 측면에서 혁신도시사업이 많은 논란을 야기하였던 것도 사실이다.

한편, 이러한 10개 지역의 혁신도시는 각 지역의 전략산업과 이전 대상 공공기관의 기능을 고려하여 지역역량을 강화할 수 있는 기능군으로 클러스터화하여 추진하는 것으로 계획되었는데, 혁신도시는 산 · 학 · 연 · 관 클러스터를 통한 혁신거점도시, 지역별 · 산업별 특성을 브랜드화한 특성화 도시, 자연지형을 보전하고 생태계의 다양성을 확보하여 지속 가능한 도시를 지향하는 친환경 녹색도시, 우수한 교육환경 조성 및 도시문화, U-City 등의 교육 · 문화에 중점을 둔 혁신도시의 네 유형으로 나뉘어 개발되고 있다. 이러한 혁신도시는 지역 내 입지의 효율성과 형평성을 고려하여 시도별 입지선정위원회의 평가와 정부 간 협의를 통해 선정하였다. 선정 기준은 접근성 및 인프라 등 혁신거점으로서의 발전 가능성, 도시개발의 용이성 및 환경친화적 입지 가능성 등 도시개발의 적정성, 지역 내 균형발전 및 지

표 2-3 혁신도시 입지선정 기준

구분	분야별 항목	주요 내용
혁신거점으로의 발전 가능성	간선교통망과의 접근성	• 도로, 철도, 공항 등 간선교통망과의 접근성 • 행정중심복합도시와의 접근성
	혁신거점으로서의 적합성	• 지역전략산업 육성의 용이성 • 대학, 연구기관, 기업 등과의 협력 용이성
	기존 도시 인프라 및 생활편익시설 활용 가능성	• 기존 도시의 인프라 활용 가능성 • 편익시설 활용 가능성
도시개발의 적정성	도시개발의 용이성 및 경제성	• 산업단지, 택지 등 기 개발지의 활용 가능성 • 관련 법령에 의한 개발제한 여부 등 토지 확보의 용이성 • 도로, 용수공급 등 기반시설 설치의 용이성 • 지가의 적정성 및 부동산투기 방지대책
	환경친화적 입지 가능성	• 환경훼손을 최소화한 친환경적 개발 가능성 • 쾌적한 정주환경 조성 가능성
지역 내 동반성장 가능성	지역 내 균형발전	• 지역 내 균형발전 가능성
	혁신도시 성과 공유방안	• 기초지자체의 혁신도시 개발 이익과 성과 공유계획
	지자체의 지원	• 기초지자체의 지원계획

그림 2-2 전국의 혁신도시 입지 현황

자체 지원 등 지역 내 동반성장 가능성 등을 토대로 한 총 8개 지표이며, 〈표 2-3〉은 이러한 입지선정 기준, 〈그림 2-2〉는 이와 같은 기준 하에 선정된 10개 혁신도시의 공간적 분포를 보여 주고 있다.

한편, 이러한 기준에 따라 선정된 각 혁신도시는 지역특화산업과 지역의 다양한 환경 및 문화적 요소의 접목이라는 전제 아래 이전하는 공공기관과 유관 산 · 학 · 연 간 네트워크 형성을 통해 지속적인 혁신 창출과 확산으로 지역성장을 견인

표 2-4 혁신도시 발전방안 개념도

지역	발전방향	이전 공공기관 분야	추진방향
부산	동북아 해양수도	해양수산, 금융산업, 영화진흥 등	• 해양수산 R&D 허브 • 동남경제권 금융도시 • 아시아 영상 허브
대구 (팔공이노밸리)	지식창조의 BRAIN CITY	산업진흥, 교육 · 학술 진흥, 가스산업 등	• 교육 학술 • 산업 지원 • 연구 지원
광주 · 전남 (빛가람도시)	그린에너지 시범도시	전력산업, 정보통신, 농업기반 등	• 녹색전력에너지산업 • 태양광 시범도시 • 인간 중심 미래형 도시
울산 (울산그린밸리)	경관 중심의 에너지	에너지산업, 노동복지 등	• 경관 중심 도시 • 친환경 첨단 에너지 도시 • 그린에비뉴
강원 (Vitamin City)	건강 · 생명 · 관광 도시	관광기능, 건강 · 생명 기능, 자원개발기능, 공공 서비스	• 치악산 자락 경관도시 • 지식기반도시 • 의료 · 관광 거점
충북 (중부신도시)	IT · BT 산업 테크노폴리스	정부 소속기관, 정부 출연 연구기관, 공공기관	• IT, BT 산업의 성장거점도시 • 태양광산업도시 • 블루생태환경도시
전북 (Agricon City)	농업 · 생명의 허브	국토개발, 농업생명 등	• 농업 관련 R&D • 친환경녹색도시 • 개성 있는 특성화 도시
경북 (경북드림밸리)	물과 교통의 신(新) 김천	도로 · 교통 기능, 농업 지원 기능	• 최첨단 정보통신도시 • KTX 역세권 개발 • 생태환경도시
경남 (한가람도시)	녹색친수도시	주택건설, 산업 지원 등	• 첨단주택문화 R&D • 산업지원거점도시 • 남강수변친화도시
제주	국제교류 연수폴리스	국제교류, 교육연수 등	• 국제교류도시 • 교육연수도시 • 생태도시

자료: 「행정브리핑: 10개 지방자치단체, "혁신도시 발전 방안" 수립 지역별 테마로 개성 있는 특성화도시 연출」, 2009. 『도시문제』(Vol. 44, No. 491) 재구성함.

하는 지역혁신 거점 역할을 수행하는 도시로 개발될 예정이다. 또한 정부는 혁신도시를 양질의 주거, 교육, 문화, 의료, 여가 등 최상의 정주여건을 갖춘 살기 좋은 도시로 개발하고자 하였으며, 이를 위해 〈표 2-4〉와 같은 도시별 개발 개념과 방향을 설정하였다.

2. 혁신도시사업 추진 현황

혁신도시는 앞서 언급하였듯이 혁신거점으로의 발전 가능성, 도시개발의 적정성, 지역 내 동반 성장 가능성을 통해 지역개발의 효율성 및 형평성을 고려하여 선정하였으며, 대전 · 충남에 행정중심복합도시가 건설되는 점을 고려하여 대전 · 충남 및 수도권을 제외한 지역을 중심으로 10곳이 선정되었다. 선정된 시도별 부지 현황은 〈표 2-5〉와 같다.

표 2-5 혁신도시 위치 및 규모

구분		위치	규모
부산	동삼지구	영도구 동삼동	616천m^2
	문현지구	남구 문현동	102천m^2
	센텀지구	해운대구 우동	61천m^2
	대연지구	남구 대연동	156천m^2
대구	신서혁신도시	동구 신서동	4,216천m^2
광주 · 전남	광주 · 전남 공동혁신도시	나주시 금천 · 삼포면 지역	7,327천m^2
울산	울산혁신도시	중구 우정동	2,984천m^2
강원	강원 원주혁신도시	원주시 반곡동	3,612천m^2
충북	행정중심복합도시	진천군 덕산면, 음성군 맹동면 일대	6,925천m^2
전북	전북 전주 · 완주 혁신도시	전주시 만성동 · 중동, 완주군 이서면 갈산리 · 반교리	9,909천m^2
경북	경북 김천혁신도시	김천시 농소 월곡리, 남면 옥산 · 운산 · 용전리	3,815천m^2
경남	경남혁신도시	진주시 문산읍 소문리	4,078천m^2
제주	제주혁신도시	서귀포시 서호동	1,151천m^2

표 2-6 혁신도시 추진 현황

구분	지구 지정 현황(일시)			규모			진행률(%)		
	지구 지정	개발 계획	실시 계획	면적 (만m^2)	인구 (천 명)	사업비 (억 원)	부지 공사 (이전 부지)	보상	분양
계	–	–	–	4,495.3	273	100,240	69.3(93.1)	98.6	57.6
부산	'07.4.16	'08.6.24	'08.12.12	93.6	7	4,194	99.4(100)	94.2	83.0
대구	'07.4.13	'07.5.30	'07.9.5	421.6	23	15,016	61.7(92.0)	99.2	26.5
광주·전남	'07.3.19	'07.5.31	'07.10.26	732.7	50	14,175	78.5(93.6)	99.7	57.7
울산	'07.4.13	'07.5.30	'07.9.3	298.4	21	10,555	71.6(91.5)	96.6	45.3
강원	'07.3.19	'07.5.31	'07.10.31	361.2	31	8,910	60.5(86.4)	99.0	44.6
충북	'07.3.19	'07.5.31	'07.12.17	692.5	42	9,969	44.8(95.0)	99.4	33.0
전북	'07.4.16	'07.9.4	'08.3.4	990.9	30	15,229	58.2(92.1)	98.4	90.2
경북	'07.3.19	'07.5.31	'07.9.3	381.5	26	8,676	84.6(92.3)	94.1	57.7
경남	'07.3.19	'07.5.31	'07.10.26	407.8	38	10,577	78.4(95.0)	99.4	39.7
제주	'07.4.16	'07.7.16	'07.9.5	115.1	5	2,939	83.5(92.9)	99.9	41.8

자료: 국토해양부 공공기관지방이전추진단(http://innocity.mltm.go.kr), 2011년 8월 기준.

한편, 2007년 2월에 제정 · 시행된 「혁신도시 건설 지원 특별법」과 시도별 실시 계획의 수립 및 승인에 따라 착공된 혁신도시 건설사업은 10개 시도, 42개 공구로 나누어 추진되고 있다. 시도별 · 공구별로 추진 단계는 상이하나, 2007년의 지구 지정 이후 2007-2009년에는 지구 전 지역이 공사에 착수하였다. 현재 10개 지역에 대해 90% 이상 보상을 완료하여 40-99%의 공사 진행률을 보이고 있다. 혁신도시 전체 총사업비는 10조 240억 원이며, 이 중 보상비는 4조 7,873억 원으로 총사업비의 48%를 차지하고 있다. 현재 부산의 동삼지구, 센텀지구, 대연지구, 울산의 1공구, 경남 5공구가 공사를 완료하는 등 가장 빠른 사업진행 속도를 보여 주고 있다.

표 2-7 혁신도시 총사업비 및 진행 상황

구분	사업비(억 원)			공구별	공사추진율(%)		보상률 (%)
	총사업비	공사비	총사업비		공구별	전체	
계	100,240	52,367	47,873	42개		69.3	98.6
부산 (4개 공구)	4,194	705	3,489	동삼지구	100.0	99.4	94.2
				센텀지구	100.0		
				문현지구	95.0		
				대연지구	100.0		
대구 (3개 공구)	15,016	7,374	7,642	1공구	83.2	61.7	99.2
				2공구	61.5		
				3공구	53.0		
광주 · 전남 (9개 공구)	14,175	9,676	4,499	1공구	92.8	78.5	99.7
				2공구	64.5		
				3공구	72.4		
				4공구	66.4		
				5공구	67.9		
				6공구	68.6		
				7공구	90.9		
				8공구	86.1		
				9공구	82.9		
울산 (3개 공구)	10,555	5,857	4,698	1공구	100.0	71.6	96.6
				2공구	73.2		
				3공구	59.9		
강원 (3개 공구)	8,910	4,842	4,068	1공구	82.5	60.5	99.0
				2공구	55.0		
				3공구	56.0		
충북 (5개 공구)	9,969	5,207	4,762	1공구	43.3	44.8	99.4
				2공구	45.1		
				3공구	45.1		
				4공구	45.3		
				5공구	45.5		
전북 (4개 공구)	15,229	5,946	9,283	1공구	95.0	58.2	98.4
				2공구	44.5		
				3공구	87.1		
				4공구	52.9		
경북 (4개 공구)	8,676	5,141	3,535	1공구	98.7	84.6	94.1
				2공구	68.3		
				3공구	93.5		
				4공구	84.4		
경남 (5개 공구)	10,577	6,316	4,261	1공구	71.5	78.4	99.4
				2공구	33.4		
				3공구	61.0		
				4공구	87.9		
				5공구	100.0		
제주 (2개 공구)	2,939	1,303	1,636	1공구	93.3	83.5	99.9
				2공구	76.0		

자료: 국토해양부 공공기관지방이전추진단(http://innocity.mltm.go.kr), 2011년 8월 기준.

Ⅳ. 실증분석

1. 분석모형

1) 이중차감추정법(DID)

본 연구에서는 혁신도시 지정이 지가변동률에 미치는 영향을 분석하기 위해 이중차감추정법(difference in difference)을 사용하였다. 정부 정책의 영향을 확인하기 위해서 정책의 영향을 받는 그룹과 그렇지 않는 그룹을 구분하고, 정책 시행 전후의 변수값 변화를 통해서 실제로 두 그룹 사이에 정부 정책으로 인한 영향의 차이가 발생하였는지를 추정하는 방법이다. 선형패널모형에 이중차감법을 적용한 모형은 다음과 같다.

$$y_{it}=\alpha+\beta_1^{*} IN_i+\delta_1^{*} yr+\delta_2^{*} (IN_i^{*} yr)+u_i+e_{it}. \quad (1)$$

IN_i는 정부 정책의 영향을 받는 그룹과 그렇지 않는 그룹을 구분하는 변수이다. 본 연구에서는 혁신도시(*IN*) 지정으로 영향을 받는 그룹을 1로, 그렇지 않는 그룹을 0으로 놓았다. *yr*는 정책의 시행 전후를 구분하는 변수이다. 일반적으로 시행 후를 1로 놓고 시행 전을 0으로 놓는다. $IN_i^{*} yr$는 정책의 영향을 받는 그룹과 정책 시행 후를 곱한 변수이다. 이 변수를 포함함으로써 대상 그룹과 비교 그룹 사이에 정책의 영향이 실제로 존재하였는지를 파악할 수 있다. 예를 들어, 혁신도시가 2005년 12월에 발표된 것을 감안하여 *T*를 2로 놓아(2003년, 2007년) 구분하고, y_{it}를 지가변동률로 놓고 각 그룹의 정책 시행 전후의 추정값을 해석하면 〈표 2-8〉과 같다.

이를 토대로 각 계수값을 해석하면 〈표 2-9〉와 같다. 즉, 정부 정책이 실제로 지가변동률에 영향을 미쳤는지를 확인하기 위해서는 δ_2가 통계적으로 유의한지 여부를 보면 알 수 있다. 통계적으로 유의미한 결과가 나온다면 혁신도시에 포함된

표 2-8 그룹별 정책 시행 전후의 추정값

구분	추정계수
2003년 혁신도시 외부	α
2003년 혁신도시 내부	$\alpha+\beta_1$
2007년 혁신도시 외부	$\alpha+\delta_1$
2007년 혁신도시 내부	$\alpha+\beta_1+\delta_1+\delta_2$

표 2-9 추정계수의 해석표

추정계수	해석
β_1	2003년의 혁신도시 내부와 외부의 지가변동률 차이
δ_1	혁신도시 외부의 2003년과 2007년의 지가변동률 차이
$\delta_1+\delta_2$	혁신도시 내부의 2003년과 2007년의 지가변동률 차이
δ_2	혁신도시 내부의 지가변동률 변화($\delta_1+\delta_2$) − 외부의 지가변동률 변화(δ_1)

표준지와 그렇지 않는 표준지의 지가변동률이 정책 시행 전후로 분명한 변화가 있는 것으로 판단할 수 있는 것이다.

본 연구에서는 위 방법을 기초로 하여 토지용도(use) 및 혁신도시로부터의 거리변수(distance), 혁신도시지역(region)을 추가 변수로 포함하였다. 먼저 혁신도시 내부에 표준지를 포함하고 있지 않은 부산 지역을 제외한 총 9개 지역 전체를 분석하였다. 이는 전국에 걸쳐서 진행된 혁신도시사업의 평균적인 효과를 보기 위함이며, 지역더미(region)를 포함하여 각 지역을 구분하였다. 다음으로 각 지역마다 혁신도시사업이 지가변동률에 어떤 영향을 미쳤는지를 알아보기 위해서 개별 혁신도시 단위로 분석하였다. 이는 각 지역마다 지가변동률에 큰 차이가 있기 때문에 그 효과도 다르게 나타날 것이라는 예측을 전제로 한 것이다.

분석을 위한 구체적인 방법은 위에서 언급한 이중차감법을 응용한 형태를 취하고 있다. 먼저 경기변동효과를 통제하기 위해 2002년부터 2007년까지의 *yr*(연도더미)를 모두 포함하였으며, 혁신도시정책의 효과를 알아보기 위해 위의 연도더미와 동일하게 *IN*(혁신도시더미)과 2002년부터 2007년까지의 연도더미(*yr*)를 곱한 변수를 모두 포함하여 분석하였다. 그 모형은 식 (2)와 같으며 다중공선성에 의해 연도더미 및 혁신도시와 혁신도시더미를 곱한 더미변수가 하나씩 빠지게 되는데, 기준을 2001년 지가변동률로 하기 위해 *yr2001*및 $IN_i^*yr2001$을 사전에 제외하였다. 이 모형은 2001년 지가변동률을 기준으로 각 해마다 어떻게 지가변동률이 변화되었는지를 한눈에 볼 수 있다는 장점이 있다. 혁신도시는 2005년 초에 시작되어 위치가 2005년 말에 결정되었지만, 결정되기 전에 정보가 사전에 유출되어 지가가 변동할 가능성이 존재하기 때문에 2005년을 즈음하여 지가상승률이 크게 높아질 것이라고 예상할 수 있다.

$$y_{it}=\alpha+\beta_1^* IN_i+\delta_1^* yr2+\cdots+\delta_6^* yr7+\gamma_1^*(IN_i^* yr2) + \cdots+\gamma_6^*(IN_i^* yr7)+u_i+e_{it}. \quad (2)$$

본 연구는 식 (2)를 기본 모형으로 하여 지가변동률이 시점별로 어떻게 변화하였는지를 분석하였다. 먼저 합동최소자승법(pooled OLS)이 적절한지, 아니면 패널모형이 적절한지를 Breusch-Pagan LM 검정을 통해 살펴보았다. 만약 var(u_i)=0이라는 귀무가설을 기각하지 못하면 통계적으로 개별적인 고유한 속성이 절편으로 존재하는 것과 동일한 것으로 간주할 수 있기 때문에 최소자승법을 사용해도 무방하다. 하지만 위의 귀무가설을 기각하게 되면 개별적인 고유한 속성을 고려하여 분석해야 하며, 본 연구에서는 선형패널모형을 사용하였다. 기본적인 선형패널모형은 크게 고정효과모형과 확률효과모형으로 구분할 수 있다. 독립변수(X_{it})가 관측되지 않는 개별의 고유한 특성인 u_i와 어떤 관계를 갖느냐에 따라서 추정방법이 결정된다. u_i가 확률적으로 결정되어 설명변수와 독립적일 경우 확률효과모형의 추정값이 일치성과 효율성을 확보한다. 하지만 대부분의 경우 서로 상관관계가 존재하여 확률효과모형의 추정값이 일치성을 확보하지 못한다. 이 경우 개별의 고유한 속성(u_i)을 제거한 고정효과모형의 추정값이 일치성을 확보하여 더 나은 추정방법이 된다. 일반적으로 Hausman 검정을 통해 이를 확인할 수 있다.

9개 지역 전체를 대상으로 분석하였을 때는 검정 결과 고정효과모형이 적절한 것으로 나타났으나, 개별 지역을 대상으로 검정하였을 경우에는 각 지역마다 차이가 있었다. 2개 지역은 최소자승법을 사용하는 것이 적절한 것으로 나왔으며, 확률효과모형은 3개 지역, 고정효과모형은 4개 지역이 적절한 추정방법으로 제시되었다. 이렇게 추정방법이 다르게 나타나는 이유는 식 (2)에서 볼 수 있듯이 각 혁신도시마다 혁신도시더미와 연도더미, 토지용도, 혁신도시로부터 거리가 각 지역의 관측되지 않는 개별 필지의 고유한 속성인 u_i와 맺고 있는 관계가 다르기 때문이다. 자세한 내용은 분석 결과에서 제시하고자 한다.

2) 공간의존성을 고려한 추정방법

일반적으로 지가변동률은 주변 지역의 지가변동률과 서로 영향을 주고받는다. 지가변동률이 높은 지역의 분포를 보면 특정 지역에 군집을 형성하는 경우가 많다. 지가변동률이 높은 지역은 주변 지역과 함께 높고, 낮은 지역은 주변 지역과 함께 낮은 것이다. 즉, 어떤 지역의 지가변동률을 결정함에 있어 주변의 지가변동률은 중요한 설명변수가 되는 것이다. 일반적으로 지가변동률, 인구변동률과 같이 지역을 수집단위로 하는 자료의 경우 공간의존성이 나타난다. 공간의존성이 존재할 경우 최소자승법이나 선형패널모형의 e_{it}와 e_{jt}가 서로 독립이라는 가정이 무너지게 되고, 주변 지가라는 중요한 변수가 생략되었기 때문에 추정값이 일치성을 확보하지 못하게 된다.[6] 그래서 식 (2)의 모형에서 독립변수에 $\sum_i \sum_j W_{ij} * y_{it-1}$을 추가하였다. 동일한 시기의 주변 지역의 지가변동률을 추가하여 분석하면 e_{it}와의 직접적인 상관성이 발생한다는 문제점을 갖고 있어, 내생성을 완화하면서 최대한 주변 지역의 지가변동률에의 의존성을 통제하기 위해 전기의 값을 사용하였다. 해석상의 문제에 있어서도 일반적으로 특정 필지의 지가가 동일 시기의 주변 지가에 큰 영향을 받는다는 점을 고려하여 동일한 시기의 주변 지역 지가상승률을 통제하게 되면 자칫 주변 지역 지가 상승이 해당 필지의 지가 상승을 주도하는 주요 요인이 될 수 있으며, 이러한 경우 본 연구의 핵심 주제인 혁신도시의 영향을 제대로 파악하지 못할 가능성이 존재한다는 측면에서 전기의 값을 사용하였다.

6) 단, 고정효과모형의 경우 시간에 따라 변하지 않는 개별 속성이 삭제됨으로써 그 안에 포함되어 있는 공간의존성을 어느 정도 통제할 수 있다.

한편, W_{ij}는 공간가중치행렬을 의미한다. 본 연구는 지리학 제1법칙[7]에 근거하여 각 필지로부터 반경 3km 이내 필지까지의 거리를 역수로 한 값으로 행렬을 만들었다. 영향권을 3km로 가정한 것은 대규모 개발사업이 주변 지역의 지가에 미치는 영향거리가 평균 2km 내외라는 연구 결과를 반영한 것이다.[8] 반경 3km 밖에 있는 필지의 지가변동률은 영향이 없는 것으로 간주하여 행렬값을 0으로 하였으며, 행의 값의 합을 1로 표준화하였다. 공간가중치행렬은 외생적으로 주어지며 시간에 따라 변하지 않는다고 일반적으로 가정한다. 이 행렬을 만드는 방법은 거리의 역수 이외에도 인접성을 기준으로 하여 0과 1로 하기도 한다. 본 연구는 가장 보편화된 방법인 거리의 역수를 사용하였다. 그 모형은 다음과 같으며, 각 지역마다 Breusch-Pagan LM 검정과 Hausman 검정을 통해 적절한 모형을 도출하였다. 그 결과 공간의존성을 고려하지 않을 때와는 약간 다른 결과가 도출되었다. 최소자승법이 적절하다는 결과가 4개 지역에서 나왔으며, 나머지 5개 지역은 고정효과모형이 적절하다고 제시되었다. 구체적인 내용은 분석 결과에서 제시하고자 한다.

$$\begin{aligned} y_{it} = \alpha + \lambda \sum_i \sum_j W_{ij} * y_{it-1} + \beta_1^* IN_i + \delta_1^* yr2 + \cdots + \delta_6^* yr7 \\ + \gamma_1^* (IN_i^* yr2) + \cdots + \gamma_6^* (IN_i^* yr7) + u_i + e_{it}. \end{aligned} \tag{3}$$

최소자승법의 경우 앞에서 언급하였듯이 개별 속성을 상수로 취급하기 때문에 개별 속성에 대한 별도의 고려 없이 분석한다. 그러나 고정효과모형은 개별 속성을 제거하기 위해서 각 개인의 평균을 제거한 후 추정하며, 그 식은 다음과 같이 변형된다.

$$\begin{aligned} y_{it} - \bar{y}_i = \lambda\Big(\sum_i \sum_j W_{ij} * y_{it-1} - \overline{\sum_i \sum_j W_{ij} * y_{it-1}}\Big) + \delta_1^* (yr2 - \overline{yr2}) \\ + \cdots + \delta_6^* (yr7 - \overline{yr7}) + \gamma_1^* [(IN_i^* yr2) - (\overline{IN_i^* yr2})] \\ + \cdots + \gamma_6^* [(IN_i^* yr7) - (\overline{IN_i^* yr7}) + e_{it} - \bar{e}_i. \end{aligned} \tag{4}$$

7) Everything is related to everything else, but near things are more related than distant things(Tobler, 1970).
8) 최수 · 박지영(2009), pp. 180-182.

현재의 주변 지역 지가변동률이 아닌 전기의 주변 지역 지가변동률을 사용함으로써 현재의 충격($e_{it}-e_i$)으로부터 영향을 받지 않은 상태에서 주변 지역 지가변동률의 영향을 어느 정도 통제할 수 있게 된다. 주변 지역 전기의 지가변동률이 공간의존성을 완벽하게 통제하지 못해 내생성이 문제가 될 가능성[9]이 일부 존재하지만, 공간변수를 포함하고 고정효과모형으로 개별 속성을 제거함으로써 주변 지역의 영향을 통제할 수 있다는 점에서 추정방법은 의미가 있다.

다음으로는 고정효과모형에서 일부 발생할 가능성이 있는 내생성 문제를 해결하기 위한 방안의 일환으로 동태적 패널모형을 이용하여 추정하였다.

$$y_{it}=\alpha+\theta y_{it-1}+\lambda\sum_i\sum_j W_{ij}{}^* y_{jt-1}+\beta_1^* IN_i+\delta_1^* yr3+\cdots+\delta_6^* yr8 \\ +\gamma_1^*(IN_i^* yr3)+\cdots+\gamma_6^*(IN_i^* yr8)+u_i+e_{it}. \tag{5}$$

해당 지역의 전기 지가변동률을 설명변수로 포함하여 시간에 따른 변화를 반영하였다는 의미로 '동태적'이라는 용어를 사용하며, 기본 구조는 식 (3)에 해당 지역의 전기 지가변동률을 포함한 식 (5)와 같다. 설명변수로 사용하는 해당 지역 전기의 지가변동률은 모형에 따라 여러 개를 사용할 수도 있다.

동태적 패널모형은 비관측 개별 속성을 제거하기 위해 평균을 빼는 것이 아니라, 전기의 변수값을 빼고 에러항과의 상관성을 갖지 않는 도구변수를 사용하여 추정하는 방법이다. 1차 차분 후 고정효과모형과 동일하게 시간에 따라 변하지 않는 상수항 α와 IN_i, u_i는 제거되며 그 식은 다음과 같다.

$$\Delta y_{it}=\theta\Delta y_{it-1}+\lambda\Delta\sum_i\sum_j W_{ij}{}^* y_{jt-1}+\delta_1^*\Delta yr3+\cdots+\delta_5^* yr7 \\ +\gamma_1^*\Delta(IN_i^* yr3)+\cdots+\gamma_5^*\Delta(IN_i^* yr7)+\Delta e_{it}. \tag{6}$$

Arellano and Bond(1991)는 1차 차분 모형에서 $t-2$기 값(예를 들어, y_{it-2})만을 도구변수로 사용하여 추정한 Anderson and Hsiao(1981)의 방법을 확장하여 사용할 수 있

9) y_{it-1}과 e_{it}가 시점이 달라 상관관계를 갖지 않지만 공간변수로 전기의 지가변동률을 사용함으로써 공간의존성이 적절히 통제되지 않아 여전히 에러항에 공간의존성이 남아 있을 가능성이 존재할 수 있다. 왜냐하면 e_i는 과거의 모든 충격들의 평균이기 때문에 공간의존성이 완벽하게 통제되지 않는 한 y_{it-1}과 상관관계를 갖게 된다.

는 도구변수의 개수를 최대한으로 확장하였으며 Moment condition은 다음과 같다. 일반적으로 도구변수의 수가 내생적 설명변수의 수보다 많은 과대식별모형에서는 GMM 추정량이 더 효율적인 것으로 알려져 있다(민인식 · 최필선, 2009).

$$E(y_{is}\Delta e_{it})=0$$
$$E[(\sum_i\sum_j W_{ij}*y_{js})\Delta e_{it}]=0 \text{ where } 1\leq s\leq t-2,\ t=3, 4, \cdots, T$$
$$E(EX_{is}\Delta e_{it})=0 \qquad \text{where } \forall s\leq t,\ t=3, 4, \cdots, T.$$

먼저 식을 1차 차분으로 변형시켰기 때문에 t가 2일 때까지는 도구변수를 찾을 수 없어 분석에 사용할 수 없다. 하지만 이후 t가 3일 때부터 2기 전의 값부터 최대한의 도구변수를 사용할 수 있게 된다. 예를 들어, t가 4일 경우 s가 1과 2가 되어 이를 도구변수로 사용할 수 있는 것이다. EX_{is}는 연도더미나 혁신도시더미와 같이 외생적인 변수를 의미하는데, 이러한 변수는 처음부터 에러항과 독립적이기 때문에 시간과 상관없이 모든 Moment condition을 사용할 수 있다. 그러나 좋은 도구변수가 되려면 내생변수와 상관성이 충분한 반면 에러항과의 상관성이 없어야 하는데, 이 추정방법은 도구변수와 내생변수 사이의 상관관계가 약하여 추정이 부정확할 수 있다. 증가분인 Δy_{it-1}과 level값인 y_{it-2} 등이 서로 상관성이 충분치 않을 수 있기 때문이다.

Arellano and Bover(1995)는 위에서 나타난 문제점을 해결하기 위해서 Level 방정식인 식 (5)에서 바로 다음과 같이 차분을 한 도구변수를 추가로 사용하였다.

$$E(\Delta y_{is}e_{it})=0$$
$$E[(\Delta \sum_i\sum_j W_{ij}*y_{js})e_{it}]=0 \text{ where } 1\leq s\leq t-1,\ t=3, 4, \cdots, T$$
$$E(\Delta EX_{is}e_{it})=0 \qquad \text{where } \forall s\leq t,\ t=2, 3, \cdots, T.$$

y_{it-1}의 도구변수로 사용하는 Δy_{it-1}은 $y_{it-1}-y_{it-2}$로 전기의 증가분이기 때문에 y_{it-1}과 밀접한 관련이 있어 좋은 도구변수의 조건을 충족하게 되며, Level 방정식을 통해 추정하기 때문에 시간에 따라 변하지 않는 개별 속성을 추정할 수 있다는 장

점이 있다. Blundell and Bond(1998)는 위의 두 가지 Moment condition을 모두 사용하여 추정하는 방법을 제시하였으며 이러한 방식, 즉 차분한 상태에서의 Level 도구변수 및 Level 방정식에서 차분한 도구변수를 모두 사용하는 방식을 System GMM이라고 한다. 이와 같이 동태적 패널모형은 사용하는 도구변수에 따라 크게 세 방법으로 나눌 수 있으며, 본 연구에서는 동태적 패널모형에서 가장 기본이 되는 Abond 검정[10] 통과를 기준으로 설정하여 각 지역에 맞는 모형으로 추정하였다.

한편, 본 연구는 실험군과 대조군을 확실히 구분하기 위해 혁신도시 경계로부터 3km 내에 있는 혁신도시 외부 표준지를 분석에서 제외하였으며, 공간가중치행렬도 위와 같은 기준을 적용하여 작성하였다. 이는 일반적으로 대규모 개발사업의 경우 인접 지역의 지가 또한 상승하므로, 대조군에 혁신도시에서 근접한 지역을 포함할 경우 주변 지역 지가가 동반 상승하는 성향으로 인해 우리가 관심을 갖고 있는 계수값인 γ, 혁신도시 지정으로 인한 혁신도시 내 · 외부의 지가상승률 차이가 과소추정될 수 있기 때문이다. 이러한 영향을 차단하기 위해서 경계로부터 반경 3km 이내의 외부 표준지를 분석에서 제외하였으며, 이중차감추정법을 응용하여 혁신도시 지정의 효과를 추정하였다.

2. 데이터 개요

1) 자료 설명

분석을 위한 자료는 종속변수로 사용될 지가변동률을 위해 2000-2008년도의 개별공시지가 자료(매년 1월 1일에 공시된 공시지가)를 활용하였으며, 지가변동 파악을 위한 공간 자료로는 KLIS(Korea Land Information System)의 연속지적도를 사용하였다. 구체적으로는 본 연구의 대상 사업인 혁신도시는 2006년 혁신도시별 개발계획을 수립하여 2007년 혁신도시별로 지구 지정이 되기 시작하였다. 따라서 본 연구의 시

10) 에러항의 자기상관을 검정(H_0: e_{it} *has no autocorrelation*)하는 것으로 1차 차분식의 경우 에러항이 AR(1)이 되어야 한다. 즉, AR(1)이라는 가설검정은 수용해야 하며 AR(2)라는 가정은 기각해야 한다.

간적 범위는 지구 지정 이전부터 현재까지의 개발사업으로 인한 지가변동을 살펴보기 위해 2000년부터 2008년까지 고시된 공시지가 중 정리가 된 자료를 대상으로 하였다. 데이터 구축의 공간적 범위는 13개의 혁신도시 중 부산의 4개 지역을 제외한 9개 지역을 대상으로 하고, 혁신도시의 개발지구 경계로부터 10km 범위까지로 설정하였다. 데이터를 구축하는 데 행정구역을 기준으로 할 수도 있으나, 개발사업으로 인한 지가변동의 경우 행정 경계에 따른 변화보다는 거리에 영향을 받을 것으로 예상되어 분석 대상의 범위를 행정구역 기준 대신 개발지구 경계로부터 10km 이내의 범위로 설정하였다. 또한 선행 연구[11]에서 비교적 규모가 큰 개발사업의 경우 최대 영향거리는 2km 안팎으로 분석되었다. 따라서 혁신도시에 인접한 지역의 경우 혁신도시 영향권에 속할 수 있다는 전제 하에 이 범위를 보수적으로 3km까지 잡고, 이 안에 있는 표준지는 자료에서 제외하였다.

데이터 구축방법은 개별공시지가 자료에 필지의 고유 코드인 PNU 코드를 생성하고, 연속지적도에 있는 PNU 코드를 연결하여 좌표정보를 포함한 지가의 시계열 자료를 구축하였다. 이로써 분석 대상지의 2000년부터의 필지별 지가의 시계열 자료를 구축하였고, 구축된 자료에서 혁신도시지구 경계로부터 10km까지의 필지들을 추출하였다. 또한 추출된 필지들 중 개별 필지들이 혁신도시에 해당하는지 여부를 구별해야 하므로, 구축된 자료를 바탕으로 개발사업지구의 공간 자료를 활용하여 중첩분석을 통해 혁신도시지구의 내 · 외부 필지를 구분하였다.

개별공시지가의 데이터를 구축하여 2000년부터 2008년까지의 시계열 자료를 구축한 결과, 9년간의 데이터가 손실되지 않고 시계열 자료로 연결된 비율은 〈표 2-10〉에 정리되어 있는데, 지역별로 약 31.38-48.42%의 유실률을 보이고 있다. 지가자료와 공간 자료가 연결된 자료 중 표준지에 해당하는 자료는 2008년도 자료 기준으로 혁신도시별로 1,071-5,479개 정도가 된다. 본 연구의 주제가 보상액 산정시 기준지가에 대한 것이므로 보상액 산정시에 적용되는 표준지만을 분석 대상으로 삼았다. 그리고 13개 혁신도시 중 부산의 네 곳은 혁신도시 규모가 작고 데이터 유실률이 높아 본 분석 대상에서 제외하였다.

11) 최수 · 박지영(2009).

표 2-10 개별공시지가 자료

혁신도시	구분		표준지 수(10km) 2008년 기준
	총필지 수(10km)	유실률(%)	
대구 신서	357,656	35.18	5,479
제주 서귀포	91,361	39.65	1,071
전북 완주	394,699	36.53	3,728
충북 진천	198,928	48.42	1,149
경남 진주	268,443	33.74	2,768
강원 원주	134,115	40.73	1,188
경북 김천	191,141	31.38	1,621
광주 · 전남 공동	296,661	38.11	2,155
울산 우정	238,746	33.66	2,922

2) 사용변수 설명 및 기초 통계량

앞서 설명한 바와 같이 본 분석에서는 2000년부터 2008년까지 혁신도시 안에 표준지 필지를 갖고 있는 9개 지역 혁신도시의 지가 자료를 사용하였다. 본 분석에서 사용한 변수에 관한 설명은 〈표 2-11〉과 같다.

종속변수는 지가변동률로 지가에 로그를 취한 후 차분한 값을 사용하였다. 설명변수로는 가까운 지역의 필지들끼리는 서로 영향을 많이 주고받는다는 점을 고려하여 반경 3km 이내 주변 지역의 전기 지가변동률을 가중치한 값을 사용하였다. 그 밖에 동태적 모형의 경우 전기의 지가변동률을 사용하였으며, 혁신도시더미와 혁신도시 경계로부터 각 필지까지의 거리를 설명변수에 추가하였다. 혁신도시더미를 의미하는 *IN*은 필지가 혁신도시 내부에 있으면 그 값을 1로 주었으며, 외부의 경우 0으로 주었다. 혁신도시 경계로부터의 거리를 뜻하는 *distance*는 혁신도시 안의 필지의 경우 그 값이 0이며, 밖의 필지의 경우 *XY* 좌표를 통해 직선거리를 구하여 사용하였다. *IN*yr#*는 혁신도시더미와 연도더미를 곱한 변수로 *IN*yr*2000부터 *IN*yr*2007까지 만들었으며, 연도더미도 *yr*2000부터 *yr*2007까지 사용하였다. *region*은 지역변수로 전체에 대해 분석할 때 더미변수로 만들어서 적용하였다. *use*는 토

표 2-11 변수의 정의

변수	정의
dland	지가변동률
L.dland	1년 전의 지가변동률
L2.dland	2년 전의 지가변동률
L3.dland	3년 전의 지가변동률
L.wdland	반경 3km 이내 주변 지역의 전기 지가변동률의 가중평균
IN	혁신도시더미
distance	혁신도시 경계로부터 각 표준지까지 거리
*IN*yr#*	혁신도시더미와 각 연도더미를 곱한 변수
region	각 혁신도시 구분
use	토지용도 구분
yr#	연도더미

표 2-12 범위별 표준지 개수

	전체	혁신도시 안	혁신도시 밖(0-3km)	혁신도시 밖(3-10km)
대구 신서	5,479	66	633	4,780
제주 서귀포	1,071	7	256	808
전북 완주	3,728	34	380	3,314
충북 진천	1,149	27	172	950
경남 진주	2,768	11	456	2,301
강원 원주	1,188	11	431	746
경북 김천	1,621	16	187	1,418
광주 · 전남	2,155	20	323	1,812
울산 우정	2,922	32	1,523	1,367
합계	22,081	224	4,361	17,496

지용도 더미변수로 총 34개의 토지용도를 구분하였다.

분석을 위한 표준지의 개수는 〈표 2-12〉와 같다. 지가에 로그를 취한 후 차분하는 형태의 지가변동률을 사용하였으며, 2000년부터 2007년까지(총기간 *T*는 8) 매년 지가변동률을 토대로 분석하였다. 표준지 수(id)는 22,081개이며 총자료 개수는

그림 2-3 혁신도시 및 주변의 지가변동률 평균(2000-2007년)

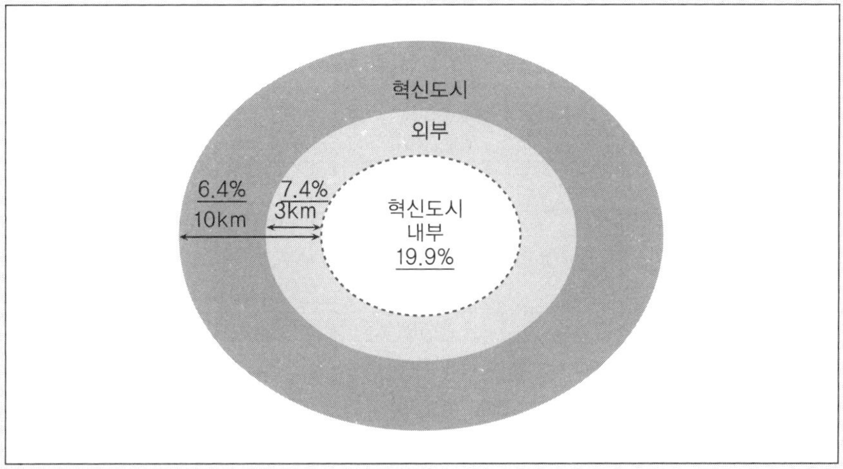

176,648개이다. 혁신도시 안의 표준지 개수는 전체 필지의 약 1% 수준인 224개이며, 대구 신서가 66개로 가장 많고 제주 서귀포가 7개로 가장 적다.

혁신도시 경계로부터 반경 3km 이내와 이외를 구분한 이유는 앞의 자료 설명에서도 언급하였듯이 혁신도시의 영향권 범위를 3km로 가정하였기 때문이며, 혁신도시사업의 영향을 배제하기 위해 그 안에 있는 표준지를 제외하고 분석하였다. 지역에 따라서 조금씩은 다르지만 전체적으로 전체 표준지 중 약 20%가 분석을 위한 표본에서 제외되었다.

〈그림 2-3〉은 2000년부터 2007년까지 매년 지가변동률의 평균을 보여 주고 있다. 혁신도시 내부는 19.9%이며 혁신도시 경계로부터 반경 3km 이내는 7.4%, 3-10km는 6.4%이다. 이 그림을 통해서 혁신도시 내부와 외부의 지가상승률에 확연한 차이(12.5-13.5%p)가 있음을 알 수 있으며, 사업지구로부터 멀어질수록 지가상승률은 낮아지나 그 하락폭(1%p)은 내외의 격차(12.5-13.5%p)보다는 상대적으로 작음을 볼 수 있다.

지역별로 전체적인 지가변동률의 차이를 살펴보면 〈표 2-13〉과 같다. 분석연

표 2-13 혁신도시 내부와 외부의 지가변동률의 기술적 통계량 비교

	혁신도시 내부	혁신도시 외부 (0-3km)	혁신도시 외부 (3-10km)	혁신도시별 전체
	평균 (표준편차)	평균 (표준편차)	평균 (표준편차)	평균 (표준편차)
대구 신서	0.176 (0.192)	0.072 (0.120)	0.040 (0.083)	0.045 (0.091)
제주 서귀포	0.050 (0.097)	0.036 (0.079)	0.034 (0.082)	0.034 (0.081)
전북 완주	0.210 (0.274)	0.096 (0.156)	0.041 (0.091)	0.048 (0.105)
충북 진천	0.223 (0.246)	0.161 (0.180)	0.123 (0.156)	0.131 (0.164)
경남 진주	0.243 (0.256)	0.093 (0.116)	0.087 (0.131)	0.089 (0.130)
강원 원주	0.209 (0.205)	0.063 (0.111)	0.107 (0.135)	0.092 (0.130)
경북 김천	0.319 (0.624)	0.165 (0.295)	0.096 (0.150)	0.106 (0.186)
광주 · 전남	0.162 (0.227)	0.100 (0.137)	0.061 (0.089)	0.067 (0.101)
울산 우정	0.169 (0.166)	0.047 (0.089)	0.086 (0.136)	0.067 (0.117)
전체	0.196 (0.271)	0.074 (0.132)	0.064 (0.114)	0.067 (0.121)

도(2000-2007년) 동안 평균적으로 충북 진천이 13.1%로 가장 높은 값을 기록하였으며, 경북 김천과 강원 원주 순으로 높은 것을 볼 수 있다.

반면, 가장 낮은 곳은 제주 서귀포로 3.4%이며, 전북 완주와 대구 신서도 4%대를 보이고 있다. 지역별로 거리에 따른 구분을 살펴보면 혁신도시 내부가 가장 많이 상승하였으며, 혁신도시로부터 멀어질수록 지가상승률이 낮아짐을 볼 수 있다.[12] 이는 혁신도시로부터의 거리가 지가상승률과 밀접한 관련이 있음을 보여 주

12) 울산은 시내권에 위치하고 있고 이전에 택지개발지구로 지정되었기 때문에 예외적으로 반경 3-10km 지역이 반경 3km 지역보다 평균지가상승률이 높다.

는 것이다.

혁신도시 내부의 지가변동률을 살펴보면, 경북 김천은 매년 30% 이상의 지가 상승률을 기록하고 있으며 경남 진주와 충북 진천, 전북 완주 순으로 높다. 그 외 지역도 이미 개발이 상당히 진행된 지역에 위치한 제주 서귀포를 제외하고는 대부분의 지역에서 매년 평균적으로 15% 이상 상승하였다. 하지만 단순 평균을 보고 상승률의 차이가 혁신도시사업의 영향이라고 단언할 수는 없다. 이러한 차이의 원인이 혁신도시사업 이전부터 지가상승률의 차이가 존재하였기 때문인지 아니면 혁신도시가 지정된 이후로 발생한 것인지 알 수 없기 때문이다. 다만, 간접적으로나마 혁신도시 내의 표준지가 밖의 표준지에 비해 평균적인 지가상승률이 높았으며, 어떤 혁신도시의 지가가 더 많이 올랐는지를 파악할 수 있다.

3. 실증분석 결과

1) 이중차감추정법 추정 결과

먼저 9개 지역의 전체 데이터를 바탕으로 추정한 결과는 〈표 2-14〉와 같다. 추정 결과를 살펴보면, 추정방법에 따라 결과가 크게 차이가 없는 것을 알 수 있다. 이는 표본의 크기가 124,040개(N=17,720, T=7)로 상당히 크기 때문으로 보인다.[13] 이는 표준편차의 크기를 통해서도 확인할 수 있다. 한편, Breusch-Pagan 검정 결과 $var(u_i)=0$이라는 귀무가설을 기각하였고, Hausman 검정에서도 $cov(X_{it}u_i)=0$이라는 귀무가설을 기각하여 고정효과모형을 적절한 모형으로 판단하여 이를 적용하였다.

*IN*yr#*의 계수값을 살펴보면 *IN*yr 2003*부터 유의미한 양의 값을 보이다가 *IN*yr 2005*에서 그 값이 가장 큰데, 이를 해석하면 2003년부터 혁신도시 내부의 지가변동률이 외부에 비해 유의미하게 상승하다가 2005년에 혁신도시 내부가 외부에 비해 지가변동률이 크게 높아진 것이라고 해석할 수 있다.[14] 2005년의 경우 혁

13) 지역별 분석 기준이 2001년 지가변동률임을 고려하여 2000년 지가변동률 자료를 사용하지 않아서 T가 7로 줄었고, 이에 따라 표본의 개수도 감소하였다.

표 2-14 9개 지역 전체 추정 결과

(단위: %p)

변수	최소자승법		확률효과모형		고정효과모형	
	추정계수	표준편차	추정계수	표준편차	추정계수	표준편차
IN	-0.004	0.005	-0.003	0.005		
distance	-0.000	0.000	-0.000	0.000		
*IN*yr 2002*	-0.004	0.007	-0.004	0.005	-0.004	0.005
*IN*yr 2003*	0.052***	0.010	0.052***	0.008	0.052***	0.008
*IN*yr 2004*	0.121***	0.015	0.121***	0.015	0.122***	0.015
*IN*yr 2005*	0.405***	0.030	0.405***	0.031	0.405***	0.031
*IN*yr 2006*	0.181***	0.014	0.181***	0.015	0.169***	0.013
*IN*yr 2007*	0.078***	0.014	0.077***	0.014	0.038**	0.015
yr 2002	0.010***	0.001	0.010***	0.001	0.010***	0.001
yr 2003	0.095***	0.001	0.095***	0.001	0.095***	0.001
yr 2004	0.114***	0.001	0.114***	0.001	0.114***	0.001
yr 2005	0.126***	0.001	0.126***	0.001	0.126***	0.001
yr 2006	0.078***	0.001	0.078***	0.001	0.078***	0.001
yr 2007	0.048***	0.001	0.048***	0.001	0.047***	0.001
상수항	-0.009***	0.001	-0.010***	0.002	0.086***	0.014

주: 1) *** $p<0.01$, ** $p<0.05$, * $p<0.1$.
2) 종속변수는 지가에 로그를 취한 후 차분한 값, *IN*=1 if 혁신도시 내 표준지, *distance*는 혁신도시 경계로부터 거리(km), *yr#*은 연도더미, *IN*yr#*은 연도더미와 혁신도시더미의 곱임.

신도시 지정 직전으로 혁신도시가 12월에 발표되었다는 점을 고려할 때, 예정지에 대한 정보가 미리 유출되었을 가능성을 확인할 수 있다. 최소자승법과 확률효과모형, 고정효과모형 모두 *IN* yr 2005*의 계수값은 0.405로, 이는 2001년 지가변동률을 기준으로 하였을 때 2005년의 혁신도시 내부의 지가상승률이 외부에 비해 40.5%p 가량 높았다는 점을 보여 주고 있다. 또한 *IN*yr 2004*도 0.121-0.122로 다른 연도에 비해 높게 나타나는데, 이는 대구 신서와 울산 우정의 경우 혁신도시 이전에 택지개발지구로 지정되어 2004년도에 이미 그 영향이 반영되었기 때문이며, 정부의 혁신도시에 대한 정보가 지가에 미리 반영되었을 가능성이 존재함을 간접적으로 추

14) 해당 연도의 공시지가 기준일이 당해 1월 1일이므로, 예를 들어 y_{i5}는 2006년도 1월 1일 기준 공시지가로 2005년도의 지가상승률을 의미한다. 즉, 본 연구에서 적용한 공시지가는 표준지 공시지가로, 전년도에 비해서 얼마나 상승하였는지를 보여 주는 지표이다.

그림 2-4 혁신도시 내 지가변동률과 주변 지역 지가변동률의 차이(전체)

(단위: %p)

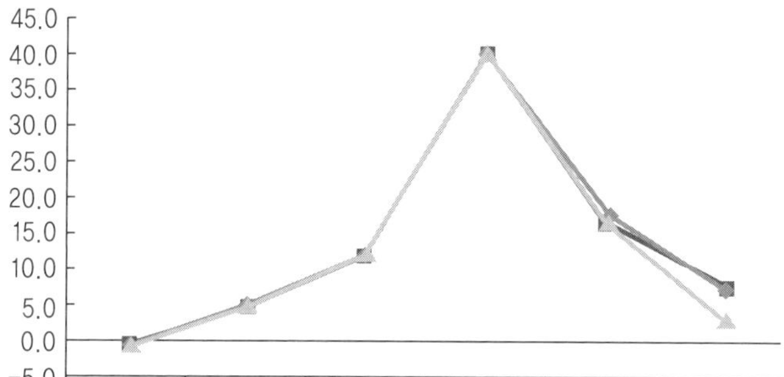

	2002년	2003년	2004년	2005년	2006년	2007년
최소자승법	-0.4	5.2	12.1	40.5	18.1	7.8
확률효과	-0.4	5.2	12.1	40.5	18.1	7.8
고정효과	-0.4	5.2	12.2	40.5	16.9	3.8

측해 볼 수 있다. 혁신도시정책이 발표된 후인 2006년도의 차이를 의미하는 *IN*yr2006*의 계수값은 0.169-0.182로, 입지에 대한 정보가 모두 공개된 후에도 혁신도시 내부의 지가가 외부에 비해 더 많이 상승하였음을 볼 수 있다. 그리고 연도더미의 계수값도 매우 유의함을 볼 수 있는데, 이는 혁신도시 지정이 혁신도시 안의 필지뿐만 아니라 주변 필지의 지가상승률에도 영향을 미쳤음을 보여 준다.

다음은 지역별 분석이다. 지역마다 혁신도시 필지와 관련된 개발계획 등 상황이 다르기 때문에 이를 고려하기 위해서는 개별적으로 분석할 필요가 있다. 먼저 5% 유의수준으로 모형의 적합성에 대한 검정을 실시한 결과 대구 신서와 경남 진주, 광주 · 전남, 울산 우정 혁신도시는 고정효과모형이 적절한 것으로 나타났다. 전북 전주 · 완주와 강원 원주, 경북 김천은 확률효과모형이 채택되었고, 제주 서귀포와 충북 진천 · 음성은 최소자승법이 채택되었다. 표준편차는 에러항의 자기상관을 통제할 수 있는 robust standard error를 사용하였으나 별도로 제시하지 않았으며, *를 통해서 통계적인 유의성을 확인할 수 있다.

표 2-15 혁신도시별 추정 결과

(단위: %p)

변수	대구 신서	제주 서귀포	전북 완주	충북 진천	경남 진주	강원 원주	경북 김천	광주 · 전남	울산 우정
	고정효과	최소자승법	확률효과	최소자승법	고정효과	확률효과	확률효과	고정효과	고정효과
IN		0.031	−0.003	−0.041***		−0.011	−0.023***		
distance		0.002***	−0.005***	−0.005***		0.005***	0.003***		
*IN*yr2002*	−0.014**	−0.053**	0.014	0.025**	0.013	0.021	0.006	−0.027*	−0.028*
*IN*yr2003*	0.078***	0.016	0.101***	0.018*	0.013	0.008	0.171***	−0.003	−0.020
*IN*yr2004*	0.191***	−0.016	0.041	0.020	−0.072**	0.045	0.218*	−0.031**	0.263***
*IN*yr2005*	0.242***	0.052*	0.640***	0.358***	0.366***	0.320***	1.605***	0.410***	−0.050**
*IN*yr2006*	0.193***	0.060**	0.119***	0.335***	0.409***	0.318***	−0.042***	0.166***	−0.064***
*IN*yr2007*	−0.018	−0.037	0.002	−0.041***	0.438***	0.157***	0.007**	0.335***	−0.109***
yr2002	0.022***	0.064***	0.012***	0.016***	−0.004***	0.017***	−0.033***	−0.003**	0.012***
yr2003	0.054***	0.097***	0.094***	0.157***	0.100***	0.145***	0.158***	0.111***	0.072***
yr2004	0.057***	0.065***	0.059***	0.297***	0.186***	0.210***	0.224***	0.070***	0.113***
yr2005	0.105***	0.112***	0.073***	0.295***	0.138***	0.164***	0.137***	0.132***	0.156***
yr2006	0.070***	0.082***	0.044***	0.146***	0.049***	0.111***	0.092***	0.076***	0.157***
yr2007	0.051***	0.049***	0.026***	0.068***	0.065***	0.104***	0.003	0.052***	0.048***
상수항	0.045***	−0.045***	0.036***	0.044***	0.099***	−0.032***	−0.002	0.109**	0.016

주: 1) *** $p<0.01$, ** $p<0.05$, * $p<0.1$.
2) 종속변수는 지가에 로그를 취한 후 차분한 값, *IN*=1 if 혁신도시 내 표준지, *distance*는 혁신도시 경계로부터 거리(km), *yr#*은 연도더미, *IN*yr#*은 연도더미와 혁신도시더미의 곱임.

분석 결과를 지역별로 살펴보면, 대구 신서와 울산 우정의 경우 2004년도의 증가율인 *IN*yr2004*의 계수값이 19.1%p, 26.3%p로 다른 지역에 비해 높게 나타나고 있는데, 이는 이들 혁신도시가 광역시에 위치하고 있으며 혁신도시로 지정되기 이전에 택지개발지구로 지정되었기 때문으로 판단된다. 울산 우정의 경우 2004년 이후로 지가상승률에 역전현상이 발생하는 것을 볼 수 있다. 경북 김천의 경우 2003년 KTX 중간역 건설이 결정되고 역의 위치가 향후 혁신도시로 지정될 김천시 남면으로 2004년에 지정되면서 혁신도시 안 표준지의 지가상승률이 2003년도부터 높게 나타난 것으로 보인다. 그리고 김천혁신도시 안과 밖의 지가상승률 차이가 2005년에 무려 160.5%p 가량 발생한 것은 김천 지역에 특히 심하였던 토지보상 갈등에 기인한 것으로 판단된다.

경남 진주나 광주 · 전남의 경우는 2004년에 오히려 음(-)의 계수값을 갖는 것을 볼 수 있는데, 이는 혁신도시가 지정되기 1년여 전으로 아직 그 영향이 미치지 않았음을 의미하며, 특별히 경남 진주와 광주 · 전남의 경우 혁신도시가 기존 개발지역이 아닌 외곽에 지정된 것과 무관하지 않은 것으로 판단된다. 강원 원주나 충북 진천 · 음성, 제주 서귀포도 혁신도시 내부와 외부의 지가상승률의 차이가 크게 나타나지는 않고 있다. 이를 고려할 때 이미 택지개발지구로 지정되거나 KTX 역사 건설이 발표된 일부 지역을 제외하고, 혁신도시 지정이 2004년도 지가상승률에 미치는 영향은 그다지 크지 않은 것으로 판단된다.

하지만 혁신도시 입지가 12월에 선정된 2005년 지가상승률은 급등하였다. 울산 우정을 제외한 모든 지역에서 혁신도시 안과 밖의 지가상승률 차이가 최대로 벌어졌다. 9개 지역 평균 43.8%p의 지가상승률 차이가 발생하였으며, 특히 경북 김천 및 전북 완주, 경남 진주, 광주 · 전남이 높음을 볼 수 있다. 혁신도시 일정을 살펴보면 2005년 7월에 선정지침이 각 시도에 발송되었고, 9월에 시도별 입지선정위원회가 세워져 후보군에 대해 심사를 한 후 12월 23일에 입지 선정이 완료되었다.[15)]

이 일정을 고려할 때 혁신도시가 지정되기 전부터 이미 지가가 급등하기 시작하여 2005년도 혁신도시 안 표준지의 지가에 충분히 반영된 것으로 판단할 수 있다. 이후 2006년도에도 지가상승률의 차이가 크게 나타나기는 하지만 그 격차는 줄

15) 입지 최종 확정 및 발표는 2006년 2월이다.

어들기 시작하여 2007년에는 그 격차가 작아졌으며 일부 지역에서는 음(-)의 값을 갖는 것을 볼 수 있다. 다만, 경남 진주와 광주 · 전남의 경우 2007년에 다시 증가함을 볼 수 있으나, 2004년과 2005년에 그 격차가 음의 값에서 양의 값으로 급등한 것을 볼 때 혁신도시 지정으로 인한 영향을 확인할 수 있다. 부록에 별도로 개별 지역별로 지가변동 양상을 그래프로 제시하였다.

2) 공간의존성을 고려한 추정 결과

앞의 방법론에서도 언급하였듯이 어떤 지역의 지가는 주변 지역의 지가와 함께 움직인다는 점을 고려하여 반경 3km 이내 주변 지역의 전기 지가변동률을 거리의 역수로 가중평균한 값을 새롭게 설명변수로 추가하였다. 분석 모형의 식 (4)를 통해서 추정하였으며, 각 지역에 맞는 모형을 5% 유의수준으로 Breusch-Pagan LM 검정과 Hausman 검정을 통해서 살펴본 결과, 5개 지역은 최소자승법이 타당하고 4개 지역은 고정효과모형이 타당한 것으로 결정되었으며 그 추정 결과는 〈표 2-16〉과 같다.

이중차감추정법과 동일하게 2005년에 지가상승률의 차이가 급등한 것으로 볼 때 혁신도시의 영향이 지가변동률에 큰 영향을 미쳤음을 확인할 수 있다. 하지만 그 차이는 주변 지역의 지가변동률을 통제하였기 때문에 변수를 포함하지 않았을 때와 비교하였을 때 전반적으로 작아짐을 볼 수 있다. 예를 들어, 대구 신서의 경우 2005년도 혁신도시 안과 밖의 지가상승률 차이가 21.3%p로 〈표 2-15〉의 24.2%p보다 2.9%p 감소하였다. 이는 다른 지역에서도 동일하게 나타난다. 9개 지역 전체 평균을 살펴볼 때, 42.2%p로 전기의 주변 지역 지가변동률을 포함하지 않고 추정한 결과들의 평균인 43.8%보다 1.6%p 낮게 추정되었다. 이는 현재의 해당 지역의 지가상승률을 높이는 *L.wdland*가 모형에 추가되었기 때문이다. *L.wdland*의 계수값을 구체적으로 살펴보면 0-0.526으로 지역에 따라 그 값이 차이를 보이고 있으며 통계적으로 매우 유의하게 나타난다. 계수값은 다른 조건이 동일할 때 9개 지역에서 평균적으로 주변 지역의 전기 지가변동률이 1%p 상승할 때 해당 지역이 약 0.23%p가량 상승한다고 해석할 수 있다. 광주 · 전남의 경우 주변 지역의 전기 지가변동률이 현재의 해당 지역의 지가변동률에 거의 영향을 미치지 않기 때문에 변수를

표 2-16 공간의존성을 고려한 모형 추정 결과

변수	대구 신서	제주 서귀포	전북 완주	충북 진천	경남 진주	강원 원주	경북 김천	광주 · 전남	울산 우정
	고정효과	최소자승법	고정효과	최소자승법	최소자승법	고정효과	최소자승법	고정효과	최소자승법
L.wdland	0.165***	0.171***	0.049***	0.306***	0.526***	0.116***	0.466***	0.000	0.310***
IN		0.036*		−0.031***	−0.028***		−0.018***		−0.006
distance		0.002***		−0.003***	0.002***		0.001*		−0.001*
*IN*yr2002*	−0.012*	−0.064***	0.012	0.022**	0.034**	0.020	0.006	−0.027*	−0.013
*IN*yr2003*	0.082***	0.014**	0.098***	0.008	0.031	0.004	0.168***	−0.003	0.004
*IN*yr2004*	0.180***	−0.029	0.034	0.012	−0.056*	0.042	0.136	−0.031**	0.284***
*IN*yr2005*	0.213***	0.045	0.636***	0.347***	0.427***	0.312***	1.520***	0.410***	−0.114***
*IN*yr2006*	0.155***	0.041	0.089***	0.219***	0.256***	0.279***	−0.803***	0.166***	−0.033**
*IN*yr2007*	−0.053**	−0.059**	−0.005	−0.146***	0.235***	0.119**	0.026***	0.335***	−0.076***
yr2002	0.018***	0.060***	0.013***	0.023***	0.019***	0.017***	−0.034***	−0.003**	0.010***
yr2003	0.046***	0.082***	0.095***	0.159***	0.125***	0.143***	0.172***	0.111***	0.065***
yr2004	0.045***	0.044***	0.056***	0.256***	0.159***	0.194***	0.152***	0.070***	0.089***
yr2005	0.092***	0.096***	0.071***	0.213***	0.067***	0.140***	0.032***	0.132***	0.120***
yr2006	0.049***	0.057***	0.042***	0.065***	0.002	0.093***	0.027***	0.076***	0.107***
yr2007	0.036***	0.031***	0.025***	0.032***	0.064***	0.091***	−0.040***	0.052***	−0.002
상수항	0.048***	−0.034***	0.041***	0.028***	−0.023***	0.032***	0.006	0.109**	0.001

주: 1) *** $p<0.01$, ** $p<0.05$, * $p<0.1$.
2) 종속변수는 지가에 로그를 취한 후 차분한 값, *L.dland*는 1기 전의 *wdland*(반경 3km 이내 필지의 지가에 로그를 취한 후 차분한 값의 가중평균), *IN*=1 if 혁신도시 내 표준지, *distance*는 혁신도시 경계로부터 거리(km), *yr#*은 연도더미, *IN*yr#*은 연도더미와 혁신도시더미의 곱임.

추가하였을 때와 하지 않았을 때의 값이 소수점 셋째자리까지만 보았을 때 동일하게 나옴을 볼 수 있다. 전기의 주변 지역 지가변동률이 해당 지역 현재의 지가변동률에 미치는 영향이 클수록 지가변동률 차이의 크기도 줄어들게 된다.[16)]

물론 고정효과모형의 경우 내생성을 완벽하게 통제하지 못해 추정계수의 일치성을 담보할 수는 없지만, 혁신도시 지정이 지가변동률에 미치는 영향이 크다는 사실은 명확하게 보여 주고 있다. 그리고 주변 지역의 전기 지가변동률이라는 설명변수를 추가함으로 공간의존성을 일부 통제할 수 있다는 의미를 갖고 있다. 부록에 개별 지역별 지가변동 양상을 그래프로 제시하였다.

다음은 공간의존성을 고려한 동태적 패널모형의 추정 결과이다. 앞의 고정효과모형이 갖고 있는 내생성 문제를 해결하기 위해서 시차를 둔 도구변수를 사용하여 추정하였다. 설명변수로 전기의 지가변동률을 포함하였으며, Abond 검정을 충족시키기 위해 각 지역마다 *Lag* 변수를 추가적으로 사용하였다.[17)] 사실 전기의 주변 지역 지가변동률과 해당 지역의 전기 지가변동률은 상호 겹치는 부분이 많다. 전기의 해당 지역 지가변동률은 그 이전의 모든 영향을 반영하고 있는 변수라고 판단할 수 있다. 즉, 이 두 변수를 모두 포함하는 것이 동태적 모형에서는 큰 의미를 갖지 않을 수도 있기 때문에, 경남 진주의 경우는 에러항의 기본적인 가정을 충족시키기 위해 주변 지역의 전기 지가변동률 변수를 제외하였다.

추정 결과를 살펴보면, 앞의 다른 추정방법들과 그 결과가 일치하며 변동률 격차에 동일한 패턴을 보이고 있음을 확인할 수 있다. 경북 김천의 경우 2006년도에 143%p로 가장 큰 격차를 보이다가 2007년도에는 그 격차가 음(-)의 값을 보인다. 경남 진주는 2006년부터 2008년까지 37.9-39.3%p의 높은 격차를 유지하고 있다. 전북 완주의 경우 2006년에 60%p 이상의 격차를 보이다가 급격하게 감소하였으며, 제주 서귀포의 경우 9개 지역 중 변화의 폭이 가장 낮음을 볼 수 있다. 부록에 개별 지역별 지가변동 양상을 그래프로 제시하였다.

16) 단, 동일한 추정방법을 사용하였을 때 비교 가능하다. 고정효과모형의 경우 광주 · 전남과 대구 신서를 비교할 수 있고, 최소자승법의 경우 제주 서귀포와 충북 진천을 비교할 수 있다.

17) 전북 완주를 제외한 8개 지역이 Abond 검정을 충족하였다. 또한 지역에 따라 모형의 최소한의 조건을 만족시키기 위해 일부 지역은 토지용도 변수를 생략하였다. 토지용도의 경우 시간에 따라 거의 변하지 않다가 혁신도시 지정으로 인해 변하는 경우가 많았다. 이러한 영향은 이미 혁신도시와 연도더미, 그리고 교차항을 통해 충분히 반영되었고 실제로 계수값에서 큰 차이를 보이지는 않았다.

표 2-17 동태적 패널모형 추정 결과

변수	대구 신서	제주 서귀포	전북 완주	충북 진천	경남 진주	강원 원주	경북 김천	광주 · 전남	울산 우정
L.dland	0.170***	−0.051*	0.091***	0.257***	0.126***	−0.028	−0.153***	0.317***	0.107***
L2.dland	0.117***			−0.087***		−0.080***	−0.173***	0.333***	−0.121***
L3.dland						−0.221***	−0.211***	0.187***	
L.wdland	−0.289***	0.140*	0.056*	−0.018		−0.170***	0.357***	−0.075	−0.140***
IN	−0.208**	−1.830*	−0.762***	−0.139***			0.534***		0.431***
distance	−0.013***	−0.012	−0.070***	0.003***			0.030***		0.053***
*IN*yr2003*	0.090***	0.015	0.094***	−0.015	0.016				0.018
*IN*yr2004*	0.220***	−0.019	0.022	−0.008	−0.069**	0.039	0.009	0.098**	0.304***
*IN*yr2005*	0.270***	0.052**	0.627***	0.329***	0.379***	0.326***	1.430***	0.550***	−0.011
*IN*yr2006*	0.225***	0.068***	0.025	0.226***	0.368***	0.378***	−0.486***	0.258***	0.048**
*IN*yr2007*	0.074*	−0.032	−0.023	−0.117***	0.393***	0.245***	0.178***	0.303***	−0.072***
yr2003	0.035***	0.090***	0.096***	0.141***	0.106***				0.060***
yr2004	0.038***	0.054***	0.050***	0.245***	0.179***	0.092***	0.039***	0.016***	0.104***
yr2005	0.082***	0.104***	0.067***	0.240***	0.120***	0.072***	−0.029***	0.049***	0.152***
yr2006	0.049***	0.068***	0.037***	0.089***	0.037***	0.043***	−0.015	−0.038***	0.156***
yr2007	0.025***	0.040***	0.023***	0.045***	0.065***	0.037***	−0.096***	−0.066***	0.057***

주: 1) *** $p<0.01$, ** $p<0.05$, * $p<0.1$.
2) 종속변수는 지가에 로그를 취한 후 차분한 값, *L.dland*는 1기 전의 dland, *L2.dland*는 2기 전의 dland, *L3.dland*는 3기 전의 dland, *L.wdland*는 1기 전의 wdland(반경 3km 이내 필지의 지가에 로그를 취한 후 차분한 값의 가중평균), *IN*=1 if 혁신도시 내 표준지, *distance*는 혁신도시 경계로부터 거리(km), *yr#*은 연도더미, *IN*yr#*은 연도더미와 혁신도시더미의 곱임.
3) 계수 해석의 기준연도 지가변동률은 대구 신서와 제주 서귀포, 전북 완주, 충북 진천, 경남 진주, 울산 우정은 2002년도 지가변동률이며 강원 원주와 경북 김천, 광주 · 전남은 2003년도 지가변동률 기준이다.

3) 추정 결과 요약

지금까지 이중차감추정법과 공간의존성을 고려한 추정법으로 분석한 결과, 계수값에서 차이가 발생하기는 하지만 모든 추정방법에서 혁신도시 지정이 혁신도시 안과 밖의 지가상승률 차이를 발생시키고 있음을 확인할 수 있었다.

택지개발이 미리 진행된 대구 신서와 울산 우정은 2004년부터 혁신도시 지역의 지가상승률이 주변 지역 지가상승률에 비해 현저한 차이를 보였고, 나머지 지역에서는 2005년부터 혁신도시 지역의 지가상승률이 주변 지역에 비해 급격하게 높았음을 볼 수 있다. 2005년 12월에 혁신도시가 지정된 점을 고려할 때, 이는 혁신도시 지역의 지가가 혁신도시사업으로 인해 그 이전부터 변동하기 시작하였다는 증거가 된다. 대부분 혁신도시의 사업인정 후 보상 기준 공시지가가 2007년 1월 1일 표준지 공시지가임을 고려할 때, 2005년과 2006년 2년 동안에는 지가 상승분이 이미 보상기준가에 포함되었다는 점을 보여 주고 있다.

구체적으로 추정된 수치를 살펴보면, 9개 지역 전체를 고정효과모형으로 분석한 결과는 〈표 2-18〉과 같다.

2002년과 2003년에는 혁신도시 지역과 주변 지역 간의 지가상승률 차이가 별로 없다가 2004년에 12.2%p 차이가 발생하였다. 그리고 2005년에는 지가상승률 차이가 40.5%p까지 올라간 후 2006년에는 16.9%p, 2007년에는 3.8%p의 차이를 보였다. 이러한 패턴은 〈표 2-19〉에 제시된 지역별로 추정한 계수값의 평균을 통해서도 확인할 수 있다. 기본 모형과 공간의존성을 고려한 모형, 동태적 모형에서 지역별로 추정된 2005년도 지가상승률의 평균은 46.2-46.9%p로 매우 유사하게 도출되었으며, 전체를 대상으로 분석하였을 때 추정값인 40.5%보다는 높게 추정되었다. 다른 연도의 지역별 평균과 전체로 추정한 방법의 결과를 보더라도 위와 유사한 패턴을

표 2-18 혁신도시 전체 추정 결과 요약

(단위: %p)

	2002	2003	2004	2005	2006	2007
혁신도시 지역과 주변 지역의 지가상승률 차이	-0.4	5.2	12.2	40.5	16.9	3.8

표 2-19 추정 결과 요약-혁신도시 지역과 주변 지역의 2005년도 지가상승률 차이

(단위: %p)

	(1) 기본 모형	(2) 공간의존성 고려 모형	(3) 동태적 모형
대구 신서	19.1	18.0	22.0
제주 서귀포	5.2	4.5	5.2
전북 완주	64.0	63.6	62.7
충북 진천	35.8	34.7	32.9
경남 진주	36.6	42.7	37.9
강원 원주	32.0	31.2	32.6
경북 김천	160.5	152.0	143.0
광주 · 전남	41.0	41.0	55.0
울산 우정	26.3	28.4	30.4
평균	46.7	46.2	46.9

주: 1) 대구 신서와 울산 우정은 2004년의 지가상승률 차이임.
2) 전체를 대상으로 분석하였을 때 2005년도 지가상승률 차이는 40.5%p임.

가지고 있다. 세부적인 내용은 〈표 2-19〉에서 확인할 수 있다.

다음으로 9개 지역을 개별적으로 추정한 경우를 보면, 먼저 공간의존성을 고려하지 않는 모형에서는 택지개발계획의 영향을 받은 대구 신서와 울산 우정의 경우 2004년에 혁신도시 지역의 지가상승률이 주변 지역의 지가상승률에 비해 19.1%p, 26.3%p 정도 높았음을 보여 주고 있다. 그리고 나머지 7개 지역에서는 2005년에 혁신도시 지역의 지가상승률이 주변 지역 지가상승률보다 5.2-160.5%p 정도 높았음을 보여 주고 있다.

공간의존성을 고려하여 전기의 주변 지역 지가변동률을 포함한 모형에서는 대구 신서와 울산 우정의 경우 2004년의 혁신도시 지역 지가상승률이 주변 지역에 비해 18.0%p, 28.4%p 정도 높았음을 보여 주고 있다. 그리고 나머지 7개 지역에서는 2005년의 혁신도시 지역 지가상승률이 주변 지역의 지가상승률에 비해 4.5-152.0%p 정도 높았음을 알 수 있었다. 또한 동태적 모형의 경우 대구 신서와 울산 우정의 경우 2004년의 혁신도시 지역 지가상승률은 주변 지역에 비해 22.0%p, 30.4%p 정도 높았고, 나머지 7개 지역에서는 2005년의 혁신도시 지역 지가상승률이 주변 지역에 비해 5.2-143.0%p 정도 높았음을 알 수 있다.

위의 세 추정방법 모두 각 지역마다 추정된 계수값은 유사하였으며, 지가의 변화 패턴도 동일하게 유지되었다. 이를 통해 대구 신서와 울산 우정의 경우는 2004년, 나머지 지역의 경우는 2005년에 혁신도시 지역의 지가상승률이 주변 지역에 비해 월등히 높았음을 확인할 수 있었다.[18]

앞서 보인 분석들을 보면, 방법론별로 계수 크기의 차이가 일부 있지만 대구와 울산을 제외한 모든 지역에서 2006년 1월 1일 기준 공시지가에 개발이익이 통계적으로 유의한 수준으로 반영되어 있음을 보여 준다. 개발이익을 배제한 보상금 산정을 위해서는 공공사업의 추진과는 무관한 시점을 찾아 가격기준점으로 삼고, 해당 사업과는 무관한 전반적인 물가상승률과 지가상승률 등을 통해 보정하는 것이 적절하다. 앞의 분석 결과를 보았을 때, 본 사업을 위한 수용보상을 함에 있어 보상가격을 산정하는 기준이 2005년 1월 1일에 발표된 공시지가가 될 때 개발이익의 배제원칙에 더 부합한다는 것을 보여 주고 있다.[19]

V. 정책적 함의 및 결론

지금까지 혁신도시 지역과 그 주변 지역의 지가 데이터를 바탕으로 혁신도시사업에 따른 지가변동이 어느 시점부터 어느 정도 있었는지를 살펴보았다. 앞서 〈표 2-19〉에서 보았듯이 혁신도시 지역의 지가가 대구 신서와 울산 우정 지역은 2004년부터, 나머지 지역은 2005년부터 그 주변 지역들에 비해서 본격적으로 오르기 시작하였다. 즉, 이 시기부터 혁신도시사업과 관련한 정보가 지가에 반영되기 시작하

18) 다만, 분석모형의 한계를 염두에 둘 필요는 있다. 이중차감추정법은 혁신도시 지정의 영향을 명확하게 해석할 수 있다는 장점이 있지만, 에러항에 존재하는 공간의존성을 통제할 수 없다는 단점이 있다. 공간의존성을 고려한 고정효과모형은 전기의 주변 지가변동률을 사용함으로써 공간의존성 및 내생성 문제를 완화할 수 있었지만 고정효과모형의 특성상 내생성 문제를 완전히 해결하지는 못하였다. 동태적 패널모형은 사용하는 도구변수의 시차를 조절하는 방법으로 내생성 문제는 완화할 수 있었다. 그러나 고정효과모형에서와 같이 전기의 주변 지가변동률을 사용함으로써 잔차에 존재할 수 있는 공간의존성을 완벽하게 통제하지는 못하였을 수 있다.

19) 대구와 울산 지역의 경우는 이보다 한 해 앞선 2004년 1월 1일의 공시지가가 가격기준점이 되어야 한다.

표 2-20 혁신도시 사업인정 시점

(단위: %p)

혁신도시	사업인정 시점 공시지가	입지 선정	개발예정지구 지정	개발계획	실시계획
부산 대연	2007. 1. 1	2005. 12	2007. 3. 19	2008. 6. 24	2008. 12. 12
부산 동삼	2007. 1. 1	2005. 12	2007. 4. 16	2007. 9. 3	2007. 12. 13
부산 문현	2007. 1. 1	2005. 12	2007. 4. 16	2008. 6. 24	2008. 12. 12
부산 센텀	2007. 1. 1	2005. 12	2007. 4. 16	2007. 9. 3	2007. 12. 13
대구 신서	2007. 1. 1	2005. 12	2007. 4. 13	2007. 5. 30	2007. 9. 5
제주 서귀포	2007. 1. 1	2005. 12	2007. 4. 16	2007. 7. 16	2007. 9. 5
전북 전주 · 완주	2007. 1. 1	2005. 10. 28	2007. 4. 16	2007. 9. 4	2008. 3. 4
충북 진천 · 음성	2007. 1. 1	2005. 12. 23	2007. 3. 19	2007. 5. 31	2007. 12. 17
경남 진주	2007. 1. 1	2005. 12. 22	2007. 3. 19	2007. 5. 31	2007. 10. 26
강원 원주	2007. 1. 1	2005. 12. 15	2007. 3. 19	2007. 5. 31	2007. 10. 31
경북 김천	2007. 1. 1	2005. 12. 13	2007. 3. 19	2007. 5. 31	2007. 9. 3
광주 · 전남 공동	2007. 1. 1	2005. 11. 18	2007. 3. 19	2007. 5. 31	2007. 10. 26
울산 우정	2007. 1. 1	2005. 12	2007. 4. 13	2007. 5. 30	2007. 9. 3

였다고 볼 수 있는 것이다. 그리고 이같이 혁신도시사업 관련 정보가 반영된 지가를 바탕으로 실제 보상액을 산정하면 개발이익의 배제원칙과는 괴리가 생기게 된다.

〈표 2-20〉을 보면 혁신도시사업의 입지가 정해진 것은 2005년 말경으로 이때부터 개발정보가 해당 지역의 지가에 반영되었을 것으로 충분히 짐작할 수 있다. 그리고 앞선 계량경제학적 분석 결과도 2006년 1월 1일에 공시된 지가에 개발정보 유출로 인한 개발이익이 충분히 반영되어 있다는 점을 보여 주고 있다.

하지만 토지보상법 제70조에 따른 보상액 산정의 기준지가는 2007년 1월 1일에 공시된 공시지가이며, 또한 실제로도 이를 적용하여 보상을 진행하였다.[20] 즉, 2005년부터 2006년 말까지 개발정보가 해당 혁신도시 지가에 반영되었음에도 불구하고, 이를 배제하기 위한 제도적 장치 및 노력 없이 보상을 진행하였다.

20) 이 당시에는 토지보상법 제70조 제5항(2007년 10월 신설)이 신설되기 이전이므로 개발이익이 지가에 반영되었다고 하더라도 그 전의 지가를 소급적용할 수 있는 법적 근거가 없었다. 하지만 토지보상법 제70조 제5항을 적용할 수 있었다고 하더라도 이 당시에 혁신도시사업에 대한 공식적인 공고나 고시 대신 2005년 말경 언론을 통해 일반에게 공개하였으므로, 감정평가사가 제70조 제5항을 근거로 2005년 1월 1일의 공시지가를 기준지가로 삼기에는 상당한 제약이 있었을 것으로 판단된다.

현행 제도 하에서는 기준지가에 개발이익이 포함되어 있는 경우 이를 해결할 방법은 오직 감정평가시 음(−)의 보정을 통해 보상금액을 기준지가보다 낮게 책정하는 수밖에 없다. 다시 말해서, 명시적인 제도보다는 감정평가사의 자의적 판단에 의존할 수밖에 없는 구조이다. 하지만 감정평가업무의 자의성이 높아질수록 보상 관련 갈등은 커질 수밖에 없고, 감정평가사가 받는 과다보상액 책정의 압력은 높아지게 된다. 이러한 문제를 개선하기 위해서는 가능한 한 감정평가업무의 자의성을 줄이고 명시적이고 강제성이 있는 기준을 마련하는 것이 필요하다.[21] 따라서 개발이익의 배제원칙에 보다 부합하고 보상 관련 갈등을 줄이기 위해서는 개발이익이 지가에 반영된 경우 그 이전의 공시지가를 기준지가로 소급적용할 수 있는 명시적 조항을 마련할 필요가 있다.

현행 토지보상법 제70조 제5항이 이와 같은 취지로 2007년 10월에 신설되었다. 하지만 앞서 서론의 문제제기에서 언급하였듯이 여기에는 여전히 몇 가지 제약이 존재한다. 즉, 개발이익이 지가에 반영되었는지 여부를 판단하는 기준이 하위 법령에 명시되어 있지 않고, 강제성이 없는 감정평가협회의 평가지침에만 그 기준이 마련되어 있다는 점에서 여전히 감정평가사의 자의적 판단에 크게 의존하고 있다는 점이다. 또한 소급적용할 수 있는 시점의 한계가 고시 또는 공고된 시점 바로 직전 공시지가라는 점도 본 조항의 한계로 지적할 수 있다. 공공사업 추진의 특성상 고시 또는 공고 시점보다 훨씬 이전부터 사업이 준비되고, 이에 대한 정보가 일반에게 알려지는 경우가 종종 있다. 이러한 경우 고시일 직전의 공시지가보다 이전의 공시지가로 소급적용하는 것이 바람직하나 현 제도 하에서는 불가능하다. 또한 극단적인 예로 개발정보가 사전에 널리 알려져서 고시일보다 훨씬 전에 이미 지가에 반영이 되어서 고시일 즈음에는 지가상승률이 주변에 비해 크게 높지 않은 경우라면 제70조 제5항마저도 적용할 수가 없고, 사업인정 시점에 인접한 공시지가를 기준지가로 적용해야 하는 경우도 생길 수 있다.

이러한 문제들을 해결하기 위해 본 연구에서는 크게 두 가지 방안을 제안하고자 한다. 우선 토지보상법 제70조 제5항에서 소급적용할 수 있는 공시지가의 한계를 두지 말고 대신 개발이익이 반영되지 않았다고 판단되는 가장 최근의 공시지가

21) 이와 관련한 구체적인 논의는 이호준(2010)을 참조하라.

를 기준시가로 적용하도록 변경하는 것이 필요하다고 판단된다. 이렇게 정해진 기준시가를 바탕으로 가격인정 시점까지의 통상적인 평균물가상승률, 평균지가상승률 등을 바탕으로 보상액을 보정한다면 개발이익의 배제원칙에 보다 부합할 것이다.

두 번째로 개발이익이 지가에 반영되었다고 판단하는 기준을 하위 법령에 명시적으로 포함시킬 필요가 있다. 현행 제도 하에서는 개발이익 반영 여부에 대한 자의적인 해석이 포함될 가능성이 크다. 물론 법령의 특성상 본 연구에서 적용한 계량경제학적 방법론을 법령에 포함하는 것은 불가능하다. 대신 본 연구에서의 학술적 연구를 바탕으로 현행 토지보상평가지침(감정평가협회)에서 표준지 공시지가 평균상승률의 비교를 통해 판단하는 기준을 보완 · 적용하는 방법도 하나의 대안으로 검토해 볼 만하다.

지금까지 혁신도시 지역 및 주변 지역의 표준지 공시지가 자료를 바탕으로 개발이익의 배제원칙에 부합하는 보상기준지가를 적용하기 위한 방안을 논의하였다. 혁신도시사업 관련 지가 자료를 분석한 결과, 현행 제도 하에서 적용되는 보상기준지가는 이미 개발이익이 반영되어 있다고 볼 수 있으며, 개발이익 배제원칙에 보다 부합하기 위해서는 현행 제도에서 규정하고 있는 기준지가 선정 규정을 개선할 필요가 있다. 기존의 제도 하에서는 공시지가에 개발이익이 반영되었다고 하더라도 공공사업에 대한 공시 또는 고시 시점에 가장 근접한 공시지가보다 이전의 공시지가는 기준지가로 사용할 수 없다. 따라서 개발이익 배제원칙에 보다 부합하기 위해서는 개발이익이 지가에 충분히 반영되었다고 판단되는 경우는 그 이전의 공시지가를 적용할 수 있도록 현행 법규정을 수정할 필요가 있다.

또한 개발이익이 지가에 반영되었는지를 판단하는 기준이 토지보상법의 하위 법령에 명시되어 있지 않고 강제성이 없는 토지보상평가지침에만 명시되어 있다는 점은 법 적용의 혼란을 가져와 보상 관련 분쟁을 야기할 소지가 있다. 따라서 개발이익이 지가에 반영되었는지를 판단하는 기준을 법령에 명시하도록 할 필요가 있으며, 그 기준을 정할 때 본 연구의 방법론이 참고가 될 수 있을 것이다. 다만, 법령의 특성상 계량경제학적인 방법론을 모두 담는 것은 제약이 있을 수 있으니 현재의 토지보상평가지침의 내용을 보완하여 기준을 마련할 수도 있을 것이다. 이를 통해 현행 제도 하에서보다 개발이익의 배제원칙에 잘 부합하는 제도로 개선하여 결과적으로 토지보상 관련 법체계의 혼란을 줄이고, 한편으로 보상과 관련한 사회적 갈등을 줄이는 데 기여할 수 있을 것이다.

[부록 1] 9개 지역 이중차감법 결과

부도 2-1 대구 신서 지가변동률 차이

(단위: %p)

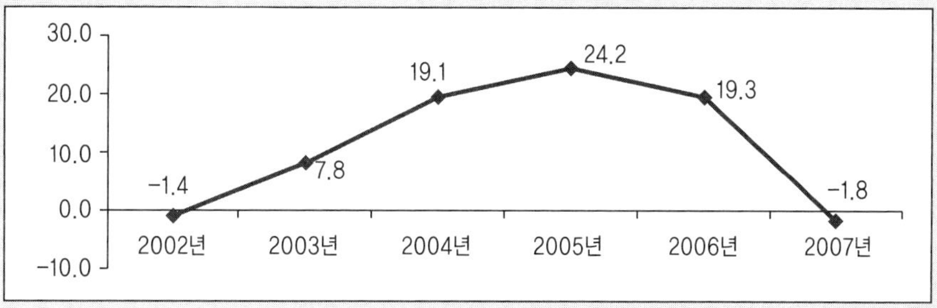

부도 2-2 제주 서귀포 지가변동률 차이

(단위: %p)

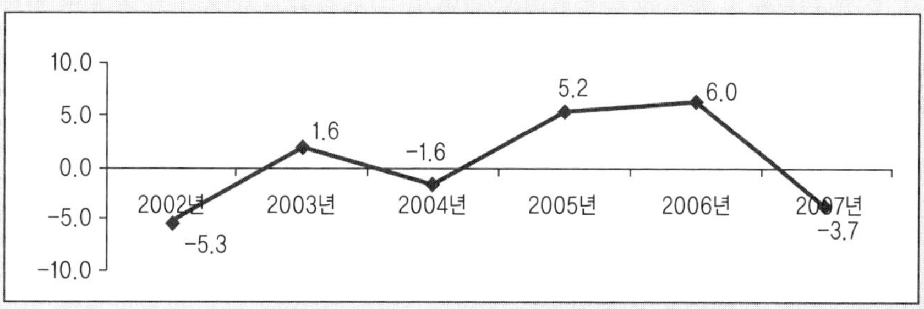

부도 2-3 전북 완주 지가변동률 차이

(단위: %p)

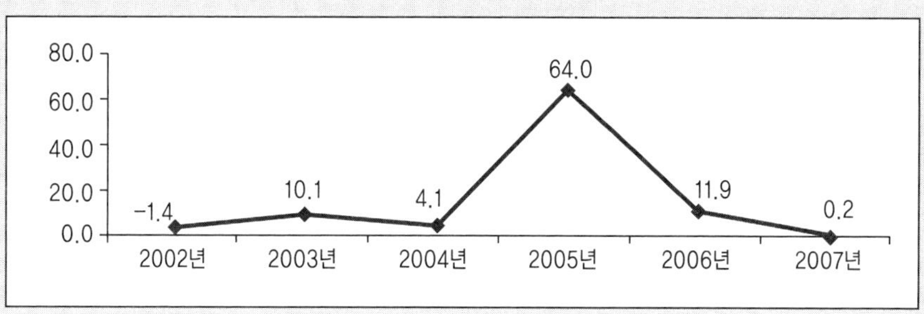

부도 2-4 충북 진천 지가변동률 차이

(단위: %p)

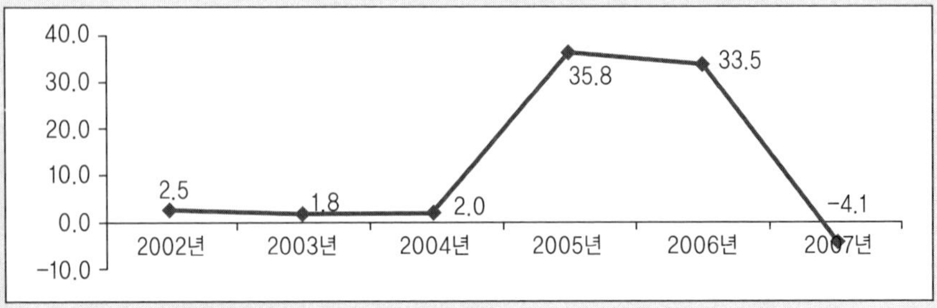

부도 2-5 경남 진주 지가변동률 차이

(단위: %p)

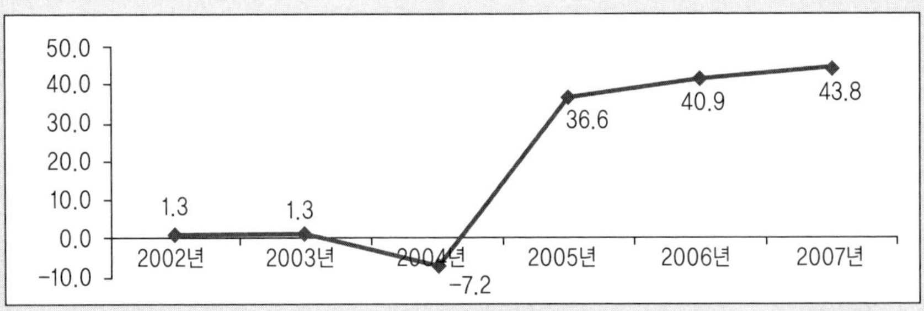

부도 2-6 강원 원주 지가변동률 차이

(단위: %p)

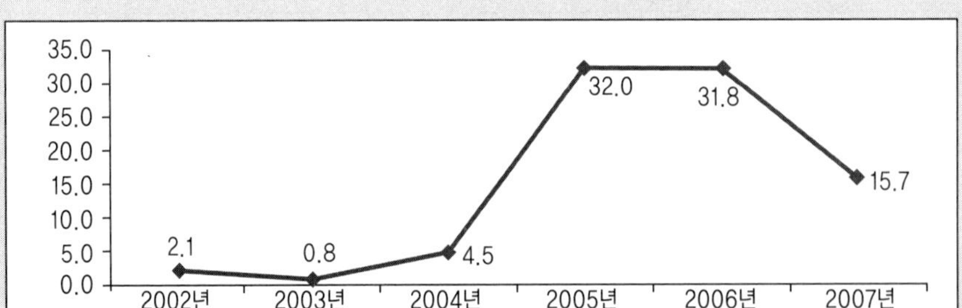

부도 2-7 경북 김천 지가변동률 차이

(단위: %p)

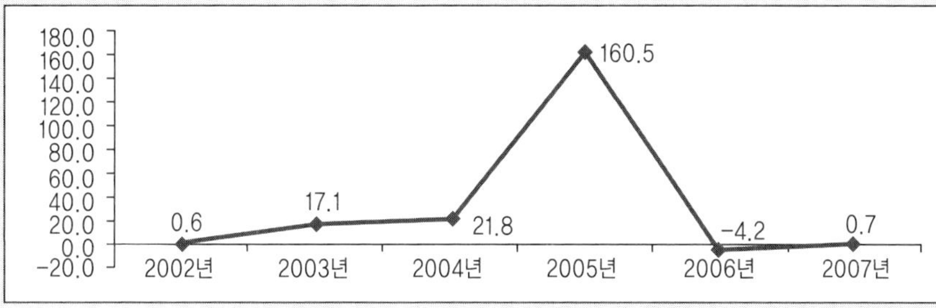

부도 2-8 광주 전남 지가변동률 차이

(단위: %p)

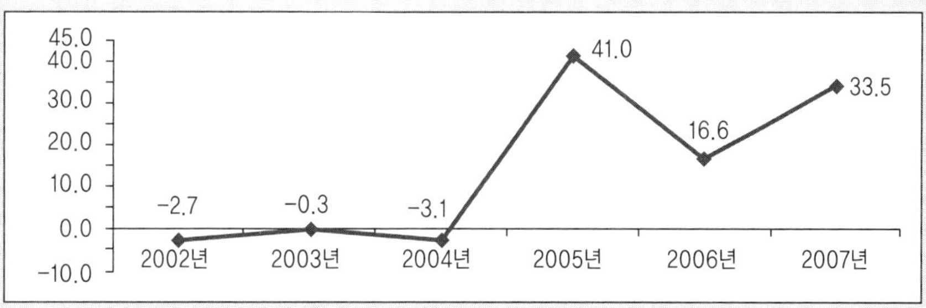

부도 2-9 울산 우정 지가변동률 차이

(단위: %p)

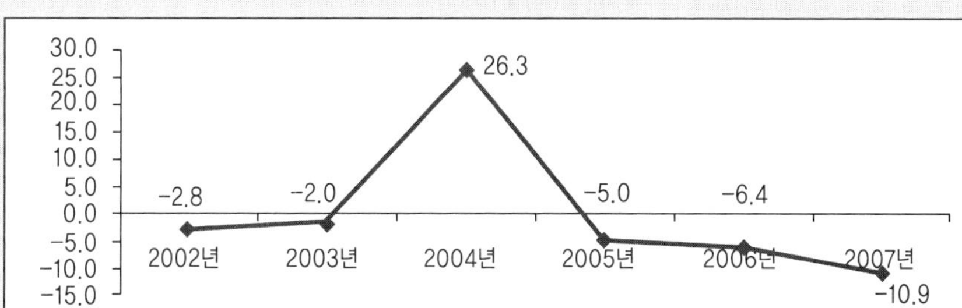

[부록 2] 9개 지역 공간의존성을 고려한 모형 결과

부도 2-10 대구 신서 지가변동률 차이

(단위: %p)

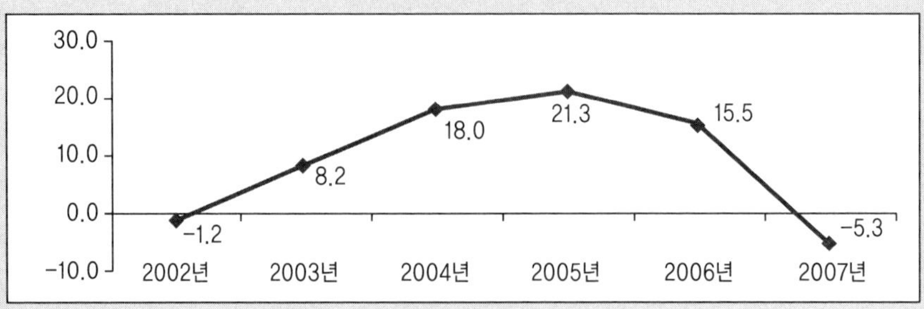

부도 2-11 제주 서귀포 지가변동률 차이

(단위: %p)

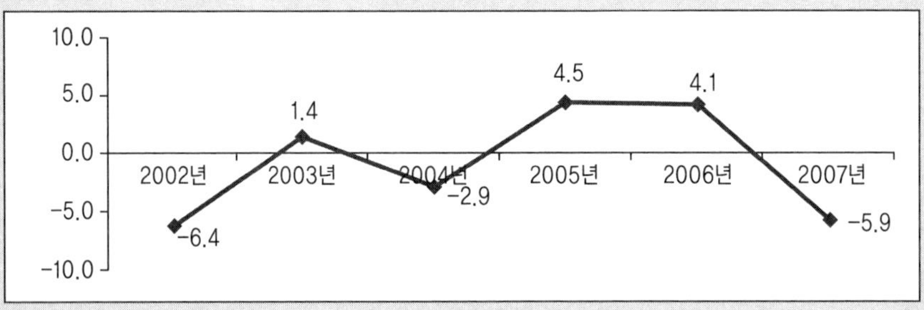

부도 2-12 전북 완주 지가변동률 차이

(단위: %p)

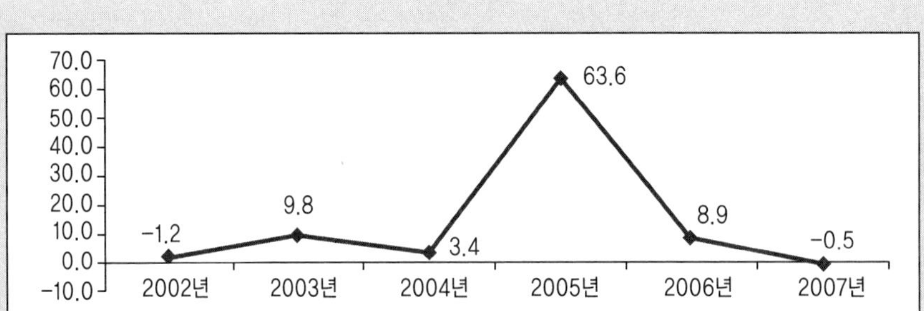

부도 2-13 충북 진천 지가변동률 차이

(단위: %p)

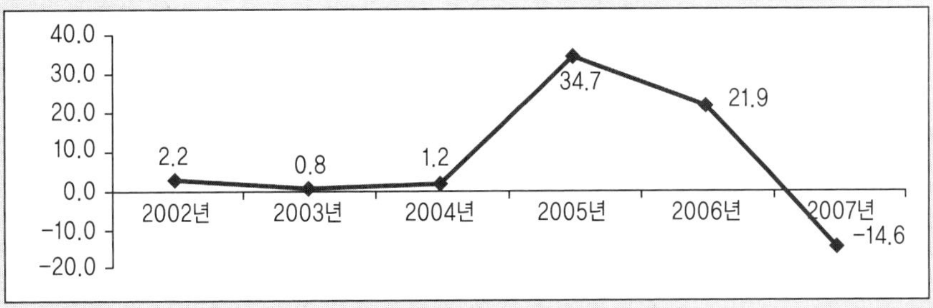

부도 2-14 경남 진주 지가변동률 차이

(단위: %p)

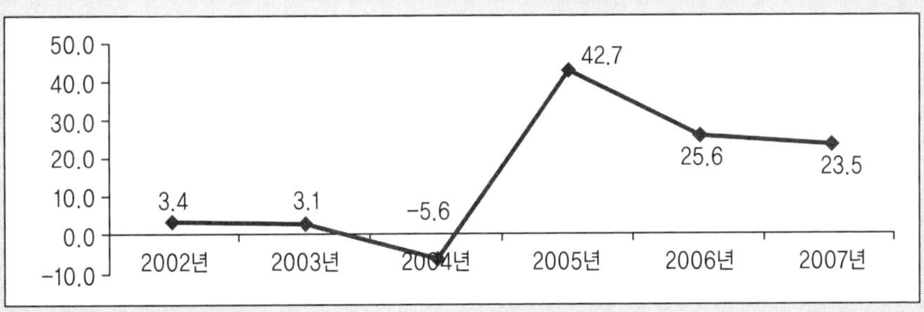

부도 2-15 강원 원주 지가변동률 차이

(단위: %p)

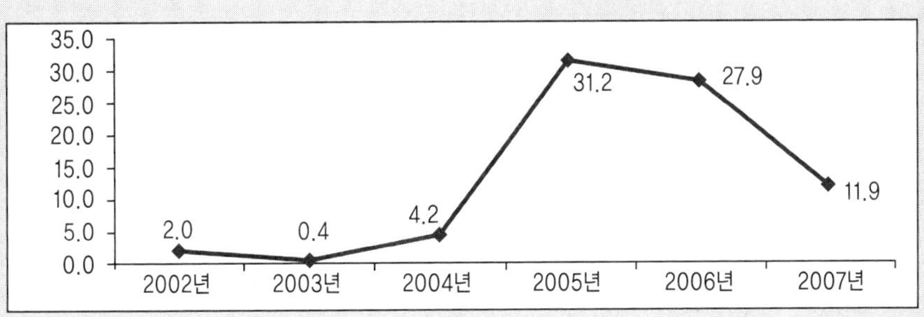

부도 2-16 경북 김천 지가변동률 차이

(단위: %p)

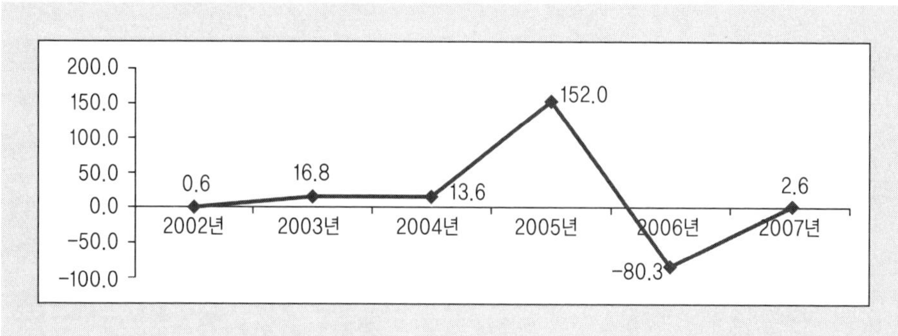

부도 2-17 광주 · 전남 지가변동률 차이

(단위: %p)

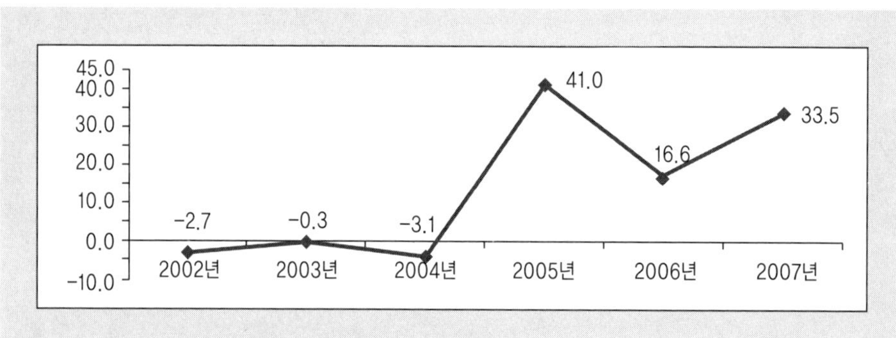

부도 2-18 울산 우정 지가변동률 차이

(단위: %p)

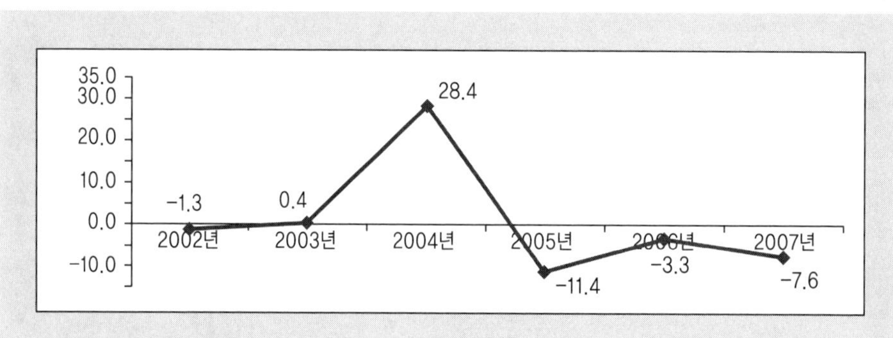

[부록 3] 9개 지역 동태적 패널모형 결과

부도 2-19 대구 신서 지가변동률 차이

(단위: %p)

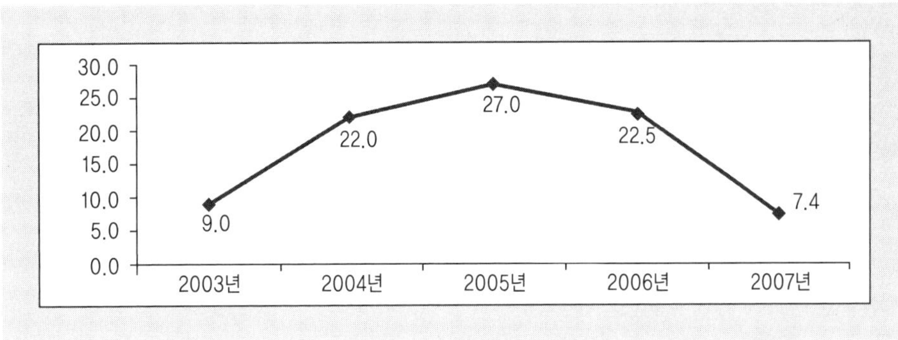

부도 2-20 제주 서귀포 지가변동률 차이

(단위: %p)

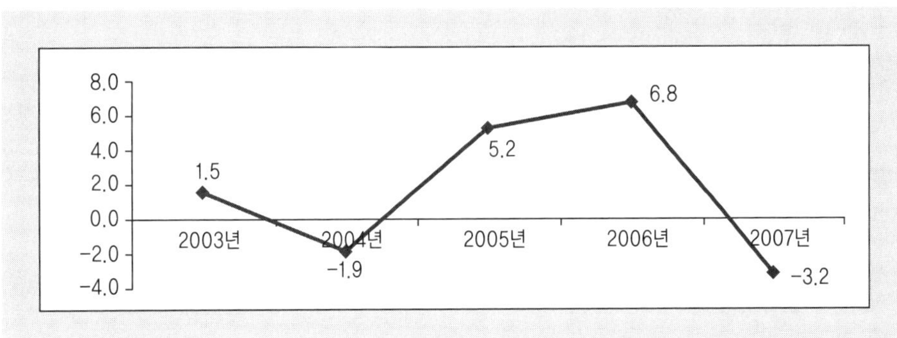

부도 2-21 전북 완주 지가변동률 차이

(단위: %p)

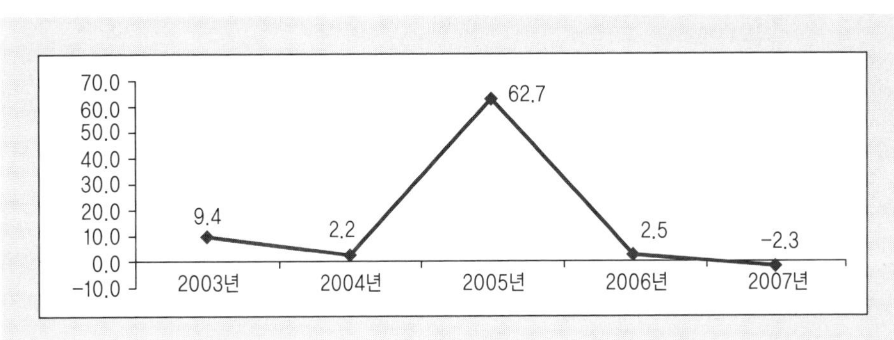

부도 2-22 충북 진천 지가변동률 차이

(단위: %p)

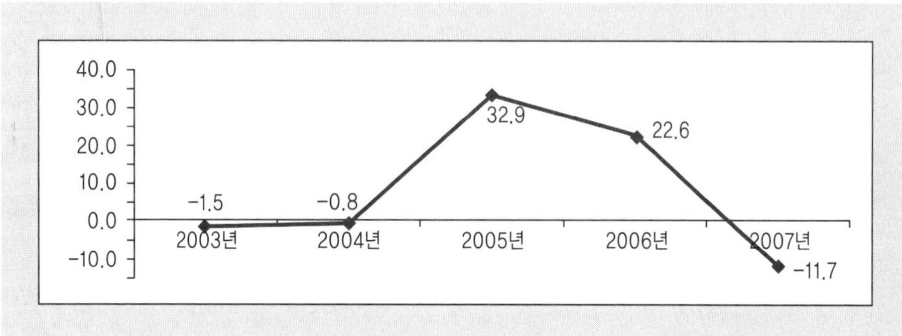

부도 2-23 경남 진주 지가변동률 차이

(단위: %p)

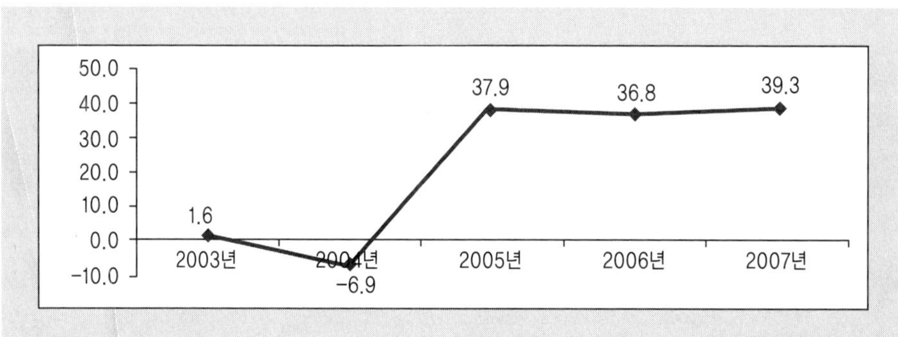

부도 2-24 강원 원주 지가변동률 차이

(단위: %p)

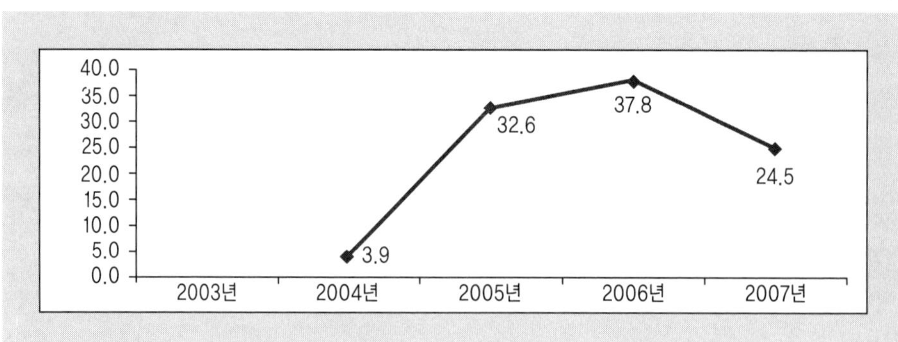

부도 2-25 경북 김천 지가변동률 차이

(단위: %p)

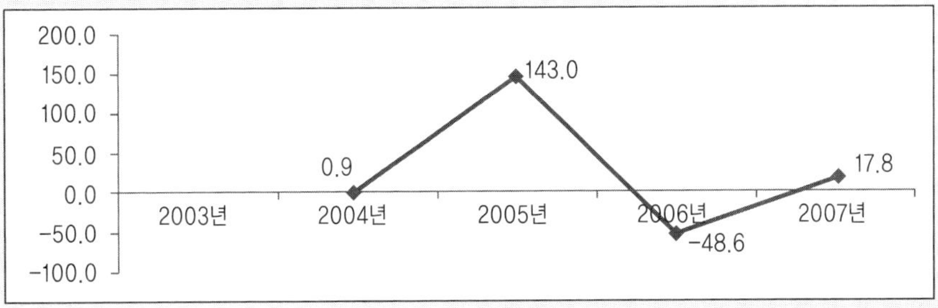

부도 2-26 광주 · 전남 지가변동률 차이

(단위: %p)

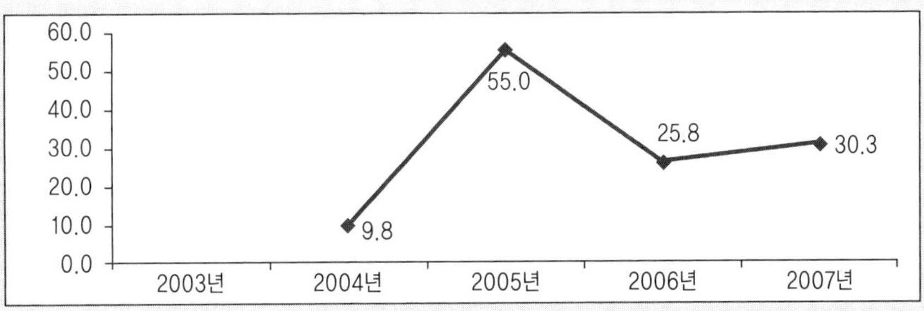

부도 2-27 울산 우정 지가변동률 차이

(단위: %p)

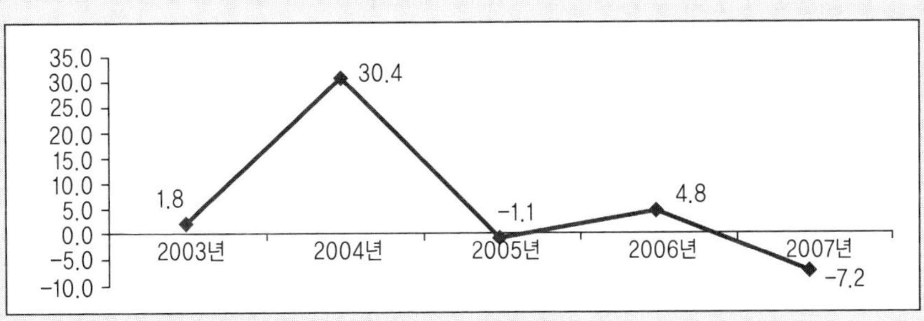

참고문헌

강미영,「택지개발지구 지정에 따른 지가변동에 관한 연구」, 건국대학교 대학원 석사학위논문, 2009.

강병운,「공익사업에 따른 손실보상제도에 관한 연구: 기타 요인 보정을 중심으로」, 고려대학교 정책대학원 석사학위논문, 2011.

김선태,「둔산 택지개발사업에 따른 대전광역시 지가의 공간적 분포 변화 분석」, 한밭대학교 산업대학원 석사학위논문, 2003.

김영규 · 조주현 · 김인하,「택지개발사업에 의한 사업지역 주변의 지가변화 분석」,『부동산학연구』, 제9집 제1호, 2003, pp. 93-103.

김용창,「공익사업에서 정당보상과 손실보상제도의 쟁점 및 개선에 대한 연구」,『공간과 사회』, 제33호, 2010, pp. 5-47.

민인식 · 최필선,『STATA 패널데이터 분석』, 서울: 한국STATA학회 출판부, 2009.

박승철,「택지개발사업 주변지역의 지가 변화에 관한 연구」, 단국대학교 대학원 석사학위논문, 2009.

박헌수 · 김태경,「GMM 방법을 이용한 부동산가격의 구조변화 검정」,『부동산학연구』, 제13집 제3호, 2007, pp. 105-115.

박헌수 · 안지아,「VAR 모형을 이용한 부동산가격 변동요인에 관한 연구」,『부동산연구』, 제19집 제1호, 2009, pp. 27-49.

서승환,「부동산 경기변동의 결정요인과 부동산정책」,『지역연구』, 제19권 제3호, 2003, pp. 19-39.

선병채,「보상평가에 있어 개발이익 배제」,『토지연구』, 제20권 제78호, 2007, pp. 49-65.

성채원,「한국의 지가변동 요인에 관한 분석」, 연세대학교 대학원 석사학위논문, 2005.

양성혁,「혁신도시 개발이 지역경제에 미치는 장기파급효과 분석에 관한 연구: 광주전남 혁신도시를 중심으로」, 한양대학교 공학대학원 석사학위논문,

2001.

우종철,「한국의 지가변동요인 분석」, 연세대학교 대학원 석사학위논문, 2005.

이동선,「택지개발사업 주변지역의 토지가격 변동에 관한 연구」, 건국대학교 부동산대학원 석사학위논문, 2001.

이호준,『공공수용제도 개선방안 연구(Ⅰ): 수용보상에 관한 유인체계 분석』, 정책연구시리즈 2010-04, 한국개발연구원, 2010.

정동호,「고속도로 접근성 변화가 인구변화에 미치는 영향」, 고려대학교 대학원 석사학위논문, 2011.

정희남 · 문태훈 · 서승환,「토지이용 규제완화의 지가 파급효과에 대한 실증분석」,『부동산연구』, 제20집 제2호, 2010, pp. 29-50.

채수옥 외,「대규모 개발사업 주변지역의 토지시장 안정화 방안」, 국토연구원, 2007, pp. 119-120.

최강식,「고용영향 분석평가 방법론 연구」,『직업능력개발연구』, 제10권 제3호, 2007, pp. 181-202.

최수 · 박지영,『개발사업이 주변지역의 부동산시장에 미치는 영향평가에 관한 연구(제2차)』, 국토해양부, 2009, pp. 180-182.

최정원,『한국의 부동산가격 변동요인 분석』, 연세대학교 대학원 석사학위논문, 2006.

허강무,「공익사업과 개발이익: 개발이익 배제 및 환수를 중심으로」,『토지공법연구』, 제40집, 2008, pp. 21-43.

Anderson, T. W. and C. Hsiao, "Estimation of Dynamic Models with Error Components," *Journal of the American Statistical Association*, 76, 1981, pp. 598-606.

Anselin, L., *Spatial Econometrics: Methods and Models*, The Netherlands: Kluwer Academic, 1988.

Arellano, M. and S. Bond., "Some Tests of Specification for Panel Data: Monte Carlo Evidence and an Application to Employment Equations," *Review of Economic Studies*, 58, 1991, pp. 277-297.

Arellano, M. and O. Bover, "Another Look at the Instrumental Variable Estimation of

Error-components Models," *Journal of Econometrics*, 68(1), 1995, pp. 29-51.

Blundel, R. and S. Bond, "Initial Conditions and Moment Restrictions in Dynamic Panel Data Models," *Journal of Econometrics*, 87(1), 1998, pp. 115-143.

Carr, J. and B. Smith, "Land Banking and the Price of Land," *Land Economics*, 51(4), 1975, pp. 316-330.

Diamond, Douglas B. Jr., "The Relationship between Amenities and Urban Land Prices," *Land Economics*, 56(1), 1980, pp. 21-32.

Innes, R., "The Economics of Takings and Compensation When Land and Its Public Use Value Are in Private Hands," *Land Economics*, 72(2), 2000, pp. 195-212.

Paez, A., T. Uchida, and K. Miyamoto, "Spatial Association and Heterogeneity Issues in Land Price Models," *Urban Studies*, 38(9), 2001, pp. 1493-1508.

Tobler, W., "A Compute Movie Simulating Urban Growth in the Detroit Region," *Economic Geography*, 46(2), 1970, pp. 234-240.

Wang, R., "The Structure of Chinese Urban Land Prices: Estimates from Benchmark Land Price Data," *Journal of Real Estate Finance Economics*, 39, 2009, pp. 24-38.

Chapter 3 혁신시장에서의 시장지배적 지위 남용에 관한 몇 가지 문제 -멜론 사례를 중심으로-

권창환

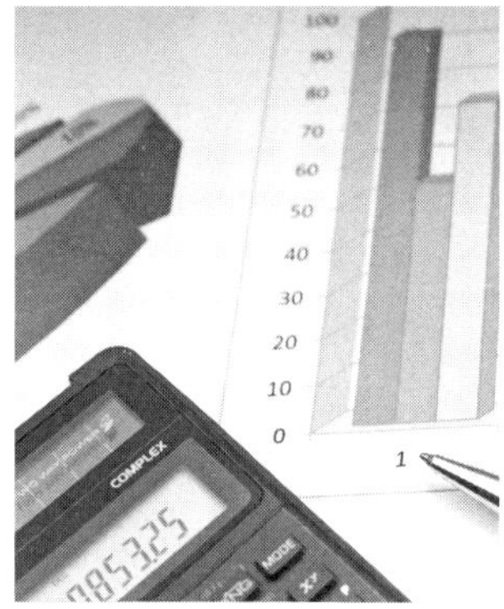

Chapter 3

혁신시장에서의 시장지배적 지위 남용에 관한 몇 가지 문제 -멜론 사례를 중심으로-

Ⅰ. 들어가며

1. 멜론 사건에 대한 대법원 판결의 선고

에스케이텔레콤 주식회사(이하 '에스케이텔레콤'이라고만 한다)가 2004. 11.경부터 MP3폰을 통해 폐쇄적 DRM[1)]을 장착한 음악 파일의 다운로드 서비스를 한 사업이 시장지배적 사업자의 지위를 남용한 행위에 해당하는지 여부가 문제된 사건(이하 '멜론 사건'이라고 한다)이 있었다. 이에 대하여 공정거래위원회는 2007. 2. 6. 제2007-044호 의결로 에스케이텔레콤에 대하여 시정명령(폐쇄적 DRM 금지조치) 및 과징금 납부명령(3억 3,000만 원)을 내렸고, 이에 불복한 서울고등법원 2007누8623 시정명령 등 취소 사건에서는 2007. 12. 27. 위 의결을 전부 취소하는 판결이 내려졌으며, 그 후 위 판결은 대법원 2011.10.13. 선고 2008두1832 판결(상고기각 판결)로서 확정되었다.

당시로서는 음원시장의 지각 변동을 가져온 파격적인 서비스로서 이통통신사업자의 사업다변화 전략의 일환으로서 인접 산업 진출에 관한 공정거래 사건으로

1) DRM(Digital Rights Management)은 디지털 콘텐츠의 저작권을 관리하는 기술로서 텍스트, 그래픽, 오디오, 비디오, 소프트웨어나 그 밖의 디지털 형식으로 된 콘텐츠가 유통되는 과정에서 권리자가 설정하여 놓은 제한사항이 지켜지도록 하는 것이다.

서 큰 관심이 집중된 사건이었다.

위 서울고등법원 및 대법원 판결의 핵심 쟁점인 독점규제 및 공정거래에 관한 법률(이하 '법'이라 한다) 제3조의2에서 규정한 시장지배적 지위의 남용 여부에 관하여는 이른바 포스코 열연코일 공급거절 사건(이하 '포스코 사건'이라 한다)에서 내려진 대법원 2007. 11. 22. 선고 2002두8626 전원합의체 판결(이하 '포스코 판결'이라 한다)이 있었고, 위 판결에서는 시장지배적 지위의 남용 금지에 관한 대부분의 구성요건을 쟁점으로 다루었고, 특히 시장지배적 지위 남용행위에 대한 위법성 판단 기준을 체계적으로 제시한 첫 판례로서 큰 의미를 갖는 판례라 할 것이다.[2] 다만 위 포스코 판결은 시장지배적 지위 남용행위 중 독점규제 및 공정거래에 관한 법률 시행령(이하 '시행령'이라고 한다) 제5조 제3항 제3호 및 시장지배적 지위 남용행위 심사 기준[3](이하 '심사 기준'이라고만 한다) IV. 3. 다. 필수설비 거래거절에 의한 사업활동 방해행위[4]에 관한 것인 반면, 멜론 사건은 시행령 제5조 제3항 제4호 및 심사 기준 IV.

2) 이황(2011), p. 51.

3) 개정 2002. 5. 16. 공정거래위원회 고시 제2002-6호.

4) 審査基準 IV. 市場支配的地位 濫用行爲의 細部 類型 및 基準

3. 다른 事業者의 事業活動에 대한 不當한 妨害行爲(법 제3조의2 제1항 제3호)

直接 또는 間接的으로 다음 각호의 1에 해당하는 행위를 함으로써 다른 사업자의 事業活動을 어렵게 하는 경우(영 제5조 제3항)

(1) '間接的'이라 함은 特殊關係人 또는 다른 者로 하여금 당해 행위를 하도록 하는 것을 말한다.

(2) '다른 사업자의 事業活動을 어렵게 하는 경우'를 판단함에 있어서는 다른 사업자의 生産 · 財務 · 販賣活動을 종합적으로 고려하되, 사업활동이 어려워질 우려가 있는 경우를 포함한다.

다. 정당한 이유 없이 다른 사업자의 商品 또는 用役의 생산 · 공급 · 판매에 필수적인 요소의 사용 또는 접근을 拒絶 · 中斷하거나 制限하는 행위(영 제5조 제3항 제3호)

(1) '必須的인 要素'(이하 "必須要素"라 한다)라 함은 네트워크, 기간설비 등 有 · 無形의 要素를 포함하며, 다음 각호의 요건을 충족하여야 한다.

(가) 당해 要素를 사용하지 않고서는 상품이나 용역의 생산 · 공급 또는 판매가 사실상 불가능하여 일정한 去來分野에 참여할 수 없거나, 당해 거래분야에서 피할 수 없는 중대한 競爭劣位狀態가 지속될 것

(나) 특정 사업자가 당해 요소를 獨占的으로 所有 또는 統制하고 있을 것

(다) 당해 요소를 사용하거나 이에 접근하려는 자가 당해 요소를 再生産하거나 다른 요소로 對替하는 것이 事實上 · 法律上 또는 經濟的으로 불가능할 것

(2) 이 목에서 '다른 사업자'라 함은 必須要素 保有者 또는 그 系列會社가 참여하고 있거나 가까운 장래에 참여할 것으로 예상되는 거래분야에 참여하고 있는 사업자를 말한다.

(3) '拒絶 · 中斷 · 制限하는 행위'라 함은 다음과 같은 경우를 포함하여 실질적으로 거절 · 중단 · 제한하거나 이와 동일한 결과를 발생시키는 행위를 말한다.

(가) 필수요소에의 接近이 사실상 또는 경제적으로 불가능할 정도의 不當한 價格이나 條件을 제시하는 경우

(나) 필수요소를 사용하고 있는 기존 사용자에 비해 현저하게 差別的인 價格이나 排他條件, 끼워팔기 등 不公正한 條件을 제시하는 경우

(4) '正當한 理由'가 있는지를 판단함에 있어서는 다음 경우에 해당하는지 여부 등을 고려한다.

(가) 필수요소를 제공하는 사업자의 投資에 대한 正當한 報償이 현저히 저해되는 경우. 다만, 競爭의 擴大로 인한 利益의 減少는 정당한 보상의 저해로 보지 아니한다.

(나) 기존 사용자에 대한 提供量을 현저히 減少시키지 않고서는 필수요소의 제공이 불가능한 경우

(다) 필수요소를 제공함으로써 기존에 제공되고 있는 서비스의 質이 현저히 低下될 우려가 있는 경우

(라) 技術標準에의 不合致 등으로 인해 필수요소를 제공하는 것이 技術的으로 불가능한 경우

(마) 서비스 이용고객의 生命 또는 身體上의 安全에 위험을 초래할 우려가 있는 경우

3. 라. (3) 불이익 강제행위에 의한 사업활동 방해행위[5]에 관한 것으로서 세부적 적용규정이 다르기는 하나, 멜론 사건에 관한 서울고등법원과 대법원 판결은 시장지배적 사업자의 지위 남용, 특히 법 제3조의2 제1항 제3호의 다른 사업자의 사업활동에 대한 부당한 방해행위에 관하여 일관된 입장을 취하였다는 데 그 의의가 있다.

2. 멜론 사건에 관한 몇 가지 의문점

현재 멜론 서비스는 에스케이텔레콤의 자회사인 로엔엔터테인먼트가 운영하고 있고, 또한 non-DRM 음악 파일도 제공하고 있어, 더 이상 멜론 사건에 관하여 논하는 것이 아무런 효용이 없는 것으로 여겨질 수도 있다.

그러나 멜론 서비스는 여전히 기존의 MP3폰이나 현재 급성장을 보이고 있는 스마트폰 내에서의 멜론 어플리케이션에서 DRM 장착 파일만이 실행되도록 제공되고 있고, 에스케이텔레콤과 같은 이동통신사는 이동통신 고객의 포화 등으로 수익 모델이 악화되자 음악, 영화, 게임, 전자상거래(11번가 등) 등으로 그 외연을 확대하면서 이동통신시장에서의 시장지배력을 적극적으로 활용하는 전략을 구사하고 있어 멜론 사건과 동일한 문제가 재발할 여지가 여전히 있다.[6]

뿐만 아니라 삼성과의 소송으로 우리에게 더욱 잘 알려진 단말기 제조사이자 음원 유통사업자인 미국 회사 애플도 폐쇄적 DRM인 FairPlay를 음악 파일에서는 포기하기는 하였으나 여전히 영화나 TV쇼, 전자책(iBookStore)에 적용하고, 스마트폰에 설치되는 어플리케이션 공급에 있어서도 자사의 앱스토어만을 개방하는 폐쇄적 정책을 유지하고 있어, 멜론 사건과 동일한 쟁점의 사건으로 비화될 가능성을 무시할 수 없다. 또한 최근 사업을 개시하여 본격적인 마케팅 활동에 돌입한 POOQ 서비스(방송 3사의 n스크린 전략에 따른 인터넷 통합방송 채널)의 경우에도 실시간 방송을 공중파가 아닌 인터넷을 통해 공급하는 시장에서 POOQ 사업자 외의 새로운 사업

라. 이외에 다음과 같은 행위로서 다른 사업자의 사업활동을 어렵게 하는 행위(영 제5조 제3항 제4호)
(3) 부당하게 거래상대방에게 不利益이 되는 거래 또는 행위를 强制하는 행위
5) 주 4 참조.
6) 이철남(2009), pp. 520-521; 이만제(2011), pp. 4-5.

자가 실시간 콘텐츠 공급을 요구할 때 만일 방송 3사가 이를 거절한다면 같은 문제가 발생할 충분한 소지가 있다.

위 예들은 모두 하나의 관련 시장에서 시장지배적 사업자의 지위에 있는 자가 그 이전 또는 다음 단계의 인접시장에 진입하면서 그 시장지배력을 전이하여 그 지위를 남용하는 문제, 특히 인접시장이 새로운 부가가치를 창출하는 첨단기술에 관한 산업이라는 점에서 공통점이 있다.

그렇다면 멜론 사건의 판결은 향후 발생할 수 있는 위와 같은 사례들의 가장 중요한 지침이 될 수 있는 중요한 사건이라 할 것으로서 검토할 만한 충분한 가치가 있다.

멜론 사건의 서울고등법원 판결이나 대법원 판결에서는 다른 사업자의 사업활동을 방해하기는 하였으나 그 부당성을 인정할 수 없다고 판단하면서 그 주된 이유로 폐쇄적 DRM의 장착에는 음악저작권 보호를 위한 정당성이 있다는 점과 폐쇄적 DRM을 장착한 음악 파일 제공 서비스사업의 개발 경위에 그 정당성이 있다고 판단하였다.

그런데 대법원은 '부당성'에 관하여 "시장에서의 독점을 유지 · 강화할 의도나 목적, 즉 시장에서의 자유로운 경쟁을 제한함으로써 인위적으로 시장질서에 영향을 가하려는 의도나 목적을 갖고, 객관적으로도 그러한 경쟁제한의 효과가 생길 만한 우려가 있는 행위로 평가될 수 있는 불이익 강제행위를 하였을 때에 그 부당성이 인정될 수 있다"는 판시를 하였는데, 위 판시에서 의미하는 경쟁의 정의가 정적 경쟁인지, 동적 경쟁을 포함하는지 여부 등이 명확하지 않고, 나아가 위에서 언급한 주된 이유로 인하여 멜론 서비스사업이 경쟁제한효과 우려행위에 해당하지 않는 것인지 아니면 경쟁제한효과 우려행위임에도 위 주된 이유로 인하여 부당하지 않다는 것인지 명확하지 않다. 이는 소송실무에 있어서 어떠한 요소를 경쟁제한 우려행위 판단에 주되게 다루어야 할 것인가의 문제이고, 소송실무에 있어서 입증책임의 문제이기도 하며, 뿐만 아니라 '사업상 정당한 사유'에 관한 법 체계상의 지위에 관한 문제이기도 하다.

또한 위에서 언급한 주된 요소는 저작권법, 소비자보호법, 표준의 상호운용성(inter-operability)과 관련된 문제이기도 하여 이에 관한 정당성의 경제적 분석의 필요성도 있고, 이를 통하여 첨단기술 분야에서 발생할 수 있는 유사한 케이스의 해결에 경쟁제한 우려 여부의 판단에 관한 일응의 관점 내지 기준을 제공할 수 있기에 아래와 같이 살펴보도록 한다.

II. 멜론 사건의 소개

1. DRM의 개념

DRM은 디지털 콘텐츠를 사용하도록 함으로써 콘텐츠의 생성에서 유통관리를 지원하는 일종의 보안장치로서, 대부분의 DRM 시스템은 콘텐츠를 암호화하고 사용자별 사용권한을 관리 및 저장하는 서버용 소프트웨어와 암호를 해독하여 사용권한에 따른 콘텐츠의 사용을 허가하고 불법복제 및 사용을 시도하는 기기에 대하여 그 동작을 통제하는 클라이언트용 소프트웨어로 구성되고, 암호화 기능, 콘텐츠의 불법사용을 통제할 수 있는 기능 및 사용권한의 연장과 임대, 재판매, 가족과 친지 간의 공유 내지 기기 간의 공유 등 매우 다양한 기능을 보유한다.

이과 구별되는 개념으로는, 저작권법 제2조 제28호에서 규정된 저작권법 등에서 보호하는 권리의 침해를 효과적으로 방지하기 위하여 취해지는 기술조치인 '기술적 보호조치'(Technical Protection Management: TPM), 저작권법 제2조 제29호에서 규정된 저작물 등과 저작자 등의 식별정보, 저작물 등의 이용방법 및 조건에 관한 정보 및 그 정보를 알아내기 위해 부착하는 정보인 '권리관리정보'(Right Management Information: RMI)가 있다.

RMI는 권리자의 의도를 표현한 것이고, TPM은 이것이 실행되는 것을 보장하는 기술이라 할 것인데, DRM은 RMI와 TPM을 포함하는 개념이다.

2. 멜론 사건의 발단

이동통신 사업자인 에스케이텔레콤은 2004. 11.경부터 세계 최초의 유 · 무선 연동 유비쿼터스 음악 서비스 제공을 목적으로, 유 · 무선 웹사이트를 통해 다운로드받은 음악을 PC, MP3 플레이어, MP3폰으로 이동시켜 들을 수 있는 서비스인 멜론 서비스를 제공하였는데, 그 기본적인 개념은〈그림 3-1〉[7]과 같다(DCF file은 에스케이텔레콤의 DRM 장착 음악 파일로서 다운로드 서비스 대상 파일이고, AAC file은 스트리밍 파일이다).

그런데 에스케이텔레콤은 자사용 MP3폰을 소지하고 있는 소비자로 하여금 자신이 운영하는 멜론 사이트(www.melon.com)에서 구매한 음악 파일만을 재생할 수 있도록 하고, 타 유료 사이트에서 구매한 음악은 자사용 MP3폰으로 재생하여 들을 수 없도록 하였고, 다만 별도의 DRM이 장착되지 않은 음악 파일은 멜론 사이트에 회원으로 가입한 후에 컨버팅(파일 형태 변환) 또는 CD 굽기 과정을 거쳐 청취할 수 있도록 하였다.

이에 최초의 유료음악 사이트 운영사업자로서 2004년경 약 80%의 시장점유율을 점한 주식회사 AD이천엔터테인먼트[8]는 자신이 운영하고 있는 음악 사이트

그림 3-1 멜론 서비스의 기본적인 개념

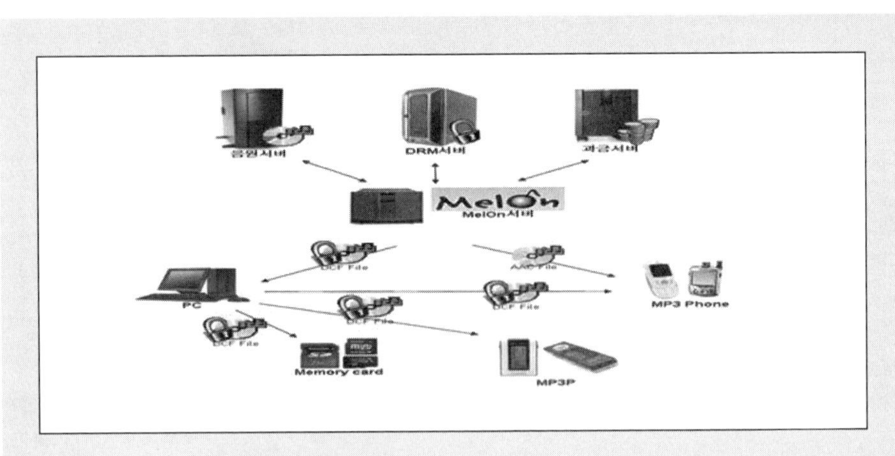

7) 서울고등법원 2007누8623 판결 9쪽의 〈그림 2〉.

그림 3-2 음악감상 분야 방문자 수 비교(월간)

(단위: 명)

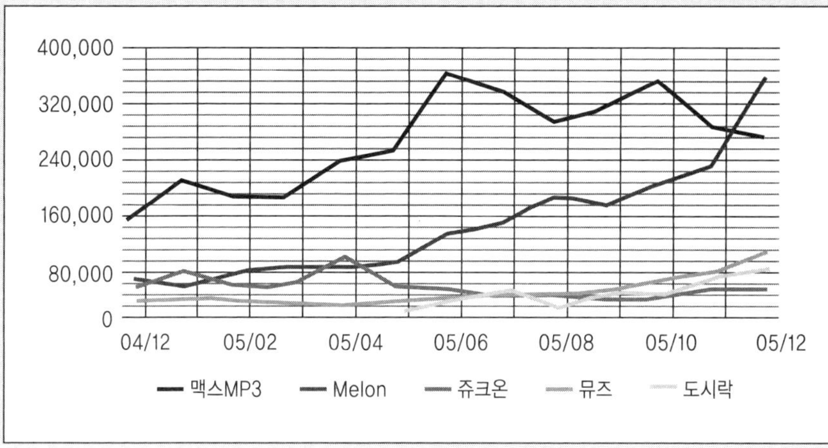

(MaxMP3)에서 다운로드받은 음악 파일을 에스케이텔레콤의 MP3폰으로 들을 수 있도록 에스케이텔레콤에게 DRM을 공개할 것을 요청하였으나 에스케이텔레콤은 이를 거절하였고, AD이천엔터테인먼트는 2005. 9. 5. 공정거래위원회에 신고하였다(위 신고 당시 시장점유율의 변화는 〈그림 3-2〉[9]와 같다).

3. 멜론 사건의 경과

1) 쟁점

이 사건은 경쟁사업자인 AD이천엔터테인먼트의 DRM 공개요구를 거절한 것이 시발점이기는 하였으나, 공정거래위원회에서 다루어진 쟁점에는 법 제3조의2

8) 에스케이텔레콤의 멜론 서비스 개시 후 시장점유율은 급격하게 낮아져 3%대를 겨우 유지해 오다가 2006. 7.경 CJ 그룹 계열의 CJ미디어 주식회사에 인수됨.
9) 서울고등법원 2007누8623 판결 8쪽의 〈그림 1〉.

제1항 제3호, 시행령 제5조 제3항 제3호, 심사지침 IV. 3. 다.에서 규정한 '경쟁사업자[10]에 대한 필수설비 거래거절'에 의한 사업활동 방해행위는 포함되지 않았고, 법 제3조의2 제1항 제3호, 시행령 제5조 제3항 제4호, 심사지침 IV. 3. 라. (3)에서 규정한 '거래상대방[11]에 대한 불이익 강제행위'에 의한 사업활동 방해행위 및 법 제3조의2 제1항 제5호 후단의 '소비자 이익의 현저한 저해 우려행위'만이 문제되었는데, 소비자 이익의 현저한 침해행위보다는 거래상대방에 대한 불이익 강제행위에 의한 사업활동 방해행위, 특히 부당성 여부가 사건의 핵심 쟁점이었다.

이하에서는 거래상대방에 대한 불이익 강제행위에 의한 사업활동 방해행위에 관하여만 살펴본다.[12]

2) 공정거래위원회의 의결-시정명령 및 과징금 납부명령

(1) 관련 시장 획정 및 시장지배적 지위 인정 여부(적극)

가) 이 사건에 있어서 에스케이텔레콤의 시장지배적 지위 형성이 이루어지는 시장은 이동통신 서비스시장 중에서 'MP3폰을 디바이스로 하는 이동통신 서비스시장'으로서, 2005년도 MP3폰을 통한 이동통신 서비스 매출액 기준으로 에스케이텔레콤의 시장점유율은 60.2%이며, 2005년 말 MP3폰 가입자 중 59.5%를 점유하고, 이동통신 서비스시장의 진입장벽이 높으므로 에스케이텔레콤은 법 제4조 소정의 시장지배적 사업자에 해당한다.

나) 에스케이텔레콤이 시장지배적 지위를 남용하고 그로 인하여 경쟁제한이 나타나는 시장은 'MP3 파일 다운로드 서비스시장'이고, 2005년 국내 10개 온라인 음악업체 매출액 기준으로 에스케이텔레콤의 시장점유율은 74.1%(온라인 음악시장에서는 56.4%)이고 멜론 서비스를 시작한 지 1년 정도 지난 2005. 12.경 방문자 수를 기준으로 한 점유율이 약 18%에 달하는 것은 이동통신시장에서의 시장지배적 지위가 온라인 음악시장에서의 멜론의 시장점유율 확대로 전이된 것이다.

---

10) AD이천엔터테인먼트를 의미한다.
11) 음악 파일 다운로드 서비스 사용자를 의미한다.
12) 공정거래위원회는 소비자 이익의 현저한 저해 우려행위로 보았으나, 서울고등법원과 대법원은 소비자의 이익을 저해할 우려가 있는 행위에는 해당하기는 하나, 컨버팅 과정을 거쳐 다른 유료음악 사이트에서 구매한 음악 파일도 사용할 수는 있으므로 불편할 뿐이지 현저한 침해에는 해당하지 않는 것으로 판단하였다.

다) 이동통신 서비스는 국내 사업자가 국내 가입자를 대상으로 실시하고 있으므로 'MP3폰을 디바이스로 하는 이동통신 서비스시장'의 관련 지리적 시장은 국내시장이다.

(2) 거래상대방에 대한 불이익 강제행위에 의한 사업활동 방해행위(소극)

에스케이텔레콤이 시장지배적 사업자로서 자사의 MP3폰에 자사 고유의 DRM을 탑재함으로써 자사의 MP3폰을 소지하고 있는 '소비자들로 하여금' 자사 운영의 멜론 사이트에서 구매한 음악 파일만 MP3폰으로 재생할 수 있게 하고 다른 유료 사이트에서 구매한 음악의 재생을 어렵게 한 행위(이하 '이 사건 행위'라 한다)는, MP3폰을 디바이스로 하는 이동통신 서비스시장에서의 지배력을 남용하여 별개 상품인 멜론의 MP3 음악 파일을 거래상대방인 소비자에게 구입을 강제하는 결과를 초래하는 부당한 행위일 뿐만 아니라, 부가된 상품인 MP3 파일에 대한 소비자의 선택권을 침해하고 소비자가 다른 제품을 접할 기회를 현저히 제약하며 불필요한 비용을 지출하도록 하는 불이익을 초래하는 행위를 강제하는 것으로서, 소비자의 이익을 현저히 해할 우려가 있는 부당한 행위인 동시에 이로써 MP3 파일 다운로드 서비스시장에서 '쏠림현상'을 가중시키는 결과로 인하여 그 시장에서의 품질 및 가격 등에 의한 경쟁을 저해하여 경쟁사업자의 사업활동을 곤란하게 하는 행위로서, "시장지배적 사업자가 부당하게 거래상대방에게 불이익이 되는 거래 또는 행위를 강제하는 행위로서 다른 사업자의 사업활동을 어렵게 하는 행위"에 해당한다.

3) 서울고등법원의 판결 – 시정명령 및 과징금 납부명령 취소

(1) 관련 시장 획정 및 시장지배적 지위 인정 여부(적극)

공정거래위원회의 의결 내용과 대부분 유사한 견해를 설시하며, 에스케이텔레콤의 시장지배적 지위 형성이 이루어지는 시장은 이동통신 서비스시장 중에서 'MP3폰을 디바이스로 하는 이동통신 서비스시장'[13]이고, 에스케이텔레콤은 시장

13) 관련 시장이란 원칙적으로 상호 대체나 공용이 가능한 상품 혹은 서비스로 구성되지만, 그러한 것이 가능한 상품 혹은 서비스라도 가격구조, 제공방식이나 용도 등에 따라 다시 관련 시장이 얼마든지 구분될 수도 있으며, 서로

지배적 사업자에 해당하며, 시장지배적 지위를 남용하고 그로 인하여 경쟁제한이 나타나는 시장은 'MP3 파일 다운로드 서비스시장'으로서 시장지배력 전이가 있는 '후방수직통합'에 근접한 형태라고 판시하였다.

(2) 거래상대방에 대한 불이익 강제행위에 의한 사업활동 방해행위(소극)

에스케이텔레콤의 이 사건 행위는 단기간 내에 온라인 음악시장에서도 시장지배력을 확보하겠다는 마케팅 의도에도 비롯된 것으로서,[14] 사실상의 끼워팔기에 준하는 행위로서 쏠림현상(Sogwirkung)을 발생시켰고, 소비자에게 용역구매를 사실상 강제하고 소비자 선택권을 침해하는 행위로서 경쟁사업자의 사업활동을 방해하는 행위에는 해당한다.

그러나 (포스코 판결과 같은 법리를 전개하면서) DRM의 사용은 ① DRM의 상호운용성 제한이 저작물의 선택 가능성을 좁히고 시장봉쇄의 결과를 발생시키며, ② 이용조건에 대한 설명 부실로 저작물에의 접근비용을 증가시키며, ③ 저작물의 공적 영역 편입을 방해하는 문제점이 있고 이를 개선하기 위한 세계 각국의 노력이 있기는 하나, DRM의 장착은 저작권자들의 강력한 요청으로서 저작권 보호를 위해 필요한 기술수단이고, 이전보다 저렴한 다운로드 서비스[15] 제공을 위해 재생기간의 제한이 필요하였고, 이를 위하여 28억 원의 비용을 투자하여 자체 개발하였는데, 이와 같은 DRM의 특성과 필요성 및 그 개발경위에 비추어, 경쟁제한효과가 일정한 정도 나타났지만, 그것만으로는 경쟁제한의 의도나 목적을 추단하기 어렵고, 또한 에스케이텔레콤의 DRM은 필수성, 통제성, 대체 불가능성도 만족하지 않아 필수설비에도 해당하지 않으므로, 에스케이텔레콤의 이 사건 행위의 부당성을 인정하기 어렵다.

다른 서비스라도 기술적 융합(convergence)에 의하여 상호 대체나 공용이 가능한 것으로 판단될 수 있다고 전제하면서, MP3폰이라는 디바이스가 이동통신시장뿐만 아니라 관련 시장에서의 경쟁에도 영향력을 미칠 정도로 독자적인 중요성을 가지게 되었다는 이유에서 관련 시장을 판단하였다. 그러나 하부시장의 개념을 별도로 인정할 필요가 있는지에 관하여는 논란(정호열, 2012, p. 106)이 있을 뿐만 아니라 당해 사건에서 이동통신 서비스시장 자체를 관련 시장으로 획정하였다면 시장지배적 사업자가 인접 시장으로 진출하는 초기에도 규율할 수 있는 폭넓은 해결이 가능하다는 점에서 재고의 여지가 있다고 생각된다.

14) 에스케이텔레콤은 MP3폰 제조사에 'SKT DRM Porting Guide'를 제공하여 강제함.

15) 월정액제 임대형 서비스로서, 월 5,000원 정도를 내면 해당 월의 기간 동안 다운로드받은 음악 파일을 들을 수 있어 재생되는 기간을 제한할 필요가 있다.

4) 대법원의 판결 - 상고기각

법 제3조의2 제1항 제3호, 시행령 제5조 제3항 제4호, 심사 기준 Ⅳ. 3. 라. (3)에 규정된 시장지배적 사업자의 지위 남용행위로서 불이익 강제행위의 부당성은 '독과점적 시장에서의 경쟁촉진'이라는 입법 목적에 맞추어 해석하여야 할 것이므로, 시장지배적 사업자가 개별 거래의 상대방에 대한 부당한 의도나 목적을 가지고 불이익 강제행위를 한 모든 경우 또는 그 불이익 강제행위로 인하여 특정 사업자가 사업활동에 곤란을 겪게 되었다거나 곤란을 겪게 될 우려가 발생하였다는 것과 같이, 특정 사업자가 불이익을 입게 되었다는 사정만으로는 그 부당성을 인정하기에 부족하고, 그 중에서도 특히 시장에서의 독점을 유지 · 강화할 의도나 목적, 즉 시장에서의 자유로운 경쟁을 제한함으로써 인위적으로 시장질서에 영향을 가하려는 의도나 목적을 갖고, 객관적으로도 그러한 경쟁제한의 효과가 생길 만한 우려가 있는 행위로 평가될 수 있는 불이익 강제행위를 하였을 때에 그 부당성이 인정될 수 있다.

그러므로 시장지배적 사업자의 불이익 강제행위가 그 지위 남용행위에 해당한다고 주장하는 피고로서는, 그 불이익 강제행위가 상품의 가격 상승, 산출량 감소, 혁신 저해, 유력한 경쟁사업자 수의 감소, 다양성 감소 등과 같은 경쟁제한의 효과가 생길 만한 우려가 있는 행위로서 그에 대한 의도와 목적이 있었다는 점을 증명하여야 할 것이다. 시장지배적 사업자의 불이익 강제행위로 인하여 현실적으로 위와 같은 경쟁제한의 효과가 나타났음이 증명된 경우에는 그 행위 당시에 경쟁제한을 초래할 우려가 있었고 또한 그에 대한 의도나 목적이 있었음을 사실상 추정할 수 있을 것이나, 그렇지 않은 경우에는 불이익 강제행위의 경위 및 동기, 불이익 강제행위의 태양, 관련 시장의 특성, 불이익 강제행위로 인하여 그 거래상대방이 입은 불이익의 정도, 관련 시장에서의 가격 및 산출량의 변화 여부, 혁신 저해 및 다양성 감소 여부 등 여러 사정을 종합적으로 고려하여 불이익 강제행위가 위에서 본 경쟁제한의 효과가 생길 만한 우려가 있는 행위로서 그에 대한 의도나 목적이 있었는지를 판단하여야 할 것이다.

에스케이텔레콤이 이 사건 행위를 하였으나, ① 본래 DRM은 음악저작권을 보호하고 음악 파일의 무단복제 등을 방지하기 위하여 필요한 기술이므로, 에스케이텔레콤이 자신의 MP3폰과 음악 파일에 DRM을 탑재한 것은 인터넷 음악 서비스 사업자들의 수익과 저작권자의 보호 및 불법 다운로드 방지를 위한 것으로서 정당한 이유가 있다고 보이는 점(이하 '① 요소'라 한다), ② 소비자가 에스케이텔레콤의 MP3폰으로 음악을 듣기 위해서는 멜론 사이트에서 컨버팅 과정을 거치거나 CD 굽기를 해야 하는 등 불편을 겪을 수밖에 없으나, MP3 파일 다운로드 서비스 사업자들에게 DRM을 표준화할 법적 의무가 있지 아니한 이상 위와 같은 불편은 부득이한 것으로 현저한 이익의 침해가 되거나 부당하여 불법에까지 이른다고 보이지는 않는 점(이하 '② 요소'라 한다), ③ 에스케이텔레콤은 보다 낮은 가격에 통합형 서비스를 이용하고자 하는 소비자들의 욕구를 충족시키기 위하여 월 5,000원 정도를 내면 멜론 사이트에서 제공되는 모든 곡을 스트리밍하거나 다운로드받을 수 있도록 하는 '월 정액제 임대형 서비스'를 개발하였는데, 이는 소비자에게 불리한 지출을 강요한 것이 아니라고 보이는 점(이하 '③ 요소'라 한다), ④ 이 사건 행위로 인하여 현실적으로 경쟁제한의 효과가 일정한 정도로 나타났지만 DRM의 특성과 필요성 및 그 개발 경위 등에 비추어 에스케이텔레콤의 이 사건 행위에 있어서 경쟁제한의 효과에 대한 의도나 목적이 있었음을 추단하기 어려운 점(이하 '④ 요소'라 한다), 에스케이텔레콤에게 음악 파일의 상호 호환을 강제할 법령상의 근거가 없는 점(이하 '⑤ 요소'라 한다), ⑥ 에스케이텔레콤의 DRM이 법령상의 '필수적 설비'에 해당한다고 보기 어려운 점(이하 '⑥ 요소'라 한다) 등을 종합하여 보면, 에스케이텔레콤의 이 사건 행위가 법 제3조의2 제1항 제3호에 규정된 '다른 사업자의 사업활동을 방해하는 행위'에 해당된다고 하더라도 그 부당성을 인정할 수 없다.

Ⅲ. 부당성의 판단체계에 대하여

1. 위법성 심사 이론의 소개[16)]

일반적으로 법 위반행위 특히 시장지배적 지위 남용행위에 대하여 민·형사적, 행정적 제재를 가하기 위해서는 당해 행위가 법에서 정한 적극적 구성요건을 충족하고, 나아가 당해 행위에 대한 정당화 사유가 존재하거나 위법성 조각 사유가 부존재하여야 한다고 설명되나, 실제 공정거래 사건 관련 실무를 살펴보면 기본적 구성요건의 충족과 정당화 사유 내지 위법성 조각 사유의 부존재에 관한 정치한 법리 전개는 부족한 듯하다.[17)]

Anti-trust 분야의 선두주자라 할 수 있는 미국에서는 위법성 심사에 관한 독특한 법리가 전개되고 있는데, 이른바 당연위법의 원칙(per se illegal, 항변 불인정)과 합리의 원칙(rule of reason)이 바로 그것이다. 최초의 Anti-trust법인 셔먼법(1890년)의 실체조항인 제1, 2조[18)]가 개방적 구성요건을 가진 매우 막연한 규정으로 되어 있어 미 사법부가 상당한 재량권을 가지고 있기 때문에 위와 같은 법리가 발전되었다.

미 연방대법원은 Standard Oil 사건[19)]에서 법문상 트러스트 형태의 모든 거래행위를 금지하는 셔먼법 제1조에 관하여 그에 해당하는 거래행위일지라도 불합리한

16) 정호열(2012), pp. 125-130, 186-189, 400-402.
17) 정호열(2012), pp. 125-130.
18) 15 U.S.C. Section 1. Trusts, etc., in restraint of trade illegal; penalty
Every contract, combination in the form of trust or otherwise, or conspiracy, in restraint of trade or commerce among the several States, or with foreign nations, is declared to be illegal. Every person who shall make any contract or engage in any combination or conspiracy hereby declared to be illegal shall be deemed guilty of a felony, and, on conviction thereof, shall be punished by fine not exceeding $10,000,000 if a corporation, or, if any other person, $350,000, or by imprisonment not exceeding three years, or by both said punishments, in the discretion of the court.
Section 2. Monopolizing trade a felony; penalty
Every person who shall monopolize, or attempt to monopolize, or combine or conspire with any other person or persons, to monopolize any part of the trade or commerce among the several States, or with foreign nations, shall be deemed guilty of a felony, and, on conviction thereof, shall be punished by fine not exceeding $10,000,000 if a corporation, or, if any other person, $350,000, or by imprisonment not exceeding three years, or by both said punishments, in the discretion of the court.
19) Standard Oil Co. on New Jersey v. United States, 221 U.S. 1(1911).

경우(unreasonable)에 한해 위법성이 인정된다고 판시한 이래, 합리의 원칙이 인정되어 왔고, 이를 판단함에 있어서 행위의 동기와 목적, 행위자의 시장에서의 지위와 당해 행위의 사회적 상당성, 당해 행위가 시장에 미치는 영향, 당해 행위를 정당화하는 사유의 존재 등 모든 사정을 종합적으로 고려하여야 한다.

반면 Addyston Pipe 사건[20]을 효시로 가격 카르텔이나 시장분할, 입찰담합과 같은 경성 카르텔에 대하여는 일정한 행위 내지 사실의 존재 자체로 항변이 인정되지 않은 채 위법성을 인정하는 당연위법의 원칙이 전개되었다.

이에 반하여 우리 법 제3조의2 제1항 각호에서는 모두 '부당하게'라는 조건을 부가하고 있어 당연위법의 원칙이 적용될 여지는 없고, 지금까지 판례나 공정거래위원회에서도 당연위법을 정면으로 거론한 예가 없고, 경성 카르텔 사건에서도 여전히 사업자의 시장점유율을 중심으로 시장지배력 형성 여부를 심사하고 있다.

그러나 미국에서는 현재 당연위법의 원칙과 합리의 원칙이 각 예외가 확대되어 실제에 있어서는 그 구별을 어렵게 하고 있고, 다만 그 실익은 양자의 입증책임이 전환된다는 것에 있다고도 할 수 있다. 즉, 합리의 원칙이 적용되면 제재관청에서 위법성 조각 사유의 부존재를 입증하여야 하는 반면 당연위법의 원칙이 적용되면 사업자가 정당한 사유의 존재를 입증하여야 한다.

우리 심사지침에서도 필수설비 거절행위에 의한 사업활동 방해행위에 대하여는 정당한 이유가 없을 것을 요구하여 사업자로 하여금 '정당화 이유의 존재'에 대한 입증책임을 부과하는 반면, 거래상대방에 대한 불이익 강제행위에 의한 사업활동 방해행위에 대하여는 '부당하게'라는 요건을 요구하고 있어 제재관청인 공정거래위원회에 입증책임을 부과하고 있다. 시장지배적 지위 남용 금지에 있어서 이러한 구분은 독점사업자가 자신의 경쟁자를 배제하기 위한 남용행위를 지칭하는 이른바 배제남용행위에 대하여는 정당한 이유의 존재에 대한 입증책임을 사업자에게 부담시키고,[21] 독점사업자가 자신의 거래상대방인 수요자나 소비자의 이익을 착취하는 이른바 착취남용에 대하여는 제재관청인 공정거래위원회에 입증을 부과하는 것[22]으로 이해된다.[23][24]

20) United States v. Addyston Pipe & Steel Co.(6th Cir. 1898).
21) 당연위법 원칙의 확대라 할 수 있다.

2. 멜론 사건의 대법원 판례 분석

앞서 살펴본 바와 같이 대법원은 멜론 사건에서 "법 제3조의2 제1항 제3호, 시행령 제5조 제3항 제4호, 심사 기준 Ⅳ. 3. 라. (3)에 규정된 시장지배적 사업자의 지위남용행위로서 불이익 강제행위의 부당성은 '독과점적 시장에서의 경쟁촉진'이라는 입법 목적에 맞추어 해석하여야 할 것이므로, 시장지배적 사업자가 개별 거래의 상대방에 대한 부당한 의도나 목적을 가지고 불이익 강제행위를 한 모든 경우 또는 그 불이익 강제행위로 인하여 특정 사업자가 사업활동에 곤란을 겪게 되었다거나 곤란을 겪게 될 우려가 발생하였다는 것과 같이 특정 사업자가 불이익을 입게 되었다는 사정만으로는 그 부당성을 인정하기에 부족하고, 그 중에서도 특히 ① 시장에서의 독점을 유지·강화할 의도나 목적, 즉 시장에서의 자유로운 경쟁을 제한함으로써 인위적으로 시장질서에 영향을 가하려는 의도나 목적을 갖고, ② 객관적으로도 그러한 경쟁제한의 효과가 생길 만한 우려가 있는 행위로 평가될 수 있는 불이익 강제행위를 하였을 때에 그 부당성이 인정될 수 있다"고 판시하였다.

즉, 우리 대법원은 부당성의 인정을 위하여 독점 유지·강화의 의도나 목적이라는 주관적 요건과 그러한 경쟁제한효과 우려행위라는 객관적 요건을 모두 요구하고 있을 뿐 경쟁제한과 무관한 요소, 즉 사업상 정당화 사유에 관한 설시는 하지 않고 있다.

이와 동일한 판시를 한 포스코 판결에 대하여 학계[25]에서는 의도나 목적과 같

22) 합리의 원칙이 적용된 것으로 볼 수 있다.
23) 정호열(2012), pp. 186-189, 400-402.
24) 부당성에 관한 입증책임과 관련하여 포스코 판결에서는 견해가 나뉘었는데, ① 다수 의견은 부당성에 대한 입증책임을 원칙적으로 공정거래위원회에 부과하였고(그 거래거절이 상품의 가격 상승, 산출량 감소, 혁신 저해, 유력한 경쟁사업자의 수의 감소, 다양성 감소 등과 같은 경쟁제한의 효과가 생길 만한 우려가 있는 행위로서 그에 대한 의도와 목적이 있었다는 점을 입증하여야 하고, 거래거절행위로 인하여 현실적으로 위와 같은 효과가 나타났음이 입증된 경우에는 그 행위 당시에 경쟁제한을 초래할 우려가 있었고 또한 그에 대한 의도나 목적이 있었음을 사실상 추정할 수 있다고 판시함), ② 대법관 이홍훈, 안대희의 반대 의견은 공정거래위원회에 보다 유리한 사실상 추정의 길을 열어 두었으며(시장지배적 사업자가 다른 사업자에 대하여 거래를 거절함으로써 외형상 그 사업자의 사업활동을 어렵게 하는 행위를 한 경우에 그 행위는 시장지배적 사업자가 자신의 시장지배적 지위를 남용하여 시장에서의 공정하고 자유로운 경쟁을 저해할 우려가 있는 '부당한 행위'를 한 것으로 추정된다고 해석하는 것이 합리적이라고 판시함), ③ 대법관 박시환의 반대 의견은 법 제23조의 불공정거래행위의 부당성과 동일한 의미로 파악하여야 한다고 하여 공정거래위원회에 보다 유리하게 해석론을 전개하였다(법 제3조의2 제1항 제3호의 시장지배적 사업자의 지위남용행위로서의 거래거절행위의 부당성은 법 제23조 제1항 제1호가 규율하는 불공정거래행위로서의 거래거절행위의 부당성과 같은 의미로 평가·해석하여야 하고, 결국 시장지배적 사업자의 거래거절이 지위남용행위로서 행하여진 경우에는 '독점규제' 측면에서 경쟁제한의 우려 여부와 관계없이 이를 규제하여야 한다).
25) 정호열(2012), p. 189; 이황(2011), p. 54.

은 주관적 요건은 법문에서 언급된 바가 없고, 독일이나 EU에서도 이를 독립적 요건으로 삼고 있지 않으며, 법계가 다른 미국 셔먼법 제2조에서 이른바 의도 테스트(intent test)를 독립된 요건으로 취급하는 것을 따를 이유가 없고, 단지 부당성 판단에 있어서 종합적인 고려요소의 하나로서 보는 것이 바람직하다는 비판이 있는데, 이러한 비판은 본 멜론 판결에서도 동일하게 적용될 수 있고, 이러한 비판은 합리적 이유를 가진다고 생각된다.

뿐만 아니라 멜론 판결에서 들고 있는 ① 내지 ⑥ 요소를 살펴보면, DRM이 저작권 보호의 필요 수단이고, 서비스의 내용상 DRM 장착의 필요성이 있는 그 개발의 경위에 참작할 점이 있고, 표준화의 법적 의무가 없다는 등의 이유라 할 것인데, 이는 모두 경쟁제한 우려에 관련된 것이라기보다는 경쟁제한 우려행위로 인정되더라도 사업상 정당한 행위로 볼 수 있다는 사업상 정당화 사유에 해당하는 것으로서, 대법원 판결에서 '현실적으로 경쟁제한의 효과가 일정한 정도로 나타났음'을 인정하고, 또 서울고등법원에서 인정한 바와 같이 에스케이텔레콤이 단기간 내에 온라인 음악시장에서도 '시장지배력을 확보하겠다는 마케팅 의도'에도 비롯되었음에도 위 사유만을 들어 부당성을 인정하지 않은 것은 비판의 대상이 될 수 있다.

다만 멜론 사건의 대법원 판결에 대하여는 그 세부적인 논리와 논거에 있어서는 적지 않은 의문점을 유발시킨다 할 것이지만, 포스코 판결에서 판시한 바와 같이 그 규제를 경쟁의 보호가 아닌 경쟁자의 보호를 위한 규제로 만들 우려를 막고, 기업의 사업활동을 부당하게 위축시켜 결과적으로는 경쟁력 있는 사업자 위주로 시장이 재편되는 시장경제의 본래적 효율성을 저해하게 될 위험성을 피하기 위하여는 경쟁제한의 효과가 생길 만한 우려가 있는 행위로 평가될 수 있는 행위로서의 성질을 갖는 거래거절행위일지라도 일정한 행위는 제재를 하지 않은 채 시장에 남겨 두는 것이 타당하다 할 것인데, 우리 대법원은 그러한 제한을 위하여 하나의 요건으로 주관적 요건, 즉 '시장에서의 독점을 유지 · 강화할 의도나 목적, 즉 시장에서의 자유로운 경쟁을 제한함으로써 인위적으로 시장질서에 영향을 가하려는 의도나 목적이 있을 것'을 요구하는 방식을 채택한 것으로 이해되고, 이러한 전제에서 '시장지배력을 확보하겠다는 마케팅 의도'가 인정되더라도 위 ① 내지 ⑥의

요건, 즉 사업상 정당화 사유를 고려하여 의도 내지 목적이라는 주관적 요건을 부정함으로써 합리적 결론을 도출하고자 하였다고 이해할 수 있다.

3. 부당성 판단 법리의 재구성

1) 부당성 판단에 있어서 주관적 요건의 배제

앞서 살펴본 바와 같이 시장지배적 지위의 남용 문제에 있어서 부당성의 판단에 독점 유지 · 강화의 의도나 목적을 요구하는 것은 법문에 근거가 없는 등 합리적 논거가 없다는 점에서 수정됨이 타당하다고 생각된다.

부당성의 의미를 "특별한 사정이 없는 한 (내지 사업상의 정당한 이유 없이) 시장에서의 독점을 유지 · 강화, 즉 시장에서의 자유로운 경쟁을 제한함으로써 인위적으로 시장질서에 영향을 가하는 경쟁제한의 효과가 생길 만한 우려가 있는 행위로 평가될 수 있는 불이익 강제행위를 하는 것"으로 해석하는 것이 합리적이고도 소송상 공격방어 방법을 집중할 수 있게 하는 대안일 수 있을 것이다.[26]

그 이유는 다음과 같다.

가) 먼저 주관적인 경쟁제한의 의도나 목적이 없거나 인정되기 어려운 경우에도 경쟁의 보호를 위한 규제의 필요성이 있는 경우가 있기 때문이다. 경쟁이 아닌 단순히 경쟁사업자를 불리하게 하는 행위는 다른 사업자의 사업활동을 방해하는 행위일 뿐 규제의 목적에는 벗어난 행위임은 대법원 판시에서 설명한 바와 같이 합당하다 할 것이나, 경쟁자가 아닌 경쟁 자체를 해치는 행위로서 규제의 대상이 되어야 할 행위임에도 그 의도나 목적이 인정되지 않는다는 이유만으로 이를 규제하지 않는다면 입법 목적을 달성할 수 없는 수단이 된다 할 것이다. 판례는 경쟁제한의 효과가 입증된다면 그러한 의도나 목적이 사실상 추정된다고 판시하여 합리적 해결을 도모하기는 하였으나, 현실적으로 그러한 경쟁제한의 효과를 입증하기는 쉽지 않아 보여 이러한 경우에 대하여 현실적으로 어떠한 해결을 할 수 있을지

26) 동지: 김도형(2011), pp. 100-106 등.

는 의문이다. 더욱이 멜론 사건에서 독점화의 마케팅 의도를 인정하여 경쟁사업자의 사업활동을 방해하거나 소비자의 이익을 저해할 우려가 있다고 하면서도 경쟁제한의 의도나 목적을 부정하는 것[27]은 일반인의 상식에도 반할 뿐만 아니라 어떠한 경우에 경쟁제한의 의도나 목적을 인정할 수 있는지 그 범위를 모호하게 하여, 향후 유사한 소송에서 어느 정도의 입증을 요구하는지 혼란을 가져올 수 있다.

나) 다음으로 경쟁제한의 의도나 목적이 인정되는 경우에도 사업상 정당화 사유, 즉 경쟁제한적 효과를 상쇄할 정도로 사업자 나름의 효율성 효과가 있음이 입증된다면 이러한 사업자의 행위는 허용되어야 하기 때문이다.[28] 이는 "그 규제를 경쟁의 보호가 아닌 경쟁자의 보호를 위한 규제로 만들 우려뿐만 아니라, 기업의 사업활동을 부당하게 위축시켜 결과적으로는 경쟁력 있는 사업자 위주로 시장이 재편되는 시장경제의 본래적 효율성을 저해하게 될 위험성을 피하기 위해서 다른 사업자를 불리하게 하는 모든 행위를 규율하는 것은 바람직하지 않다"는 포스코 판결의 취지에도 부합된다. 멜론 사건에서도 경쟁제한의 의도나 목적을 인정한다 하더라도 위 ① 내지 ⑥의 요소를 근거로 사업상 정당화의 사유를 인정할 수 있어 동일한 결과를 도출할 수 있고, 보다 유연한 규제의 가능성이 보장된다 할 것이다.

다) 또한 시장지배적 지위 남용을 한 자는 형사적 처벌을 받게 되는데, 부당성의 판단에 주관적 요건, 즉 독점화의 의도나 목적을 요구하게 되면 법문에 규정이 없음에도 불구하고 이를 목적범으로 보게 되어 처벌의 흠결이 발생할 소지가 있다. 즉, 법 제66조 제1항 제1호[29]는 시장지배적 지위의 남용 금지의 규정에 위반하여 남용행위를 한 자에 대하여 3년 이하의 징역 또는 2억 원 이하의 벌금에 처하도록 규정하고 있는데, 위 규정 어디에도 목적에 관한 제한을 두고 있지 않아 이를 목적범으로 해석하는 것은 문언적 해석의 범위를 넘어서게 되는 위험이 있고, 이와 같이 해석한다면 당초 처벌을 예상한 경우까지도 처벌할 수 없게 되는 불합리를 낳을 수 있다.[30]

27) 모든 기업이 그 속성상 독점화의 마케팅 의도를 갖는 것은 당연하다 할 것이나, 시장지배적 사업자의 독점화 시도는 법이 규제하고자 하는 행위태양이고, 그러한 이유로 해당 판결에서도 경쟁사업자의 사업활동 방해 내지 소비자 이익 저해의 우려를 인정하였다.

28) 이황(2011), p. 57.

29) 제66조(벌칙) ① 다음 각 호의 어느 하나에 해당하는 자는 3년 이하의 징역 또는 2억 원 이하의 벌금에 처한다.
1. 제3조의2(시장지배적 지위의 남용 금지)의 규정에 위반하여 남용행위를 한 자.

라) 마지막으로 경쟁의 의미 내지 정의의 모호성으로 인해 부당성을 논함에 있어 고려하여야 할 구체적 요소의 불명확함을 해결하여 소송에 있어서 공방의 실효성을 높이기 위함이다. 포스코 판결에서 판시한 바와 같이 그 입법취지 등에 비추어 경쟁자 보호가 아닌 경쟁의 보호를 하는 것이 관련 법문의 해석 · 적용에 합당하다는 견해는 대부분 의견일치가 된 것으로 보이나, 그러한 경쟁을 제한하는 효과가 생길 만한 우려가 있는 행위인지 여부를 판단함에 있어서는 경쟁의 의미가 최소한 어느 범위에 집중되어야 하는지가 분명하지 않아 실제 소송수행자로 하여금 어떠한 요소를 고려하여 공방을 하여야 하는지에 어려움을 가져다준다.

2) '정당화 사유' 요건의 탄력적 적용-정적 경쟁과 동적 경쟁의 구분을 중심으로

멜론 사건에서 현실적으로 경쟁제한의 효과가 일정한 정도로 나타났다고 인정한 것은 경쟁사업자들의 가격경쟁 내지 정적 경쟁의 관점에서 접근한 것으로 이해된다. 반면 위 ① 내지 ⑥의 요소는 가격경쟁 내지 정적 경쟁과는 다소 거리가 있는 저작권 보호, 멜론 서비스를 위한 필수적 요소로서 DRM의 필요성 등임에도 이를 이유로 들어 그 부당성을 인정하지 않았다. 이러한 개별 요소는 선해하자면 기술경쟁 내지 동적 경쟁의 구체적 고려요소로서는 이해될 수 있다. 즉, 저작권 보호를 통해 음악저작물의 왕성한 창작은 음악 파일 다운로드 서비스시장의 부가가치를 확대하여 결국 경쟁을 촉진할 수 있다는 의미로 받아들인다면 동적 경쟁이라 볼 수 있을 것이고, 제공하는 서비스를 위한 DRM의 장착 및 그 불공개의 필요성은 이를 공개할 경우 투자비용 회수를 불안정하게 하여 기술경쟁 내지 동적 경쟁에 음(−)의 효과를 가져올 수 있다는 의미에서 동적 경쟁 내지 기술경쟁의 고려요소로 간주할 수 있다.

그러나 실제 판결을 함에 있어서 위 요소들을 과연 그러한 동적 경쟁 내지 기술경쟁의 고려요소로서 접근하였는지는 의문이다. 앞서 설명한 바와 같이 위 ① 내지 ⑥의 요소는 에스케이텔레콤의 이 사건 행위가 경쟁제한 우려행위로 볼 수는 있

30) 목적범에서의 목적은 범죄 성립을 위한 초과주관적 위법요소로서 고의 외에 별도로 요구되는 것이고, 그 증명책임은 검사에게 있기 때문이다(대법원 2010. 7. 23. 선고 2010도1189 전원합의체 판결).

으나 경쟁과는 무관한 사업상 정당화 사유로서 부당성을 부정하는 관점에서 접근한 것으로 이해하는 것이 판결의 내용상 자연스러워 보인다.

더욱이 동적 경쟁 내지 기술경쟁은 여전히 분석기법에 대한 연구가 부족하여 소송의 실제에 적용하기에도 시기상조인 듯하다.

그렇다면 경쟁제한 우려 여부에 대하여는 정적 경쟁 내지 가격경쟁과 비교적 입증하기 용이한 정도의 동적 경쟁 내지 기술경쟁으로 그 범위를 한정하여 심리하고, 그 외의 동적 경쟁 내지 기술경쟁과 기타 시장의 본래적 기능을 살리기 위한 정당한 사정은 사업상 정당화 사유로서 사업자에게 그 입증책임을 부과하여 심리함이 소송경제에 부합된다고 보인다.[31][32]

그런데 멜론 사건과 같이 시장지배력이 전이되는 인접시장이 첨단기술에 의하여 새로이 창출되는 시장일 경우에는 새로운 시장 개척으로 인한 혁신의 경제적 효용을 사업상 정당화 사유의 존부를 판단함에 있어 중요한 요소로 고려함이 상당하다고 생각된다. 앞서 본 포스코 판결의 취지에서와 같이 시장경제의 본래적 효율성 추구 기능에 부합하기 때문이다. 물론 혁신의 경제적 효용은 경쟁제한 우려 여부를 판단함에 있어 중요한 경쟁촉진적 요소로서 고려될 수 있으나, 혁신의 가치에 대한 정보는 시장진입을 하고자 시장조사를 선행하는 사업자에게 편중되어 있을 것이기 때문에 사업자에게 그 입증책임을 부과하는 것이 타당할 것이다. 대략 다음과 같은 요소를 추상적이나마 고려하면 될 것이다.

31) 포스코 판결이나 멜론 판결에서도 "그 불이익 강제행위가 상품의 가격 상승, 산출량 감소, 혁신 저해, 유력한 경쟁사업자 수의 감소, 다양성 감소 등과 같은 경쟁제한의 효과가 생길 만한 우려가 있는 행위로서…"라고 판시하여 혁신 저해와 같은 동적 경쟁의 요소를 고려하고 있기는 하다.

32) 포스코 판결(대법원 2007. 11. 22. 선고 2002두8626 전원합의체 판결)의 대법관 이홍훈 · 안대희의 반대 의견 역시 거래거절로 외형상 다른 사업자의 사업활동을 어렵게 하는 행위를 한 경우 그 행위는 부당한 행위를 한 것으로 추정한다고 해석하여 사실상 입증책임을 전환하여야 한다고 판시하여, 입증책임의 합리적 분배를 고려하고 있다. 뿐만 아니라 제재관청인 공정거래위원회는 입증에 있어서 경쟁제한효과에 대하여는 적극적인 반면 경쟁촉진효과에 대하여는 소극적인 것이 일반적이고, 동적 경쟁의 측면에서 경쟁촉진효과에 대한 자료는 사업자에게 편중되어 있을 것이므로, 이러한 입증책임의 분배가 보다 합리적이라 할 것이다.

혁신의 경제적 효용
=새로운 시장 창출(예: 무선인터넷 다운로드 서비스시장 개척)
-기존 시장 침식(예: 유선인터넷 다운로드 서비스시장 잠식)
+소비자 편익-소비자 비용
+기술발전 및 이로 인한 또 다른 시장의 창출+기타

새롭게 부가가치를 창출하는 첨단기술시장에서는 막대한 투자비가 소요되는 반면 투자비의 회수는 즉각적이지 않으므로, 만일 이러한 위와 같은 요소가 경쟁제한 여부 내지 사업상 정당화의 사유로 고려되지 않는다면 사업자의 투자의지를 꺾어 새로운 시장의 창출에 활력을 줄 수 없을 것이다.[33] 즉, 첨단기술시장에 대한 법의 적용에 있어서는 가격경쟁 내지 정적 경쟁 못지않게 기술경쟁 내지 동적 경쟁을 중요한 요소로서 고려하여야 한다.

실제 멜론 사건의 경우를 보면 국내 음원시장의 규모는 2005년도에 337억 원 수준으로 2004년도에 비해 6배 정도의 성장을 하였고, 2006년 상반기에만 전년도의 연간 실적을 상회하는 392억 원의 매출을 기록하는 등 급격한 성장세를 보이고 있는데, 이는 AD이천엔터테인먼트의 맥스MP3가 2003. 7. 서비스 유료화를 단행한 이래 2005년도에는 벅스뮤직 등 고객층이 두터운 기존의 무료 사이트들이 유료로 전환되어 음원시장에 대한 유료화가 정착되었고, 2004. 11. 에스케이텔레콤이 멜론 서비스를 개시하는 등 국내 이동통신 3사가 방대한 가입자를 이용하여 온라인 음악산업에 적극 참여한 데 기인한 것으로 보인다(새로운 시장 창출).[34]

또한 멜론 서비스 시작으로부터 수년이 지난 현재에는 스마트폰 시장이 MP3폰 시장을 대부분 잠식하였고, 이러한 시장 상황 하에서 다양한 음악 파일 제공 서비스시장이 형성되고 또 성장세에 있다 할 것인데, 이는 멜론 서비스의 등장으로 음악 파일 서비스시장의 저변 확대에 기반한 것으로 보아야 할 것이므로, 이러한 요소의 고려 없이 기존에 형성된 시장으로의 시장지배력이 전이된 경우와 동일하게 취급하여 규제하는 것은 혁신과 시장의 성장에 역행하는 규제태도가 될 수 있다는 중요한 시사점이 제공한다(기술발전 및 이로 인한 또 다른 시장의 창출).

33) 정연덕(2006), p. 82.
34) 멜론 사건의 서울고등법원 판결의 판시 내용임.

Ⅳ. DRM 장착의 정당성 검토

1. 서

에스케이텔레콤이 멜론 서비스를 함에 있어 이동통신시장의 시장지배력을 MP3 파일 다운로드 서비스시장에 전이하여 경쟁제한의 우려행위를 하였음이 인정된다 하더라도 폐쇄적 DRM 창작에 사업상 정당한 사유가 인정된다면 시장지배적 지위 남용으로 보아 규율하기에 부적합할 수 있음은 앞서 본 바와 같다.

멜론 사건에서 DRM 장착과 관련하여 부당성을 인정하지 않게 한 원심과 대법원의 주된 고려요소에는 ① DRM은 상호 호환이 되지 아니하는 결과 저작물의 선택 가능성을 좁히고 경쟁을 제한하여 시장 봉쇄의 결과를 발생시키고 있으며, ② 제대로 명시하지도 않은 불공정한 이용조건을 기술적으로 관철시키는 결과 DRM 이용자들의 저작물에의 접근비용을 증가시키고 있으며, ③ 저작물이 공적 영역에 편입되는 것을 방해하고 공적 영역에서 공중이 저작물을 활용하는 것을 방해하는 문제 등을 야기하고 있는 점[35]을 들 수 있다. DRM의 표준과 관련된 상호운용성(interoperability)의 문제, 소비자보호법의 문제, 저작권법의 문제에 해당한다 할 것이다. 이와 같은 측면에서의 정당성 인정은 동적 경쟁의 측면 내지 시장의 본래적 기능을 살리는 정당한 사정의 한 요소라 할 수 있다. 이하에서는 각 부분과 관련하여 그 정당성에 관하여 살펴본다.

2. DRM과 소비자보호법의 관계

소비자보호법 제4조 제2호에서는 소비자의 기본적 권리로서 "소비자는 물품 등을 선택함에 있어서 필요한 지식 및 정보를 제공받을 권리"를 규정하고 있다.

35) 멜론 사건의 서울고등법원 판결의 판시 내용.

이는 투명성에 관한 것으로서 DRM에 포한된 '권리관리정보'(Right Management Information: RMI)의 구체적 내용과 어떠한 '기술적 보호조치'(Technical Protection Management: TPM)가 포함되어 있지는지에 관하여 충분한 설명이 없을 경우 위 소비자의 권리가 침해받을 수 있고, 그렇다면 이러한 경우에는 DRM 장착의 정당성은 낮게 보아야 할 것이다.

또한 소비자보호법 같은 조 제3호에서는 재산에 대한 위해로부터 보호받을 권리를 규정하고 있는데, 음악 파일 구매자가 사업자로부터 DRM에 관한 내용 고지를 제대로 받지 못하여 소비자가 보유한 시스템과의 비호환으로 인해 시스템 충돌, 적절한 파일 사용의 어려움 등의 위해가 발생한다면 이 역시 위 권리가 침해된 것이고, 이러한 경우에도 DRM 장착의 정당성은 낮게 보아야 할 것이다.[36)]

그러나 이는 DRM 자체의 문제가 아닌 음악 파일의 판매 '계약'에 관한 문제로서, DRM 장착의 문제라기보다는 계약법적으로 해결하여야 할 문제이고, 대부분의 음악 파일 판매자는 적절한 고지를 하고 있는 것으로 보여 현실적으로 큰 문제를 발생할 것으로 보이지는 않고, DRM 장착의 정당성을 감소시키는 요소로 보기는 어려울 것이다.

3. DRM과 저작권법의 관계

기존의 저작권법에는 저작권, 그 밖에 이 법에 따라 보호되는 권리에 대한 침해행위를 효과적으로 방지하거나 억제하기 위하여 그 권리자나 권리자의 동의를 받은 자가 적용하는 기술적 조치라는 이용통제 기술적 보호조치만이 규정되어 있었으나, 2011. 6. 30. 제10807호로 개정되고 2012. 3. 15.(한미 FTA 발효일) 시행된 저작권법에는 접근통제 기술적 보호조치(저작권, 그 밖에 이 법에 따라 보호되는 권리의 행사와 관련하여 이 법에 따라 보호되는 저작물 등에 대한 접근을 효과적으로 방지하거나 억제하기 위하여 그 권리자나 권리자의 동의를 받은 자가 적용하는 기술적 조치)가 신설되었다(저작권

36) 전성태(2007), pp. 206-207.

법 제2조 제28호 가목).[37)]

멜론 서비스의 폐쇄적 DRM은 접근통제 기술적 보호조치라 할 수 있다.

본래 저작물은 비경합성(non-rivalry), 비전유성(non-appropriability), 비경쟁성(non-exclustion)이라는 공공재적 성격을 가지고 있어 공개 대가로 보호되는 것이 저작권법의 근간이라 할 것이어서, 접근통제 기술적 보호조치는 저작권의 기본적 틀에는 다소 벗어난 제도라 할 것이고, 이러한 이유에서 WCT(WIPO 저작권 조약) 등 국제조약이나 EU 저작권지침 등에서도 접근통제 기술적 보호조치를 규정하지 않고 있으며, 다만 미국만이 접근통제를 허용하고 있었고, 이는 자국의 산업보호를 위한 것으로 풀이되었는데, 한미 FTA에 따라 우리 저작권법에도 도입된 것이다.

그런데 이용통제 기술적 보호조치는 복제 등의 행위에 대하여 권리침해를 처벌하기 때문에 무력화 금지[38)]의 대상으로 규정하지 않았고, 무력화 조치를 위한 도구거래만을 금지하고 있는 반면, 접근통제 기술적 보호조치는 무력화 금지의 대상이고 무력화를 위한 도구거래도 금지되어 있으며, 각 기술적 보호조치에는 그 예외 사유가 규정되어 있으나, 사적 복제의 허용 등과 같은 저작재산권의 제한과 관련한 규정은 존재하지 않는다.[39)]

이에 따라 접근통제의 기술적 보호조치인 DRM이 장착된 음악 파일에 대하여는 사적 복제를 할 수 있는 등 저작재산권 제한(제2장 제4절 제2관) 규정이 무용화되고, 저작권의 존속기간이 만료하였음에도 사실상 저작권과 같은 재산권을 행사할

37) 저작권법 제2조 제28호 '기술적 보호조치'란 다음 각 목의 어느 하나에 해당하는 조치를 말한다.
가. 저작권, 그 밖에 이 법에 따라 보호되는 권리의 행사와 관련하여 이 법에 따라 보호되는 저작물 등에 대한 접근을 효과적으로 방지하거나 억제하기 위하여 그 권리자나 권리자의 동의를 받은 자가 적용하는 기술적 조치
나. 저작권, 그 밖에 이 법에 따라 보호되는 권리에 대한 침해행위를 효과적으로 방지하거나 억제하기 위하여 그 권리자나 권리자의 동의를 받은 자가 적용하는 기술적 조치

38) 저작권법 제104조의2(기술적 보호조치의 무력화 금지)
① 누구든지 정당한 권한 없이 고의 또는 과실로 제2조 제28호 가목의 기술적 보호조치를 제거·변경하거나 우회하는 등의 방법으로 무력화하여서는 아니 된다. 다만, 다음 각 호의 어느 하나에 해당하는 경우에는 그러하지 아니하다.
② 누구든지 정당한 권한 없이 다음과 같은 장치, 제품 또는 부품을 제조, 수입, 배포, 전송, 판매, 대여, 공중에 대한 청약, 판매나 대여를 위한 광고, 또는 유통을 목적으로 보관 또는 소지하거나, 서비스를 제공하여서는 아니 된다.
1. 기술적 보호조치의 무력화를 목적으로 홍보, 광고 또는 판촉되는 것
2. 기술적 보호조치를 무력화하는 것 외에는 제한적으로 상업적인 목적 또는 용도만 있는 것
3. 기술적 보호조치를 무력화하는 것을 가능하게 하거나 용이하게 하는 것을 주된 목적으로 고안, 제작, 개조되거나 기능하는 것

39) 미국은 321 Studios v. Metro-Goldwyn-Mayer Studios Inc.(N.D. Cal. Feb. 19. 2001) 판결에서 DVD 파손에 대비한 백업본을 만드는 데 사용될 수 있는 DVD 복제 프로그램에 대해 기술적 보호조치를 우회한다는 이유로 DMCA 위반의 판결 선고하였고, 위 회사는 도산하였다.

수 있게 하여 저작권의 존속기간을 실질적으로 연장하는 등 저작권법과 충돌되는 문제가 발생할 수 있다. 또한 무엇보다도 공공재인 저작물이 공개 대가로 보호된다는 저작권법의 근간을 흔들 수 있는 점에서 DRM의 정당성은 문제될 수 있다.

이와 같이 저작권법상 저작권이 인정되는 음악저작물 중 DRM을 장착하여 판매한 음악저작물에 대하여는 저작권을 부여하는 조건으로 부담하여야 할 저작권자의 제약을 회피하는 문제점이 있다. 그러나 DRM을 장착한 음악 파일이라 하여 합법적으로 유통된 음악 파일인 저작물의 저작재산권 제한이 전적으로 무력화되는 것이 아니고(방송 등 다양한 방식으로 공개됨), 존속기간이 도과된 저작물인 음악 파일 자체에 대하여 접근통제를 하더라도 저작권법은 법이 보호하는 저작권에 대하여만 기술적 보호조치를 보장하므로 이를 무력화한다 하여 저작권 위반이 되는 것은 아니므로 접근통제를 통한 저작권의 존속기간이 연장된다고 단정하기는 어렵다. 오히려 이러한 가능성을 통하여 저작물 창작자의 창작유인을 풍부히 한다면 저작권의 보호 목적에도 부합된다 할 것이다.

결국 'DRM을 통한 저작물 창작의 유인'과 'DRM에 의한 저작물 이용의 제한'을 비교형량하여 그 정당성 여부를 판단하여야 할 것인데, 위와 같은 부정적 효용의 경우는 저작물 창작의 유인을 제공하는 긍정적인 효용에 비하여 극히 미미한 것으로 보여지고, 또한 DRM 장착은 저작권법에서 허용하는 권리보호 수단인 기술적 보호조치를 채택한 것이라 것이므로, 폐쇄적 DRM의 장착에는 그 정당성이 인정된다고 보아야 할 것이다.

4. 폐쇄적 DRM의 상호운용성의 문제

DRM의 상호운용성은 하나의 디바이스에서 사용할 있는 DRM 장착 음악 파일이 다른 디바이스에서도 구동될 수 있는지 여부를 말하는 것으로, 결국 소비자 불편 및 표준화의 문제라 할 수 있다.[40]

40) 최정열(2008), pp. 25-62.

외국에서는 애플에 대한 필수설비 거래거절에 의한 시장지배적 지위 남용행위의 문제로 사건화되었는데, 프랑스에서 애플의 DRM인 FairPlay에 대한 라이선스 거절행위에 대하여 프랑스 공정거래위원회는 소비자 선택권을 제한하는 행위이기는 하나, 정보통신기술 분야에서 통상 발생하는 것으로 경쟁제한 범주에 포함되는 것은 아니라는 이유로 2004. 11. 9. 기각 의결을 하였고, 그 후 프랑스는 상호운용성 충족을 위하여 DRM 소스코드 공개를 요청할 수 있으나, 소스코드를 공개할 경우 보안과 효율성을 심각하게 위협할 경우는 공개하지 않을 수 있다는 내용으로 「정보사회에서의 저작권 및 저작인접권에 관한 법」(DADVSI)을 개정하였다.[41)][42)]

한편, OMA(국제 모바일 규격 표준화 단체)에서는 DRM 표준화를 시도하고, 한국전자통신연구원(ETRI)이 민간 공동개발로 EXIM을 개발하여 이를 권고하나, 국내외적으로 사실상의 표준은 없는 상황이다.

이러한 상황 하에서 DRM의 상호운용성이 충족되지 않을 경우에는 소비자 불편이 적지 않을 것이나, 폐쇄적 즉 상호운용성이 충족되지 않는 DRM의 경우에도 앞서 본 바와 같이 저작권 보호를 위한 정당성, 즉 창작의 유인에 큰 기여를 할 수 있을 뿐만 아니라, 상호운용성을 강제할 설득력도 얻지 못하고 있다.

즉, DRM의 상호운용성의 보장은 DRM의 표준화를 의미하는데, 표준화는 네트워크효과(network effect),[43)] 티핑효과(tipping),[44)] 고착효과(locked in effect)[45)]에 따라 혁신을 저해할 가능성이 존재하나 비효율적인 비용의 낭비를 막는 긍정적인 효과도 있고, 이러한 표준화를 채택하는 방식에는 정부 주도 방식, 시장 주도 방식 등 다양한

41) 노르웨이에서도 애플의 DRM인 FairPlay가 상호운영성을 막아 애플이 제공하는 패키지에 소비자들을 묶어 두는(lock-in) 불법적인 기술인지 여부가 문제되었는데, 노르웨이 소비자 옴부즈만(Consumer Ombudsman)은 소비자위원회(Consumer Council)의 주장을 받아들여 2007. 1. 24. 애플의 DRM이 상호운용성을 막는 위법한 행위라고 판단하였으나, 애플은 현재까지 무대응하고 있다.

42) 미국에서는 DRM에 관한 사건은 아니나 폐쇄적인 앱스토어가 문제되어 유사한 쟁점을 가진 집단소송(Class Action) 사건인 In re APPLE & AT& TM Antitrust Litigation, No. C 07-05152 JW 2008. 10. 1.; 2008 WL 4810067(N.D.Cal.) 사건에서 iPhone 음성 및 데이터 후방시장과 iPhone용 응용 프로그램 후방시장을 관련 시장으로 인정할 수 있음과, 각각의 관련 시장에서 애플이 시장지배력(market power)을 가지고 있음을 인정하고, 애플의 주장을 배척하였다(이철남, 2009, pp. 536-537).

43) 네트워크효과(network effect)는 소비자가 갖는 상품과 동일한 상품을 구입하는 자가 증가하면 증가할수록 그 상품의 가치 및 효용이 높아지는 것을 말한다.

44) 티핑효과(tipping effect)는 이와 같이 상품의 구매자가 증가하면 판매자가 늘고, 이는 다시 구매자를 흡수하는 현상이다.

45) 고착효과(locked in effect)는 소비자들이 시장에서 상품을 선택하게 되면 그 상품을 차후에도 계속해서 선택하게 되는데, 이러한 고정을 거쳐 사실상의 표준이 된 상품은 그 상품시장의 승자가 되고, 한 번 사실상의 표준이 되면 다른 상품의 사용을 계속하여 배제하여 버리는 현상을 의미한다.

방식이 있으나, 시장지배적 기업이 보유하게 된 기술을 국가가 배제시킨다면 기업의 기술개발 의지를 감소시킬 수 있고, 정부가 직접 표준을 설정하는 것은 기술의 변화에 적절히 대응하지 못하는 문제점이 있으므로, 시장이 주도하는 표준 설정이 타당하다 할 것이다.[46)]

따라서 기술경쟁, 동적 효율을 추구한다는 측면에서 시장 주도의 사실상 표준(de facto standard)이 형성되는 것이 바람직하고, 결국 DRM의 상호운용성의 문제는 사실상 표준 형성의 한 과정이므로 폐쇄적 DRM을 사용하는 사업에는 '정당화 사유'가 있다고 할 것이다.[47)]

V. 결론

이상에서 살펴본 바와 같이 시장지배적 지위의 남용 여부 판단에 있어서 부당성의 의미는 대법원 판시, 즉 ① 시장에서의 독점을 유지 · 강화할 의도나 목적, 즉 시장에서의 자유로운 경쟁을 제한함으로써 인위적으로 시장질서에 영향을 가하려는 의도나 목적을 갖고, ② 객관적으로도 그러한 경쟁제한의 효과가 생길 만한 우려가 있는 행위로 평가될 수 있는 불이익 강제행위를 하였을 것으로 보는 것보다는, 독점의 유지 · 강화라는 주관적 요건을 별개의 구성요건으로 보지 않은 채 "특별한 사정이 없는 한 (내지 사업상의 정당한 이유 없이) 시장에서의 독점을 유지 · 강화, 즉 시장에서의 자유로운 경쟁을 제한함으로써 인위적으로 시장질서에 영향을 가하는 경쟁제한의 효과가 생길 만한 우려가 있는 행위로 평가될 수 있는 불이익 강제행위를 하는 것"으로 해석하는 것이 합리적이고도 유연한 규제를 가능하게 할 수 있다.

46) 정연덕(2006), pp. 85-86.
47) 넓은 의미에서 동적 경쟁의 긍정적 요소로 평가될 수 있다.

즉, 경쟁제한 우려 여부에 대하여는 정적 경쟁 내지 가격경쟁과 비교적 입증하기 용이한 정도의 동적 경쟁 내지 기술경쟁으로 그 범위를 한정하여 심리하고, 그 외의 동적 경쟁 내지 기술경쟁과 기타 시장의 본래적 기능을 살릴 수 있는 정당한 사정은 '사업상 정당화 사유'로서 사업자에게 그 입증책임을 부과하여 심리함이 법의 본래적 입법취지에 부합하는 해석이자 소송경제에도 부합되는 운용이라 할 것이다.

이러한 부당성의 체계를 전제로 멜론 서비스가 경쟁제한행위로 인정되는 경우에도 폐쇄적 DRM의 장착은 폐쇄 DRM을 사용한 이동통신사업자의 '새로운 시장 개척으로 인한 효용'이 경쟁제한적이라기보다는 경쟁촉진의 성격이 클[48] 뿐만 아니라 폐쇄적 DRM의 운용은 DRM의 상호운용성의 관점에서 정당성이 인정되는 점과 저작권 보호를 위한 수단으로서의 DRM의 정당성이 인정된 점은 사업상 정당화

표 3-1

	애플의 폐쇄정책	멜론 사건	POOQ(신규 사업자에게 콘텐츠 공급 거절한다면)
공통점	첨단기술시장에서 시장지배력 전이에 의한 시지 남용의 가능성 있음		
시장지배력 전이구조	단말기(스마트폰, 태블릿 PC 등) → 콘텐츠	통신망 → 콘텐츠	콘텐츠 → 인터넷망
시장 창출 기여	사업 초기: 막대함	상당함	미비(콘텐츠 통합의 편의성 증대는 있음)
경쟁제한 내지 촉진	경쟁촉진(시장 창출)	경쟁촉진(시장 창출) 및 경쟁제한(기존 시장 축소) 모두 있음	경쟁제한(예상된 시장, 방송 콘텐츠는 필수설비임)
시장지배력 획득 요소	단말기시장의 완전경쟁에서의 생존	이동통신망 과점 (산업규제에 의해 보호)	방송사업 과점(산업규제에 의해 보호)
특수한 정당화 고려 요소	DRM 공개로 인한 사업자 피해(사업 모델 변경, 보안), DRM 장착의 정당성	DRM 공개로 인한 사업자 피해(사업 모델 변경, 보안), DRM 장착의 정당성	방송 콘텐츠의 공공재성 (정당화를 약화시키는 요소로 작용함)
법위반 가능성	적법	적법	법위반 가능성 큼

48) 물론 이러한 경쟁촉진적 효용은 경쟁제한 우려행위를 부정하는 요소로서 고려되어야 할 것이나, 전술한 바와 같이 사업자에게 입증책임을 부과함이 상당하므로 사업상 정당화 요소로 보는 것이 타당할 것이다.

사유로 인정될 수 있다.

특히, 멜론 사건과 같이 시장지배력이 전이되는 인접시장이 첨단기술에 의한 새로운 시장일 경우에는 새로운 시장 개척으로 인한 혁신의 경제적 효용을 사업상 정당화 사유 존부를 판단함에 있어 중요한 요소로 고려하여야 할 것이고, 향후 유사한 사건에서도 이를 간과하여서는 아니될 것이다. 이를 이 글의 모두에서 설명한 사례에 적용하면 〈표 3-1〉과 같은 흥미로운 결론을 내릴 수 있다.

이상에서 살펴본 바와 같이, 혁신시장에서의 시장지배적 지위 남용의 문제는 일견 같은 것으로 보일지라도 그 결론에 있어서는 전혀 상이할 수 있다. 따라서 공정거래법 일반의 법리뿐만 아니라 해당 산업의 특성과 그에 따른 발전 방향과 가능성 등에 관하여 세밀하고도 신중한 접근이 요구된다 할 것이다.

참고문헌

김도형, 「시장지배적 지위 남용행위에 관한 법적 연구: 포스코 사건의 분석을 중심으로」, 성균관대학교 석사학위논문, 2011.

이만제, 「스마트 환경에서 미디어 콘텐츠 사업자의 대응과 과제」, 『KOCCA 포커스』, 2011-18호, 통권 46호, 2011, pp. 4-5.

이철남, 「DRM에 의한 시장지배적 지위의 남용에 대한 고찰–SKT DRM에 대한 법원의 판단을 중심으로」, 『경영법률』, 제19집 2호, 2009, pp. 520-537.

이 황, 「포스코의 거래거절행위」, 『공정거래법 판례선집』, 2011, pp. 51-57.

전성태, 「저작물의 이용에 미치는 법률문제에 관한 소고」, 『디지털재산법연구』, 6권 1호, 2007, pp. 206-207.

정연덕, 「디지털기술의 발전과 이동통신사 음악서비스 DRM의 법적 문제」, 『창작과 권리』, 43호, 2006. 6, pp. 82-86.

정호열, 『경제법』(제4판), 박영사, 2012.

최정열, 「DRM과 상호운용성–애플과 SKT 멜론 사례를 중심으로–」, 『법학연구』, 제11편 제2호, 2008, pp. 25-62.

Chapter 4 불완전계약과 계약의 해석

최준규

Ⅰ. 계약의 불완전성

Ⅱ. 불완전계약과 관련한 법경제학상 논의들의 시사점

Ⅲ. 법경제학상 논의들의 한계

Chapter 4

불완전계약과 계약의 해석[1]

Ⅰ. 계약의 불완전성

계약 해석은 계약의 불완전성과 모호성 때문에 문제된다. 전자는 계약 체결 당시 당사자들이 장래 발생 가능한 모든 상황을 예견할 수는 없고, 예견이 가능하더라도 그에 관한 모든 내용을 계약에 규율할 수는 없다는 사정에 착목한 개념이고, 후자는 계약상 표현에서 발생하는 문제에 착목한 개념이다. 계약의 불완전성은 표현의 의미에 관한 분쟁, 공백의 존부 및 보충에 관한 분쟁 모두에서 문제될 수 있는데,[2] 계약의 모호성과 명백히 구분되는 개념은 아니고 때로는 모호성을 포괄하는 개념으로 사용되기도 한다.[3]

1) 이 글은 필자의 박사학위 논문인 「계약해석의 방법에 관한 연구」(2012)의 3, 4장 부분을 정리한 것이다.
2) 계약 해석에 관한 분쟁을 표현에 관한 분쟁과 공백에 관한 분쟁으로 나누는 견해로는 E. Allan Farnsworth, "Disputes over Omission in Contracts," 68 *Colum. L. Rev.* 860 (1968) 참조. 계약 해석의 실무에서는 공백에 관한 분쟁보다 표현에 관한 분쟁이 주로 문제된다. Steven Shavell, "On the Writing and the Interpretation of Contracts," 22 *J. L. Econ. & Org.* 289, 311 (2006) 참조.
3) 모호성이 문제되는 경우를 해석적 불완전성(interpretive incompleteness), 공백의 보충이 문제되는 경우를 실질적 불완전성(substantive incompleteness)으로 표현하는 견해로는 Dennis Patterson, "The Pseudo-Debate over Default Rules in Contract Law," 3 *S. Cal. Interdisciplinary L. J.* 235, 242-243 (1994) 참조.

1. 불완전계약의 의의

① 계약 성립 후 계약 이행 전에 발생할 수 있는 모든 상황을 당사자들이 완전히 예견하고, ② 이에 대하여 어떻게 당사자들이 위험과 책임을 부담할 것인지에 관하여 합의가 이루어지고, ③ 그러한 계약이 내용대로 자발적으로 완전히 이행될 경우를 완전계약(complete contract)이라 한다.[4] 불완전계약[5]은 이러한 완전계약의 반대 개념이다. 계약은 당사자들이 상호간의 합의를 통해 자신들의 이익을 극대화할 수 있는 중요한 도구이지만, 현실에서는 거래비용, 인간의 제한된 합리성(bounded rationality) 등의 문제 때문에 장래 발생할 모든 상황을 예정하여 상황별로 당사자들의 권리 · 의무를 계약서에 세밀히 규정하는 것이 불가능하다. 또한, 당사자들의 정보비대칭으로 인해 기회주의(opportunism)가 등장하기 쉬우므로 효율적인 계약을 체결하는 것이 어려운 경우가 많다. 계약 체결 시점부터 계약상 의무이행기까지의 기간이 길다면 특히나 계약 체결 당시 예상하지 못하였던 상황이 발생할 여지가 많다.[6]

1) 법적 의미의 불완전성

계약의 불완전성은 법적 · 문언적 의미의 불완전성과 경제적 의미의 불완전성으로 나눌 수 있다.[7] 계약당사자들이 계약 체결 당시 현재 발생한 상황을 예견하지

4) 朴世逸, 『法經濟學』(2002), 244-245면 참조.
5) 비대칭정보와 관련하여 불완비정보(incomplete information)와 불완전정보(imperfect information)는 개념상 구분하여 사용되고 있고(전자는 행위자의 유형이 감추어진 경우이고, 후자는 행위자의 행동이 감추어진 경우이다), 경제학 문헌에서도 incomplete contracts를 불완비계약이라고 번역하는 경우가 있다(柳川範之(정진필 · 김일태 · 유동국 譯), 『계약과 조직의 경제학』(2003), 31면 이하; 伊藤秀史, 『契約の経済理論』(2003), 357頁 이하; 中泉拓也, 『不完備契約理論の応用研究』(2004), 2頁 참조). 그러나 이 글에서는 그와 같은 개념 구분의 실익이 크지 않으므로 논의의 편의상 'incomplete contracts'를 불완전계약이라 부르기로 한다(朴世逸(註 4) 246면 이하는 incomplete contracts와 imperfect contracts를 구별하지 않고 불완전계약으로 칭하고 있다).
6) Farnsworth, *Contracts*, 4th ed. (2004), p. 482: 장기계약의 경우 대체로 계약서가 길고 복잡한 것은 위와 같은 불확실성에 대비하기 위한 측면이 크다. Richard A. Posner, "The Law and Economics of Contract Interpretation," 83 *Tex. L. Rev.* 1581, 1582 (2005); Karen Eggleston/Eric A. Posner/Richard Zeckhauser, "The Design and Interpretation of Contracts: Why Complexity Matters," 95 *Nw. U. L. Rev.* 91, 125-126 (2000) 참조. 물론 장기계약의 경우에도 당사자들의 숙련도 및 관계의 밀접도에 따라 계약내용의 복잡성은 달라질 수 있다. 숙련되지 못한 당사자라면 거래비용의 문제로 복잡한 내용의 계약을 체결하기 어려울 것이고, 서로 밀접한 관계에 있는 당사자들은 계약 위반시 법적인 제재보다는 사회적 평판에 의한 제재를 선호할 수 있으므로 계약내용이 복잡할 필요성은 상대적으로 줄어들 것이다.
7) Ian Ayres/Robert Gertner, "Strategic Contractual Inefficiency and the Optimal Choice of Legal Rules," 101 *Yale L. J.* 729, 730 (1992)는 전자를 의무적(obligational) 불완전성, 후자를 상황적(contingently) 불완전성이라 표현하고

못하였기 때문에 또는 예견하였지만 거래비용 등의 문제 때문에,[8] 계약서에 이에 대응하는 명시적 규정이 없는 경우(가령 ① CD라는 음반 형태가 일반적이지 않았던 시기에, 저작물을 LP 음반 등 녹음물 일체에 복제하는 것을 허락하는 내용의 계약이 체결되었다면, 그 저작권 이용 허락의 범위에 CD 음반으로 제작 · 판매하는 것이 포함되는가?[9] ② 유성영화가 발명되기 전 유성영화를 알지 못하는 상황에서, 희곡에 관한 저작권을 갖고 있는 A가 '희곡의 상영'으로 얻은 수입 1/2을 B에게 지급하기로 약정하였다면, 이후 A가 '위 희곡의 유성영화화'를 통해 얻은 수입 1/2에 대하여 B가 권리를 주장할 수 있는가?[10][11]) 그러한 계약은 법적 의미에서 불완전하다. 또한 계약에 위와 같은 공백(gaps, Lücke)은 없더라도, 현재 발생한 상

있다. Benjamin E. Hermalin/Avery W. Katz/Richard Craswell, *Handbook of Law and Economics*, vol. 1 (2007), pp. 68-75; Benjamin E. Hermalin/Michael L. Katz, "Judicial Modification of Contracts Between Sophisticated Parties: A More Complete View of Incomplete Contracts and Their Breach," 9(2) *J. L. Econ. & Org.* 230, 235-236 (1993)도 참조.

8) Farnsworth는 전자를 '기대의 부재', 후자를 기대가 계약 문언으로 표현되지 못하여 의사(intention)화되지 못하였다는 점에서 '기대의 절제'(understatement of expectation)라고 표현한다. Farnsworth(註 2) pp. 868-873 참조.

9) 대법원 1996. 7. 30. 선고 95다29130 판결: 사안의 경우 CD 음반에 대한 이용허락까지 포함되어 있다고 보면서, 이러한 문제를 판단하기 위한 의사 해석의 원칙으로, ① 계약 당시 새로운 매체가 알려지지 아니한 경우인지 여부, 당사자가 계약의 구체적 의미를 제대로 이해한 경우인지 여부, 포괄적 이용허락에 비하여 현저히 균형을 잃은 대가만을 지급 받았다고 보여지는 경우로서 저작자의 보호와 공평의 견지에서 새로운 매체에 대한 예외조항을 명시하지 아니하였다고 하여 그 책임을 저작자에게 돌리는 것이 바람직하지 않은 경우인지 여부 등 당사자의 새로운 매체에 대한 지식, 경험, 경제적 지위, 진정한 의사, 관행 등을 고려하고, ② 이용허락계약 조건이 저작물 이용에 따른 수익과 비교하여 지나치게 적은 대가만을 지급하는 조건으로 되어 있어 중대한 불균형이 있는 경우인지 여부, 이용을 허락받은 자는 계약서에서 기술하고 있는 매체의 범위 내에 들어간다고 봄이 합리적이라고 판단되는 어떠한 사용도 가능하다고 해석할 수 있는 경우인지 여부 등 사회일반의 상식과 거래의 통념에 따른 계약의 합리적이고 공평한 해석의 필요성을 참작하며, ③ 새로운 매체를 통한 저작물의 이용이 기존의 매체를 통한 저작물의 이용에 미치는 경제적 영향, 만일 계약 당시 당사자들이 새로운 매체의 등장을 알았더라면 당사자들이 다른 내용의 약정을 하였으리라고 예상되는 경우인지 여부, 새로운 매체가 기존의 매체와 사용, 소비방법에 있어 유사하여 기존 매체시장을 잠식, 대체하는 측면이 강한 경우이어서 이용자에게 새로운 매체에 대한 이용권이 허락된 것으로 볼 수 있는지 아니면 그와 달리 새로운 매체가 기술혁신을 통해 기존의 매체시장에 별다른 영향을 미치지 않으면서 새로운 시장을 창출하는 측면이 강한 경우이어서 새로운 매체에 대한 이용권이 저작자에게 유보된 것으로 볼 수 있는지 여부 등 새로운 매체로 인한 경제적 이익의 적절한 안배의 필요성 등을 종합적으로 고려하여야 한다고 판시하고 있다.

10) Kirke La Shelle Co. v. Paul Armstrong Co., 263 N. Y. 79, 188 N.E. 163 (1933) : 희곡의 원저작자 A′에 대하여 B가 채권을 갖고 있는 상황에서 A′가 자신의 재산 모두를 A에게 양도하고 사망하였다. 이후 B가 A′의 일반채권자들을 기망(fraud)하였다는 이유로 A에 대하여 위 양도계약의 취소를 구하는 소를 제기하자(우리법상 사해행위취소 또는 통정허위표시와 유사한 주장으로 보인다), A와 B가 채무지급에 대하여 본문과 같이 합의한 사안이다. 판례는, ① A와 B가 약정을 체결한 경위, ② A와 B 사이의 계약내용에는 앞으로 A가 희곡에 대한 권리에 영향을 미칠 계약을 체결할 경우 B의 동의를 얻어야 한다는 조항이 포함된 점을 고려할 때, A와 B는 신인관계(fiduciary relationship)에 있고 A는 B의 계약상 권리를 무용하게 하지 않을 묵시적 의무(implied obligation)를 부담한다고 판시하면서, A가 제3자에게 유성영화화권을 매도하면서 받은 대금 중 1/2에 대하여 B의 권리를 인정하였다. 그러나 위 판결은 저작권법에 관한 한 그 결론의 타당성에 의문이 있다고 한다. 尹眞秀, 「美國 契約法上 Good Faith의 원칙」, 『民法論考 I』 (2007), 35면 참조.

11) 장기계약의 경우 기술변화 때문에 계약 체결 당시 예상하지 못하였던 문제가 사후에 발생할 수 있다. Greenfield v. Philles Records, Inc., 780 N.E.2d 166 (N.Y. 2002): 음악그룹이 1963년 음반회사에 자신들의 공연 녹화물에 관한 소유권을 이전하는 계약을 체결한 경우, 위 음원을 영화나 TV 프로그램에 사용하기 위한 동기연주(同期, synchronization) 허가권 등을 제3자에게 판매하는 권리까지 이전된 것으로 볼 수 있는지 문제된 사안이다. 판례는 계약 문언상, 현재 알려진 또는 장래에 알려질 방법으로 음원을 재생할 권리가 음반회사에 이전된다고 명시되어 있음을 이유로 – 비록 이로 인한 음반회사의 수익이 음악그룹이 받는 사용료(royalty)에 반영되지 못하였더라도 – 음반회사는 위 허가권 등을 판매할 권리를 가진다고 판시하였다.

황에 관련된 계약 문언이 모호하여 서로 다른 해석이 가능한 경우(불확정 개념을 사용한 경우: 가령 기존에 다른 지역에서 맥주사업을 하고 있던 A가 새로운 지역에 진출하기 위해, 맥주사업과 관련된 B의 자산을 인수하면서 그 대가로 정액의 금원과 6년간 B의 이름으로 판매되는 맥주량에 비례하는 금액을 로열티로 지급하고, B의 이름으로 판매되는 맥주의 매출을 유지·확장시키기 위해 '최대한 노력'(best efforts)하기로 약정하였는데, 이후 수익성의 악화 탓에 A가 B 관련 사업 부분을 대폭 감축하였다면 A는 위 약정을 위반한 것인가?[12])에도 법적 의미의 불완전성이 문제될 수 있다.

2) 경제적 의미의 불완전성

경제적 의미의 불완전계약은, 현실에서 발생 가능한 모든 상황에 대응하여 상황별로 효용을 극대화할 수 있는 구체적 규정을 두고 있지 않은 경우(contingently incomplete)를 뜻하는데, 법적 의미의 불완전계약을 포함하는 더 넓은 개념이다.[13] 따라서 법적 의미에서 완전한 계약이라 하더라도 경제적 의미에서는 불완전할 수 있다(이를 '협의의 경제적 의미의 불완전성'이라 부르기로 한다). 가령 A가 B에게 물건을 500원에 매도하고 물건의 인도는 2달 후에 하기로 약정하였고, B는 계약 체결 당시 물건에 대한 수요를 고려하여 이를 600원에 재매도하여 100원의 이익을 얻으려고 생각하였으나, 2달 후 물건에 대한 수요가 감소하여 B는 해당 물건을 400원에 재매도할 수밖에 없는 상황이 발생한 경우, 위 매매계약은 법적 의미에서는 수량과 가격을 특정하고 있으므로 불완전하다고 볼 수 없지만, 경제적 의미에서는 높은 수요와 낮은 수요라는 현실 세계의 두 가지 다른 상황에 대하여 하나의 가격만을 설

12) Bloor v. Falstaff Brewing Corp., 601 F.2d 609 (2d Cir. 1979): 판례는 B가 A의 의무 위반을 입증하기 위하여, A가 해당 매출을 유지하기 위해 합리적으로 어떠한 조치를 취할 수 있었는지를 입증할 필요까지는 없고, A가 해당 매출에 관하여 관심이 없었고 전체 매출을 위하여 해당 매출이 하락하는 것을 그대로 내버려두는 것에 만족하였다는 점만 입증하면 된다고 판시하면서, A의 의무 위반을 인정하였다. 그러나 이에 대해서는 ① 합리적 매도인이라면 매수인이 목적 자산을 비효율적인 방법으로 사용하는 것을 희망하였다고 보기 어렵고, ② 사안의 경우 주인의 대리인에 대한 감시비용 문제(유통계약에서 주로 문제된다) 때문에 'best efforts' 약정을 체결한 것이 아니고, 인수대상 자산의 질에 관한 매도인과 매수인 사이의 정보불균형 문제를 해결하기 위해 매매대금을 앞으로의 상품판매량에 연동하는 방식으로 설계하는 과정에서, 매수인이 이러한 구조를 악용하여 기회주의적 행동(가령 인수자산을 사용하여 B맥주 대신 A맥주를 생산하거나, 약정기간 내 B맥주 판매수입을 약정기간 이후로 이월시키는 것 등)을 하는 것을 방지하기 위해 'best efforts' 약정이 이루어졌음을 강조하면서, 이러한 기회주의적 행동이 입증되지 않는 한 단순히 매수인이 자신의 전체 이익을 위해 B맥주 관련 사업 부분을 감축하였다고 하여 의무 위반이 인정될 수는 없다는 비판이 있다. Victor Goldberg, *Framing Contract Law* (2006), pp. 142-161 참조.

13) Steven Shavell, *Foundations of Economic Analysis of Law* (2004), pp. 292-293.

정하였다는 점에서 불완전하다고 볼 수 있다.[14)]

3) 법적 의미의 불완전성과 경제적 의미의 불완전성의 관계

법적 의미의 불완전성이 문제되는 경우에는 보충적 해석이 가능할 수 있겠지만, 협의의 경제적 의미의 불완전성이 문제되는 경우에는, 계약상 공백의 존재가 인정되기 어렵고 사정변경원칙의 적용 여부가 쟁점이 될 수 있을 것이다.

계약 해석이 문제되는 것은 계약이 법적 의미에서 불완전하기 때문이다. 그러나 법적 의미의 불완전성이 존재하는지가 계약 해석이 이루어지기 전에 미리 판단될 수는 없고, 법적 의미의 불완전성이 존재하는지를 판단하는 것 자체도 해석의 문제라 할 수 있다. 가령 A가 B에게 2011. 1. 1.까지 물건을 배로 운송해 주기로 하는 계약을 체결하였는데 수에즈 운하의 폐쇄 때문에 약정기한을 지키지 못하게 된 경우를 생각해 보자. 위 계약을 A는 어떠한 경우에도 약정기한까지 물건을 운송해 주어야 한다는 취지로 해석한다면 계약상 공백은 존재하지 않고, 따라서 경제적 의미의 불완전성은 별론으로 하고 법적 의미의 불완전성은 존재하지 않게 될 것이다.[15)] 그러나 운하의 폐쇄로 운송이 불가능할 경우 A와 B의 권리 · 의무는 어떻게 되는가라는 점에 관하여 위 계약이 아무런 언급도 하고 있지 않다고 해석할 경우, 위 운송계약은 경제적 의미에서는 물론 법적 의미에서도 불완전한 계약이라고 볼 수 있을 것이다.[16)]

계약의 불완전성에 대한 기존 논의는 경제적 의미의 불완전성을 중심으로 전개되어 왔다. 경제적 의미의 불완전성은 법적 의미의 불완전성을 포함하는 넓은 개념이므로, 경제적 의미의 불완전성에 관한 논의를 살펴보는 것은 계약 해석 문제에 도움을 줄 수 있다. 앞으로 '불완전계약'이라는 표현은 '경제적 의미의 불완전

14) Enrico Baffi, "Ayres and Gertner v. Posner, A Re-Examination of the Theory of 'Penalty Default Rules'," (2006) (http://papers.ssrn.com/sol3/papers.cfm?abstract_id=948916, 최종검색일 2011. 11. 11), p. 4 참조.
15) 구체적 사건 자체를 당사자들이 예상하지 못하였더라도, 문제된 계약의 계획에 미래의 추상적인 위험에 관한 구체적인 분배가 포함되어 있다면 계약에 공백이 있다고 보기 어렵고, 다만 사정변경원칙의 적용 여부가 문제될 것이다.
16) 개별 계약의 해석을 통해 법적 의미의 불완전계약과 경제적 의미의 불완전계약이 구별될 수 있을 뿐이고, 양자를 선험적으로 구분할 수 있는 객관적 기준은 존재하지 않는다는 지적으로는 Richard Craswell, "The 'Incomplete Contracts' Literature and Efficient Precautions," 56 *Case W. Res. L. Rev.* 151, 154-155 (2006) 참조.

성'을 뜻하는 것으로 사용하기로 한다.

2. 불완전계약의 원인[17]

1) 거래비용

당사자들이 완전계약을 체결하지 못하는 원인으로는 우선 계약서 작성 및 협상비용 등 거래비용 문제를 들 수 있다. 미래를 예견하는 것에 대한 인간의 인지론적 한계도 보는 각도는 다르지만 결국 거래비용의 문제로 환원될 수 있다.[18] 불완전계약에 관한 경제학상 논의는 이러한 상황에 '사후 재협상 국면'을 포함시켜 당사자들의 의사결정 유인을 분석한다.[19] 계약 체결 이후 다양한 상황이 발생함으로 인해, 계약 체결 당시를 기준으로는 합리적이었던 당사자들의 선택이 사후적으로는 효율적인 선택이 아닐 수 있다. 사후적 효율성을 달성하기 위해서는 사전예상에 기초한 합의를 사후에 발생한 상황에 맞추어 수정할 필요가 있다. 그런데 만약 일방 또는 쌍방이 사전에 관계특수적 투자(relationship-specific investment)[20]를 하였다면, 상대방은 계약이 이행되지 않으면 이러한 투자는 아무런 가치가 없게 되어버리는 점을 이용하여 재협상시 버티기(hold-up)[21] 전략을 통해 계약상 총이득에서 자신의 몫을 최대화하려 할 것이다. 이러한 점을 사전에 예상한 당사자는 계약 체결

17) Avery W. Katz, "Contractual Incompleteness: A Transactional Perspective," 56 *Case W. Res. L. Rev* 169, 172-176 (2005); Juliet P. Kostritsky, "Taxonomy for Justifying Legal Intervention in An Imperfect World: What to Do When Parties Have Not Achieved Bargains or Have Drafted Incomplete Contracts," 2004 *Wis. L. Rev.* 323, 335-341 (2004) 참조.

18) Eric A. Posner, "Economic Analysis of Contract Law after Three Decades: Success of Failure?," 112 *Yale L. J.* 829, 866 (2003) 참조.

19) 법률가들의 관점에서 불완전계약 이론의 최대 공적은, 당사자가 설정한 계약규범의 분석에 그치지 않고 사후 재교섭 국면을 분석의 틀에 포함시켜 재교섭이 역으로 계약 체결에 미치는 영향에 주목한 점이라는 지적으로는 Robert E. Scott/George G. Triantis, "Incomplete Contracts and the Theory of Contract Design," 56 *Case W. Res. L. Rev.* 187, 194 (2005) 참조.

20) 해당 계약관계에서만 효과가 있고, 그 외에는 효과가 없는 투자를 뜻한다.

21) 김두얼, 「소송 및 분쟁해결제도의 법경제학」, 『법경제학: 이론과 응용』 (2011), 262면은 'hold-up'은 경제주체들이 전혀 예상하지 못한 새로운 상황의 등장이 없다면 암묵적 계약 때문에 계약 위반은 좀처럼 일어나지 않음을 강조하는 측면이 있고, '기회주의적 행위'는 계약의 불완전성 때문에 계약당사자들이 이를 악용할 가능성이 매우 큼을 강조하는 측면이 있으므로, 두 개념을 구분해 사용할 필요가 있다고 지적한다. 하지만 이 글에서는 위와 같이 구별할 큰 실익이 없는 점을 고려하여, 'hold-up'도 '기회주의적 행위'와 같은 의미로 사용하였다.

및 사전투자가 사회적으로 효율적인 경우에도, 상대방의 버티기로 인한 자신의 기대이익 감소를 우려하여 계약 자체를 체결하지 않거나 최적 투자 수준에 못 미치는 투자를 하려고 할 것이다. 이를 해결하는 방법으로는 소유권(결정권)의 배분, 즉 기업결합과 시장거래 사이의 선택이 논의되고 있다(완전계약이라면 권리배분에 따라 당사자들의 계약 결과가 달라지지 않을 것이다(Coase의 정리)).[22] 가령 일방 당사자가 상대방 회사의 모회사라면 재협상시 위와 같은 버티기는 문제되지 않을 것이다. 기존 계약을 성실히 수행하겠다는 약속이 지켜지기 어렵고 재협상이 용이하게 일어나는 상황이라면 특히 위와 같은 모델이 유용할 수 있다.[23]

2) 정보불균형

불완전계약은 당사자들 사이의 정보불균형으로 인해 발생할 수도 있다.[24] 계약내용 결정을 위해 필요한 정보를 일방 당사자만 갖고 있는 경우, 그는 자신의 파이 몫을 늘리기 위해 전체 파이 크기를 증가시킬 수 있는 정보를 전략적으로 유보하고 있을 수 있다.[25] 정보가 공개되지 않는다면 계약 체결시 서로 다른 유형의 당사자들을 동일하게 취급할 수밖에 없고(가령 위험발생 가능성이 낮은 피보험자와 높은 피보험자 모두에게 같은 보험료를 적용), 이 때문에 양질의 물품에 대해서는 거래 자체가 이루어지지 못하고 품질이 낮은 상품만 거래되는 시장(이른바 lemon market)이 형성될 수 있다. 이는 바로 역선택(adverse selection)의 문제이다.

정보불균형은 당사자들과 법원 사이에서도 문제된다. 계약당사자들이 관찰할

22) 불완전계약 모형을 최초로 정식화하여 기업 내 거래와 시장거래의 경계를 탐구한 문헌으로는 Grossman, Sanford J./Oliver D. Hart. 1986, "The Costs and benefits of ownership: A theory of vertical and lateral integration," *Journal of Political Economy* 94(4): 691-719를 들 수 있다. 위 글은 소유권의 적절한 분배를 통해 사전적 투자 수준에 영향을 미침으로써 hold-up 문제를 경감시킬 수 있음을 밝히고 있다. 불완전계약 이론과 관련한 단행본으로는 Oliver Hart, *Firms, Contracts, and Finanacial Structure* (1995) 참조.

23) 재협상이 이루어지지 않는 경우, 미래의 모든 상황을 사전에 규율할 수는 없다는 점(indescribability)이 최적계약의 설계와 무관할 수 있음을 강조하면서 불완전계약 이론의 한계를 지적하는 문헌으로는 Jean Tirole. 1999, "Incomplete Contracts: Where Do We Stand?," *Econometrica* 67(4): 741-781 참조. 이에 대한 재비판으로는 Oliver Hart/John Moore. 1999, "Foundations of Incomplete Contracts," *Review of Economic Studies* 66: 115-138 참조.

24) 경제학 문헌에서는 통상 계약당사자들 사이의 정보비대칭 문제를 완전계약과 관련하여 다루고, 불완전계약과 관련하여서는 다루지 않고 있다(伊藤秀史(註 5) 361頁; 中泉拓也(註 5) 7頁 참조). 그러나 이 글에서는 정보비대칭으로 인한 문제도 함께 살펴보기로 한다.

25) Ian Ayres/Robert Gertner, "Filling Gaps in Incomplete Contracts: An Economic Theory of Default Rules," 99 *Yale L. J.* 87, 94 (1989).

수 있는 내용 중에는 제3자인 법원에 입증 불가능한 내용(observable but non-verifiable)이 있을 수 있고, 이러한 입증 불가능한 상황에 근거하여 계약상 권리와 의무를 규정할 경우 그러한 계약은 효율적으로 강제이행되기 어려우므로,[26] 결국 계약내용은 입증 가능한(verifiable) 상황을 기준으로 결정되는 경우가 많다. 가령 출장전문 사진사와 계약을 체결할 경우, 사진사의 현장에서의 노력을 기준으로 보수액을 정하는 것이 어떤 의미에서는 가장 합리적일 수 있다. 그러나 위와 같은 노력은 관찰할 수는 있지만 제3자에게 그 기준이 충족되었는지를 보여 주기는 어려우므로, 결국 위와 같은 내용의 계약은 현실적으로 체결되기 어렵다. 또한, 매수인이 합리적으로 사용하였음에도 불구하고 상품이 고장난 경우에만 반품해 주기로 당사자들이 합의하는 것이 바람직하더라도, 합리적 사용 여부는 입증하기 어려우므로 실제 매매계약은 조건 없이 품질보증을 하거나 품질보증을 아예 하지 않는 형태를 띨 수 있다. 이처럼 입증이 가능한 내용을 중심으로 계약이 구성된다는 것은 계약의 불완전성의 한 원인이 될 수 있다.[27]

3) 당사자들의 전략적 선택

그런데 이처럼 불완전계약의 원인을 거래비용 등에서 찾는 것이 반드시 현실과 부합하는지는 검토의 여지가 있다. 위 설명에 따르면 불완전계약은 통상 발생확률이 높지 않은 사건에 관해서 문제될 것이다. 슈퍼마켓에서의 물품구매계약처럼 일상에서 흔히 이루어지는 일회적 계약은 거래비용 때문에 불완전계약이 체결되는 전형적 예이다. 개별 교섭을 통해 물건의 품질, 인도시기 등을 일일이 계약서에 규정하는 것은, 통상 그로 인해 문제가 일어날 확률이 지극히 낮고 물건가격도 비싸지 않은 점을 고려할 때, 일반인들에게 지나치게 번거로운 일이다.[28] 그런데 합병, 합작투자, 금융계약, 라이선스 계약 등 기업 간 거래의 경우, 예견 가능한 분

26) 정보가 불충분한 제3자가 판단할 경우 오류비용이 발생할 수 있고, 일방 당사자가 이를 이용하여 기회주의적 행동을 할 수도 있다.

27) Hermalin/Katz/Craswell(註 7) pp. 72-73; Shavell(註 13) p. 293.

28) Alan Schwartz/Joel Watson, "The Law and Economics of Costly Contracting," 20 *J. L. Econ. & Org.* 2, 19-20 (2004) 참조. 이 경우 사후적으로 발생한 상황에 부합하는 최적의 거래를 성사시키기 위해서는 재협상비용을 낮추는 것이 바람직하다.

쟁이더라도 계약상 의무가 이행될 것으로 믿고, 또는 지나치게 세부적 부분까지 규율하고자 하면 오히려 상대방에게 자신이 문제를 법으로 해결하기 좋아하고 신뢰하기 어려운 사람이라는 인상을 줄 것으로 생각하여, 채무불이행 등의 상황 발생시 당사자의 권리, 의무관계에 대하여 별달리 언급하지 않거나 애매하게 남겨두는 경우가 있다.[29] 즉, 당사자들은 상호관계를 유지하면서 분쟁이 소송으로 가는 것을 막기 위해 의식적으로 불완전계약을 체결할 수 있다. 계약내용이 불완전하여 발생하는 소송비용과 결과 예측의 불확실성은 당사자들로 하여금 소송을 제기하지 말고 자발적으로 문제를 해결하도록 유인하는 도구가 될 수 있기 때문이다.[30] 계약서를 더 세밀히 작성함으로써 장래 소송비용을 감소시킬 수 있다고 단정하기 어려운 경우라면 특히, 불완전계약은 자율적 분쟁해결 가능성을 고려한 당사자들의 전략적 행위의 결과로 볼 여지가 있다.[31]

II. 불완전계약과 관련한 법경제학상 논의들의 시사점

1. 계약의 불완전성을 바라보는 두 가지 관점

불완전계약과 관련한 법경제학상 논의들이 계약의 불완전성을 바라보는 관점에는, 다음과 같이 두 가지가 있을 수 있다.

첫째는 현실적 제약 때문에 계약은 불완전할 수밖에 없으므로, 이러한 문제를 해결하기 위해 계약내용에 대한 법원의 개입이 바람직할 수 있다는 관점이다.[32]

29) Claire A. Hill, "Bargaining in the Shadow of the Lawsuit: A Social Norms Theory of Incomplete Contracts," 34 *Del. J. Corp. L.* 191 (2009); Farnsworth(註 6) p. 481 참조.

30) Hill(註 29) p. 208.

31) Hill(註 29) pp. 213-214 참조.

32) 바람직'할 수 있다'고 표현한 것은, 경제적 의미의 불완전성이 존재하더라도 법적 의미의 불완전성은 존재하지 않을 수 있기 때문이다. 즉, 경제적 의미의 불완전성의 존재는 계약내용에 대한 법원의 적극적 개입의 필요조건이지 충분조건은 아니다. George M. Cohen, "Interpretation and Implied Terms in Contract Law"(http:

이러한 관점에서는 불완전계약의 원인을 살펴봄으로써 계약상 공백의 보충방법과 같은, 개입 '방향'에 대한 시사점을 얻을 수 있다.[33] 거래비용의 관점에서 불완전계약을 바라본다면 법원은 다수의 당사자들이 원하였을 내용으로 공백을 보충함으로써 거래비용을 최소화할 수 있다.[34)35] 정보불균형의 관점에서 불완전계약을 바라본다면 정보를 가진 당사자가 이를 공개하도록 유도하는 내용을 선택하는 것이 효율적일 수 있다. 한편, 일방 당사자의 버티기를 염려하여 계약 체결을 통한 신뢰투자가 제대로 이루어지지 못하는 현상을 막기 위해서는 정당한 신뢰투자를 보호하는 해석방법이 필요하다.

둘째는 현실적으로 주어진 여러 제약 아래서도 '합리적 당사자들'은 다양한 방법을 통해 가장 효율적인 계약내용을 만들 수 있다는 관점이다. 이러한 관점에서는, 계약의 불완전성이 현실적 제약으로 말미암은 불가피한 결과라기보다, 오히려 당사자들의 전략적 선택의 결과일 수 있다. 또한, 불완전계약의 원인으로 언급되는 요소들(예: 거래비용, 정보불균형)도 가장 효율적으로 계약내용을 구성함에 있어 고려할 조건들에 불과하다. 이처럼 거래비용의 최소화를 추구하는 '합리적 당사자들의 의사결정 구조'에 주목하는 관점은, 법원이 계약내용에 개입할 것인지 '여부'를 판단함에 있어 시사점을 줄 수 있다. 아래에서는 이에 대하여 구체적으로 살펴본다.

2. 계약내용에 대한 개입 '여부'의 판단

1) 합리적 당사자들이 선택한 계약 문언의 존중 – 기준 vs. 규칙

계약 체결시 당사자들은 교섭 및 계약서 작성비용이라는 사전비용과 계약의

//papers.ssrn.com/sol3/ papers.cfm?abstract_id=1473854, 최종검색일 2011. 11. 15) p. 2 참조. 다만 경제적 의미의 불완전성에 관한 논의는 임의규정의 설계시 참고가 될 수 있다.

33) Ayres/Gertner(註 25) p. 93 참조.

34) 다만, 위 명제가 성립하기 위해서는 법원이 보충한 내용에서 벗어나는 데(opt-out) 드는 비용은 그 내용이 무엇이든지 관계없이 같다는 전제가 필요하다.

35) 임의규정의 내용을 설계할 때에도, 다수의 당사자들이 무엇을 원하였을지를 살펴보는 것이 도움이 될 수 있다.

강제이행시 발생하는 사후비용에 직면하게 된다. 법경제학의 관점에서는 이러한 사전 거래비용과 사후 거래비용의 합을 최소화하는 해석방법이 가장 바람직한 해석방법이다.[36] 사전 거래비용은, 계약 체결 시점에서 예상 가능한 장래 상황에 대해 대처방법을 마련하고 이를 계약서에 정확히 기술하는 데 드는 비용이다. 거래 관련 정보탐색 및 당사자 간의 정보격차 해소를 위해 지출하는 비용과 계약서 작성 및 교섭을 위해 법률사무소에 지급하는 비용 등이 그 예이다. 사후 거래비용은 당사자들이 가진 정보를 법원이 확인할 수 있도록 입증하는 데 드는 비용과 법원이 해석을 위해 들이는 비용,[37] 법원의 오류비용으로 나눌 수 있다.[38] 이러한 사후 거래비용은 항상 발생하는 것이 아니고 계약내용에 관하여 분쟁이 생긴 경우에만 문제되므로, 분쟁발생 확률에 따라 그 크기가 달라질 것이다. 그런데 이러한 사전 거래비용과 사후 거래비용은 대체로 음(陰)의 비례관계에 있다.[39] 즉, 개별 상황에 따라 명확한 조항을 둔다면 이러한 조항을 일일이 설정하는 것 자체는 비용이 많이 들겠지만 사후 분쟁비용은 감소할 것이고, 계약서에 포괄적이고 모호한 단어를 사용한다면 계약서 작성비용은 그다지 들지 않겠지만 사후 분쟁비용은 많이 들 것이다. 전자가 규칙(rule)이라면 후자는 기준(standard)이라 할 수 있다. 규칙은 계약상 권리 · 의무의 내용을 사전에 확정하는 것에, 기준은 이를 구체적으로 발생한 상황에 기초한 법원의 사후적 판단에 맡기는 것에 방점을 두고 있다.[40] 상거래에서 당사자들이 계약을 체결하면서 때로는 명확한 규칙을, 때로는 모호한 기준을, 때로

36) 포스너(Posner) 판사는 이를 다음과 같은 수식으로 표현하고 있다.

$$C=x+p(x)\{y+z+e(x, y, z)\}$$

여기서, x: 교섭 및 계약서 작성비용
p: 계약 해석과 관련하여 소송이 발생할 확률
y: 당사자가 부담할 소송비용
z: 법원이 부담할 소송처리 비용
e: 법원의 오류비용

Posner(註 6) pp. 1583-1584 참조.

37) 법원이 지출하는 소송비용은 당사자들이 부담하지 않을 수 있지만, 여기서는 논의의 편의상 이러한 비용도 당사자들에게 모두 전가된다고 가정한다.

38) Robert E. Scott/Geroge G. Triantis, "Anticipating Litigation in Contract Design," 115 *Yale L. J.* 814, 825-834 (2006) 참조.

39) Scott/Triantis(註 38) pp. 835-839; Posner(註 6) pp. 1608-1614 참조. 해석은 해석자의 기반신념(bedrock belief)을 토대로 이루어지고, 이러한 기반신념은 계약내용에 관한 분쟁이 발생하기 전까지는 형성되지 않는다는 점을 이유로, 사전 계약서 작성비용과 사후 분쟁해결비용 사이에 상관관계가 있다고 보기 어렵다는 주장으로는 Jeffrey M. Lipshaw, "The Bewitchment of Intelligence: Language and Ex Post Illusions of Intention," 78 *Temp. L. Rev.* 99, 136 (2005) 참조.

40) 법적 제도를 규칙으로 만드는 것과 기준으로 만드는 것의 각 장 · 단점에 관한 경제학적 분석으로는 Louis Kaplow, "Rules versus Standards: An Economic Analysis," 42 *Duke L. J.* 557 (1992).

는 양자를 혼합하여[41] 사용하는 것은 위와 같은 관점에서 나름의 합리적 이유가 있을 수 있다.

(1) 기준을 설정하는 것이 바람직한 경우

모호한 계약조항은 계약서 작성비용의 절감 차원뿐만 아니라, 증가된 분쟁비용이 ① 무익한 소제기를 사전에 차단하도록 하고, ② 의무위반자에 대한 효과적인 제재로 기능할 여지가 있다는 점에서 그 효율성이 인정될 수 있다.[42] 제3자가 확인하기 어려운 기준(예: 상대방의 투자액[43])에 따라 상대방의 계약상 의무내용을 규정하더라도, 기준 준수 여부에 관한 법원의 판단 결과가 실제 투자액을 중심으로 정규분포를 이루고 분산값(variance)이 충분히 작다면, 상대방은 의무 위반시 부담할 책임의 기댓값을 낮추기 위해 계약상 설정한 기준 이상의 투자를 할 유인이 있고,[44] 이러한 과다투자는 입증 불가능한(unverifiable) 기준이 없을 경우 발생하는 과소투자보다 효율적일 수 있다.[45] 법원의 오류비용이 문제된다고 해서 무조건 당사자가 해당 기준을 제대로 이행하지 않을 가능성이 크고, 따라서 이행 단계에서 비효율이 발생한다고 단정할 수는 없는 것이다. 또한 합의할 내용이 많고 복잡하여 단계적 협상이 필요한 경우, 초기 단계의 합의에서는 계약내용 중 일정 부분은 불명확하게 남겨 둘 수밖에 없다. 명확한 규칙만 둔다면 계약상 목표를 효과적으로 달성하기 어려워서 모호한 기준이 필요한 경우도 있다. 프로야구 선수의 연봉계약에서 연봉을 오로지 홈런, 안타, 타율 등에 따라 설계한다면 선수는 홈런을 치는 것

41) 대출계약시 기한의 이익상실 사유로, 일정 기간의 이자지급연체, 특정 담보유지 의무 위반과 같은 규칙 이외에 채무자의 신용이 악화되어 채권회수에 중대한 지장이 있는 경우, 건전한 계속 거래 유지가 어렵다고 인정되는 경우 등의 기준이 설정된 것을 흔히 볼 수 있다. 그 밖에 가맹계약이나 불가항력 조항(force majeure)에서 규칙과 기준이 혼용되는 사례에 관한 설명으로는 Scott/Triantis(註 38) pp. 853-856 참조. 각주 12)의 Bloor 판례에서 문제된 자산양도계약도 그러한 전형적 예이다.

42) Albert Choi/George Triantis, "Completing Contracts in the Shadow of Costly Verification," 37 *J. Legal Stud.* 503 (2008); Albert Choi/George Triantis, "Strategic Vagueness in Contract Design: The Case of Corporate Acquisitions," 119 *Yale L. J.* 848 (2010) 참조.

43) 수치화될 수 있는 정보라고 해도 제3자를 상대로 입증하기 어려운 정보(한계비용, 수요량)라면 규칙이 아닌 기준에 가까울 것이다.

44) 투자액을 늘릴수록 적발확률이 낮아지기 때문이다. Richard Craswell/John E. Calfee, "Deterrence and Uncertain Legal Standards," 2 *J. L. Econ. & Org.* 279, 282-287 (1986) 참조.

45) Scott/Triantis(註 38) pp. 832-834 참조. 법원이 오류를 무릅쓰고 신의칙상 주의의무를 강제하는 경우 발생할 과다이행(overcompliance)이, 강제이행이 없을 경우 발생할 과소이행(undercompliance)보다 바람직할 수 있다는 지적으로는 Gillian K. Hadfield, "Judicial Competence and The Interpretation of Incomplete Contracts," 23 *J. Legal Stud.* 159, 181 (1994) 참조.

이 소속팀의 이익에 이바지하지 않는 경우에도 홈런을 칠 유인을 갖게 될 수 있으므로, 다른 종합적이고 모호한 기준도 필요하다.[46] 당사자들이 계약내용에 기준을 설정하였다면, 이는 법원으로 하여금 의사표시 당시가 아닌 사후 발생한 상황에 기초한 정보를 고려하여 계약내용을 해석해달라는 취지로 볼 여지가 있다.

(2) 규칙을 설정하는 것이 바람직한 경우

계약내용에 명확한 규칙이 사용된 경우에는 위와 반대로 생각할 수 있다. 즉, 상사계약에서 모호한 기준을 두지 않은 당사자들의 의사는 다른 관련 자료들은 배제하고 명확한 규칙에만 집중하자는 취지일 수 있다. 따라서 계약 체결 시점을 기준으로 규칙을 선택한 당사자들의 의사에 나름의 합리성이 인정된다면, 법원이 사후에 발생한 상황을 이유로 규칙을 선불리 기준으로 바꾸는 것은 바람직하지 않다.[47] 주인(principal)과 대리인(agent)의 관계를 전제로 한 대리점계약, 위임계약의 경우 주인이 대리인의 행동을 정확히 감시하고 평가하여 제3자인 법원에 대리인의 성과를 입증하기 어려운 측면이 있기 때문에, 당사자들 입장에서는 사후 분쟁비용 및 감시비용의 회피를 위해 사전적(ex-ante)으로 계약내용에 규칙을 설정하는 것이 합리적일 수 있다.[48]

대법원 2003. 12. 12. 선고 2003다48624 판결[49]은 주인의 대리인에 대한 감시비용의 측면에서 바라볼 수 있다. 사실관계는 다음과 같다. 원고는 생수판매업체인 동원산업 주식회사의 안양총판점을 운영하던 중 1998. 8. 4. 피고와, 원고가 피고에게 동원산업이 생산한 생수를 공급하기로 하는 내용의 생수대리점계약을 체결하였다. 이후 위 계약상 약정기간인 1998. 11. 22. 다시 새로운 대리점계약(1차 대리점계약)이 체결되었고 그 뒤 2001. 1. 10. 새로운 대리점계약(2차 대리점계약)이 체결되었다. 마지막으로 체결된 계약조항에는 "갑과 을이 상호 협의 없이 계약기간 만료 이전에 위약을 할 경우 위 계약기간 동안의 갑과 을 상호의 매출 감소로 인한 피해액

46) Scott/Triantis(註 38) p. 846 참조.
47) Scott/Triantis(註 38) p. 844; Jody S. Kraus/Robert E. Scott, "Contract Design and the Structure of Contractual Intent," 84 *N. Y. U. L. Rev.* 1023, 1069-1078 (2009) 참조.
48) '감시'가 문제되는 주인-대리인 사이의 계약에서는 복잡한 내용의 계약보다 간략한 내용의 계약이 최적계약일 수 있으므로, 법원은 명시적이고 간략한 계약조항의 문언에 충실한 해석을 함으로써, 사전적 효율성을 달성할 수 있다는 지적으로는 Eggleston/Posner/Zeckhauser(註 6) p. 128 참조.
49) 미간행.

과 무상지원 PC(샘물) 및 장비, 부자재의 금원의 2배를 위약당사자가 보상하기로 한다"고 규정되어 있었고, 계약해지 사유 중 하나로 "계약기간 중에 동원샘물 이외에 타 샘물을 판매한 경우"가 규정되어 있었다. 그런데 피고는 1차 대리점계약 기간 종료 후 원고로부터 재계약을 체결하자는 제의가 없자 원고로부터 생수를 공급받지 못하게 되어 그 결과 피고의 거래처가 줄어들게 될 것을 염려하여 2000. 9.경부터 치악생수 등 다른 회사의 생수를 자신의 거래처에 판매하다가 2차 대리점계약을 체결하였고, 2차 대리점계약 체결 이후에도 계속하여 동원샘물 주식회사의 생수 이외에 다른 회사의 생수를 거래처에 판매하였으며, 기존 거래처에 대한 다른 회사의 생수 판매분을 원고 공급분으로 점차 교체하여 가던 중이었다. 이에 원고는 피고가 다른 회사의 생수를 피고의 거래처에 판매하였다는 등의 이유로 2차 대리점계약을 해지하고 위 계약조항에 따른 위약금을 청구하였다.

이에 대하여 1심은, 2차 대리점계약상 위약금 규정에 위약금 발생사유에 대하여 명문으로 명시하고 있지 않은데, 이와 같은 경우 원고와 피고 사이에 체결된 생수판매계약에 따라 당연히 발생되는 일반적 의무, 예컨대 이 사건 제2차 계약기간 동안 생수를 피고에게 공급하여야 할 원고의 의무, 원고로부터 생수를 공급받아 판매하여야 할 피고의 의무 등의 경우에는 그 의무를 부담하는 당사자의 채무불이행이 있을 경우 위약금 약정에 따른 위약금 지급의무가 발생함은 당연하나, 계약에 따라 당연히 쌍방에게 발생된다고 볼 수 없는 의무, 즉 "계약기간 중에 동원샘물 이외에 타 샘물을 팔 경우"와 같이 생수판매계약에 따라 계약당사자가 당연히 부담한다고 보여지지 아니하는 의무의 경우 그 의무위반에 대하여 위약금을 부담시키고자 한다면 그와 같은 의무 위반사유를 위약금 발생사유로서 명확하게 규정하여야 하고 해석에 의문의 여지가 있게 규정된 경우에는 그 효력이 인정될 수 없다고 하면서, 타 샘물을 판매한 경우는 위약금 발생사유에 해당하지 않는다고 보았다.

2심도, ① 이 사건 계약에서는 피고가 원고로부터 무상으로 공급받은 상품용기를 반환하지 아니함으로써 계약을 위반한 경우에 관하여 별도의 배상조항을 두고 있고, 이 경우에는 미회수된 용기의 개수에 시가를 곱하는 방식으로 실손해만을 배상하게 되어 있는 데 비하여, 문제된 위약금 조항상 배상책임에 해당되는 경우에는 상대방에게 매출 감소로 인한 피해액 등 실손해의 2배를 배상하도록 되어 있어서 무거운 책임을 부담하게 되는 점 등에 비추어 보면, 이 사건 계약에 따른 의무 위반 전부가 위 위약금 조항에 규정된 "상호 협의 없이 위약을 한 경우"에 해당된다고 볼 수는 없고, 결국 신의성실의 원칙이나 공정한 거래의 유지라는 이 사건 계약의 목적에 비추어 위와 같은 배액배상을 정당화할 만한 정도로 중요한 사항에 관한 계약 위반에 한정된다고 보아야 하는 점, ② 약정해지사유[50]에는 추상적이고 일반적인 내용이 다수 포함되어 있어서 약정해지사유 모두가 위약금 배상사유에 해당된다고 보기는 어렵고, 위 위약금 조항의 구체적 의미에 관하여 원·피고 간에 특별한 논의는 없었으며 피고가 원고 외의 다른 회사로부터 생수를 공급받았다는 이유로 원고가 2000. 12. 11.자로 피고에게 보낸 통고서에서도 계약해지와 함께 미반납 공병대금과 냉온수기 대금에 대한 배상만을 요구하고 있을 뿐, 위 조항에 따른 피고의 배상책임에 대하여는 언급하지 않고 있는 점, ③ 생수거래의 특성상 단기간 내에 거래처를 확보하기 어렵고 또한 일단 확보된 거래처를 바로 정리하기 어려운 사정 등을 근거로 원고의 위약금 청구를 기각하였다.

그러나 대법원은, "당사자가 계약을 체결하면서 계약서에 계약당사자가 계약을 위반한 때에는 상대방에게 위약금을 지급하기로 하는 내용의 조항을 둔 경우, 그 계약서 자체에서 또는 다른 의사표시에 의하여 위 위약금 조항이 적용되는 계약 위반사유를 구체적으로 한정하였다거나 위 위약금 조항을 적용하는 것이 정의와 공평의 관념에 비추어 현저히 부당하다는 등의 특별한 사정이 없는 이상 당사자가 계약을 위반하면 그 계약 위반사유가 무엇이든 제한 없이 위약금 조항이 적용되는 것이지, 계약 위반사유가 위약금 지급을 정당화할 만한 정도로 중요한 사항에 관한 계약 위반의 경우에 한하여 위약금 조항이 적용되는 것으로 볼 수 없다"고 하여 원심 판결을 파기하였다.

50) 갑은 을이 다음 각 호에 해당하는 경우 사전에 통보하고, 시정하지 않으면 약정을 해지할 수 있다.
㉮ 정당한 이유 없이 주문량을 약정한 기일 내에 인수하지 아니하는 경우
㉯ 거래대금의 회수지연 또는 정상적인 회수가 곤란하다고 인정된 경우
㉰ 부도어음 또는 부도수표가 발생하였거나 발생할 우려가 있다고 판단된 경우
㉱ 압류, 가압류, 파산 및 회사정리법에 의한 회사정리의 개시 등 을의 재정상태가 악화되어 장래 채권회수에 위험의 우려성이 있을 경우
㉲ 을의 시장관리 소홀 등으로 상품판매가 부진할 경우
㉳ 제8조 제1항에 의한 담보를 초과한 미수채권이 있을 경우
㉴ 계약기간 중에 동원샘물 이외에 타 샘물을 판매할 경우

이 사건에서 1심과 2심은 피고가 다른 회사 생수를 판매하게 된 경위 등에 비추어, 실손해의 2배에 달하는 위약금을 피고로 하여금 지급하도록 명하는 것이 결과적으로 부당하다는 생각을 하였던 것으로 보인다. 사안의 구체적 타당성이라는 측면에서 위 제한 해석의 논리에 수긍이 가지 않는 것은 아니다. 사안에서 당사자들(모두 개인이었다)은 아마도 해당 규정의 구체적 의미에 대해서 깊이 생각해 보지 않은 채 계약을 체결한 것이 아닌가 추측된다. 이러한 경우 '계약 체결 시점'을 기준으로 한 '합리적 당사자들의 의사결정 구조'에 주목할 필요가 있다. 이 사건에서 원고의 이익은 전적으로 피고의 영업활동에 달려 있고, 피고가 그 과정에서 물품 일부를 횡령하거나 원고의 이익 추구를 위하여 최선을 다하지 않는 등의 위험에 대비하여 원고가 피고를 감시하는 데에는(원고가 피고를 고용하는 형식을 취한다든지 아니면 원고와 피고가 합병하는 방식을 취하지 않는 한) 상당한 비용이 들 수밖에 없다. 이 사건 대리점계약은 그러한 비용을 감소시킴으로써 원 · 피고 모두의 이익을 도모하는 기능을 한다. 대리인 비용을 최대한 줄이기 위해서는 사소한 내용의 위약에도 강한 제재를 부과함으로써 피고의 기회주의적 행위를 억제하는 조항을 둘 필요가 있다. 계약당사자 간에 협상력의 차이가 큰 경우 일방 당사자에게 현저히 불리한 조항은 내용통제의 대상이 될 수 있으나, 판결문에 그러한 사정은 드러나지 않는다. 더구나 사안에서 피고가 기존 거래처를 신속히 정리하기 어려운 사정은 새로 체결한 2차 대리점계약과는 무관하고 그와 관련한 피고의 신뢰에 보호가치가 있다고 보기도 어렵다. 사정이 이와 같다면, 대법원이 판시한 바와 같이 위약금 조항은 그 문언에 따라 엄격히 해석하는 것이 타당하다. 개별 사안에서 사후적으로 일방에 다소 불리한 결론이 도출되더라도, 계약 체결시 당사자들이 직면한 이해관계를 고려한다면 오히려 그러한 해석이 대리점계약의 취지에 부합할 것이다.

2) 합리적 당사자들이 선호하는 해석방법의 모색 – 문언주의 vs. 맥락주의

사전 거래비용과 사후 거래비용의 긴장관계 속에서 합리적 당사자들은 어떠한 방법으로 총거래비용을 최소화하는지에 관한 논의는, 개별 조항의 차원을 넘어 해석방법의 선택국면에도 적용할 수 있다. 이와 관련해서는 문언주의와 맥락주의라는 개념틀이 유용하다. 문언주의가 계약 해석시 계약서 문언 등 제한된 자료에만 주목하는 해석방법이라면, 맥락주의는 계약 체결 이후 발생한 사정이나 문언 이외의 다양한 증거도 해석의 자료로 포함하는 해석방법이다. 문언주의는 형식과 자율을 강조하는 계약 해석에 관한 사법소극주의적 입장에 대응되는 반면, 맥락주의는 실질과 후견을 강조하는 계약 해석에 관한 사법적극주의적 입장에 대응된다고 볼 수 있다.

문언주의는 분쟁해결비용을 줄일 수 있지만 오류비용을 늘릴 수 있고, 맥락주의는 그 반대의 효과를 가져올 수 있다. 한편, 맥락주의 하에서도 법원이 해당 거래에 정통하지 못하거나 해석 기준이 불명확한 경우에는, 오류비용이 증가하고 분쟁의 예측 가능성이 떨어져, 일방 당사자의 기회주의가 발생할 수 있다. 문언주의와 맥락주의 사이의 선택은 주어진 각종 거래조건 아래에서 최적의 정보 획득방법을 선택하는 문제이다. 두 해석방법 중 어느 것이 최적의 해석방법인지는 다양한 거래조건들, 즉 거래비용, 분쟁해결기관의 해석 결과의 편차, 계약상 의무이행의 유도 필요성, 신뢰투자, 대리인비용, 제3자의 투자 등에 따라 달라질 수 있다. 계약 해석방법은 이러한 상황에 직면한 당사자들이 계약내용 설정시 함께 설계할 수 있는 요소로서, 제도를 설계하는 제3자(법원)는 합리적 당사자들이라면 문제된 조건에서 어떠한 해석방법을 선택하였을 것인지에 주목할 필요가 있다.[51)52)] 직관적으로 볼 때, 반복적으로 거래에 참여하는 거래경험이 풍부한 당사자일수록(사전 거래비용이 많이 들지 않고, 사전 거래비용을 들임으로써 효율적으로 사후 거래비용을 낮출 수 있으며, 분쟁결과의 예측 가능성을 중시한다), 혁신이 빈번히 일어나며 복잡하고 전문적 내용의 거래일수록(법원의 오류 가능성이 크고, 사후 거래비용을 들이더라도 그러한 오류를 억제하기 쉽지 않다) 문언 해석을 선택하는 것이 효율적일 것이다.

보다 구체적으로, ① 사전 교섭비용이 재교섭비용보다 낮은 경우(거래경험이 풍부한 당사자들은 장래 발생할 다양한 상황에 대비한 복잡한 내용의 계약을 비교적 용이하게 만들 수 있고, 이 경우 사전에 투입한 비용을 고려하여 사후 재교섭비용은 최대한 억제하려고 할

51) Avery Wiener Katz, "The Economics of Form and Substance in Contract Interpretation," 104 *Colum. L. Rev.* 496, 525-537 (2004); Eggleston/Posner/ Zeckhauser(註 6) pp. 126-132 참조. 물론 계약 해석방법에 관한 당사자자치를 인정하더라도, 그것이 법관의 자유심증주의와 충돌하는 경우에는 법원에 대하여 구속력을 갖기 어려울 것이다.

52) 이러한 생각이 타당하기 위해서는 법원이 부담하는 소송비용은 일정하다는 전제, 즉 맥락주의를 선택함으로 인해 증가하는 법원의 부담이 당사자들에게 전가된다는 가정이 필요하다. 그래야만 거래비용의 최소화를 추구하는 당사자들의 유인이 사회 전체 거래비용의 최소화로 연결될 수 있기 때문이다.

것이다),[53] ② 분쟁 발생 가능성이 크거나 분쟁 발생시 다툼의 대상이 되는 몫이 큰 경우(문언주의를 선택함으로써 계약당사자들의 기회주의적, 비효율적[54] 행동을 효과적으로 억제할 수 있다), ③ 거래계에서 통용되는 계약서가 사용되어 계약조항에 관한 당사자들의 이해 편차가 크지 않은 경우(이 경우, 보다 많은 비용을 투입하는 맥락주의를 선택하여 해석기관이 접하는 정보의 양을 늘림으로써 해석기관의 판단 결과의 편차를 줄일 실익이 크지 않다), ④ 법적 제재수단 이외의 제재수단에 당사자들이 쉽게 접근할 수 있거나(예: 계속적 계약관계), 법원이 계약 해석에 있어 편향된 오류를 범하는 경향이 있는 경우(이 경우, 계약상 의무이행을 올바른 방향으로 유도하기 위해 굳이 비용을 많이 들여가면서까지 맥락주의를 선택할 실익이 크지 않고 그 효과도 불투명하다),[55] ⑤ 신뢰투자가 이루어졌더라도 그것이 갖는 관계특수적 성격이 약한 경우, ⑥ 소송 결과가 소송비용으로 지출한 금액에 따라 민감하게 반응하는 경우(문언주의를 선택함으로써 사후적으로 소송비용을 과다지출할 유인을 효과적으로 억제할 수 있다), ⑦ 당사자들이 계약내용을 협상하는 대리인들을 효과적으로 제어하지 못하는 경우(광범위한 거래망을 갖는 대기업의 경우 대리인들의 기회주의적 행동을 본인이 통제하기 어려우므로, 이러한 행동을 막기 위해 획일적이고 표준화된 계약내용이 바람직하다), ⑧ 계약의 효율적 이행을 위해서 제3자의 투자가 필요한 경우(문언주의를 선택함으로써 해석 결과의 예측 가능성을 높이는 것이 제3자의 투자를 촉진시킬 수 있다)에는 문언주의를 선택하는 것이 더 효율적일 수 있다.[56]

반대로 반복적 거래참여자가 아닌 자들이 체결하는 소규모 계약의 경우, ① 당사자들이 사전협상을 통해 계약서를 세밀하게 작성하는 것에 익숙하지 않은 점, ② 평판과 같은 관계망(network)에 접근하기가 상대적으로 어려운 점, ③ 계약을 직접 체결하는 경우가 많으므로 대리인비용이 별도로 문제되지 않는 점, ④ 대체거래 등을 통해 관계특수적 투자로 인한 손실을 회복할 능력이 부족한 경우가 많은 점[57]

53) 복잡한 내용의 기업 간 계약에서 '구두로 계약내용을 변경할 수 없다'는 조항(no oral modification)을 두는 것은, 향후 계약내용과 다른 이행이 이루어지고 이것이 용인된 적이 있다는 점을 빌미로, 일방이 거래관행 등을 내세우면서 계약내용의 변경을 주장하는 경우처럼, 사후 재교섭비용이 증가하는 사태를 사전에 막기 위한 당사자들의 방책일 수 있다. 이 경우 법원이 거래관행, 계약 과정, 이행 과정 등을 이유로 계약내용의 변경이나 문언에 반하는 해석을 쉽게 인정한다면, 당사자들의 위와 같은 사전적 · 합리적 의사가 무시될 위험이 있다. Alan Schwartz/Joel Watson(註 28) 21-24 (2004) 참조.

54) 당사자 자신에게는 이익이 되지만, 사회적으로는 비효율적인 경우를 뜻한다.

55) 효율적 계약 체결을 촉진시킴에 있어, 자율적 제재수단보다 법원에 의한 개입이 더 나은 선택인 경우, 해석이나 묵시적 조항(implied terms)이 필요하다는 취지로는 Cohen(註 32) pp. 4-5 참조.

56) Katz(註 51), pp. 525-537; Hermalin/Katz/Craswell(註 7), pp. 88-91 참조.

등을 고려할 때, 맥락주의를 선택함이 더 바람직할 것이다.[58)]

물론 현실계약은 위에서 언급한 요소들이 복합적으로 결합되어 있는 경우가 많고 각 요소는 상호 영향을 미칠 수 있으므로, 위 개별 명제들이 법원에 실천적 지침을 주는 것에는 분명 한계가 있다. 같은 유형의 계약이라도 나라별 · 시기별로 다른 특성이 있을 수 있으므로, 위 명제들이 설득력이 있으려면 계약유형별로 협상 및 계약체결 관행, 분쟁해결 실태 등에 관한 광범위한 실증적 연구가 필요할 것이다.

그러나 이러한 한계에도 불구하고 위 명제들은, 법원이 외관상 명백해 보이는 계약 문언에 대하여 적극적 개입을 할 것인지 아닌지를 결정함에 있어 고려할 형량요소로서 의미가 있다. 가령 ① 기간의 정함이 있는 계약이 수차례 갱신되어 온 경우 계약의 존속에 관하여 일방 당사자의 신뢰가 형성되었을 수 있는데, 이를 이유로 상대방 당사자의 갱신거절권 행사를 제한할 것인지, ② 신의칙상 주의의무를 인정할 것인지, ③ 거래관행, 경험칙을 이유로 문언을 제한 해석할 것인지를 판단할 때, 맥락주의가 효율적일 수 있는 조건들이 충족되었는지를 살펴보는 것이 유용할 수 있다.

Ⅲ. 법경제학상 논의들의 한계

그러나 계약 해석의 문제를 법경제학의 관점에서 바라보는 것에 대해서는 다음과 같은 의문이 제기될 수 있다. 우선 계약 해석의 목표를 거래비용의 최소화 또

57) 관계특수적 신뢰투자가 중요할수록 계약서 내용이 복잡해진다는 점에 대한 미국의 경험적 연구(석탄공급업자와 발전소 사이의 석탄공급계약)에 관해서는 Eggleston/Posner/Zeckhauser(註 6) p. 121 참조. 그러나 이처럼 복잡한 내용의 계약을 체결할 능력이 부족한 당사자들 사이의 장기계약은 그 내용이 매우 단순할 수 있고, 이 경우 일방 당사자의 기회주의적 행동을 막기 위해 맥락주의를 선택하는 것이 효율적일 수 있다.

58) 한편 James W. Bowers, "Murphy's Law and The Elementary Theory of Contract Interpretation: A Response to Schwartz and Scott," 57 *Rutgers L. Rev.* 587, 621-629 (2005)는 문언주의를 규칙에, 맥락주의를 기준에 대응시키는 것을 전제로, 계약 체결 이후에야 분명하게 밝혀지는 맥락을 당사자들이 사전에 예측하는 것은 불가능하다는 점을 강조하면서 맥락주의가 보편적으로 타당함을 지적하고 있다. 그러나 당사자들이 사전에 예측하지 못한 사정을 고려하는 것에는 비용이 따르므로, 사후적으로 이를 고려하는 것이 언제나 타당하다고 할 수 있는지 의문이다.

는 효율성 추구[59]에서 찾는 것이 바람직한가라는 근본적 의문이 있을 수 있다. 계약 해석의 1차적 목표는 당사자들의 진의를 탐구하는 것이기 때문이다. 그러나 재산법에 있어 효율의 증진이 법의 중요한 목적 중 하나임은 부인할 수 없고, 이윤 극대화를 추구하는 기업 간 상사거래에서는 특히 효율이 중요하다.[60] 따라서 당사자들의 진의에 반하지 않는 한도에서는 효율이 중요한 고려요소일 수 있다.

다만 경제학에서 출발한 불완전계약 관련 논의들은 기본적으로 당사자들의 계약행태를 설명하기 위한 이론이지 계약법에 관한 이론은 아니다.[61] 따라서 연구목적 및 방법론의 차이 때문에 계약 해석이라는 법적 문제에 실천적 도움을 주는 것이 어려울 수가 있다. 가령 계약 체결 당시 충분히 예상할 수 있는 상황에 대하여 계약조항이 모호한 경우, 불완전계약과 관련한 법경제학적 논의들이 위 모호함을 해결하는 데 실천적 해답을 주기 어렵고, 이는 계약법상 기존 논의를 통해 해결해야 한다. 공백에 관한 분쟁이 아닌 표현에 관한 분쟁에서는 당사자들이 왜 해당 상황에 대응하는 규정을 명확히 만들지 않았는지 밝히는 것이 문제해결에 별다른 도움이 되지 않을 수 있다.[62]

또한, 불완전계약 관련 논의들에 따르면 당사자들은 정보의 입증 불가능성이라는 제약 속에서도 가장 효율적인 결과를 도출하는 계약을 설계할 수 있으므로,[63] 거래비용이 계약을 불완전하게 만들고 따라서 법원의 개입이 정당화될 수 있다는

59) 여기서 효율은, 특정 목적을 달성함에 있어서 그 목적 달성을 위한 수단을 어떻게 사용하여야만 가장 자원을 절약하면서 목적을 달성할 수 있는가라는 생산적 효율(productive efficiency)이 아니라, 한정된 자원의 효용을 극대화한다는 배분적 효율(allocative efficiency)을 뜻한다. 양 개념에 대해서는 우선 尹眞秀, 「法의 解釋과 適用에서 經濟的 效率의 考慮는 가능한가?」, 『서울대학교 法學』 제50권 제1호(2009), 40-41면 참조.

60) 尹眞秀(註 59) 50-69면; Alan Schwartz/Robert E. Scott, "Contract Theory and the Limits of Contract Law," 113 *Yale L. J.* 541, 550-556 (2003) 참조.

61) Eric A. Posner(註 18) p. 855 참조.

62) Kim Lewison, *The Interpretation of Contracts* (2007), pp. 51-54 참조.

63) 매매계약에서 매도인의 비용을 c, 매수인이 물건에 부여하는 가치를 v, 매수인이 매매계약과 관련하여 투자한 액수를 r라고 할 때, 최적계약은 ① $v>c$일 경우에만 거래가 일어나도록 하고, ② r가 최적 수준에서 일어나도록 하는 것이다. 이행이익 배상제도가 존재하는 경우, 매도인으로 하여금 $v>c$일 경우에만 이행하도록 유인을 제공하지만, 매수인 입장에서는 매도인의 의무이행 여부와 무관하게 v를 얻기 때문에 r를 과다하게 지출할 유인이 존재한다. 이를 막기 위해 $v>c$일 경우에만 거래가 이루어져야 하고, 매수인은 최적 수준의 투자를 해야 한다고 계약서에 직접 규정하는 것은 효과가 없다. v, c, r라는 정보는 제3자가 쉽게 확인하기 어려운 정보이기 때문이다. 이 경우 매수인이 가격을 설정하도록 하고 매도인으로 하여금 이를 받아들일 것이지 거절할 것인지 중 하나를 선택하도록 하는 제도를 설계한다면, 위 두 문제를 모두 해결할 수 있다. 위 제도에서 매수인은 $v>c$일 경우에만 가격을 c(또는 그보다 조금 높은 값)로 선택하려 할 것이고, $v<c$일 경우 매도인이 거래를 승낙하면 자신이 손해를 볼 수 있으므로 가능한 가격을 낮추려고 할 것이다. 결국, 매도인은 $v>c$일 경우에만 거래를 승낙하게 될 것이므로, 위 ① 조건은 충족된다. 한편, 매수인은 $v>c$일 경우에만 거래가 성립될 것으로 예상하고 있으므로 r를 최적 수준에서 결정할 유인이 있다. 이는 입증 불가능한 정보를 사용하지 않고도 최적 계약을 설계할 수 있음을 보여 주는 간단한 사례이다. Eric A. Posner(註 18) pp. 856-859 참조.

식의 논리가 언제나 타당한 것은 아니다. 그런데 반대로 당사자들의 능력과 합리성을 지나치게 강조하다 보면, 이러한 논의들을 통해 얻을 수 있는 규범적 명제는, 계약조항이 그와 같이 규정된 데에는 다 나름의 합리적 이유가 있으므로 법원은 계약 문언 그대로 해석해야 한다는, 다소 초라하고 동어반복적인 결론일 수 있다. 불완전계약과 관련한 다양한 시각의 이론들은 추상화된 모델 내부에서는 각기 자신의 정합성을 인정받을 수 있지만,[64] 다양한 변수가 통제되지 않은 채 동시다발적으로 등장하는 현실분쟁에서는 타당한 결론을 자동적 · 직접적으로 도출해 주지 못하는 경우가 많다. 다만, 이는 정도의 차이는 있지만 모든 이론이 갖고 있는 한계로서, 개별 사건을 담당하는 실무가들이 구체적 사실관계를 고려해 메울 수밖에 없는 부분이다.

법경제학상 논의에서 전제하는 합리적 당사자가 현실과 얼마나 부합하는지도 짚어 볼 필요가 있다. 경제학적 논증에서 종종 사용되는 역진귀납법(backward induction)[65]은 일반인들에게 익숙지 못한 사고방식이다. 제한된 합리성 탓에 당사자들이 불완전계약을 체결할 수밖에 없다면, 법원이 효율을 달성하기 위해 초기값(default rule)[66]을 설정하더라도 당사자들은 그러한 제도에 대하여 법원이 예상한 합리적 방식으로 반응하지 않을 수 있다.[67]

법경제학상 논의가 갖는 이러한 한계들은, 그것이 법학과 경제학 사이의 학문적 교류 자체에 회의를 품게 하는 근거가 되기는 부족하지만, 계약 해석에 관한 기존 논의에 법경제학적 시각을 덧붙임에 있어서 예리하게 인식해야 할 문제임이 틀림없다.

64) 따라서 이러한 이론들과 관해서는, 결론과 결론에 이르는 논리뿐만 아니라 모델의 구조 자체가 논의의 초점이 되는 경우가 많다. 모델이 달라지면 그 모델에 기초한 '정당한 결론'이 달라질 수 있기 때문이다.

65) 어떠한 문제로 인해 발생하는 결과들을 최후의 순서부터 되짚어 돌아오는 방식을 뜻한다. 게임이론에서 균형을 찾는 방법으로 종종 사용된다. 가령 A가 B의 독점 하에 있는 시장에 진입할지 고민하는 상황을 가정해 보자. A가 진입하지 않는 경우 A는 0, B는 10의 이익을 얻고, A가 진입할 경우 B가 공존을 선택한다면, A, B는 각각 5의 이익을, A가 진입할 경우 B가 출혈경쟁을 선택한다면 A, B는 각각 −1의 이익을 얻는다고 가정하자. 위 게임에서는 A의 선택이 먼저 이루어지고, B의 선택이 나중에 이루어진다. 그런데 A 입장에서 무엇이 더 바람직한 선택인지 판단하려면, 게임의 마지막 단계에서 합리적인 B라면 어떠한 선택을 할 것인지 확인할 필요가 있다. A가 진입한다면, B 입장에서는 출혈경쟁을 선택하는 것보다 공존을 선택할 것이라고 예상된다. 그리고 이 경우 A가 얻는 수익은 5이다. 한편, A가 시장에 진입하지 않을 경우 얻는 수익은 0이다. 따라서 A의 입장에서는 시장에 진입하는 것이 합리적이다.

66) 초기값은 임의규정으로 번역되는 경우가 많지만, 실정법 규정뿐만 아니라 특정 유형의 계약에 당사자들의 반대약정이 없는 한 원칙적으로 적용되는 판례법리 등을 포함하는 개념이다. 이 글에서는 당사자들이 계약을 체결하기 전부터, 실정법 규정 · 판례법리 · 표준약관 규정 등에 따라 미리 주어진 상황이라는 의미로 사용하였다.

67) Eric A. Posner(註 18) pp. 866-867 참조.

참고문헌

김두얼, 「소송 및 분쟁해결제도의 법경제학」, 『법경제학: 이론과 응용』, 해남, 2011.

朴世逸, 『法經濟學』, 박영사, 2002.

尹眞秀, 「美國 契約法上 Good Faith의 원칙」, 『民法論考 I』, 2007.

______, 「法의 解釋과 適用에서 經濟的 效率의 考慮는 가능한가?」, 『서울대학교 法學』, 제50권 제1호, 2009.

柳川範之(정진필 · 김일태 · 유동국 역), 『계약과 조직의 경제학』, 2003.

伊藤秀史, 『契約の經濟理論』, 2003.

中泉拓也, 『不完備契約理論の應用研究』, 2004.

Ayres, Ian and Robert Gertner, "Filling Gaps in Incomplete Contracts: An Economic Theory of Default Rules," 99 *Yale L. J.* 87, 1989.

______, "Strategic Contractual Inefficiency and the Optimal Choice of Legal Rules," 101 *Yale L. J.* 729, 1992.

Baffi, Enrico, "Ayres and Gertner v. Posner, A Re-Examination of the Theory of 'Penalty Default Rules'," 2006(http://papers.ssrn.com/sol3/papers.cfm?abstract_id=948916, 최종검색일 2011. 11. 11).

Bowers, James W., "Murphy's Law and The Elementary Theory of Contract Interpretation: A Response to Schwartz and Scott," 57 *Rutgers L. Rev.* 587, 2005.

Choi, Albert and George Triantis, "Completing Contracts in the Shadow of Costly Verification," 37 *J. Legal Stud.* 503, 2008.

______, "Strategic Vagueness in Contract Design: The Case of Corporate Acquisitions," 119 *Yale L. J.* 848, 2010.

Cohen, George M., "Interpretation and Implied Terms in Contract Law" (http://papers.ssrn.com/sol3/ papers.cfm?abstract_id=1473854, 최종검색일 2011. 11. 15).

Craswell, Richard, "The 'Incomplete Contracts' Literature and Efficient Precautions," 56 *Case W. Res. L. Rev.* 151, 2006.

Craswell, Richard and John E. Calfee, "Deterrence and Uncertain Legal Standards," 2 *J. L. Econ. & Org.* 279, 1986.

Eggleston, Karen, Eric A. Posner, and Richard Zeckhauser, "The Design and Interpretation of Contracts: Why Complexity Matters," 95 *Nw. U. L. Rev.* 91, 2000.

Farnsworth, E. Allan, *Contracts*, 4th ed., 2004.

______, "Disputes over Omission in Contracts," 68 *Colum. L. Rev.* 860, 1968.

Goldberg, Victor, *Framing Contract Law*, 2006.

Grossma, Sanford J. and Oliver D. Hart, "The Costs and benefits of ownership: A theory of vertical and lateral integration," *Journal of Political Economy*, 94(4), 1986, pp. 691-719.

Hadfield, Gillian K., "Judicial Competence and The Interpretation of Incomplete Contracts," 23 *J. Legal Stud.* 159, 1994.

Hart, Oliver, *Firms, Contracts, and Finanacial Structure*, 1995.

Hart, Oliver and John Moore, "Foundations of Incomplete Contracts," *Review of Economic Studies*, 66, 1999, pp. 115-138.

Hermalin, Benjamin E., Avery W. Katz, and Richard Craswell, *Handbook of Law and Economics*, vol. 1, 2007, pp. 68-75.

Hermalin, Benjamin E. and Michael L. Katz, "Judicial Modification of Contracts Between Sophisticated parties: A More Complete View of Incomplete Contracts and Their Breach," 9(2) *J. L. Econ. & Org.* 230, 1993.

Hill, Claire A., "Bargaining in the Shadow of the Lawsuit: A Social Norms Theory of Incomplete Contracts," 34 *Del. J. Corp. L.* 191, 2009.

Kaplow, Louis, "Rules versus Standards: An Economic Analysis," 42 *Duke L. J.* 557, 1992.

Katz, Avery Wiener, "The Economics of Form and Substance in Contract Interpretation," 104 *Colum. L. Rev.* 496, 2004.

______, "Contractual Incompleteness: A Transactional Perspective," 56 *Case W. Res. L. Rev.* 169, 2005.

Kim, Lewison, *The Interpretation of Contracts*, 2007.

Kraus, Jody S. and Robert E. Scott, "Contract Design and the Structure of Contractual Intent," 84 *N. Y. U. L. Rev.* 1023, 2009.

Kostritsky, Juliet P., "Taxonomy for Justifying Legal Intervention in An Imperfect World: What to Do When Parties Have Not Achieved Bargains or Have Drafted Incomplete Contracts," 2004 *Wis. L. Rev.* 323, 2004.

Lipshaw, Jeffrey M., "The Bewitchment of Intelligence: Language and Ex Post Illusions of Intention," 78 *Temp. L. Rev.* 99, 2005.

Patterson, Dennis, "The Pseudo-Debate over Default Rules in Contract Law," 3 *S. Cal. Interdisciplinary L. J.* 235, 1994.

Posner, Eric A., "Economic Analysis of Contract Law after Three Decades: Success of Failure?," 112 *Yale L. J.* 829, 2003.

Posner, Richard A., "The Law and Economics of Contract Interpretation," 83 *Tex. L. Rev.* 1581, 2005.

Schwartz, Alan and Robert E. Scott, "Contract Theory and the Limits of Contract Law," 113 *Yale L. J.* 541, 2003.

Schwartz, Alan and Joel Watson, "The Law and Economics of Costly Contracting," 20 *J. L. Econ. & Org.* 2, 2004.

Scott, Robert E. and George G. Triantis, "Incomplete Contracts and the Theory of Contract Design," 56 *Case W. Res. L. Rev.* 187, 2005.

______, "Anticipating Litigation in Contract Design," 115 *Yale L. J.* 814, 2006.

Shavell, Steven, *Foundations of Economic Analysis of Law*, 2004.

______, "On the Writing and the Interpretation of Contracts," 22 *J. L. Econ. & Org.* 289, 2006.

Tirole, Jean, "Incomplete Contracts: Where Do We Stand?," *Econometrica*, 67(4), 1999, pp. 741-781.

Chapter 5 불법행위법의 경제 분석: 표준 모형을 중심으로

김정현

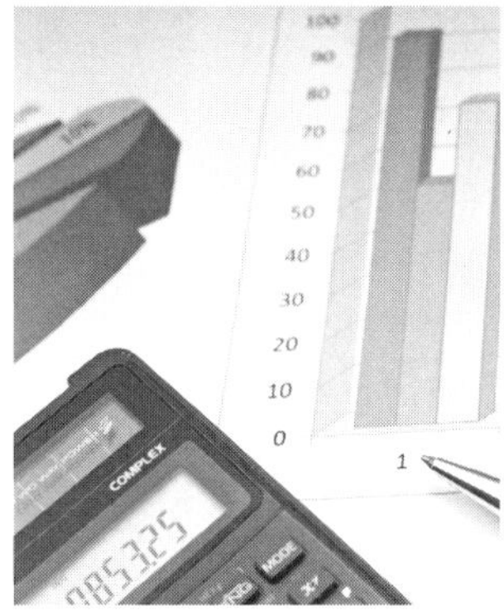

Chapter **5**

불법행위법의 경제 분석: 표준 모형을 중심으로

Ⅰ. 들어가는 말

불법행위법(tort law)은 계약 위반(breach of contract)의 경우를 제외하고 타인에게 손해를 끼치는 민사상 사건 · 사고와 관련된 광범위한 영역을 다룬다. 우리나라의 민법 제750조는 "고의 또는 과실로 인한 위법행위로 타인에게 손해를 가한 자는 그 손해를 배상할 책임이 있다"라고 규정하고 있다. 고의에 의한 불법행위(intentional torts)는 민사상 손해배상책임뿐만 아니라 형사적 제재의 대상이 되는 경우가 많으며, 경제적 관점에서는 범죄 및 형벌의 경제분석과 동일한 이론적 틀을 적용할 수 있다. 따라서 불법행위에 대한 법경제학적 분석에서 주로 논의의 대상이 되는 것은 사고(accident)로 인한 손해배상의 문제이다.

전통적으로 불법행위법의 주요 목적으로 인식되어 온 것은 피해자의 손해에 대해 공평 · 타당한 부담의 분배를 결정하는 보상(compensation) 기능에 관한 것이었다. 그러나 보험제도가 활성화되어 있는 현실에서는 불법행위법이 가진 방지(deterrence) 기능에 더욱 초점이 모아지고 있는 추세라고 할 수 있다. 이러한 맥락에서 불법행위법 또는 사고법(accident law)을 분석하는 법경제학자의 주된 관점은, 사회적으로 비효율적인 사고의 발생을 방지하기 위하여 어떻게 가해자와 피해자에게 올바른 사고 방지 노력의 인센티브를 제공할 것인가의 문제, 즉 사회적 총비용 최소화를 달성하는 메커니즘 설계(mechanism design)의 문제로 귀착된다. 다시 말해, 예상사고비용과 사고방지비용을 모두 고려한 '사회적 총비용 최소화'의 관점에서 평가해 볼 때 각 책임원칙(liability rule)들은 어떠한 함의를 갖는가를 고찰하는 것이 불법행위법에 대한 경제분석의 핵심이 된다.

불법행위법에 대한 경제분석은 현대 법경제학에서 매우 큰 비중을 차지하는 중요한 영역으로서 Calabresi(1970)의 선구적 업적 이래 광범위한 관련 문헌들을 축적해 왔으며, 개괄적 수준에서 이를 소개하고 있는 교과서들도 다수 존재한다.[1] 불법행위법의 법경제학 표준 모형을 소개하는 기초 논문으로서 본 논문은 특히 다음과 같은 점들에 중점을 두고 논의를 전개함으로써 기존의 문헌들과 차별화를 시도하고자 한다.

첫째, 불법행위에 대한 경제분석의 표준 모형을 정의하고, 표준 모형의 범주 안에서 제시된 기존 문헌들을 모두 포괄할 수 있는 일반적인 분류체계를 제시한다(제II절).

둘째, 가해자와 피해자 각각에 대한 법적 주의의무 수준이 사회적으로 효율적인 수준으로 설정되는 경우, 모든 종류의 '과실에 입각한 책임원칙'은 가해자와 피해자 모두에게 사회적으로 효율적인 주의 수준을 선택하도록 하는 올바른 유인을 제공한다는 점을 표준 모형에서 도출되는 가장 중요한 분석 결과로 제시한다(제II절).

셋째, 연속변수모형과 양자택일모형, 일방 주의와 쌍방 주의, 동시진행 게임과 순차 게임 등 다양한 맥락에서 위 정리에 대한 엄밀한 증명을 제시한다(제III절, 제IV절).

넷째, 기존 문헌들을 모두 포괄할 수 있는 일반적인 양자택일모형을 설정하고 사고방지 기술의 다양한 가능성을 고려한다(제IV절).

다섯째, 특히 상호대체적 주의(alternative care)의 경우와 관련하여 몇몇 기존 문헌

1) 불법행위법의 경제분석과 관련된 주요 주제들을 집대성하고 있는 고전적 저작으로는 Landes and Posner(1987)와 Shavell(1987)을 꼽을 수 있다. Shavell(2007)은 이 분야에서 가장 최근에 이루어진 심도 있는 서베이 논문이다. 기본적인 분석내용을 개괄적으로 소개하고 있는 교과서들로는 박세일(2000), Cooter and Ulen(2008), Miceli(1997), Posner(2007), Shavell(2004) 등을 참조하라.

들에서 과실에 입각한 책임원칙의 비효율성을 언급하고 있는 것은 모형의 차이에서 기인한 것이 아니라 법적 주의의무 수준이 사회적으로 비효율적인 점에 설정되었기 때문임을 명확히 밝힘으로써 문헌상에 존재하는 혼란의 극복을 모색한다(제IV절).

II. 책임원칙

1. 책임원칙의 개념과 분류

책임원칙이란 사고 발생으로 인한 피해자의 손해를 누가 어떤 경우에 얼마만큼 부담할 것인가를 규정하는 규칙을 말한다. 책임원칙은 다시 과실(negligence) 개념과 무관하게 정의되는 원칙과 과실 개념에 기반하여 정의되는 원칙으로 구분할 수 있다.

1) 과실

과실(negligence)이란 행위자의 주의 수준(care level)이 법적 주의의무 수준(legal standard of care; due care)에 미치지 못하는 경우를 의미한다. 여기서 과실 유무를 결정하는 법적 주의의무 수준에 대한 판단 기준이 무엇인가의 문제가 제기되는데, 이에 대해 전통적인 학설과 판례는 일반적으로 과실을 피하기 위해서는 "건전한 양식과 보통의 신중함을 지닌 보통인의 주의 수준"이 필요하다는 '보통인 기준'(reasonable man standard)을 제시하고 있다.[2)]

2) 보다 자세한 사항은 Keeton *et al.*(1984), §32를 참조하라. 우리나라의 경우도 이와 유사하다고 할 수 있다. 민법 제750조에 대한 해석론을 보면 과실 유무의 판단 기준은 일반인, 보통인의 주의 정도를 다하였는가 아닌가를 기준으로 하고 있으며, 개개인의 평상시의 주의 정도를 기준으로 하는 구체적 과실이 아니라 당사자의 직업, 지위, 당해 사건의 환경 등을 고려한 평균 개념으로서의 평균인, 표준인의 주의 정도를 기준으로 하는 추상적 과실을 기준으로 하고 있다(박세일, 2000, p. 290).

그림 5-1 가해자와 피해자의 주의 수준과 과실 영역

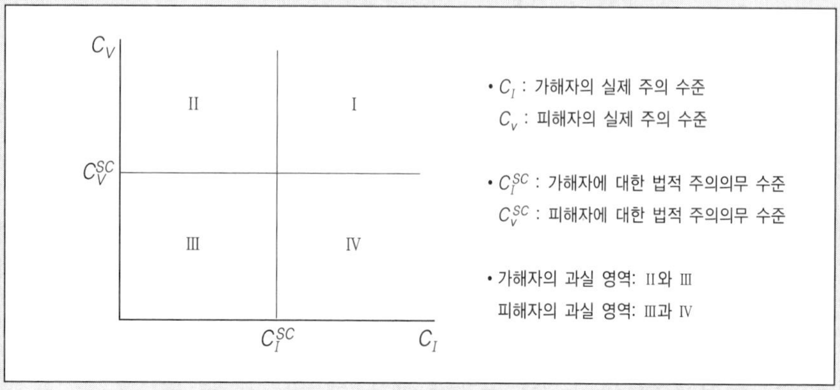

가해자의 주의 수준을 c_I, 피해자의 주의 수준을 c_V로 나타내고 가해자에 대한 법적 주의의무 수준을 c_I^{SC}, 피해자에 대한 법적 주의의무 수준을 c_V^{SC}로 표기할 때, (c_I, c_V) 전체 공간은 〈그림 5-1〉에서와 같이 네 영역으로 구분 가능하다. 그림에서 영역 II와 영역 III은 가해자의 실제 주의 수준이 법적 주의의무 수준에 미치지 못하는 과실 영역을 나타낸다. 마찬가지로 영역 III과 영역 IV는 피해자의 과실 영역을 나타내고 있다.

이론적으로는 무수히 많은 책임원칙들을 고안해 볼 수 있으나, 현실적으로 중요한 의미를 갖는 책임원칙들을 중심으로 대표적인 원칙들을 소개하면 다음과 같다.

2) 엄격책임원칙과 무책임원칙

엄격책임원칙(strict liability rule)이란 과실의 유무와는 무관하게 항상 가해자가 사고 발생으로 인한 전체 책임을 지도록 하는 원칙을 말한다.[3] 이와 반대로 무책임원

3) 엄격책임원칙은 무과실책임원칙이라고 부르기도 한다. 그러나 이 원칙은 기본적으로 과실 개념에 기반한 책임원

칙(no liability rule) 하에서는 과실의 유무와는 관계 없이 항상 피해자가 스스로 사고에 대한 부담을 지게 된다. 즉, 엄격책임원칙 하에서 가해자가 책임을 지는 영역은 〈그림 5-1〉의 모든 영역(I, II, III, IV)으로 표시되며, 무책임원칙 하에서 가해자가 책임을 지는 영역은 존재하지 않는다.

3) 단순과실책임원칙과 기여과실 항변인정 과실책임원칙

단순과실책임원칙(simple negligence rule)은 가해자에게 과실이 있는 경우(즉, 영역 II와 영역 III) 가해자에게 사고의 부담을 귀속시키고, 그렇지 않은 경우에는(즉, 영역 I과 영역 IV) 피해자가 사고의 책임을 지도록 하는 원칙이다.

기여과실 항변인정 과실책임원칙(negligence rule with defense of contributory negligence)은 기본적으로 단순과실책임원칙을 적용하여 가해자에게 과실이 있는 경우 가해자에게 사고의 부담을 지게 하되, 만약 피해자에게 과실이 있는 경우에는 가해자를 사고 책임으로부터 면제시켜 주는 원칙이다. 즉, 피해자의 (기여)과실이 피해자가 보상을 받지 못하도록 하는 항변으로 작용하게 됨으로써, 가해자가 사고 책임을 지는 영역은 가해자에게 과실이 있고 피해자는 과실이 없는 경우(즉, 영역 II)에 국한된다. 이는 잠재적 피해자로 하여금 스스로 사고 방지를 위한 자구적 노력을 취하도록 촉구하는 취지로 해석될 수 있다. 우리나라에서는 직접 적용된 사례가 없지만, 이 원칙은 1809년 영국의 *Butterfield v. Forrester* 사건[4]에서 처음 채택된 이후 20세기 후반까지 영미 보통법(common law)계의 불법행위를 관장하는 지배적 법리로 오랜 기간 동안 중요한 위치를 차지해 왔다.

4) 비교과실책임원칙

비교과실책임원칙(comparative negligence rule) 또는 과실상계는 기본적으로 단순과실책임원칙을 적용하되, 만약 가해자와 피해자가 동시에 과실이 있는 경우에는

칙이 아니라는 점에서 용어에 '과실'이라는 단어가 포함되지 않은 엄격책임원리라는 용어를 사용하는 것이 더욱 적절할 것으로 판단된다.

4) 11 East 60(K.B., 1809).

과실의 정도에 따라 사고 책임을 서로 나누어 지도록 하는 원칙이다. 따라서 가해자에게 과실이 있고 피해자는 과실이 없는 경우(즉, 영역 II) 가해자는 사고의 전체 책임을 지게 되며, 양자 모두에게 과실이 있는 경우(즉, 영역 III) 가해자는 사고에 대한 부분 책임을 지게 된다.[5] 미국의 경우 기존의 지배적 법리였던 기여과실 항변인정 과실책임원칙을 대체하여 비교과실책임원칙을 채택하는 주들이 1980년대 이후 점차 증가하여 현재에는 거의 모든 주에서 불법행위에 대한 지배적 법리로 자리잡게 되었다.[6] 우리나라 민법 역시 제763조에서 채무불이행으로 인한 손해배상에서의 과실상계에 관한 제396조의 규정, 즉 "채무불이행에 관하여 채권자에게 과실이 있는 때에는 법원은 손해배상의 책임 및 그 금액을 정함에 이를 참작하여야 한다."는 규정을 불법행위로 인한 손해배상에 준용하도록 규정함으로써 비교과실책임원칙을 기본 원칙으로 채택하고 있다.

5) 기여과실 항변인정 엄격책임원칙과 이중기여과실 항변인정 엄격책임원칙

기여과실 항변인정 엄격책임원칙(strict liability rule with defense of contributory negligence)은 과실 유무 테스트를 피해자에게 적용하여 만약 피해자에게 과실이 없는 경우(즉, 영역 I과 영역 II)에는 가해자로 하여금 사고의 전체 책임을 지도록 하고 피해자에게 과실이 있는 경우(즉, 영역 III과 영역 IV)에는 가해자의 책임을 면제하는 원칙이다. 이 원칙은 Calabresi and Hirshoff(1972)가 '역(逆)핸드 원칙'(reverse Hand rule)이라고 불렀던 책임원칙과 동일하다.

한편, 이중기여과실 항변인정 엄격책임원칙(strict liability rule with dual defense of contributory negligence)은 가해자에게는 과실이 없고 피해자에게는 과실이 있는 경우(즉, 영역 IV)에 대해서만 가해자의 사고 책임을 면제해 주고 그 이외의 경우에는 가

5) 이상의 설명은 엄밀하게 말하면 순수한 형태(pure form)의 비교과실책임원칙에 해당하는 것이라 할 수 있다. 비교과실책임원칙에는 그 밖에도 양자 모두에게 과실이 있는 경우(즉, 영역 III)를 둘로 나누어 피해자의 과실 정도가 가해자의 과실 정도보다 덜한 경우에만 사고 책임을 분담하도록 하고 그렇지 않은 경우에는 기여과실 항변을 인정하는 형태(수정된 형태(modified form)의 비교과실책임원칙), 그리고 피해자의 과실 정도가 경미하고 가해자의 과실 정도가 중대한 경우에 한해 사고 책임 분담을 허용하고 그 밖의 경우에는 기여과실 항변을 인정하는 형태(slight-gross 원칙) 등이 있다(보다 자세한 사항은 Keeton *et al.*, 1984, §67; Schwartz, 1994; American Law Institute, 2000을 참조). 이 논문에서는 순수한 형태의 비교과실책임원칙에 대해서만 초점을 맞추어 논의를 전개하기로 한다.

6) Restatement of the Law(Third)에 따르면 미국에서 여전히 기여과실 항변인정 과실책임원칙을 고수하고 있는 주는 Alabama, Maryland, North Carolina, Virginia의 4개 주와 District of Columbia로 축소되었다.

표 5-1 책임원칙의 비교

책임원칙	가해자가 사고의 책임을 지는 영역
엄격책임원칙	I, II, III, IV
무책임원칙	–
단순과실책임원칙	II, III
기여과실 항변인정 과실책임원칙	II
비교과실책임원칙	II(전체 책임), III(부분 책임)
기여과실 항변인정 엄격책임원칙	I, II
이중기여과실 항변인정 엄격책임원칙	I, II, III

해자에게 사고 책임을 지게 하는 원칙이다.

〈표 5-1〉은 이상에서 살펴본 바와 같은 주요 책임원칙들에서 가해자가 사고의 책임을 지는 영역을 비교 · 정리한 것이다.

2. 과실에 입각한 책임원칙과 표준 모형

이제 과실 개념에 기반하고 있는 다양한 책임원칙들이 공유하고 있는 특성을 추출함으로써 '과실에 입각한 책임원칙'(negligence-based rules)이라는 용어를 다음 두 가지 조건을 동시에 만족하는 책임원칙을 일컫는 것으로 정의하기로 한다(Kim, 2004):

① 과실이 없는 행위자는 상대방이 과실이 있는 경우 사고 책임으로부터 완전히 벗어남.
② 양쪽 모두 과실이 없는 경우에는 가해자와 피해자 중 (미리 정해진) 어느 한 쪽에 사고의 전체 책임이 귀속됨.

특성 ①은 영역 II에서는 가해자에게, 그리고 영역 IV에서는 피해자에게 사고의 전체 책임을 귀속시키는 것이 모든 종류의 과실에 입각한 책임원칙에 공통으로 적용됨을 의미하는 것이다. 특성 ②는 영역 I에 해당하는 것으로, 예컨대 단순과실책임원칙, 기여과실 항변인정 과실책임원칙, 비교과실책임원칙 하에서는 가해자의 과실이 없는 한 과실이 없는 피해자에게 사고의 책임이 귀속되며, 기여과실 항변인정 엄격책임원칙, 이중기여과실 항변인정 엄격책임원칙 하에서는 과실이 없는 가해자가 과실이 없는 피해자를 대신하여 사고의 책임을 지게 된다.

불법행위에 대한 경제분석의 표준 모형이 가정하고 있는 기본적인 사항들은 다음과 같다. 첫째, 정보가 완전하다. 둘째, 모든 행위자는 위험중립적(risk-neutral)이다. 셋째, 행위자의 활동 수준(level of activity)이 고정되어 있다. 넷째, 피해자의 피해액 전체에 대한 보상(perfect compensation)이 이루어지며, 징벌적 배상(punitive damages)은 존재하지 않는다. 다섯째, 행정비용(administrative costs)이 존재하지 않는다.

이어지는 장들에서 엄밀한 증명이 제시되겠지만, 위와 같은 표준 모형에서 도출되는 가장 중요한 분석 결과를 우선 제시하면 다음의 정리로 요약된다.

> **[정리]** 불법행위 표준 모형에서 가해자와 피해자 각각에 대한 법적 주의의무 수준이 사회적으로 효율적인 수준으로 설정되는 경우,[7] 모든 종류의 '과실에 입각한 책임원칙'은 가해자와 피해자 모두에게 사회적으로 효율적인 주의 수준을 선택하도록 하는 올바른 유인을 제공한다.

이러한 결과가 놀라운 점은, 과실에 입각한 책임원칙이 공유하는 두 가지 특성을 만족하는 책임원칙들은 가해자와 피해자 모두가 과실이 있는 경우(즉, 영역 III)의 책임의 귀속원칙을 어떻게 규정하는가와 관계 없이 항상 효율적임을 보일 수 있다는 데에 있다.[8] 위 정리는 행위자가 선택 가능한 주의 수준이 이산적으로 주어지는

7) 이 가정이 정통적인 법경제학 문헌에서 일반적으로 받아들여지고 있는 데는 핸드 판사(Judge Learned Hand)가 1947년 *United States v. Carroll Towing Co.*(159 F.2d 169 (2d Cir. 1947)) 판결에서 과실 판정을 위하여 명시적으로 제시한 바 있는 비용편익분석이 결정적인 역할을 한 것으로 판단된다. Landes and Posner(1987)는 핸드 판사의 공식(Hand formula)이 이미 그 이전부터 미국의 판례에서 사실상 암묵적으로 널리 사용되어 왔던 기준이라는 견해를 제시하고 있다. Cooter and Ulen(2008) 역시 실제로 미국 법정에서 핸드 판사의 공식이 과실의 정의 및 판정 기준으로 널리 활용되고 있음을 밝히고 있으며, 불완전정보 하에서 효율적인 주의 수준을 발견하기 위하여 핸드 판사의 공식이 반복적으로 적용되는 과정을 안개 속에서 산봉우리에 오르는 과정에 비유하여 다음과 같이 묘사하고 있다: "등산가가 안개 속에서도 항상 위로 오름으로써 산봉우리의 정상에 도달할 수 있는 것처럼, 법정 역시 '행위자가 추가적인 주의를 기울임에 따른 한계편익(기대사고비용의 감소)이 이에 소요되는 한계비용보다 더 큰가?'의 질문을 반복하고 그 대답이 '예'인 한 당사자에게 책임을 귀속시킴으로써 효율적인 주의 수준을 발견할 수 있다. 사실상 핸드 판사의 공식은 함수를 극대화하기 위하여 컴퓨터 프로그램이 사용하는 것과 동일한 탐색 패턴을 따른다"(p. 351). 핸드 판사의 공식의 해석상 논점과 현실 적용에 관한 보다 심도 있는 이해를 위해서는 Feldman and Kim(2005)과 Kim(2013)의 논의를 참조하라.

표 5-2 불법행위 표준 모형의 분류

<table>
<tr><td rowspan="3">연속변수모형</td><td colspan="3">일방 주의</td></tr>
<tr><td rowspan="2">쌍방 주의</td><td colspan="2">동시진행 게임</td></tr>
<tr><td colspan="2">순차 게임</td></tr>
<tr><td rowspan="5">양자택일모형</td><td colspan="3">일방 주의</td></tr>
<tr><td rowspan="4">쌍방 주의</td><td rowspan="3">동시진행 게임</td><td>상호대체적 주의</td></tr>
<tr><td>공동의 주의</td></tr>
<tr><td>주의가 불필요한 경우</td></tr>
<tr><td>순차 게임</td><td>* 동시진행 게임과 동일한 분류 가능</td></tr>
</table>

경우와 연속적으로 주어지는 경우, 게임이 동시에 이루지는 경우와 순차적으로 이루어지는 경우 모두에 공통적으로 적용되는 일반적인 결과이다.

〈표 5-2〉는 표준 모형의 범주 안에서 지금까지 제시되어 온 다양한 기존 문헌들을 모두 포괄할 수 있도록 표준 모형의 일반적인 분류체계를 제시한 것이다.

Ⅲ. 연속변수모형

행위자가 선택 가능한 주의 수준이 연속적으로 주어지며 예상사고비용이 가해자와 피해자가 선택한 주의 수준의 모든 가능한 조합에 대해 연속함수로 정의되는 것으로 가정하는 연속변수모형(continuous care model)은 Brown(1973)의 선구적인 공헌 이래 불법행위에 대한 법경제학 문헌에서 가장 핵심적인 분석 모형으로 자리잡아

8) 즉, 과실에 입각한 책임원칙이 공유하는 특성 ①과 특성 ②는 한데 모여서 어떤 책임원칙이 효율적이기 위한 충분조건을 구성한다. 또한 특성 ①은 효율적인 책임원칙이 되기 위한 필요조건이 됨을 보일 수 있다. 일반적으로 특정한 책임원칙이 효율적이기 위한 필요충분조건을 도출하는 문제에 대해서는 Jain and Singh(2002)과 Kim(2004)의 논의를 참조하라.

왔다.[9]

이제 잠재적으로 사고 발생 가능성이 있는 어떤 활동에 개입되어 있는 잠재적 가해자와 피해자가 존재하며, 사고 발생시 피해자가 L만큼의 손해를 입게 되는 경우를 고려해 보자.[10] 사고 발생시 자신이 어떤 입장에 서게 될 것인지에 대한 불확실성은 없다고 가정한다. 잠재적 가해자는 만약 사고가 발생한다면 자신이 가해자가 될 것임을 확실히 인지하고 있으며, 피해자 역시 마찬가지다.[11] 앞 절에서 논의한 바와 같은 표준 모형의 가정들은 그대로 유지된다. 즉, 모든 행위자는 위험중립적이며 활동 수준이 고정되어 있다. 또한 징벌적 배상이나 행정비용이 존재하지 않으며, 정보는 완전한 것으로 가정된다.

1. 일방 주의의 경우

피해자의 주의 수준은 사고 발생 가능성과 관련이 없으며, 오직 가해자의 주의만이 사고가 일어날 가능성을 줄일 수 있는 일방 주의(unilateral care)의 경우로부터 논의를 시작하기로 한다. 예컨대, 마취 후 환자를 수술하는 과정에서 발생하는 의료사고의 경우는 이러한 모형에 잘 부합하는 것으로 볼 수 있다. 사고 방지를 위한

9) 필자가 브라운(Brown)대학교 유학 시절 지도교수인 펠드만(Allan M. Feldman) 교수에게 전해 들은 바에 따르면, 불법행위의 법경제학 분야에서 기념비적인 위치에 있는 브라운(John P. Brown)의 1973년 논문 "Toward an Economic Theory of Liability"의 탄생에는 다음과 같은 배경이 있다. 브라운은 당시 브라운대학교 경제학과에서 미시경제학 전공 교수로 봉직하고 있었는데, 종신재직권(tenure) 심사를 앞두고 연구년을 맞아 예일(Yale)대학교를 방문하게 되었고, 이때 Yale Law School 학장인 캘러브레시(Guido Calabresi)와의 역사적 만남이 이루어지게 된다. 캘러브레시 교수는 1970년에 사고법에 대한 최초의 본격적인 법경제학 저술이라고 할 수 있는 *The Cost of Accidents: A Legal and Economic Analysis*를 막 출판한 상황이었으며, 이 저술에 크게 감화받은 브라운 교수는 자신이 강의하던 쿠르노(Cournot) 과점모형의 틀을 응용하여 불법행위 책임원칙의 효율성에 관한 위의 창의적인 논문을 쓰게 된다. 창간 직후의 *Journal of Legal Studies*에 게재된 이 논문은 이후 책임원칙을 분석하는 법경제학 문헌에서 수없이 되풀이하여 인용되는 필수 참고문헌으로서 고전의 반열에 오르게 되지만, 안타깝게도 당시에는 장차 새로운 분야를 열어젖히게 될 이 논문의 잠재적 가치가 충분히 평가되지 못했음인지 정작 브라운 자신은 브라운대학의 종신재직권 심사에서 탈락하게 된다. 더욱 안타까운 것은 심사 탈락 후 브라운 교수가 학계를 완전히 떠나 컨설팅업계로 이직하였다는 것이다. 결국 위 논문은 새로운 분야를 개척한 학자 브라운이 불법행위법 분야에서 남긴 최초이자 최후의 저작이 되고 말았다.

10) 이러한 상황은 일방 위험(unilateral risk)의 경우라고 부를 수 있다. 그러나 피해자뿐만 아니라 가해자 역시 사고로부터 손실을 입는 쌍방 위험(bilateral risk)의 경우에도, 만약 각자가 자신이 입은 피해에 대해 상대방을 서로 제소할 수 있다고 가정한다면 일방 위험의 경우에 대한 분석 논리를 그대로 확대 적용할 수 있다(Arlen, 1990 참조).

11) 이와는 반대로 사고 발생 이전에는 자신이 가해자가 될지 또는 피해자가 될지 (또는 둘 다가 될지) 확실히 알 수 없는 경우를 고려해 볼 수 있다. 예컨대, 자동차 사고의 경우 이러한 가정이 보다 현실적이라고 판단된다. Kim and Feldman(2007)은 이러한 상황을 역할유형 불확실성(role-type uncertainty)이라고 명명하고, 기본 모형의 확장을 시도하고 있다.

주의에 지출하는 비용으로 측정된 가해자의 주의 수준을 c_I로 표기하자($c_I \in [0, \infty)$). 피해자에게 L만큼의 금전적 손해를 입히게 되는 사고의 발생 확률은 가해자의 주의 수준(비용) c_I의 함수로서 $p(c_I)$로 주어진다. $p(c_I)$는 연속 미분 가능하며, $p'(c_I)<0$, $p''(c_I)>0$을 가정하자. 즉, 가해자의 주의 수준이 높을수록 사고 발생 가능성은 낮아지게 되지만, 주의 수준 증가가 사고 발생 확률 감소에 기여하는 정도는 주의 수준이 높아질수록 감소하게 된다.

사회적 목표는 가해자의 주의비용($=c_I$)과 예상사고비용($=p(c_I)L$)의 합계로 구성된 총사회비용(total social cost: TSC)을 최소화하는 것이다. 최소화의 1계 조건을 도출하기 위해 $TSC=c_I+p(c_I)L$을 c_I에 대해 미분하고 그 값을 0으로 놓으면,

$$1=-p'(c_I)L \tag{1}$$

을 얻는다. 주의비용의 상승은 예상사고비용의 감소를 가져오게 되는바, (1)식의 좌변과 우변은 각각 가해자의 주의비용 1원 상승이 가져오는 한계사회비용과 한계사회편익을 의미하는 것으로 해석 가능하다. 이는 또한 앞 장에서 살펴본 바와 같은 핸드 판사의 공식을 연속변수모형의 맥락에서 한계적으로 적용한 식으로 볼 수도 있다. (1)식을 만족하는 유일한 해, 즉 최적 주의 수준을 c_I^*로 표기하고, $c_I^*>0$을 가정하자. 또한 가해자에 대한 법적 주의의무 수준이 (한계적 핸드 판사의 공식이 적용됨에 따라) 사회적으로 효율적인 주의 수준, 즉 총사회비용을 최소화하는 점에서 결정된다고 가정하자($C_I^{SC}=c_I^*$). 이제 각 책임원칙들이 가해자로 하여금 사회적으로 최적의 주의 수준(c_I^*)을 선택하도록 하는 올바른 유인을 제공하는지의 문제를 살펴보기로 한다.

1) 무책임원칙

무책임원칙 하에서 가해자는 자신의 주의 수준과 관계없이 언제나 사고의 책임으로부터 벗어나게 된다. 따라서 가해자가 직면하는 기대비용은 c_I가 되며, 이를 최소화하고자 하는 가해자가 선택하게 될 주의 수준은 0이 된다. 사회적 효율성은

달성되지 않는다.

2) 엄격책임원칙

엄격책임원칙(strict liability rule) 하에서 가해자는 자신의 주의 수준과 관계없이 언제나 사고의 피해액을 피해자에게 배상함으로써 사고의 전체 책임을 부담하게 된다. 따라서 가해자가 직면하는 기대비용은 $c_I+p(c_I)L$이 되며, 이를 최소화하고자 하는 가해자의 최적화 문제는 총사회비용 최소화의 문제와 정확히 일치하므로 가해자가 선택할 주의 수준은 c_I^*가 된다(〈그림 5-2〉 (a) 참조). 일방 주의의 경우 엄격책임원칙은 가해자로 하여금 주의 수준의 한계사회비용과 한계사회편익을 내부화하도록 함으로써, 사회적으로 효율적인 주의 수준을 선택하도록 하는 올바른 유인을 제공한다.

3) 단순과실책임원칙

단순과실책임원칙 하에서 가해자가 사고의 배상책임을 지게 되는가는 가해자의 과실 여부에 달려 있다. 가해자의 주의 수준이 법적 주의의무 수준($C_I^{SC}=c_I^*$)에 미치지 못하여 과실이 있는 것으로 판정되는 경우 가해자는 사고의 전체 책임을 부담하게 된다. 그러나 가해자의 주의 수준이 법적 주의의무 수준을 충족하게 되면 가해자는 사고의 책임으로부터 완전히 벗어날 수 있다. 따라서 가해자가 직면하는 기대비용은 $c_I<c_I^*$인 경우에는 $c_I+p(c_I)L$이며, $c_I\geq c_I^*$인 경우에는 c_I로 주어진다. 〈그림 5-2〉의 (b)에 나타나 있듯이 가해자의 기대비용곡선은 $c_I=c_I^*$에서 불연속성을 갖게 되며, 이를 최소화하기 위해 가해자가 선택할 주의 수준은 c_I^*가 됨이 명백하다($c_I^*\leq c_I^*+p(c_I^*)L<c_I+p(c_I)L$). 일방 주의의 경우 단순과실책임원칙은 법적 주의의무 수준이 사회적으로 효율적인 수준에서 설정된다면 가해자로 하여금 사회적으로 효율적인 주의 수준을 선택하도록 하는 올바른 유인을 제공한다.

이상의 논의 결과를 요약하면 다음과 같다: 오직 가해자의 주의 수준만이 사고확률에 영향을 미칠 수 있는 일방 주의 연속변수모형에서 무책임원칙은 비효율적 결과를 초래하지만, 엄격책임원칙과 단순과실책임원칙은 동등하게 사회적으로 효

그림 5-2 가해자의 기대비용: 일방 주의의 경우

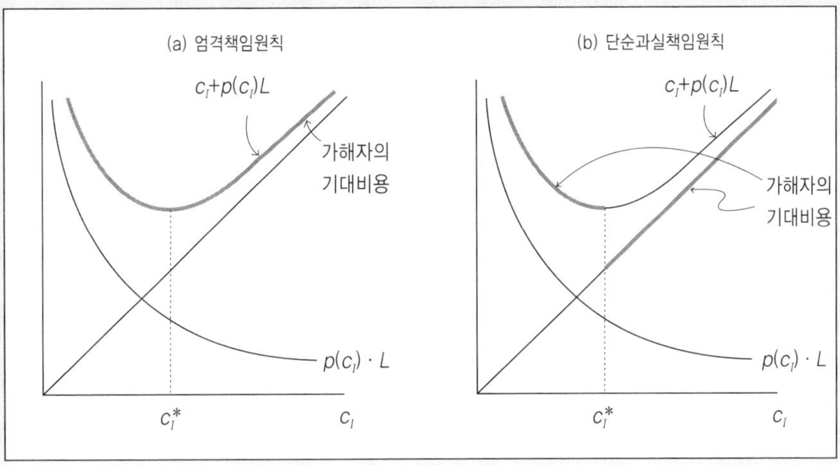

율적인 가해자의 주의 수준 선택을 유도한다.

2. 쌍방 주의의 경우

이제 가해자뿐만 아니라 피해자 역시 자신의 주의 수준을 높임으로써 사고 발생 가능성을 낮출 수 있는 쌍방 주의(bilateral care)의 경우로 논의를 확장하기로 한다. L과 c_I의 정의는 이전과 동일하다. 사고 방지를 위한 주의에 지출하는 비용으로 측정된 피해자의 주의 수준을 c_V로 표기하자($c_V \in [0, \infty)$). 사고의 발생 확률은 $p(c_I, c_V)$로 주어지며, $p(c_I, c_V)$는 연속 미분 가능한 강볼록(strictly convex)함수라고 가정한다.[12] 표기를 간단히 하기 위해 $p_i \equiv \partial p/\partial c_i$, $p_{ij} \equiv \partial^2 p/\partial c_i \partial c_j$로 정의하고 $p_I<0$, $p_V<0$, $p_{II}>0$, $p_{VV}>0$, $p_{IV}>0$이 성립됨을 가정하자.[13]

12) $p(c_I, c_V)$가 강볼록함수라는 가정은 1계 조건을 만족하는 해가 최소화 문제의 유일한 절대적 극소값이 되기 위한 충분조건이 된다.

13) $p_{IV}>0$의 가정은 가해자와 피해자 어느 한 쪽의 주의 수준 증가가 사고 발생 확률 감소에 기여하는 정도는 상대방의 주의 수준이 높아질수록 감소하게 됨을 의미한다.

사회적 목표는 이전과 마찬가지로 가해자와 피해자의 주의비용과 예상사고비용의 합계로 구성된 총사회비용을 최소화하는 것이다. $TSC=c_I+c_V+p(c_I, c_V)L$을 c_I와 c_V에 대해 각각 편미분하고 그 값을 0으로 놓으면, 다음과 같은 1계 조건을 얻을 수 있다.

$$1=-p_I(c_I, c_V)L \text{ 그리고 } 1=-p_V(c_I, c_V)L. \tag{2}$$

(2)의 두 식을 연립으로 풀어서 도출되는 유일한 해, 즉 가해자와 피해자의 최적 주의 수준을 각각 c_I^*와 c_V^*로 표기하고, 이들이 양의 값을 갖는 것으로 가정하자.[14] 또한 가해자와 피해자에 대한 법적 주의의무 수준이 각각 사회적으로 효율적인 주의 수준에서 결정된다고 가정한다($c_I^{SC}=c_I^*$, $c_V^{SC}=c_V^*$).

1) 동시진행 게임

쌍방 주의의 경우는 자신이 지불해야 할 기대비용을 최소화하고자 하는 가해자와 피해자 사이에 벌어지는 일종의 게임으로 이해할 수 있다. 이들이 직면하는 기대비용은 자신의 주의 수준뿐만 아니라 상대방이 선택하는 주의 수준에 의해서도 영향을 받게 되므로 서로 전략적 상황(strategic situation)에 놓여 있다. 사고 발생시 적용될 책임원칙이 확정되면 각 경우에 대응하는 보수구조(payoff structure)가 정해지게 된다.

이제 상대방의 선택을 모르는 상황에서 가해자와 피해자가 동시에 자신의 주의 수준을 선택하는 동시진행 게임(simultaneous-move game)의 상황을 가정하고, 각 책임원칙들이 가해자와 피해자로 하여금 사회적으로 최적의 주의 수준(c_I^*와 c_V^*)을 선택하도록 하는 올바른 유인을 제공하는지의 문제를 살펴보기로 한다.

(1) 무책임원칙과 엄격책임원칙

무책임원칙과 엄격책임원칙 모두 사회적 효율성을 달성하는 데 성공할 수 없

14) c_I^*와 c_V^*는 총사회비용을 최소화하는 최적해 조합으로서, $c_I^*=c_I^*(c_V^*)$이며 $c_V^*=c_V^*(c_I^*)$임을 유의할 필요가 있다. 즉, 가해자의 효율적인 주의 수준은 피해자가 효율적인 주의 수준을 택하고 있다는 가정 하에서 효율적이며, 동시에 피해자의 효율적인 주의 수준 역시 가해자가 효율적인 주의 수준을 택하고 있다는 가정 하에서 효율적이다.

음은 쉽게 보일 수 있다. 먼저 무책임원칙 하에서 가해자는 자신의 주의 수준과 관계없이 언제나 사고의 책임으로부터 벗어나게 되므로, 가해자가 선택하게 될 주의 수준은 0이 된다. 따라서 피해자는 자신의 기대비용 $c_V+p(0, c_V)L$을 최소화하는 주의 수준 $c_V^*(0)$을 선택하게 된다. $p_{IV}>0$의 가정 하에서는 $c_V^*(0)>c_V^*(c_I^*)$이 성립하므로, 결국 무책임원칙 하에서 가해자는 사회적 최적 수준에 비해 과소한 주의 수준을, 피해자는 사회적 최적 수준에 비해 과다한 주의 수준을 선택하게 됨을 알 수 있다.

한편, 엄격책임원칙 하에서 가해자는 자신의 주의 수준과 관계없이 언제나 사고의 전체 책임을 지게 되므로, 이를 인지하고 있는 피해자가 선택하게 될 주의 수준이 0이 된다. 따라서 가해자는 자신의 기대비용 $c_I+p(c_I, 0)L$을 최소화하는 주의 수준 $c_I^*(0)$을 선택하게 된다. 결국 엄격책임원칙은 가해자의 과다 주의 수준과 피해자의 과소 주의 수준을 유도하게 됨을 알 수 있다.

(2) 과실에 입각한 책임원칙

이제 법적 주의의무 수준이 사회적으로 효율적인 주의 수준에서 결정될 때, 단순과실책임원칙(simple negligence rule), 기여과실 항변인정 과실책임원칙(negligence rule with a defense of contributory negligence, 이하 기여과실책임원칙), 비교과실책임원칙(comparative negligence rule) 등 과실에 입각한 책임원칙(negligence-based rules)을 대표하는 원칙들이 가해자와 피해자 모두에게 사회적으로 효율적인 주의 수준을 선택하도록 하는 올바른 유인을 제공함을 증명해 보기로 한다.[15] 증명은 두 단계로 이루어진다. 먼저 사회적으로 효율적인 주의 수준의 짝 (c_I^*, c_V^*)가 내쉬 균형(Nash equilibrium)임을 보이는 것이 첫 번째 단계이다.[16] 그러나 설령 (c_I^*, c_V^*)가 잘 정의된

15) 증명은 [정의 1]에 제시된 두 가지 특성을 만족하는 '과실에 입각한 책임원칙' 일반에 대해 보다 추상적인 수준에서 제시될 수도 있다. 그러나 본문에서는 이러한 방식을 택하는 대신 구체적으로 단순과실책임원칙, 기여과실책임원칙, 그리고 비교과실책임원칙 각각에 대해 효율성 증명을 제시하고자 한다. 그것은, 첫째 이들이 현실에서 큰 중요성을 갖는 책임원칙들이며, 둘째 증명 과정을 통해 각 책임원칙들 하에서 가해자와 피해자가 직면하는 전략적 상황들을 명확히 대비하여 표출하는 것이 유용하다고 판단되기 때문이다. 여타의 특정한 '과실에 입각한 책임원칙'들의 효율성 역시 본문에 제시된 증명 과정을 응용하면 쉽게 증명할 수 있다. 예컨대, 기여과실 항변인정 엄격책임원칙의 효율성은 단순과실책임원칙의 효율성 증명 과정에 나타난 가해자와 피해자의 입장을 서로 바꾸어 주기만 하면 바로 증명이 완성된다.

16) 내쉬 균형은 상대방의 주어진 전략에 대해 모든 경기자가 최선의 선택을 하고 있어서 그 어느 누구도 이로부터 이탈할 유인을 갖지 않는 전략 조합을 의미하는 것으로, 최적화(optimization)와 합리적 기대(rational expectation)를 동시에 만족하는 해라고 할 수 있다.

내쉬 균형이라 하더라도 만약 사회적으로 비효율적인 주의 수준의 조합으로 이루어진 또 다른 내쉬 균형이 존재하는 경우에는 해당 책임원칙이 반드시 효율성을 보장한다고 할 수 없을 것이다. 따라서 (c_I^*, c_V^*) 이외의 다른 내쉬 균형이 존재하지 않아 (c_I^*, c_V^*)가 게임의 '유일한' 내쉬 균형이 됨을 보여야 비로소 책임원칙의 효율성에 대한 증명이 완결된다.

가. (c_I^*, c_V^*)는 내쉬 균형인가?

우리의 분석 대상이 되는 세 원칙(단순과실책임원칙, 기여과실책임원칙, 비교과실책임원칙) 하에서 과실이 없는 가해자는 사고의 책임으로부터 완전히 자유롭다. 이제 피해자의 주의 수준이 c_V^*로 주어지는 경우, 가해자가 직면하는 기대비용은 $c_I < c_I^*$인 경우 $c_I + p(c_I, c_V^*)L$이며, $c_I \geq c_I^*$인 경우에는 c_I로 주어진다. (c_I^*, c_V^*)가 총사회비용을 최소화하는 해임을 고려할 때, $c_I^* \leq c_I^* + p(c_I^*, c_V^*)L < c_I + p(c_I, c_V^*)L$이 성립하며, 가해자가 선택할 주의 수준은 c_I^*가 된다. 가해자가 c_I^*를 선택하면 피해자가 스스로 사고의 부담을 지게 되므로 피해자는 $c_V + p(c_I^*, c_V)L$을 최소화하는 주의 수준 $c_V^*(c_I^*) = c_V^*$를 선택할 것이다. 이처럼 피해자의 주의 수준 c_V^*에 대한 가해자의 최적 대응전략이 $c_I = c_I^*$이며, 동시에 가해자의 주의 수준 c_I^*에 대한 피해자의 최적 대응전략도 $c_V = c_V^*$가 되므로, (c_I^*, c_V^*)는 잘 정의된 내쉬 균형임을 알 수 있다.

나. (c_I^*, c_V^*) 이외에 다른 내쉬 균형이 존재하는가?

위에서 살펴본 바와 같이 $c_I = c_I^*$이면 $c_V = c_V^*$이며 그 역도 성립하므로, 만약 다른 균형이 존재한다면, $c_I \neq c_I^*$이며 $c_V \neq c_V^*$이어야 한다. 그런데 가해자가 c_I^*를 초과하는 주의 수준을 선택하지는 않을 것이므로, $c_I < c_I^*$가 성립한다. 이 경우 $c_V > c_V^*$인 구간에서는 피해자가 주의 수준을 '약간' 줄여서 비용을 감소시키면서도 사고의 부담에서 여전히 벗어날 수 있으므로 균형이 될 수 없다. 결국 만약 (c_I^*, c_V^*) 이외에 다른 내쉬 균형이 존재한다면, 그것은 가해자와 피해자 모두 과실이 있는 구간 안에 있게 된다. 즉, $c_I < c_I^*$와 $c_V < c_V^*$를 동시에 만족해야 한다.

이제 단순과실책임원칙을 고려해 보자. $c_I < c_I^*$가 성립하여 가해자에게 과실이 있는 한 피해자는 사고의 부담으로부터 완전히 벗어나게 되므로 결국 피해자의 합리적 선택은 $c_V = 0$이 될 것이다. 이때 가해자의 기대비용은 $c_I + p(c_I, 0)L$이 된다. 그런데 $c_I + p(c_I, 0)L = c_I + 0 + p(c_I, 0)L > c_I^* + c_V^* + p(c_I^*, c_V^*)L > c_I^*$가 성립되므로,[17] 이는 가해자가 $c_I < c_I^*$가 아닌 c_I^*를 선택하여 사고 부담을 회피함으로써 기대비용을 줄일 수 있음을 의미한다. 따라서 $c_I < c_I^*$의 선택은 균형이 될 수 없으며, 이로써 (c_I^*, c_V^*)가 게임의 유일한 내쉬 균형임이 증명된다.

다음으로 기여과실책임원칙 하에서의 유인구조를 살펴보자.

$c_V < c_V^*$가 성립하는 한, 이는 피해자가 전체 사고비용을 부담하게 됨을 의미하므로, 가해자는 $c_I=0$을 선택할 것이다. 이때 피해자의 기대비용은 $c_V+p(0, c_V)L$이 된다. 그런데 $c_V+p(0, c_V)L=0+c_V+p(0, c_V)L > c_I^*+c_V^*+p(c_I^*, c_V^*)L > c_V^*$가 성립되므로, 이는 피해자가 $c_V < c_V^*$가 아닌 c_V^*를 선택하여 사고 부담을 가해자에게 이전함으로써 기대비용을 줄일 수 있음을 의미한다. 따라서 $c_V < c_V^*$의 선택은 균형이 될 수 없으며, 이로써 증명이 완결된다.

마지막으로 순수한 형태의 비교과실책임원칙을 살펴보기로 한다.

가해자와 피해자 모두 과실이 있는 경우, 즉 $c_I < c_I^*$이며 $c_V < c_V^*$인 경우 피해자가 (부분적으로) 부담해야 할 사고비용의 비율을 α로 놓자$(0 < \alpha < 1)$. 가해자와 피해자는 상대방이 과실이 있는 상황에서 자신이 법적 주의의무 수준을 만족하는 수준으로 주의 수준을 끌어올리면 사고의 책임으로부터 완전히 벗어나게 된다. 따라서 만약 가해자와 피해자 모두 과실이 있는 구간에서 내쉬 균형 $(\tilde{c}_I, \tilde{c}_V)$가 존재한다면, 다음 두 부등식이 동시에 만족되어야 한다:

$$\tilde{c}_I+(1-\alpha)p(\tilde{c}_I, \tilde{c}_V)L < c_I^* \text{ 그리고 } \tilde{c}_V+\alpha p(\tilde{c}_I, \tilde{c}_V)L < c_V^*. \quad (3)$$

(3)에 나타난 두 부등식의 각 변을 더하면, $\tilde{c}_I+\tilde{c}_V+p(\tilde{c}_I, \tilde{c}_V)L < c_I^*+c_V^*$가 된다. 그러나 이는 c_I^*와 c_V^*가 사회총비용을 최소화하는 최적해라는 사실에 모순된다. 따라서 (c_I^*, c_V^*)가 게임의 유일한 내쉬 균형이라는 증명이 완결된다.[18]

이상의 분석 결과를 요약하면 다음과 같다. 가해자뿐만 아니라 피해자 역시 자신의 주의 수준을 높임으로써 사고 발생 가능성을 낮출 수 있는 쌍방 주의 연속변

17) 첫 번째 부등호의 성립을 이해하기 위해서는 c_I^*와 c_V^*가 사회적 총비용 $c_I+c_V+p(c_I, c_V)L$을 최소화하는 최적해임을 상기하라.

18) 연속변수 표준 모형의 맥락에서 비교과실책임원칙의 효율성이 증명된 것은 1980년대에 들어서의 일이다(Landes and Posner, 1980; Haddock and Curran, 1985 참조).

수모형에서 법적 주의의무 수준이 사회적으로 효율적인 주의 수준에서 결정된다고 가정할 때, 단순과실책임원칙, 기여과실책임원칙, 비교과실책임원칙 등 과실에 입각한 책임원칙들은 가해자와 피해자 모두에게 사회적으로 최적의 주의 수준을 유도함으로써 효율성을 달성하게 된다. 반면, 무책임원칙은 피해자의 과다 주의 수준과 가해자의 과소 주의 수준을 유도하며, 엄격책임원칙은 가해자의 과다 주의 수준과 피해자의 과소 주의 수준을 유도하게 되어 사회적 효율성을 달성할 수 없다.

2) 순차 게임

가해자와 피해자의 어느 한 쪽이 먼저 행동하고 첫 번째 행위자의 주의 수준을 관찰한 후에 나머지 한 쪽이 자신의 주의 수준을 선택하는 순차 게임(sequential-move game)의 경우로 모형의 설정을 변경하더라도, 만약 가해자와 피해자에 대한 법적 주의의무 수준이 사회적으로 최적의 수준에서 결정된다는 가정이 그대로 유지된다면 과실에 입각한 책임원칙이 효율성을 달성하게 된다는 결론에는 변함이 없음을 보일 수 있다.[19] 단, 표준 모형에 대한 논의의 범주에서는 벗어나는 것이지만, 순차 불법행위에 적용되는 현실의 법리들은 동시진행 게임의 경우와는 다를 수 있다는 점을 언급해 두고자 한다.

예컨대, 최후의 명백한 기회의 법리(last clear chance doctrine)는 피해자의 과실이 있음을 관찰한 후에 움직이는 가해자가 사고를 방지할 최후의 명백한 기회가 있음에도 불구하고 이를 살리지 못한 경우, 피해자의 기여과실을 항변으로 인정하지 않고 가해자에게 책임을 귀속시키는 법리이다. 이것은 피해자의 '의도하지 않은'(inadvertent) 과실이 관찰되었을 때 이를 기여과실 항변으로 활용하고자 하는 가해자의 전략적 과실행위를 방지하고 피해자의 과실을 보정하는 적절한 대응을 하도록 유도하는 데 그 취지가 있다.

그러나 최후의 명백한 기회의 법리가 적용될 것을 인지한 피해자는 이를 전략

19) 동시진행 게임의 경우와 유사한 방식을 응용하여 증명 가능하며, 여기서는 상세한 설명을 생략한다(Rea, 1987 참조).

적으로 활용하여 처음부터 고의적으로 과실을 선택할 수 있고, 이러한 경우 과실에 입각한 책임원칙이 효율성을 달성할 수 없음은 직관적으로 명백하다.[20] 이러한 비효율성은 최후의 명백한 기회의 법리가 적용될 때 법적 주의의무 수준이 사회적 최적 수준으로부터 괴리되기 때문에 나타나는 것으로 이해할 수 있다. 표준 모형에서는 오직 행위자의 전략적 선택행위만을 가정하지만, 만약 행위자의 의도하지 않은 과실을 고려 대상에 포함할 경우에는 위에서 본 바와 같이 뒤에 움직이는 행위자로 하여금 앞에 움직인 행위자의 의도하지 않은 과실에 적절히 대응하도록 하면서도 이와 동시에 앞에 움직이는 행위자의 전략적 과실행위를 통제해야 하는 딜레마에 직면하게 된다. 현실에서의 책임원칙 적용의 문제는 이처럼 '전략적으로'(strategically) 부주의한 행위와 '무심코'(inadvertently) 부주의한 행위의 존재 사이에서 균형을 잡는 미묘한 줄타기 작업이 될 수밖에 없을 것이다.

Ⅳ. 양자택일모형

1. 모형의 설정: 주의 vs. 부주의

가해자와 피해자가 선택 가능한 주의 수준이 연속적으로 주어지는 연속변수모형과 달리 양자택일모형(binary choice model)은 사고 발생 가능성에 직면한 가해자와 피해자의 선택이 사고 방지를 위한 '주의'(precaution) 또는 '부주의'(untaken precaution)의 양자택일로 주어지는 것으로 가정한다.[21] 언뜻 보기에 이러한 모형 설정은 매우 제한적인 것으로 여겨질 수 있으나, Grady(1989)와 Feldman and Frost(1998)가 설득

20) 이에 대한 상세한 분석은 Shavell(1983)을 참조하라. 이러한 이유로 실제 판례에서 최후의 명백한 기회의 법리는 경우에 따라 적용되기도 하고 적용되지 않기도 하였음을 발견할 수 있다.

21) 양자택일모형 역시 연속변수모형의 경우처럼 일방 주의와 쌍방 주의로 구분하여 각각 분석이 가능하나, 일방 주의의 경우에는 분석 결과가 지극히 자명하므로 논의를 생략하기로 한다. 이하에서 제시하는 양자택일모형 설정은 Kim(2013)을 따른 것이다.

표 5-3 양자택일모형에서의 총사회비용

		가해자	
		주의	부주의
피해자	주의	$TSC=c_V+c_I+p_2L$	$TSC=c_V+p_1L$
	부주의	$TSC=c_I+p_1L$	$TSC=p_0L$

주: TSC: total social cost(총사회비용).

력 있게 논증하고 있듯이 양자택일모형은 많은 경우에 실제 현실에서 나타나는 이슈를 보다 정확히 반영하고 있다. 예컨대, 핸드 판사의 공식이 탄생한 기념비적인 판례인 *United States v. Carroll Towing Co.*(1947)에서 핸드 판사가 과실 판단을 위해 주목한 문제는 배(barge)를 연결한 밧줄이 느슨해져서 사고가 발생하려는 순간에 배의 승무원(bargee)이 '승선하고 있었는가(주의)', '그렇지 않았는가(부주의)'의 문제였다.

이제 사고 발생시 피해자가 L만큼의 손해를 입게 되며, 가해자와 피해자 그 어느 쪽도 사고 방지를 위한 주의를 기울이지 않은 경우 사고 확률이 p_0로 주어진다고 하자. 앞에서 제시된 표준 모형의 가정들은 그대로 유지된다. 가해자와 피해자가 주의를 선택하는 경우 소요되는 비용은 각각 c_I와 c_V로 표기한다. 어느 한 쪽이 홀로 사고 방지를 위한 주의를 선택하는 경우 사고 확률은 p_0에서 p_1으로 감소하며, 가해자와 피해자가 동시에 주의를 기울이는 경우에는 사고 확률이 p_2가 된다고 가정하자($0 \le p_2 \le p_1 \le p_0 \le 1$).[22]

연속변수모형의 경우와 마찬가지로 사회적 관점에서 자원배분의 효율성을 위해서는 가해자와 피해자의 주의비용과 예상사고비용의 합계로 구성된 총사회비용(total social cost: TSC)을 최소화해야 한다. 가해자와 피해자가 양자택일의 선택을 하게 되므로 모두 네 가지 가능한 조합이 발생하게 되는데, 〈표 5-3〉은 상황별 총사회비용을 정리하여 나타낸 것이다.

네 가지 상황 중에서 어떤 것이 가장 사회총비용을 최소화하는 조합인가는 총

22) 여기서 가해자와 피해자가 홀로 주의를 선택하는 경우 사고 확률에 미치는 영향이 서로 다른 것으로 가정함으로써 모형을 더욱 일반화할 수도 있을 것이다. 그러나 이러한 변화는 분석을 보다 복잡하게 만들 뿐 모형에서 도출되는 질적인 결과에는 영향을 주지 않는다. 사고 방지 기술과 관련된 가해자와 피해자의 이질성은 그들의 주의비용의 차이를 통해 충분히 나타낼 수 있으며, 이러한 점에서 본문에서와 같은 모형 설정은 양자택일의 맥락 하에서 고려 가능한 이슈들과 기존 문헌들을 모두 포괄할 수 있는 충분히 일반적인 설정이라고 할 수 있다.

여섯 개의 외생변수들, L, p_0, p_1, p_2, c_I, c_V의 크기에 달려 있다.[23] 각각의 경우에 따라 양자택일모형은 다음 세 가지 경우로 구분하여 살펴볼 수 있다.

① 공동의 주의(joint or interactive care)의 경우: 이것은 (주의, 주의) 조합이 사회적으로 최적의 짝인 경우, 즉 사회적 효율성을 위해서는 가해자와 피해자 모두의 주의행위가 요청되는 경우를 뜻한다. 〈표 5-3〉에 따르면 이러한 경우가 성립될 조건은 $\max[c_V, c_I] < (p_1-p_2)L$과 $c_V + c_I < (p_0-p_2)L$로 주어진다.

② 상호대체적 주의(alternative or redundant care)의 경우: 이것은 (주의, 부주의) 또는 (부주의, 주의) 조합이 사회적으로 최적의 짝인 경우, 즉 오직 한 쪽의 주의 행위가 이루어지는 것이 사회적으로 바람직한 경우를 뜻한다. 이러한 경우가 성립될 조건은 $\min[c_V, c_I] < (p_0-p_1)L$과 $\max[c_V, c_I] > (p_1-p_2)L$로 주어진다.

③ 주의가 불필요한(no care) 경우: 이것은 (부주의, 부주의) 조합이 사회적으로 최적의 짝인 경우를 뜻한다. 이 경우는 $\min[c_V, c_I] > (p_0-p_1)L$과 $c_V + c_I > (p_0-p_2)L$이 성립된다.

특히, 불법행위에 대한 법경제학 문헌들은 $p_2=p_1=0$이 성립하는 특수한 경우에 관심을 가져 왔는데, $\min[c_V, c_I] < (p_0-p_1)L$의 가정이 추가될 때 이 경우는 '상호대체적이고 완전한 방지'(alternative and perfect prevention)의 경우라고 명명할 수 있다. 즉, 가해자와 피해자 중 어느 한 쪽의 주의행위에 의해 사고가 완전하게 방지되며, 따라서 사회적 효율성을 위해서는 둘 중에서 더 작은 주의비용이 소요되는 쪽이 홀로 사고를 방지하는 것이 바람직한 경우이다. 문헌을 거슬러 올라가면, 이러한 상호대체적이고 완전한 방지의 경우에 대한 분석은 '최소비용회피자'(cheapest cost avoider)에 대한 Calabresi(1970)의 고전적 논의에까지 이르게 되는 오랜 역사를 지니고 있다.[24]

---

23) 단순화를 위하여, 각 상황에서의 사회총비용은 동일하지 않다고 가정하자. 즉, 항상 유일한 최적해가 존재한다. 예외적인 경우로서, Orr(1991)와 Chung(1993)의 분석 모형을 포함하기 위해 $c_V=c_I$의 가능성을 허용하기로 한다. 이 경우 두 개의 사회적 최적해가 존재할 수 있다. 모형에 복수의 최적해가 존재하는 경우 발생하는 문제점과 이를 극복하기 위한 방법에 대해서는 Jain and Singh(2002)과 Kim(2004)을 참조하라.

24) 모형은 아니지만, Posner(1977, 1982, 1986, 1998, 2007), Landes and Posner(1980, 1987), Cooter and Ulen(2000) 등에서는 양자택일모형 중 상호대체적이고 완전한 방지의 경우에 속하는 많은 가상적 예시들을 발견할 수 있다. 이 경우에 대해 공식적인 모형 설정 및 분석을 수행하고 있는 문헌으로는 Feldman and Frost(1998)가 대표적이

2. 모형의 분석

양자택일모형에서 사고 발생시 적용될 책임원칙이 확정되면 가해자와 피해자 간 게임의 보수구조가 확정된다. 이하에서는 동시진행 게임을 가정하고 공동의 주의와 상호대체적 주의 각각의 경우에 대표적인 책임원칙들 하에서 사회적 효율성을 보장하는 균형이 달성되는지를 검토해 보기로 한다.[25)]

1) 공동의 주의의 경우

공동의 주의(joint care)의 경우 사회적 효율성 달성을 위해서는 가해자와 피해자 모두의 주의행위가 필요하다. 먼저 무책임원칙과 엄격책임원칙을 고려해 보면, 무책임원칙 하에서는 가해자가, 그리고 엄격책임원칙 하에서는 피해자가 주의행위를 선택할 유인이 전혀 없으므로 사회적 최적해인 (주의, 주의) 조합이 결코 균형이 될 수 없음을 쉽게 알 수 있다.[26)] 즉, 무책임원칙과 엄격책임원칙은 사회적 효율성을 달성할 수 없다.

이제 과실에 입각한 책임원칙을 대표하는 단순책임원칙, 기여과실책임원칙, 그리고 비교과실책임원칙의 세 가지 책임원칙들을 분석해 보기로 한다. 〈표 5-4〉는 이들 세 책임원칙 하에서 이루어지는 게임의 보수행렬(payoff matrix)을 나타내고 있다.

위 보수행렬에서 각 셀(cell)의 첫 번째 요소는 피해자의 기대비용을, 그리고 두 번째 요소는 가해자의 기대비용을 표현하고 있다. 공동의 주의의 경우 사회적 최적해는 (주의, 주의) 조합이므로, 부주의를 선택한 이는 과실이 있는 것으로 판단될 것이다. 현재 고려되고 있는 세 가지 책임원칙 하에서 과실이 없는 가해자는 피해자의 선택과 관계 없이 사고 부담을 지지 않으므로, 양자택일모형의 특성상 가해

25) 양자택일모형에서도 순차 게임으로 모형을 설정할 수 있다. 이 경우 분석 과정이 달라져야 하지만 법적 주의의무 수준이 사회적 최적 수준에서 설정된다는 가정이 유지되는 한 책임원칙들의 효율성과 관련하여 동시진행 게임과 근본적으로 동일한 결론을 도출할 수 있으므로, 이에 대한 상세한 분석은 생략하기로 한다. 또한 앞에서 제시한 양자택일모형의 세 가지 형태 중에서 주의가 불필요한 경우는 사고가 일어나도록 방치하는 것이 사회적으로 바람직한 경우로서 모든 책임원칙 하에서 효율적인 결과가 달성됨이 자명하므로 분석을 생략한다.

26) 무책임원칙 하에서의 피해자와 엄격책임원칙 하에서의 가해자가 주의를 선택할 유인을 갖는가는 파라미터 값들의 크기에 달려 있다.

표 5-4 과실에 입각한 책임원칙 게임: 공동의 주의의 경우($\max[c_V, c_I]<(p_1-p_2)L$, $c_V+c_I<(p_0-p_2)L$)

		가해자	
		주의	부주의
피해자	주의	c_V+p_2L, c_I	c_V, p_1L
	부주의	p_2L, c_I	0, p_0L p_0L, 0 αp_0L, $(1-\alpha)p_0L$

자는 '주의'를 선택함으로써 항상 사고 책임으로부터 벗어날 수 있다. 따라서 보수행렬의 (주의, 주의) 그리고 (부주의, 주의) 셀에서는 피해자가 사고의 부담을 지게 되며, 세 가지 책임원칙 모두 보수구조가 동일하게 확정된다. 한편, (주의, 부주의) 셀에서는 과실이 있는 가해자가 과실이 없는 피해자를 대신하여 사고의 전체 책임을 지게 되므로, 역시 세 가지 책임원칙 모두 보수구조가 동일하다. 세 원칙이 서로 다른 보수구조를 보이는 것은 가해자와 피해자 모두 과실이 인정되는 (부주의, 부주의)의 경우에서이다. 이 경우 단순과실책임원칙 하에서는 가해자가, 기여과실책임원칙 하에서는 피해자가 사고의 전체 부담을 지게 되며, 비교과실책임원칙 하에서는 사고 부담을 나누어 가지게 된다. 〈표 5-4〉의 (부주의, 부주의) 셀은 모두 세 줄로 이루어져 있는데, 위에서부터 차례로 단순과실책임원칙, 기여과실책임원칙, 그리고 비교과실책임원칙 하에서의 보수구조를 나타내고 있다($0<\alpha<1$).

공동의 주의의 전제조건 $\max[c_V, c_I]<(p_1-p_2)L$과 $c_V+c_I<(p_0-p_2)L$을 고려하면, 세 책임원칙 모두에서 (주의, 주의)가 유일한 내쉬 균형이 되며, 따라서 사회적 효율성이 보장됨을 쉽게 증명할 수 있다. 먼저 단순과실책임원칙 하에서는 '주의'의 선택이 가해자에게 우월전략(dominant strategy)이 된다. 가해자가 '주의'를 선택할 때 피해자 역시 '주의'를 선택하게 될 것이며, 결과적으로 (주의, 주의)는 게임의 유일한 균형이 된다. 한편, 기여과실책임원칙 하에서는 '주의'의 선택이 피해자에게 우월전략이 되며, 결과적으로 (주의, 주의)를 게임의 유일한 내쉬 균형으로 만든다. 마지막으로 비교과실책임원칙 하에서는 비록 우월전략이 존재하지 않지만, 가해자와

피해자 모두 상대방이 '주의'를 선택하는 한 '부주의'를 선택하게 될 유인이 없다는 점에서 사회적 최적해인 (주의, 주의)가 잘 정의된 내쉬 균형임이 명백하다. 또한 양자 모두 과실이 있을 때 피해자가 부담하게 되는 사고비용의 비율을 α로 놓을 때, 만약 $c_I > (1-\alpha)p_0L$과 $c_V > \alpha p_0L$이 동시에 성립한다면 (부주의, 부주의)가 게임의 또 다른 내쉬 균형이 될 수 있을 것이다. 그러나 두 부등식의 양변을 더하면 $c_V + c_I > p_0L$이 되는데, 이것은 공동의 주의의 경우가 갖는 전제조건에 위배되므로, 위 두 부등식이 동시에 만족될 수 없음은 명백하다. 결국 (주의, 주의)는 비교과실책임원칙 하에서도 게임의 유일한 균형이 되어 효율성이 달성된다.

2) 상호대체적 주의의 경우

상호대체적 주의(alternative care)의 경우 사회적 효율성은 가해자와 피해자 중 '최소비용회피자'[27]가 단독으로 주의행위를 선택할 것을 요구한다. 즉, 양자 모두의 주의행위는 사회적인 낭비를 초래한다. 따라서 법적 주의의무 수준이 사회적으로 효율적인 수준에서 결정된다는 가정을 유지하는 한, 최소비용회피자에 대한 주의의무 수준은 '주의'이며, 최소비용회피자가 아닌 자에 대한 주의의무 수준은 '0'이 된다. 이는 최소비용회피자가 아닌 경우 어떤 경우라도 절대 과실이 있는 것으로 판단되지 않음을 의미한다. 따라서 최소비용회피자가 아닌 쪽의 합리적 선택은 '부주의'가 될 것이다. 이를 인지하고 있는 최소비용회피자는 '부주의'를 선택하여 모든 사고 부담을 떠안기보다는 스스로 '주의'를 선택하여 사고 확률을 줄이게 되는데, 이것은 상호대체적 주의의 전제조건 하에서 어느 한 쪽이 부주의를 선택하는 경우 다른 한 쪽의 주의에 따른 예상사고비용의 감소분이 주의비용보다 항상 크기 때문이다. 이것은 현재 고려하고 있는 모든 종류의 과실에 입각한 책임원칙 하에서 항상 사회적 효율성이 달성됨을 의미한다.

그러나 상호대체적 주의의 경우를 다루고 있는 기존 문헌 중에서는 과실에 입각한 책임원칙들이 경우에 따라 비효율적인 결과를 초래한다는 분석 결과를 제시

27) 설명의 편의를 위하여, 설령 주의행위가 사고를 완전히 방지하지 못하는 경우라 할지라도 가해자와 피해자 둘 중에서 보다 낮은 주의비용을 가진 쪽을 최소비용'회피'자로 부르기로 하자.

하고 있는 문헌들이 적지 않게 존재하여 혼란을 초래하고 있다(Posner, 1977; Landes and Posner, 1980; Orr, 1991; Feldman and Frost, 1998; Cooter and Ulen, 2000).[28)]

예컨대, 100만 원의 예상사고비용이 있을 때 가해자는 50만 원을 들여서 사고를 완전히 방지할 수 있고 피해자는 30만 원을 들여서 사고를 완전히 방지할 수 있는 가상적 상황을 고려해 보자. 이것은 최소비용회피자인 피해자가 30만 원을 들여서 단독으로 사고를 방지하는 것이 사회적으로 효율적인 상호대체적 주의의 한 예라고 볼 수 있다. 위 문헌들에 따르면 이 경우 가해자와 피해자 모두가 사고 방지 노력을 하지 않아서 사고가 발생했을 때 가해자와 피해자 모두에게 과실이 있는 것으로 판단해야 한다는 것이다. 이때 만약 단순과실책임원칙이 적용된다면 사고의 책임이 과실이 있는 가해자에게 귀속됨을 아는 피해자는 사고 방지의 노력을 할 유인을 상실하게 될 것이며, 이를 인지한 가해자는 50만 원을 들여서 사고를 방지하게 된다. 즉, 사회적으로 비효율적인 결과가 초래된다. 이 경우 기여과실책임원칙은 효율적인 결과를 유도할 수 있지만, 비용구조를 바꾸어 가해자가 최소비용회피자가 되는 경우를 상정하면 반대로 기여과실책임원칙이 비효율성을 초래하게 됨을 알 수 있다.

그러나 이러한 분석 논리는 법적 주의의무 수준이 사회적으로 효율적인 수준에서 결정된다는 표준 모형의 기본 가정에 명백히 위배되는 것이다. 포즈너(Richard A. Posner) 판사가 적시하고 있듯이, "법적 주의의무 수준은 상대방이 주의의무 수준을 선택하고 있다는 가정 하에서 최적인 주의 수준"[29)]이므로, 위 예에서 가해자의 행동에 대한 과실 유무 평가는 피해자가 사회적으로 효율적인 행동을 하고 있다는 가정 하에서 이루어져야 한다. 즉, 사회적으로 효율적인 행동은 최소비용회피자인 피해자가 30만 원을 들여서 사고를 방지하는 것이며, 이러한 가정 하에서 가해자의 추가적인 사고 방지 노력은 단순한 낭비일 뿐 사회적으로 정당화되지 않으므로 이 경우 가해자는 사고 방지 노력을 하지 않더라도 과실이 없다. 다시 말해서, 법적 주

28) 미국에서 가장 널리 사용되는 쿠터(Robert Cooter)와 율렌(Thomas Ulen) 교수의 법경제학 교과서에서 비교적 최근판(2000년 제3판)에 이르기까지 이러한 혼란이 지속되었다는 것은 흥미로운 사실이다. 한편, 1980년대 이후 Posner(1986, pp. 154-155)와 Landes and Posner(1987, pp. 88-89)는 견해를 수정하여, 과실에 입각한 책임원칙의 비효율성 초래 가능성을 언급한 자신들의 종전 입장을 비판하고 있다.

29) "The law defines due care – as it does – as the care that is optimal if the other party is exercising due care" (Posner, 1998, p. 186).

의의무 수준이 사회적으로 효율적인 수준에서 결정된다는 가정을 받아들이는 한, 상호대체적 주의의 맥락에서 최소비용회피자가 아닌 쪽은 어떤 경우라도 과실이 있는 것으로 판단되지 않는다. 결국 위 문헌들에 나타난바, 과실에 입각한 책임원칙들의 비효율성을 초래하게 된 것은 모형의 차이에 기인한 것이 아니라 법적 주의의무 수준이 사회적으로 효율적인 수준에 설정되지 않았기 때문이라는 점을 명백히 알 수 있다.[30)]

V. 맺는 말

불법행위법을 분석하는 법경제학자의 주된 관점은 사회적으로 비효율적인 사고의 발생을 방지하기 위하여 어떻게 가해자와 피해자에게 올바른 사고 방지 노력의 인센티브를 제공할 것인가의 문제로 귀착된다. 본문에서는 기존 문헌을 포괄하는 일반적인 표준 모형 분류체계를 제시하고, 표준 모형에서 도출되는 가장 중요한 분석 결과로서 가해자와 피해자 각각에 대한 법적 주의의무 수준이 사회적으로 효율적인 수준으로 설정되는 경우 모든 종류의 과실에 입각한 책임원칙은 가해자

30) 여기서 마지막으로 법적 주의의무 수준이 사회적으로 효율적인 수준에서 설정된다는 표준적인 가정을 다시 한 번 되짚어 보기로 한다. 본문에서 예시된 것처럼 100만 원의 예상사고비용이 가해자의 노력(50만 원 소요) 또는 피해자의 노력(30만 원 소요)으로 완전히 방지될 수 있다고 할 때, 최소비용회피자가 아닌 가해자를 무과실로 판단해야 한다는 이론적 가정은 과연 실제 법원의 태도와 부합하는 것일까? Kim(2013)에 따르면 이에 대한 대답은 매우 회의적이다. Kim(2013)은 미국의 주요 불법행위 판례에 대한 검토를 통해, 특히 상호대체적 주의가 적용되는 맥락에서 과실 판단을 위해 현실에서 적용되는 핸드 판사의 공식은 상대방의 '가정된 효율적'(assumed efficient) 행위에 기반한 비용편익분석이 아니라 상대방의 '관찰된 실제'(observed actual) 행위에 기반한 비용편익분석으로 해석하는 것이 적절함을 밝히고 있다. 위 예에서 최소비용회피자가 아닌 가해자의 과실 여부 판단을 위해 적용되는 핸드 판사의 공식이 만약 피해자의 '관찰된 실제' 행위(즉, 피해자가 사고 방지 노력을 하지 않은 상황을 의미)에 기반하여 적용된다면, 가해자의 추가적인 사고 방지 노력이 가져다주는 한계편익은 100만 원이 되어 50만 원을 들여서 사고 방지 노력을 하지 않은 가해자는 과실이 있는 것으로 판정될 것이다. 사견으로는, 과실에 입각한 책임원칙의 비효율성을 지적했던 문헌들이 비효율성을 모형의 차이(연속변수 또는 이산변수)에 기인하는 것으로 설명한 것은 분명한 오류지만, 이들이 이 맥락에서 최소비용회피자뿐만 아니라 최소비용회피자가 아닌 자도 과실이 있다고 판정한 점은 사실상 정통적인 이론의 가정과 괴리되는 모습으로 현실에서 나타나는 법원의 태도를 '감각적으로' 올바르게 반영한 것이 아닐까 –문헌상 혼란을 야기한 저자들의 기라성 같은 면면을 보라!– 생각해 본다.

와 피해자 모두에게 사회적으로 효율적인 주의 수준을 선택하도록 하는 올바른 유인을 제공함을 밝혔다. 이러한 결론은 ① 연속변수모형과 양자택일모형, ② 일방주의와 쌍방 주의, ③ 동시진행 게임과 순차 게임 등 모형의 차이에 관계 없이 항상 성립된다. 반면 엄격책임원칙은 양자택일모형 중 주의가 불필요한 경우와 일방 주의 연속변수모형의 경우에 대해서만 효율성이 보장된다. 상호대체적 주의의 경우와 관련하여 몇몇 기존 문헌들에서 과실에 입각한 책임원칙의 비효율성을 언급하고 있는 것은 모형의 차이에서 기인한 것이 아니라 법적 주의의무 수준이 사회적으로 비효율적인 점에 설정되었기 때문이다.

표준 모형 안에서는 모든 과실에 입각한 책임원칙들이 동등하게 효율적이므로, 과실에 입각한 책임원칙들 간 효율성 차이를 분석하기 위해서는 필연적으로 모형의 확장이 필요하다. 특히, 최근 영미 보통법계에서 이루어진 기여과실책임원칙에서 비교과실책임원칙으로의 지배적 법리 전환이 효율성의 관점에서 어떠한 함의를 갖는가의 이슈는 매우 흥미로운 주제가 아닐 수 없다. 이를 위해서는 표준 모형의 각 가정들을 완화하는 작업들이 필연적으로 수반되어야 하며, 이에 대한 상세한 논의는 후속 논문의 몫으로 남긴다.

참고문헌

박세일, 『법경제학』(개정판), 박영사, 2000.

American Law Institute, *Restatement of the Law (Third), Torts: Apportionment of Liability*, St. Paul: American Law Institute Publishers, 2000.

Arlen, Jennifer H., "Re-Examining Liability Rules When Injurers as Well as Victims Suffer Losses," *International Review of Law and Economics*, 10(3), 1990, pp. 233-239.

Brown, John P., "Toward an Economic Theory of Liability," *Journal of Legal Studies*, 2(2), 1973, pp. 323-350.

Calabresi, Guido, *The Cost of Accidents: A Legal and Economic Analysis*, New Haven: Yale University Press, 1970.

Calabresi, Guido and Jon T. Hirschoff, "Toward a Test for Strict Liability in Torts," *Yale Law Journal*, 81(6), 1972, pp. 1054-1085.

Chung, Tai-Yeong, "Efficiency of Comparative Negligence: A Game Theoretic Analysis," *Journal of Legal Studies*, 22(2), 1993, pp. 395-404.

Cooter, Robert and Thomas Ulen, "An Economic Case for Comparative Negligence," *New York University Law Review*, 61, 1986, pp. 1067-1110.

______, *Law and Economics* (3rd ed.), Addison Wesley Longman Inc., 2000.

______, *Law and Economics* (5th ed.), Boston: Pearson Addison Wesley, 2008.

Dobbs, Dan. B., *The Law of Torts*, St. Paul: West Publishing Co., 2000.

Feldman, Allan M. and John M. Frost, "A Simple Model of Efficient Tort Liability Rules," *International Review of Law and Economics*, 18(2), 1998, pp. 201-215.

Feldman, Allan M. and Jeonghyun Kim, "The Hand Rule And United States v. Carroll Towing Co. Reconsidered," *American Law and Economics Review*, 7(2), 2005, pp. 523-543.

Grady, Mark F., "Common Law Control of Strategic Behavior: Railroad Sparks and the Farmer," *Journal of Legal Studies*, 17(1), 1988, pp. 15-42.

______, "Untaken Precautions," *Journal of Legal Studies*, 18(1), 1989, pp. 139-156.

Haddock, David and Christopher Curran, "An Economic Theory of Comparative Negligence," *Journal of Legal Studies*, 14(1), 1985, pp. 49-72.

Jain, Satish K. and Ram Singh, "Efficient Liability Rules: Complete Characterization," *Journal of Economics*, 75(2), 2002, pp. 105-124.

Jones, Michael A., *Textbook on Torts* (8th ed.), New York.: Oxford University Press, 2002.

Keeton, W. Page, Dan B. Dobbs, Robert E. Keeton, and David G. Owen, *Prosser and Keeton on Torts* (5th ed.), St. Paul: West Publishing Co., 1984.

Kim, Jeonghyun, "A Complete Characterization of Efficient Liability Rules: Comment," *Journal of Economics*, 81(1), 2004, pp. 61-75.

______, "Revisiting the Learned Hand Formula and Economic Analysis of Negligence," *Journal of Institutional and Theoretical Economics*, 169(3), 2013, pp. 407-432.

Kim, Jeonghyun and Allan M. Feldman, "Victim or Injurer, Small Car or SUV: Tort Liability Rules under Role-Type Uncertainty," *International Review of Law and Economics*, 26(4), 2006, pp. 455-477.

Landes, William M. and Richard A. Posner, "Joint and Multiple Torts: An Economic Analysis," *Journal of Legal Studies*, 9(3), 1980, pp. 517-556.

______, *The Economic Structure of Tort Law*, Cambridge: Harvard University Press, 1987.

Miceli, Thomas J., *Economics of the Law*, New York.: Oxford University Press, 1997.

Orr, Daniel, "The Superiority of Comparative Negligence: Another Vote," *Journal of Legal Studies*, 20(1), 1991, pp. 119-129.

Posner, Richard A., *Economic Analysis of Law* (2nd ed.), Boston: Little, Brown and Company, 1977.

______, *Tort Law: Cases and Economic Analysis*, Boston: Little, Brown and Company, 1982.

______, *Economic Analysis of Law* (3rd ed.), Boston: Little, Brown and Company, 1986.

______, *Economic Analysis of Law* (5th ed.), New York: Aspen Publishers, 1998.

______, *Economic Analysis of Law* (7th ed.), New York: Aspen Publishers, 2007.

Rea, Samuel A., Jr., "The Economics of Comparative Negligence," *International Review of Law and Economics*, 7(2), 1987, pp. 149-162.

Rogers, W. V. H., *Winfield and Jolowicz on Tort* (18th ed.), London: Thompson Reuters, 2010.

Schwartz, Victor E., *Comparative Negligence* (3rd ed.), Charlottesville: Michie Co., 1994.

Shavell, Steven, "Torts in Which Victim and Injurer Act Sequentially," *Journal of Law and Economics*, 26(3), 1983, pp. 589-612.

______, *Economic Analysis of Accident Law*, Cambridge: Harvard University Press, 1987.

______, *Foundations of Economic Analysis of Law*, Cambridge: Belknap Press of Harvard University Press, 2004.

______, "Liability for Accidents," in A. Mitchell Polinsky and Steven Shavell (Eds.), *Handbook of Law and Economics*, Volume 1, Oxford: North-Holland, 2007.

Chapter 6 지방자치단체와 회생절차

양민호

Ⅰ. 서론

Ⅱ. 미국 연방파산법의 내용

Ⅲ. 채무자회생법상 지방자치단체의 회생

Ⅳ. 결론

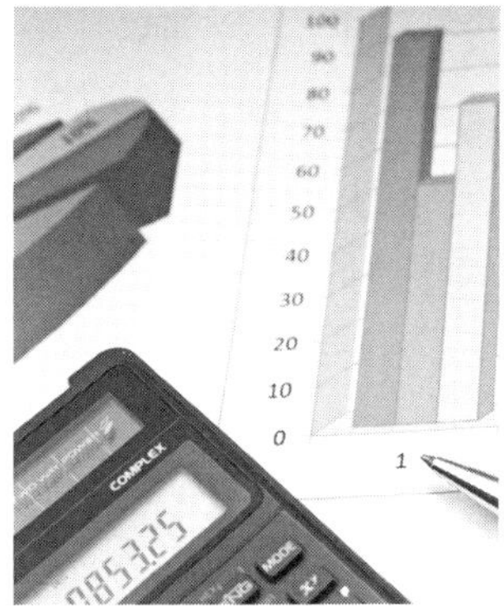

Chapter 6

지방자치단체와 회생절차

Ⅰ. 서론

“지방자치단체의 채무조정에 관한 장(chapter)에 내재하는 일반원칙은 기업재건에 관한 장에 내재하는 일반원칙과 동일하다. … 통상의 재건과 두 가지의 다른 점이 있는데, 그 중 하나는 주의 통치권(sovereignty)에 관한 이슈에 매우 민감하다는 것이고, 다른 하나는 지방자치단체는 영리를 위한 기업이 아니어서 주주가 없다는 것이다.”(1978년 미연방파산법 개정안에 대한 미연방하원 보고서)[1]

1. 지방자치단체의 재정위기

최근 글로벌 금융위기로부터 촉발된 경기침체는 재정지출을 확대해 왔던 미국의 일부 주(州)정부뿐만 아니라 유럽의 몇몇 지방자치단체의 재정 상태를 급속도로 악화시켜 사실상 재정파탄 상태에 이르게 하였고,[2] 우리나라의 경우에도 몇몇 지

1) Kimhi(2010), p. 369에서 재인용.
2) ①「美 지자체 재정위기 전국으로 확산」, 〈매일경제〉, 2012. 8. 12, ②「요코하마 市 토개공 파산 … 부채 2조 원대」,

방자치단체들은 과다한 재정지출로 인하여 사실상 재정파탄 상태에 직면하게 되었다.[3)]

지방재정은 본래 지방자치단체의 책임 하에 수지균형의 원칙에 따라 건전하게 운영되어야 하나,[4)] 지방자치단체가 방만한 재정운영으로 인하여 재정위기 상태에 이르렀다면 중앙정부 역시 재정지원 등을 통하여 지방자치단체의 재정재건에 대한 책임을 부담하게 된다. 국가는 지방재정의 자주성과 건전한 운영을 조장하여야 할 의무가 있기 때문이다.[5)] 이러한 측면에서 지방재정법은 지방자치단체의 재정위기를 사전에 막고 재정위기에 빠진 지방자치단체의 재정재건을 위하여, 지방재정의 분석 및 진단 그리고 재정건전화 계획 제도를 두고 있다.

이에 따르면 지방자치단체는 행정안전부 장관에게 재정보고서를 제출하여야 하고,[6)] 행정안전부 장관은 이를 분석하여 재정의 건전성과 효율성이 현저히 떨어진다고 인정하는 지방자치단체에 대하여 재정진단을 실시하여야 하며,[7)] 재정진단 결과 재정위험 수준이 심각하다고 판단되는 지방자치단체를 재정위기 단체로 지정할 수 있다.[8)] 재정위기 단체로 지정된 지방자치단체의 장은 재정건전화 계획을 수립하여 행정안전부 장관의 승인 및 지방의회의 의결을 받아야 하고, 재정건전화 계획의 이행 상황을 지방의회 및 행정안전부 장관에게 보고하여야 한다.[9)] 행정안전부 장관은 재정위기 단체의 재정건전화 계획의 수립 및 이행 결과가 현저히 부진하다고 판단하는 경우에는 교부세를 감액하거나 그 밖의 재정상의 불이익을 부여할 수 있다.[10)] 재정위기 단체는 재정건전화 계획에 의하지 아니하고는 지방채의 발행, 채무의 보증, 일시차입, 채무부담행위를 할 수 없다.[11)]

그런데 이와 같은 중앙정부의 재정지원 또는 엄격한 통제를 통한 지방자치단체의 재정재건은 지방자치단체의 자치권을 지나치게 제한할 우려가 있고, 지방자

〈매일경제〉, 2012. 8. 19., ③「선심성 사업 펑펑 … 佛 샤르트르 4만 개 도시계획 중단위기」, 〈매일경제〉, 2012. 8. 5.
3)「인천 · 태백 · 부산 · 대구, 재정위기 지자체 경고」, 〈매일경제〉, 2012. 6. 28.
4) 지방자치법 제122조 제1항.
5) 지방자치법 제122조 제2항.
6) 지방재정법 제54조.
7) 지방재정법 제55조.
8) 지방재정법 제55조의 2.
9) 지방재정법 제55조의 3.
10) 지방재정법 제55조의 5.
11) 지방재정법 제55조의 4.

치단체의 재정 부담을 중앙정부에 떠넘김으로써 지방자치단체의 방만한 재정운영에 대한 책임을 전 국민에게 전가하는 측면이 있으며, 종국적으로는 지방자치단체가 자율적으로 건전한 재정운영을 할 수 있는 자기규율 능력에 심각한 저해가 될 수 있다는 한계가 있다. 무엇보다도 중앙정부의 재정형편상 지방자치단체에 대한 재정지원이 여의치 않다면 중앙정부의 개입을 통한 지방재정 재건은 사실상 불가능할 것이다.

2. 새로운 대안의 모색

1) 도산절차의 도입 필요성

우리나라의 경우 지방자치단체의 재정 부족분은 주로 중앙정부의 재정지원을 통하여 해결해 왔고, 중앙정부로 하여금 지방채 발행 총액을 제한할 수 있도록 함으로써[12] 지방자치단체의 과도한 부채 부담을 억제해 왔으므로, 도산절차와 같은 지방자치단체의 재정재건절차의 도입 필요성 자체가 상대적으로 낮았다고 볼 수 있다(정창훈, 2011, p. 80). 그런데 최근 지방자치단체의 무분별한 재정지출 확대와 더불어, 지방공사가 각종 개발사업을 추진하는 과정에서 막대한 규모의 공사채를 발행하여 감당할 수 없는 정도의 과중한 부채를 부담하게 됨에 따라 채무불이행 또는 사업 중단의 위기에 처하게 되어, 편법 출자 등을 통하여 공사채 발행을 도왔던 몇몇 지방자치단체의 재정 상황 역시 가히 재정위기라고 부를 만한 상황에 이르게 되었다(정성호 · 정창훈, 2011, p. 25).

대표적으로, 인천광역시는 인천도시공사에 처분할 수 없는 자산을 출자하여 부채 비율을 낮춘 뒤 인천도시공사로 하여금 발행한도를 초과하는 공사채를 발행할 수 있도록 해주었고,[13] 결과적으로 인천도시공사는 2011년 기준 부채 총액이 7조 원을 초과하는 막대한 부채를 부담하게 되었다.[14]

12) 지방재정법 제11조.
13) 최재용, 「도개공 부실, 인천시도 책임 못 면해」, 〈조선일보〉, 2011. 5. 23.

용인시의 경우에는 용인경전철에 대한 지나치게 낙관적인 수요예측을 기초로 사업의 시행자인 용인경전철 주식회사와 최소운영수입 보장협약(MRG)을 체결하는 바람에 향후 30년간 3조 4,000억 원에 이르는 막대한 보상금을 지급하여야 할 처지가 되었다. 용인시는 용인경전철 주식회사와 용인경전철 사업 재구조화 및 자금재조달협약을 체결하기는 하였으나, 결국 용인경전철 주식회사에 합계 7,787억 원을 지급하게 되었다. 용인시는 이를 위해 행정안전부 장관의 승인을 받아 4,420억 원 상당의 지방채를 발행하는 한편, 나머지 2,628억 원은 지방채 발행 없이 민간투자금으로 전환하여 30년간 분할상환하기로 약정하였다.[15]

태백시의 경우에는 태백관광개발공사가 오투리조트 사업을 시행하면서 농협으로부터 차입한 1,460억 원에 대하여 지급보증을 하였는데, 태백관광개발공사의 부실한 사업운영으로 인하여 위 보증채무 중 상당 부분을 떠안아야 할 위기에 처해 있다.[16]

이와 같이 우리나라에서도 지방자치단체가 민간부문에 막대한 부채를 부담하게 됨에 따라, 미연방파산법 제9장과 같은 도산절차를 통한 지방자치단체의 재정재건에 대한 관심이 고조되고 있다.[17] 이는 미연방파산법 제11장에 규정된 기업의 재건절차와 매우 유사한 것으로 지급불능에 빠진 지방자치단체가 채권자들과의 협의를 통하여 채무조정안을 마련한 후 이를 인가받으면, 인가받은 채무조정안의 효력은 채무조정안에 반대한 채권자들도 모두 구속하게 되는 것이다. 지방자치단체의 재정재건이 미연방파산법 제9장과 같은 도산절차에 따라 이루어지는 경우, 지방자치단체는 중앙정부에 책임을 전가하지 않고 변제하여야 할 채무를 합리적 수준으로 조정할 수 있게 되는 장점이 있다.

물론, 우리나라의 지방자치법 제124조 제4항은 "지방자치단체의 채무는 조례나 계약에 의하지 아니하고는 그 채무의 이행을 지체할 수 없다"고 규정하여 당사자의 동의가 없더라도 조례를 통하여 그 채무의 지급을 일시적으로 유예하는 정도의 채무조정을 할 수 있는 길을 열어 두고 있기는 하나, 지급유예를 할 수 있는 요

14) 인천도시공사 재무제표에 대한 감사보고서(http://www.idtc.co.kr/attach/clean/2011_1.pdf).
15) 양희동, 「용인시 경전철 시행사에 2600억 원 추가지급」, 〈조선일보〉, 2012. 6. 20.
16) 조한종, 「태백 '빚덩이' 오투리조트 경매위기」, 〈서울신문〉, 2012. 10. 6.
17) 정준영, 「지자체의 회생신청」, 〈법률신문〉, 2012. 7. 2.

건이나 절차에 대한 구체적 규정이 마련되어 있지 않고, 채무의 지급유예에서 나아가 채무의 감면을 전제로 하는 전면적 채무조정은 애초에 가능하지 않도록 되어 있다. 그런데 일반 기업과 마찬가지로 지방자치단체의 보다 효율적인 재정재건을 위해서는 미연방파산법 제9장과 같은 도산절차를 통한 전면적 채무조정이 필요하게 된다. 게다가 지급유예가 되었든 채무감면이 되었든 채권자들의 권리행사가 제한되기는 마찬가지인데, 도산절차에 따른 채무조정의 경우 중립적이고 독립적인 사법절차 내에 지방자치단체와 채권자들을 포함한 이해관계인이 채무조정안에 대하여 협상할 수 있는 여건을 조성한 후 협상의 기회를 제공하고, 이를 기초로 지방자치단체와 이해관계인 사이의 집단적 화해를[18] 유도한다는 측면에서, 보다 용이하게 헌법적 정당성을 확보할 수 있다는 장점이 있다.

지방자치단체의 재정재건이 미연방파산법 제9장과 같은 도산절차에서 이루어지는 경우 또 다른 장점은 채권자들이 향후 지방자치단체에 신용을 공여함에 있어 보다 신중한 신용평가를 하게 되어 재정운영이 방만한 지방자치단체는 신용을 얻기가 불가능하거나 그에 따른 비용이 크게 증가할 것이고, 반면 건전한 재정운영을 하는 지방자치단체는 그 비용을 절감할 수 있게 되어, 지방자치단체가 자율적으로 건전한 재정운영을 할 수 있게 하는 유인을 제공할 수도 있을 것이다(정창훈, 2011, pp. 81-85).

2) 대안으로서 채무자 회생 및 파산에 관한 법률상의 회생절차

우리나라의 채무자 회생 및 파산에 관한 법률(이하 '채무자회생법'이라고 한다)에는 미연방파산법 제11장의 기업재건절차와 매우 유사한 절차인 회생절차가 규정되어 있는 반면, 미연방파산법 제9장과 같은 지방자치단체의 재건절차에 관하여는 명시적 규정을 두고 있지 않다. 그런데 미연방파산법의 예에서 볼 수 있듯이 기업의 재건절차나 지방자치단체의 재건절차나 그 본질에 있어 크게 다른 점이 없고, 채무자회생법 역시 회생절차 개시신청을 할 수 있는 채무자의 자격에 관하여 아무

18) 집단적 화해의 법적 성질에 관하여는, 헌법재판소 1992. 6. 26. 선고 91헌가8, 9 [헌판집 제4권] 참조.

런 제한을 두고 있지 않으므로, 우리 지방자치단체는 채무자회생법상의 회생절차를 이용하여 채무조정을 할 수 있다고도 볼 수 있게 된다.

반면, 지방자치단체는 기본적으로 통치 기능을 갖는 공법인으로서 중단 없는 공공서비스의 제공이 헌법적 차원에서 보장되고 있기 때문에, 법원이 절차를 주도하는 도산절차를 통한 지방자치단체의 파산 또는 회생은 가능하지 않다고 볼 수도 있다. 앞서 언급하였듯이 채무자회생법은 회생절차의 개시신청을 할 수 있는 채무자의 자격에 관하여 아무런 제한을 두고 있지 않으므로 지방자치단체도 회생절차 개시신청을 할 수 있는 채무자에 해당한다고 볼 수 있으나, 회생절차에 관한 여러 규정 중 청산가치 보장을 전제로 하는 규정이나[19] 법원의 채무자에 대한 감독에 관한 규정[20] 또는 채권자의 절차 관여에 관한 규정[21] 등은 확실히 채무자회생법이 입법될 당시 지방자치단체가 회생절차 개시신청을 할 수도 있다는 점을 염두에 두지 않고 제정된 것으로 보여, 이를 제한 없이 적용하는 경우 헌법이 보장하고 있는 지방자치단체의 자치권 또는 권력분립의 원칙을 침해하는 결과가 발생할 수도 있게 된다.

그러나 재정위기에 처한 지방자치단체의 효율적 재정재건을 위해서는 무엇보다도 채무조정을 통한 재무구조 개선이 반드시 필요한데, 회생절차는 채권자들과의 집단적 화해를 기초로 한 채무조정을 그 본질로 하는 것이고, 아래에서 보는 바와 같이 채무자회생법을 제한적으로 해석 · 적용하는 경우 회생절차를 통한 통치 기능의 저해를 최소화할 수 있기 때문에, 지방자치단체의 회생을 인정하는 것이 타당하다고 본다.

결국, 지방자치단체의 회생 능력을 인정하는 경우에도 채무자회생법의 회생절차에 관한 규정이 전면적으로 적용된다고 보기는 어렵고, 지방자치단체의 헌법상의 지위에 비추어 그 적용을 일부 배제하거나 제한적으로 해석 · 적용하여야 할 필요가 생기게 된다.[22]

19) 계속기업가치가 청산가치를 초과하는 것을 전제로 하는 회생계획안제출명령(채무자회생법 제220조), 회생계획안 인가조건으로서의 청산가치 보장(채무자회생법 제243조 제1항 제4호) 등.
20) 법원의 허가를 받아야 하는 행위(채무자회생법 제61조), 관리인의 감독에 관한 규정(채무자회생법 제81조) 등.
21) 채권자의 회생절차 개시신청(법 제34조 제2항) 및 회생계획안 제출(채무자회생법 제221조) 등에 관한 규정.
22) 이와 관련하여 헌법재판소는 재판의 전제가 되는 법률에 대한 규범통제는 해석에 의해 구체화된 법률의 의미와 내용에 대한 헌법적 통제로서 헌법재판소의 고유권한이라는 전제에서 헌법합치적 법률 해석의 원칙상 법률조항 중 위헌성이 있는 부분에 한정하여 위헌을 구하는 한정위헌청구 역시 허용된다는 입장이나(2012. 12. 27. 선고 2011헌바117 참조), 대법원은 구체적 분쟁사건의 재판에 즈음하여 법률 또는 법률조항의 의미 · 내용과 그 적용범

그러므로 본고에서는 우선 미연방파산법 제9장의 내용을 자세히 살펴본 뒤, 이를 토대로 우리나라 채무자회생법상의 회생절차를 통한 지방자치단체의 재정재건의 가능성 및 그 전제조건, 적용상의 문제점을 차례로 살펴보기로 한다.

II. 미국 연방파산법의 내용

1. 제9장의 입법 연혁

1) 1934년 개정법

미국 경제가 1930년대 대공황의 시대로 접어들자, 많은 지방자치단체는 자산가치의 급격한 하락에 따른 세수 감소 등으로 재정파탄 상태에 빠지게 되어, 1934년경에 이르러서는 지급불능 상태에 빠진 지방자치단체가 2,019개에 이르게 되었다(Kimhi, 2010, pp. 362-363).

당시 재정위기에 몰린 지방자치단체는 채권자들과의 채무조정에 관한 합의를

위가 어떠한 것인지를 정하는 권한, 곧 법령의 해석 · 적용 권한은 사법권의 본질적 내용을 이루는 것이고, 법률이 헌법 규범과 조화되도록 해석하는 것은 법령의 해석 · 적용상의 대원칙이므로 합헌적 법률 해석을 포함하는 법령의 해석 · 적용 권한은 대법원을 최고법원으로 하는 법원에 전속하는 것이라는 전제에서 헌법재판소의 한정위헌 결정의 기속력을 인정하고 있지 않다(2001. 4. 27. 선고 95재다14 판결 참조). 대법원은 이러한 맥락에서, "회생절차에서 회생채권자가 회생절차의 개시사실 및 회생채권 등의 신고기간 등에 관하여 개별적인 통지를 받지 못하는 등으로 회생절차에 관하여 알지 못함으로써 회생계획안 심리를 위한 관계인집회가 끝날 때까지 채권신고를 하지 못하고, 관리인이 그 회생채권의 존재 또는 그러한 회생채권이 주장되는 사실을 알고 있거나 이를 쉽게 알 수 있었음에도 회생채권자 목록에 기재하지 아니한 경우, 법 제251조의 규정에 불구하고 회생계획이 인가되더라도 그 회생채권은 실권되지 아니한다"고 판시하면서, 이는 이러한 경우까지 "회생채권을 실권시키는 것은 회생채권자로 하여금 회생절차에 참가하여 자신의 권리의 실권 여부에 관하여 대응할 수 있는 최소한의 절차적 기회를 박탈하는 것으로서 헌법상의 적법절차원리 및 과잉금지원칙에 반하여 재산권을 침해하는 것으로 허용될 수 없(다.")기 때문이라고 판시하였다(대법원 2012. 2. 13.자 2011그256 결정). 결국, 법원이 지방자치단체와 관련한 구체적 사안에서 채무자회생법을 해석 · 적용함에 있어 그 위헌성이 문제되는 경우, 헌법재판소의 견해에 따르면 법원이 그 위헌성 여부를 독자적으로 판단하여 문제되는 법률조항의 적용을 배제하거나 제한하는 것은 허용되지 않는다고 할 수도 있겠으나, 대법원의 견해에 의하면 이는 법원에 전속하는 법령 해석 · 적용 권한에 포함되는 것으로 당연히 허용된다고 보아야 한다.

통하여 재정위기를 벗어나고자 하였는데, 다수의 채권자들과 채무조정협약까지 체결하였음에도 이에 반대하면서 버티는 소수의 채권자들 때문에 종국적으로 채무조정 자체가 무산되는 경우가 종종 발생하였다. 소수 채권자들의 버티기(hold-out)로 지방자치단체의 재정위기 탈출이 어렵게 되자, 미연방의회는 1934년 구 연방파산법(Bankruptcy Act of 1898)에 지방자치단체의 재건절차에 관한 제9장을 추가하여, 지방자치단체가 채무조정안에 대하여 채권자의 과반수로부터 동의를 얻는 경우에는 채무조정을 위한 재건신청을 할 수 있도록 하고, 일정한 조건을 충족하면 채무조정안에 반대하는 소수의 채권자들도 이에 구속되게 함으로써 소수 채권자들의 버티기 문제를 해결하였다(Kimhi, 2010, pp. 364-365).

그러나 1934년 법 개정의 목적과 적용범위는 매우 제한적이어서 현재의 기업재건절차에서 일반적으로 인정되는 자동중지, 강제인가 등과 같은 구제조치는 인정되지 아니하였다(Kimhi, 2010, p. 365).

2) 1937년 개정법

미국의 경우 지방자치단체는 미연방수정헌법 제10조에 따라 각 주에 유보된 통치권(sovereignty)의 일부를 행사하는 주의 기관으로서 이해되고 있는데, 이러한 측면에서 미연방대법원은 구 연방파산법 제9장이 지방자치단체의 재정에 관한 문제에 관여함으로써 지방자치단체가 소속된 각 주의 통치권을 침해한다는 이유로 위헌 결정을 하였다.[23)]

구 연방파산법 제9장이 미연방대법원으로부터 위헌 결정을 받자 미연방의회는 1937년 주의 통치권을 보다 더 존중하는 방향으로 법을 개정하여, 법원이 재건절차를 통하여 지방자치단체의 재정적 · 행정적 권한 행사 또는 행정상의 목적 달성에 필요한 지방자치단체의 재산 및 수입에 대하여 관여하는 것을 금지하고 채권자에 의한 비자발적 재건신청은 인정하지 아니하였다.[24)] 미연방대법원도 1937년 개정법에 대하여는 합헌 결정을 하였다.[25)]

23) Ashton v. Cameron County Water Improvement Dist. No. 1, 298 U.S. 513, 532(1936).
24) 50 Stat. 653.

3) 1976년 개정법

1970년대 석유파동으로 촉발된 인플레이션으로 인하여 미국 경제가 다시 침체기로 접어들자, 미국 내 많은 지방자치단체가 세수의 급격한 감소로 다시 한 번 재정위기에 처하였다. 이 중 뉴욕시의 재정난이 가장 극심하여 구 연방파산법상의 재건절차를 통한 재건을 모색하게 되었는데, 재건신청의 전제조건으로서 뉴욕시와 같은 거대도시가 시의 채권자들로부터 채무조정안에 관하여 사전 동의를 이끌어 내는 것은 사실상 불가능하였다.

이와 같이 지방자치단체에 대한 기존의 재건절차가 소수 채권자들의 버티기 문제를 해결해 주는 것 외에 별다른 효용이 없는 것으로 판명이 나자, 미연방의회는 1976년 법 개정을 통하여 지방자치단체의 재정재건을 위해 기업의 재건절차와 동일한 수준의 전면적 재건절차를 도입하였다. 이에 따라 지방자치단체는 재건신청 전 채무조정안에 관하여 채권자의 과반수 동의를 얻지 않아도 재건신청을 할 수 있게 되었고, 기업재건절차에서와 마찬가지로 자동중지 또는 강제인가와 같은 구제조치의 적용을 받게 되었다(Kimhi, 2010, pp. 367-368).[26]

4) 1978년 개정법

1978년 미연방파산법의 전면개정이 이루어졌는데, 지방자치단체의 재건절차와 관련하여서는 기업의 재건절차와의 유사성이 더욱 강조되어 지방자치단체의 재건절차를 규정하고 있는 미연방파산법 제9장은 기업의 재건절차에 관한 제11장의 규정 중 상당 부분을 그대로 준용하게 되었다.[27]

---

25) United States v. Bekins, 304 U.S. 27, 54(1938). 이 합헌 결정에 대하여 이는 법의 변화로 인한 것이 아니라 연방대법원 구성의 변화로 인한 것이라는 비판이 있다. 즉, 1937년 개정법은 채권자의 비자발적 재건신청을 인정하지 않는 것을 제외하면 1934년 개정법과 실질적으로 다른 내용이 거의 없었는 데 반하여 연방대법관의 구성에는 큰 변화가 있었고 이에 따라 정반대의 결론이 도출되었다는 것이다(Malito, 2008, p. 4).

26) 그러나 뉴욕시는 제9장의 신청을 채권자들과의 협상에서 협상카드로 사용하였을 뿐 실제로 미연방파산법원에 재건신청을 하지는 않았다고 한다.

27) 11 U.S.C. §901(a).

2. 전반적인 특징

1) 기업재건절차와의 유사성

지방자치단체의 재건절차는 기본적으로 기업의 재건절차와 유사하다. 제9장의 재건절차를 희망하는 지방자치단체는 관할 연방파산법원에 제9장 신청을 하여 법원으로부터 개시 결정(relief order)을 받은 후, 채무의 변제기를 연장하거나 채무의 원본 또는 이자를 감축하는 내용의 채무조정안을 채권자들로부터 승인받고 이에 대하여 법원의 인가를 받으면, 인가된 채무조정안은 이에 반대한 채권자들도 모두 구속하게 된다. 설사, 지방자치단체가 제출한 채무조정안에 대하여 채권자들로부터 가결요건이 되는 동의를 받지 못하였다 하더라도 나머지 인가요건을 모두 갖춘 경우 법원으로부터 채무조정안에 관하여 강제인가를 받을 수도 있다.[28)]

또, 지방자치단체가 제9장 신청을 하면 제11장 신청에서와 같이 지방자치단체에 대한 일체의 소송 또는 집행행위가 자동중지되고(automatic stay),[29)] 나아가 지방자치단체의 관리(officers) 또는 주민에 대한 소송 또는 집행행위 또한 모두 금지된다.[30)] 그 외 제9장의 개시 결정을 받은 지방자치단체는 미이행 쌍무계약(executory contracts)을 해제 또는 해지할 수 있고,[31)] 편파변제(preference) 또는 사해행위(fraudulent transfer)와 같은 부인할 수 있는 행위에 대해서는 부인권을 행사할 수 있다.[32)]

2) 기업재건절차와의 차이점

(1) 연방헌법상의 제한

미연방의회는 연방헌법에 따라 파산에 대한 사항에 관하여 전국적으로 통일된 법을 제정할 권한이 있으나,[33)] 그 외 주(州)의 내정(內政)에 관한 통치권은 연방수정

28) 11 U.S.C. §901(a), §1129(b)(1).
29) 11 U.S.C. §901(a), §362.
30) 11 U.S.C. §922(a)(1).
31) 11 U.S.C. §901(a), §365.
32) 11 U.S.C. §901(a), §547, §548.
33) U.S. Const. Art. I, §8, cl. 4.

헌법 제10조에 따라 원칙적으로 미연방 소속 각 주에 유보되어 있으므로,[34] 연방의회에 의하여 제정된 연방파산법이 주의 통치권을 제한하게 되는 것은 연방수정헌법 제10조에 위반되어 허용되지 않는다.

그런데 파산절차의 특성에 비추어 볼 때, 지방자치단체에 대해서도 일반적 파산절차를 그대로 적용하게 되면 연방수정헌법 제10조에 따라 주에 유보된 통치권을 침해하게 될 가능성이 생기게 된다. 이러한 염려에서 연방파산법 §903 전단은, "지방자치단체가 정치적 · 행정적 권한을 행사함에 있어 입법 또는 그 밖의 절차를 통하여 지방자치단체를 통제하려는 주의 권한을, 제9장의 규정이 제한하거나 침해하지 못한다"고 규정하고 있다. 같은 맥락에서 연방파산법에 의한 지방자치단체의 청산형 파산을 인정하는 것은 주에 유보된 통치권을 침해하는 것이 되므로 허용되지 아니한다.

반면, 채무조정과 같은 파산절차의 본질적 사항은 연방법에 따라 규율되어야 하므로, 연방파산법 §903 후단은 "주법이 지방자치단체의 채무를 조정하는 수단을 규정하는 경우 또는 그러한 법 하에서 내려진 판결은 채권자들의 동의가 없는 한 채권자들을 구속하지 아니한다"고 규정하여 §903 전단의 규정과 균형을 도모하고 있다.

(2) 법원의 권한 제한

법원이 제9장의 재건절차를 통하여 지방자치단체의 정치적 · 행정적 사무처리에 관여하는 것은 주의 통치권 행사를 침해하는 것이 되므로, 제9장 재건절차에 있어 법원의 권한은 주의 통치권을 보장한 미연방수정헌법 제10조에 따라 대폭 제한된다.

법원은 지방자치단체의 동의가 있거나 채무조정안에서 정하는 외에는, 지방자치단체의 정치적 · 행정적 권한, 지방자치단체의 재산 및 재정수입, 수익재산에 대한 지방자치단체의 사용 또는 수익에 대하여 개입할 수 없고,[35] 부인권을 행사하는

34) The powers not delegated to the United States by the Constitution, nor prohibited by it to the States, are preserved to the States respectively, or to the people(U.S. Const. amend. X).

35) 11 U.S.C. §904.

경우를 제외하면 관리인(trustee)을 선임할 수도 없다(Bogdanoff, 2011, p. 56).[36] 따라서 지방자치단체는 재산의 사용 또는 처분이 상무(ordinary business)에 속하지 아니한 경우에도 법원의 허가 없이 이러한 행위를 할 수 있고, 회생채권의 변제 또는 신규 자금의 차입도 자유로이 행할 수 있다(Vazquez, 2011, pp. 179-180). 지방자치단체는 제11장에서와 마찬가지로 채권자 목록을 제출하여야 하고 목록에 기재된 채권은 신고된 것으로 간주되나,[37] 자산 및 부채 등 각종 명세표, 재무상태표는 제출할 필요가 없다.[38]

결국, 제9장의 재건절차에서는 전통적으로 법원의 감독 기능에 속하는 권능은 그 행사가 제한되고, 법원의 주된 역할은 지방자치단체의 제9장 신청을 승인하고 채무조정안을 인가하는 정도에 그치게 된다(Bogdanoff, 2011, p. 55).

(3) 채권자의 권한 제한

같은 맥락에서 제9장 재건절차에 있어 채권자들의 권한도 대폭 제한된다. 채권자에 의한 비자발적 신청과 파산신청은 허용되지 아니하고 채무조정안의 제출 역시 채권자에게는 허용되지 않는다. 미연방파산법 제9장은 채권자협의회가 선임한 전문가의 보수 지급에 관한 §328, §330을 준용하지 아니하므로, 원칙적으로 채무자에게 채권자협의회를 위하여 선임된 전문가에 대한 보수의 지급을 부담시킬 수 없다(Glassman, 2011, p. 216).[39]

결국, 지방자치단체의 제9장 신청을 반대하는 채권자들은 제9장 신청의 기각을 구하거나 지방자치단체가 제출한 채무조정안에 반대하는 정도의 권한만을 가지는 것에 그치게 된다.

36) 11 U.S.C. §926.
37) 11 U.S.C. §924, §925.
38) Rule 1007 of the Federal Rules of Bankruptcy Procedure.
39) 그러나 재건절차에 있어 채권자협의회는 매우 중요한 역할을 하므로, 제9장 채무자는 통상 채권자협의회가 선임한 대리인 등의 보수지급에 동의한다고 한다[Patrick Darbey *et al.*, 2010, Loc 362 of 754(kindle version)].

3. 재건절차의 신청

1) 신청자격

(1) 엄격성

제9장의 신청을 할 수 있는 채무자는 지급불능 상태에 있는 지방자치단체로서 제9장의 신청이 주법에 따라 승인되어야 하고 채무조정안의 인가를 얻고자 하여야 하며 신청 전 채무조정안에 관하여 채권자 과반수의 동의를 얻거나 협상을 거쳐야 하는 등, 그 자격요건[40]이 다른 장의 신청에 비해 대단히 엄격하다.

이는 지방자치단체가 재건신청을 하는 경우 그 파급효과가 대단히 큰 반면 지방자치단체는 재건절차에서도 비교적 자유로운 지위를 유지할 수 있어, 지방자치단체에 의하여 제9장 신청이 무분별하게 남용되는 것을 방지하기 위하여 제9장의 입법자가 의도한 것이다. 따라서 제9장 신청은 더 이상 기댈 곳 없는 지방자치단체에게 주어지는 최후의 수단으로서 이해되어야 하고,[41] 제9장 신청이 지방자치단체에게 주어진 최후의 수단으로서 행하여진 것이 아니라면 이러한 신청은 불성실한 신청으로서 기각사유가 된다.[42]

(2) 지방자치단체

제9장의 신청을 할 수 있는 채무자는 지방자치단체이어야 한다. 여기서 말하는 지방자치단체라 함은 주의 하위 행정단체(political subdivision), 공적 기관(public agencies), 위탁기관(instrumentality)을 의미한다.[43] 하위 행정단체는 전통적 의미의 행정권한, 즉 경찰권 또는 과세권 등을 보유하는 단체로서 시(cities), 타운(towns), 카운티(counties) 등을 포함하고, 공적 기관 또는 위탁기관은 상 · 하수도, 도로, 항만, 교육 등의 특별한 공적 사업을 수행하기 위해 주에 의하여 설립되거나 주의 재정지원을 받아 설립된 수익사업체(revenue-producing enterprises)로서, 수도 · 전기 · 가스위

40) 11 U.S.C. §109(c).
41) In re Pierce County Housing Authority, 414 B.R. 702(Bankr. W.D.Wash. 2009).
42) In re Sullivan County Regional Refuse Disposal Dist., 165 B.R. 60, 82(Bankr. D.N.H. 1994).
43) 11 U.S.C. §101(40).

원회(public utility boards), 공공개발특구(public improvement districts), 학교구(school districts) 등을 포함한다(Vazquez, 2011, p. 183).

공공사업을 수행하는 특정 단체에 제9장의 신청적격이 있는지가 문제되는 경우 단체의 설립경위, 전통적 행정권한의 보유 여부, 지방자치단체에 의한 재정지원 또는 감독이 이루어지는지 여부 등을 종합적으로 고려하여 결정하여야 한다. 미연방파산법원은 네바다 주와의 프랜차이즈 계약에 따라 설립된 라스베이거스 모노레일 컴퍼니(Las Vegas Monorail Company)에 대하여, 이 회사는 과세권과 같은 전통적인 행정권한을 보유하고 있지 않고, 모노레일 사업은 전통적 의미의 행정 서비스 영역에 포함되지 않으며, 주에 의하여 회사 업무에 관한 일상적 감독도 행하여지지 않았다는 점을 들어 제9장의 채무자로서 지방자치단체가 아니라고 판시하였다.[44]

(3) 주(州)의 승인

지방자치단체가 제9장의 신청을 하기 위해서는 주법에 의하여 제9장의 신청이 승인되어야 한다. 이는 제9장의 재건절차에 있어서도 지방자치단체에 대한 주의 감독권을 존중하기 위한 것이다.

현재 18개 주만이 명시적으로 제9장 신청을 승인하고 있고, 그 외 8개 주에서는 제9장 신청에 전제조건을 부가하고 있으며, 콜롬비아 특별구를 포함한 23개 주는 승인에 관한 주법을 두고 있지 않으며, 조지아 주는 제9장 신청을 금하는 주법을 두고 있다(Benvenutti, 2011, pp. 41-45).[45]

(4) 지급불능[46]

지방자치단체는 지급불능(insolvent)이어야 하는데, 이는 변제기에 도달한 채무

44) In re Las Vegas Monorail Company, 429 B.R. 795(Bankr. D. Nev. 2011), 라스베이거스 모노레일 컴퍼니는 제9장이 아닌 제11장의 신청을 하였는데, 이에 대하여 보험사인 Ambac이 라스베이거스 모노레일 컴퍼니는 지방자치단체이므로 제11장의 신청을 할 수 없다고 다투었다. 네바다 주는 제9장의 신청을 승인하는 주법을 두고 있지 않으므로, 라스베이거스 모노레일 컴퍼니가 지방자치단체로 인정된다면 연방파산법상의 보호를 전혀 받을 수 없게 되는 상황이었다(Kevane, 2011, pp. 114-115).

45) 신청의 전제조건으로는 제9장의 신청 또는 채무조정안에 대한 주지사에 의한 승인 따위가 부가된다.

46) insolvent는 아래의 정의에서와 같이 지급정지 또는 지급불능을 모두 포함한다. 이하에서는 편의상 '지급불능'이라고만 칭한다.

를 일반적으로 변제하지 아니하고 있거나, 변제기가 도래하는 채무를 변제할 능력이 없는 상태를 의미한다.[47] 지방자치단체의 경우 단순히 그 자산 및 부채만을 비교하여 지급불능이라 판단하여서는 아니되는데, 이는 지방자치단체의 자산 대부분이 강제집행의 대상에서 제외되기 때문이다(Kevane, 2011, pp. 116-117).

지방자치단체의 지급불능에 대한 판단은 현금흐름에 대한 포괄적 분석, 즉 다년간의 현금흐름, 사용 가능한 현금보유고뿐만 아니라 자금조달비용의 절감능력, 지불유예를 얻을 수 있는 법적 수단 등의 분석을 통하여 이루어져야 할 것이다(McGrath and Kim, 2010, p. 3). 따라서 지방자치단체가 변제기에 도래한 채무를 변제하기에 충분한 자금을 보유하고 있거나 채무의 변제기가 도래하지 아니한 경우에는 지급불능이라고 할 수 없다.[48]

반면, 제9장 신청을 한 발레호 시(City of Vallejo)가 예산절감, 임금조정 및 계약수정을 통하여 향후 1년 이상은 정상운영이 가능하고 적어도 제9장 신청 당시에는 지급불능이 아니므로 위 신청을 기각하여야 한다는 발레호 시 공무원 노조의 주장에 대하여, 미연방파산법원은 제9장 신청 당시 사용 가능한 자금이 반드시 모두 소진되어야만 지급불능을 인정할 수 있는 것은 아니라는 이유로 발레호 시 공무원 노조의 주장을 배척하였다(Kevane, 2011, p. 117).

(5) 채무조정안을 인가받고자 하는 의사

지방자치단체는 종국적으로 채무조정안을 인가받고자 하는 의사로 제9장 신청을 하여야 한다. 따라서 지방자치단체가 채무조정안의 인가를 목적으로 하지 아니하고 단지 채권자들의 채권 만족을 지연시키거나 좌절시킬 목적으로 제9장 신청을 하거나, 단체협약을 파기하려는 목적으로 제9장 신청을 하였다면 이는 불성실한 신청으로서 기각하여야 한다.[49]

47) 11 U.S.C. §109(c)(3), §101(32).
48) In re Town of Westlake, Tex., 211 B.R. 860, 864(Bankr. N. D. Tex. 1997); In re Hamilton Creek Metro. Dist., 143 F.3d 1384.
49) In re city of Vallejo, 408 B.R. 280.

(6) 채권자들의 동의

지방자치단체는 제9장 신청 전 채무조정안에 따라 권리가 불이익하게 변경되는 채권자조 채권액의 적어도 과반수를 가진 채권자들의 동의를 얻거나, 동의를 얻지 못한 경우라도 그러한 동의를 얻고자 성실하게 협상하였거나, 협상 자체가 사실상 불가능한 경우 또는 채권자가 협상을 통해 부당한 재산권의 이전을 도모하고 있다고 믿을 만한 정당한 사유가 있는 경우에는 제9장 신청이 가능하다.[50)]

지방자치단체가 신청 전 채권자들의 동의를 받도록 한 것은 구 연방파산법 제9장의 제정 목적이 단지 소수 채권자들의 버티기 문제를 해결하기 위하여 도입된 것이기 때문이었다. 그러나 그 후 지방자치단체에 대하여도 기업의 재건절차를 전면적으로 도입하게 되면서 그 필요성에 의문이 있었으나, 이를 삭제하는 경우 지방자치단체의 무분별한 신청이 쇄도할 것을 우려하여 이를 그대로 존치하되 3가지의 예외를 두게 되었다(Vazquez, 2011, p. 186).

2) 성실한(in good faith) 신청

이미 언급하였듯이, 채무자가 재건절차의 본래 목적이라 할 수 있는 채무조정을 목적으로 하지 아니하고 단지 채권자의 채권 만족을 지연시키거나 좌절시킬 목적으로 제9장 신청을 하거나, 제9장 신청이 지방자치단체에게 주어진 최후의 수단으로서 행하여진 것이 아니라면 이러한 신청은 불성실한 신청으로서 신청기각사유가 된다.[51)]

불성실한 신청인지 여부를 판단하기 위해서는 지방자치단체의 주관적 의사, 재정파탄의 범위 및 성질, 제9장 신청을 하는 동기와 더불어 지방자치단체가 신청 전 채권자들과 충분한 협상을 하였는지, 제9장 신청 외 다른 대안은 없었는지 여부를 고려하여야 한다.[52)]

법원이 신청기각사유가 있는지에 관하여 심리한 결과 기각사유가 없다고 판단하는 경우에는 개시 결정(relief order)을 하여야 한다.[53)] 이는 채무자의 자발적 신청

50) 11 U.S.C. §109(c)(5).
51) 11 U.S.C. §921(c).
52) In re New York City Off-Track Betting Corp., 427 B.R. 256(Bankr. S.D.N.Y. 2010).

사건의 경우 별다른 개시 결정을 요하지 않는 기업재건절차와는 다른 점이다.[54)]

4. 채무조정안

1) 채무조정안의 제출

지방자치단체는 제9장 신청과 동시에 또는 법원이 정한 기간 내에 채무조정을 내용으로 하는 채무조정안을 제출하여야 하고, 채권자에 의한 채무조정안의 제출은 허용되지 않는다(Glassman, 2010, p. 207).[55)] 채권자에 의한 채무조정안의 제출을 통하여 장래의 조세수입 및 재정지출에 관한 지방자치단체의 권한을 간접적이나마 침해할 수도 있기 때문이다.

2) 채무조정안의 인가요건

(1) 가결요건 및 강제인가

제11장에서와 마찬가지로 제9장의 채무조정안이 인가를 받기 위해서는 채권자로부터 승인을 얻어야 하는데,[56)] 채권자의 승인을 얻기 위해서는 채무조정안에 대하여 이로 인하여 권리가 불이익하게 변경되는 채권자조의 채권 총액 중 3분의 2, 채권수 중 2분의 1 이상의 동의를 얻어야 한다.[57)]

다만, 채무조정안이 가결요건을 제외한 나머지 인가요건을 모두 갖춘 경우, 법원은 채무조정안이 권리가 불이익하게 변경되는 채권자들을 부당하게 차별하지 않고, 공정하며 형평에 부합한다면 이를 강제인가하여야 한다.[58)]

53) 11 U.S.C. §921(d).
54) 11 U.S.C. §301(b).
55) 11 U.S.C. §941.
56) 11 U.S.C. §901(a), §1129(a)(8).
57) 11 U.S.C. §901(a), §1126(c).
58) 11 U.S.C. §901(a), §1129(b)(1).

(2) 그 외 인가요건

채무조정안이 인가되기 위해서는 앞서 언급한 가결요건 이외에도 §943이 규정하는 다음과 같은 요건을 충족하여야 한다.

① 제9장이 준용하는 연방파산법 규정에 부합하여야 한다.

② 제9장의 모든 규정에 부합하여야 한다.

③ 채무자가 사건 또는 채무조정안과 관련하여 발생한 용역 또는 비용에 대한 대가로서 지급하여야 할 총액을 명시하고, 그 금액은 합리적이어야 한다.

여기서 말하는 용역에 대한 대가에는 채무자에 의하여 선임되는 전문가(professionals)에 대한 보수가 포함된다. 지방자치단체는 전문가에게 보수를 지급함에 있어 법원의 허가를 요하지 않는데, 대신 법원으로 하여금 보수의 적정성을 인가 단계에서 판단하도록 하고 있다(Vazquez, 2011, p. 190).

④ 채무조정안의 수행이 법에 의하여 금지되지 아니하여야 한다.

이는 채무조정안에 주법(州法)에 반하는 내용을 규정할 수 없다는 것으로, 주의 지방자치단체에 대한 통제권을 보장하기 위한 것이다(Vazquez, 2011, p. 191). 그러므로 채무조정안이 주법에 정해진 변제의 우선순위에 반하는 변제방법을 정하는 것은 허용되지 않는다(Vazquez, 2011, p. 190).

⑤ 채무조정안의 효력발생일에 채권자가 확정된 공익채권(administrative expenses)의 전부를 현금으로 수령한다는 내용을 규정하여야 한다.

⑥ 채무조정안을 수행함에 있어 필요한 법령상의 승인 또는 주민투표를 통한 승인을 얻었거나 그러한 승인을 얻는 것을 명시적 조건으로 하여야 한다.

지방자치단체가 제출하는 채무조정안에는 지역주민의 투표를 통한 동의가 필요한 증세(增稅) 또는 지방채 발행 등이 포함되는 경우가 종종 있는데, 이러한 경우 지역주민의 동의를 받지 못하였다거나 동의를 받을 방법이 없다면 채무조정안은 인가될 수 없다(Vazquez, 2011, p. 191).

⑦ 채무조정안은 채권자의 최선의 이익(best interests)에 적합하여야 하고 수행 가능성(feasibility)이 있어야 한다.

(3) 최선의 이익

채권자가 재건절차에서 채무조정안에 따라 변제받을 수 있는 금액이 파산절차에서 채무자를 청산하였을 때 배당받을 수 있는 금액보다 크다면, 재건절차에 의하는 것이 채권자의 최선의 이익에 적합하다고 할 수 있다. 제11장은 이러한 의미에서 청산가치 보장을 채무조정안의 인가요건 중 하나로 규정하고 있다.[59)]

그러나 지방자치단체의 경우 청산형 파산절차가 가능하지 않으므로 청산가치 산정이 불가능하다. 이러한 경우에는 채무조정안에 따른 변제금액을 청산시 배당받을 수 있는 금액과 비교할 수 없으므로, 결국 채무조정안이 인가되지 않았을 경우 변제받을 수 있는 금액과 비교할 수밖에 없게 된다. 즉, 채권자에게 재건절차에 따른 채무조정안보다 더 유리한 다른 대안이 없다면 재건절차에 따른 채무조정안이 채권자의 최선의 이익에 적합한 것이 된다.[60)]

따라서 채무조정안에 증세 규정을 두지 않은 경우에도 주법 또는 조례에 의하여 증세가 가능하다는 점에 관한 입증이 없는 이상 이와 같은 사정만으로 채무조정안이 채권자의 최선의 이익에 적합하지 않다고 할 수 없는 반면, 증세가 현실적으로 가능함에도 이를 채무조정안에 포함시키지 않았다면 이러한 채무조정안은 채권자의 최선의 이익에 적합하지 않게 될 것이다(Vazquez, 2011, p. 193).

(4) 수행 가능성

지방자치단체는 이윤의 창출이 아닌 중단 없는 공공서비스의 제공을 목적으로 하므로, 채무조정안의 수행 가능성을 판단함에 있어서는 지방자치단체가 채무조정안에 따라 장래의 채무를 변제할 수 있는지 여부뿐만 아니라 지역주민에 대한 일정 수준의 공공서비스 제공이 보장되는지 여부를 함께 고려하여야 한다.[61)]

59) 11 U.S.C. §1129(a)(7).
60) In re Mount Carbon Metropolitan Dist., 242 B.R. 18(Bankr. D. Colo. 1999).
61) In re Mount Carbon Metropolitan Dist., 242 B.R. 18(Bankr. D. Colo. 1999).

Ⅲ. 채무자회생법상 지방자치단체의 회생

1. 지방자치단체의 파산능력

1) 지방자치단체의 개념 및 법적 지위

지방자치단체는 지역주민의 복리에 관한 사무를 자주적으로 처리하기 위하여 자치권을 행사하는 공법상의 법인이다.[62] 지방자치단체의 자치권은 국가의 통치권으로부터 전래된 것으로서 그 내용에 따라 자치사무를 자주적으로 처리할 수 있는 자치행정권, 자치사무를 처리함에 있어 필요한 수입을 확보하고 이를 자율적으로 관리·운영할 수 있는 자치재정권, 법령의 범위 안에서 자치에 관한 규정을 제정할 수 있는 자치입법권 등으로 분류할 수 있다(김동희, 2009, pp. 53-54).

이와 같이 지방자치단체가 국가와는 별개의 법인격을 가진 공법상 법인의 지위에서 자치권을 행사하는 것이기는 하나, 자치권이라는 것이 본래 국가의 통치권으로부터 전래된 것이라는 관점에서 보면 "지방자치 역시 지방행정의 하나의 실현형태에 불과하고 지방자치단체도 행정권의 일부를 구성하는 것"이 된다(김동희, 2009, p. 100).

2) 지방자치제도의 헌법적 보장

헌법 제117조 제1항은 지방자치단체는 주민의 복리에 관한 사무를 처리하고 재산을 관리하며 법령의 범위 안에서 자치에 관한 규정을 제정할 수 있다고 규정하여, 제도로서의 지방자치와 지방자치단체의 자치행정권, 자치재정권, 자치입법권을 헌법적으로 보장하고 있다(권영성, 2009, pp. 245-250).

자치입법권을 법령의 범위로 제한한 헌법 제117조 제1항 후단과 지방자치단체

62) 지방자치법 제3조 제1항.

의 종류, 지방자치단체의 조직과 운영에 관하여는 법률로 정하도록 규정한 헌법 제117조 제2항, 제118조에 의하여 입법자는 그 재량에 따라 지방자치제도를 구체화하고 이를 제한할 수 있으나, 이 경우에도 법률로써 지방자치제도 자체를 폐지하거나 지방자치제도의 본질을 침해하는 것은 허용되지 않는다(허영, 2010, pp. 826-828).

3) 중앙정부에 의한 감독

지방자치단체 역시 행정권의 일부를 구성하고 있으므로 지방행정의 원활한 수행과 국가 전체 행정의 통일성을 확보하기 위하여, 지방자치법은 중앙정부에 의한 지방자치단체의 감독에 관한 규정[63]을 두고 있다. 이에 의하면 중앙행정기관의 장은 지방자치단체의 사무에 관하여 조언 또는 권고하거나 지도할 수 있으며, 이를 위하여 필요하면 지방자치단체에 자료의 제출을 요구할 수 있다.[64] 지방자치단체장의 위법하거나 부당한 명령이나 처분에 대하여 감독관청은 시정을 명하거나 이를 취소 또는 정지할 수 있고,[65] 지방자치단체장이 법령상의 의무를 게을리하는 경우 관할관청은 지방자치단체장에 대하여 직무이행명령[66] 등을 할 수 있다.

또, 지방자치단체의 재정위기를 사전에 막고 재정위기에 빠진 지방자치단체의 재정재건을 위하여, 중앙정부는 지방재정의 분석 및 진단 그리고 재정건전화 계획제도를 운영하고 있음은 앞에서 이미 언급한 바와 같다.

4) 파산능력

(1) 인정 여부

우리나라에서는 지방자치단체가 본원적인 통치단체이므로 파산에 의하여 재산관리권을 박탈하는 것은 통치의 운영을 방해하는 것이어서 지방자치단체의 파

63) 지방자치법 제9장.
64) 지방자치법 제166조 제1항.
65) 지방자치법 제169조.
66) 지방자치법 제170조.

산능력은 인정되지 않는다는 것이 일반적인 견해이다(조태제, 2006, p. 82). 마찬가지로 일본에서도 지방자치단체의 파산능력을 인정하면 통치능력을 마비시키는 것이 되므로 이를 인정하는 견해는 없다고 한다(박용석, 2012, p. 21). 독일의 경우에는 파산법 제12조에 따라 각 주(州)는 주의 감독 하에 있는 지방자치단체(Kommunen, Gemeinde)의 재산에 대하여 파산절차를 금지하는 내용의 주법을 제정할 수 있는데, 현재 독일의 모든 주가 이와 같은 입법을 하고 있으므로 독일의 지방자치단체는 파산능력이 없다고 한다(Thore, 2011, p. 29).

(2) 검토

독일의 경우 법률의 규정 형식만을 두고 보면 원칙적으로 지방자치단체의 파산능력을 긍정하는 전제에 서 있는 것으로 볼 여지가 있다. 실제로, 1929년 작센 주의 글라스휘테 시(市)에 대한 파산이 인정된 사실도 있으나, 다만 이 경우에도 시의 행정 목적 달성을 위한 행정재산은 제외한 나머지 재산만의 처분을 허용하였다(Thore, 2011, pp. 31-34). 현재에는 주법으로 지방자치단체의 파산을 인정하고 있지 않으므로 우리나라, 독일, 일본 모두 일치하여 지방자치단체의 파산능력을 부정하고 있다고 볼 수 있다.

지방자치단체 소유의 재산이라고 하여 모두 강제집행의 대상에서 제외되는 것은 아니다. 지방자치단체 소유의 재산이라 하더라도 행정재산을 제외한 일반재산은 강제집행의 대상이 될 수 있다.[67] 그러나 전체 채권자들의 채권 만족을 위해 행정권의 일부로 파악되는 지방자치단체에 대하여 법원이 주도하는 청산형 파산절차를 이용하도록 하는 것은 지방자치단체의 통치 기능을 저해하는 것으로, 헌법적 차원에서 보장되고 있는 권력분립의 원칙 및 지방자치단체의 자치권을 침해하는 것이 되어 허용되지 않고, 따라서 지방자치단체의 파산능력은 부정함이 타당하다.[68]

67) 공유재산 및 물품관리법 제28조 제1항 "일반재산은 대부 · 매각 · 교환 · 양여 · 신탁하거나 사권을 설정할 수 있으며, 법령이나 조례로 정하는 경우에는 현물출자 또는 대물변제를 할 수 있다."

68) 지방공기업의 파산능력 인정 여부에 관하여도 견해의 대립이 있을 수 있으나(박용석, 2012, pp. 27-28), 지방공기업법은 지방공기업 중 지방공단의 해산사유로서 파산을 명시적으로 규정하고 있다(지방공기업법 제77조의2). 지방공단과 지방공사의 경우 그 실질에 있어 거의 차이가 없으므로 지방공기업법의 해석으로는 지방공사 역시 파산이 가능하다고 해석할 수 있다. 그러나 이 경우에도 지방공사 또는 지방공단의 수행하는 사무의 공공성, 지방자치단체의 감독권 등을 고려하여야 할 것이다.

2. 지방자치단체의 회생능력

1) 회생절차상의 채무자 자격

채무자회생법은 “사업의 계속에 현저한 지장을 초래하지 아니하고는 변제기에 있는 채무를 변제할 수 없는 채무자 또는 파산의 원인인 사실이 생길 염려가 있는 채무자는 법원에 회생절차 개시의 신청을 할 수 있다”고만 규정하여,[69] 회생절차 개시의 신청을 할 수 있는 채무자의 자격에 관하여 채무자가 경제적 파탄 상태에 있어야 한다는 것 외에 별다른 규정을 두고 있지 않다.

종래 구 회사정리법은 주식회사만을 회사로 보아 정리개시신청을 할 수 있다고 규정하였으나,[70] 채무자회생법은 채무자를 개인인 채무자와 개인이 아닌 채무자로 구분하고 있을 뿐 이러한 제한을 유지하고 있지 않다.[71] 따라서 주식회사뿐만 아니라 합명회사, 합자회사, 유한회사는 물론 비영리법인, 기업체를 운영하거나 급여소득을 얻는 자연인도 채무자회생법상 회생절차를 신청할 수 있다(서울중앙지방법원 파산부 실무연구회, 2011, pp. 71-72).

2) 회생능력

(1) 인정 여부

가. 긍정설

긍정설은 지방자치단체의 파산능력을 부정하는 경우에도 채무조정을 통한 지방자치단체의 재정재건을 부정할 이유가 없으므로, 지방자치단체의 회생능력을 인정한다(표명환, 2010, p. 23).

나. 부정설

부정설은 지방자치단체의 파산능력이 인정되지 않으므로 미국과 같이 명문으로 이를 허용하는 규정이 없는 한 채무자회생법상의 회생절차 역시 허용할 수 없

69) 채무자회생법 제34조 제1항.
70) 구 회사정리법(2005. 3. 31. 법률 제7428호로 폐지) 제1조, 제30조.
71) 채무자회생법 제36조.

다는 이유를 들어 지방자치단체의 회생능력을 부정한다(조태제, 2006, p. 73; 박용석, 2012, p. 29).

(2) 검토

지방자치단체는 본원적 통치단체이므로 청산형 파산이 부정되는 것이기는 하나, 앞서 살펴본 바와 같이 지방자치단체의 효율적 재정재건을 위해서는 채무조정을 통한 재무구조 개선이 반드시 필요하고, 채무자회생법을 제한적으로 해석 · 적용하게 되면 회생절차를 통한 지방자치단체의 통치 기능의 침해를 최소화할 수 있게 되므로, 지방자치단체의 회생능력을 긍정할 수 있다고 본다.

부정설은 또 지방자치단체의 파산능력이 부정되는 경우 청산가치의 산정이 불가능하므로 우리 채무자회생법이 전제하는 청산가치 보장의 원칙이 충족될 수 없다거나, 회생계획 인가 후 폐지 결정이 확정된 경우에도 파산선고를 할 수 없어 회생계획안의 수행을 보장할 수 없으므로 지방자치단체의 회생능력을 인정할 수 없다고 한다(박용석, 2012, pp. 29-30).

파산능력을 부정하는 경우 청산가치 산정이 불가능하거나 사실상 곤란[72]하므로 일견 청산가치 보장의 원칙이 충족될 수 없는 것처럼 보이기는 한다. 그러나 아래에서 살펴보는 바와 같이 청산가치 보장의 원칙의 근저에는 채권자 일반의 이익에 적합하여야 한다는 원칙이 자리잡고 있어, 채권자 일반의 이익에 적합하여야 한다는 원칙이 충족되면 청산가치 보장의 원칙이 충족되는 것으로 의제할 수 있다.

마찬가지로 지방자치단체가 인가된 회생계획을 제대로 수행하지 못하여 회생절차의 폐지 결정이 내려진다 하더라도 지방자치단체에 대해서는 파산선고를 하지 못하므로 사실상 회생계획의 수행을 보장할 방법이 없어 문제인 것처럼 보인다. 그러나 이 경우에도 지방자치단체가 채권자들과의 협상을 통하여 회생계획 수행을 위한 적정한 보증 또는 담보를 제공하는 내용의 회생계획안을 작성하거나,[73] 조정된 채무를 모두 수행하는 것을 조건으로 잔존채무를 면책하는 내용의 회생계획안을 작성하여 이를 인가받음으로써 인가된 회생계획의 수행을 보장할 수도 있

72) 강제집행이 가능한 일반재산이 있다 하더라도 그 범위 및 액수를 확정하는 일은 사실상 곤란한 경우가 많을 것이다.
73) 채무자회생법 제196조(담보의 제공과 채무의 부담) 참조.

을 것이다.[74] 미연방파산법은 제9장 채무자가 기존 채무에 대한 면책을 얻기 위해서는 채무조정안의 인가와 함께 향후 인가된 채무조정안의 수행을 위한 보증 따위를 제공하여야 한다고 규정하고 있다.[75]

따라서 통치단체로서의 지방자치단체의 특성을 고려하여 채무자회생법을 제한적으로 해석 · 적용하는 경우 지방자치단체의 회생능력은 긍정할 수 있다고 본다.

(3) 관련 문제

가. 청산가치 보장의 문제

채무자회생법은 청산가치의 보장을 회생계획안의 인가요건 중 하나로 규정하면서,[76] 법원이 채무자의 계속기업가치가 청산가치보다 크다고 인정하는 경우에만 회생계획안의 제출을 명할 수 있고,[77] 만일 청산가치가 계속기업가치를 초과하는 것이 명백한 경우에는 회생절차를 폐지하여야 한다고 규정하여[78] 청산가치 보장의 원칙을 회생계획안의 제출을 명하는 단계에서부터 관철하고자 한다. 채무자의 계속기업가치가 청산가치를 초과하지 않는다면 청산가치를 보장하는 회생계획안이 제출될 수 없을 것이 명백하기 때문이다.

채무자회생법이 회생절차의 인가요건으로서 청산가치의 보장을 요구하는 이유는 다음과 같다. 즉, 회생절차의 대안으로서 다른 절차에 의하는 것이 채권자에게 보다 유리한 경우에도 회생절차를 강요하는 것은 채권자 일반의 이익에 적합하지 않으므로 허용되지 않는 것인데, 일반회생절차의 경우 채권자는 회생절차의 대안으로서 파산절차를 고려할 수 있으므로 채권자에게 파산에 따른 청산가치조차도 보장하지 못한다면 이는 채권자 일반의 이익에 적합하지 않게 되고, 이로 인한 불이익은 채권자의 재산권에 대한 본질적 침해가 되기 때문이다.[79] 다시 말하면,

74) 실무상 법인이 아닌 개인이 신청하는 (일반)회생사건의 경우에는 조정된 채무의 변제가 완료되는 다음날 잔여채무가 면제된다는 내용의 조항을 회생계획안에 포함시켜 인가받는 경우가 종종 있다.
75) 11 U.S.C. § 944(b).
76) 채무자회생법 제243조 제1항 제4호.
77) 채무자회생법 제220조 제1항, 다만 청산형 회생계획안의 경우에는 청산가치가 계속기업가치를 초과하는 경우에도 법원의 허가를 얻으면 제출할 수 있다(법 제222조 제1항).
78) 채무자회생법 제285조.
79) 대법원 2005. 11. 14.자 2004그31 결정, 회사정리절차에서 재산권의 본질적 내용이 훼손되는 것을 방지하기 위해서는 최소한 권리자가 회사재산에 대하여 가지는 청산가치가 보장되어야 한다는 취지로 판시하였다.

청산가치 보장의 원칙은 결국 "채권자 일반의 이익에 적합하여야 한다"는 원칙의 다른 표현에 불과하다.

그런데 지방자치단체와 같이 파산능력이 인정되지 않는 경우에는 파산에 따른 청산가치를 산정할 수 없으므로, 청산가치 보장의 원칙을 그대로 적용하여서는 아니 되고 이에 대한 적절한 수정이 필요하게 된다. 즉, 이러한 경우에는 채권자에게 회생절차 외에 보다 더 유리한 다른 대안[80]이 없다면 청산가치 보장의 원칙 근저에 자리잡고 있는 "채권자의 일반의 이익에 적합하여야 한다"는 원칙이 충족되는 것으로 보아, 청산가치 보장의 원칙 역시 충족되는 것으로 의제할 수 있을 것이다. 회생절차보다 더 유리한 다른 대안이 없는 경우라면 회생절차에 의하였다 하여 채권자의 재산권에 대한 본질적 침해가 발생된다고 볼 수 없기 때문이다.

미연방파산법도 이를 명문화하여 기업재건에 관한 제11장에서는 인가요건의 하나로서 청산가치의 보장을 규정하면서도 제9장에서는 이를 수정하여 "채권자의 최선의 이익에 적합하여야 한다"는 원칙을 인가요건으로서 규정하고 있다. 결국, 청산가치 보장의 원칙은 지방자치단체에 대한 회생절차에 있어서는 채권자 일반의 이익에 적합하여야 한다는 원칙을 의미한다고 해석할 수 있다.

나. 법원 또는 채권자의 관여 문제

채무자회생법상의 회생절차를 신청할 수 있는 채무자에 지방자치단체가 포함되는 것으로 해석한다면, 같은 법에 따라 법원은 지방자치단체에 관리인을 선임할 수 있고 지방자치단체의 사무처리에 관하여 감독권을 행사할 수 있게 되며, 채권자는 회생절차 개시신청을 할 수 있고 회생계획안도 제출할 수 있게 된다.

그런데 법원이 관리인을 선임하여 지방자치단체의 재산에 관한 관리 · 처분권을 박탈하거나 지방자치단체의 사무처리에 관한 감독권을 행사하여 이에 직접적 또는 간접적 영향을 미치게 하고, 채권자가 회생절차 개시신청 또는 회생계획안의 제출에 의하여 지방자치단체의 사무처리에 영향을 미치는 것은 우리 헌법이 보장하고 있는 지방자치단체의 자치권을 침해하거나 권력분립의 원칙을 침해하는 것

80) 파산절차는 허용되지 않으므로 행정재산 이외의 일반재산의 개별적 집행, 가능하다면 증세 또는 사용료 및 수수료의 인상 등을 그 대안으로 고려할 수 있을 것이다. 특히, 우리나라의 경우 조세법률주의에 따라 증세를 위해서는 법률(지방자치법 제135조) 또는 조례(지방세기본법 제5조)의 개정이 수반되어야 하고, 사용료 또는 수수료의 인상을 위해서는 조례 또는 대통령령(지방자치법 제139조 제1항)의 개정이 필요하게 될 것이다.

이 되므로 허용될 수 없다(McConnell and Picker, 1995, p. 6).

그러므로 지방자치단체가 회생절차 개시신청을 하는 경우 채무자회생법의 관련 규정을 제한 없이 적용할 것이 아니라 헌법에 합치될 수 있도록 제한적으로 해석하고 적용할 필요가 생긴다. 즉, 지방자치단체가 회생절차 개시신청을 한 경우에도 법원은 관리인 선임 결정을 할 수 없고, 지방자치단체는 그 사무를 처리함에 있어 법원의 허가를 받지 않아도 된다. 또, 채권자에 의한 회생절차 개시신청과 회생계획안의 제출은 허용될 수 없다. 채무자회생법을 이와 같이 헌법에 합치하는 방향으로 제한적으로 해석 · 적용한다면 지방자치단체의 회생능력을 굳이 부정할 이유는 없을 것이다.

3. 개시요건

1) 지급불능 또는 파산의 원인 사실의 발생 염려

채무자는 사업의 계속에 현저한 지장을 초래하지 아니하고는 변제기에 있는 채무를 변제할 수 없거나(제1호), 채무자에게 파산의 원인인 사실이 생길 염려가 있는 경우에 해당하면 회생절차 개시신청을 할 수 있다(제2호).[81]

파산의 원인 사실에는 지급불능 또는 부채초과가 포함되는데,[82] 파산 원인 사실로서의 지급불능은 채무자의 재산 및 신용 등에 비추어 변제기가 도래한 채무를 일반적 · 계속적으로 변제할 수 없는 상태(절대적 변제불능)를 의미한다는 면에서, 채무변제 자체가 불가능한 것은 아니나 채무변제를 하거나 이를 위하여 자금을 조달한다면 사업의 계속에 지장을 초래하는 상태(상대적 변제불능)를 의미하는 제1호의 지급불능과 구별된다(서울중앙지방법원 파산부 실무연구회, 2011, pp. 115-116).

지방자치단체의 재산 대부분은 행정재산으로서 강제집행의 대상에서 제외되므로, 단순히 지방자치단체의 자산 및 부채만을 비교하여 회생절차 개시 사유가

81) 채무자회생법 제34조.
82) 채무자회생법 제305조 제1항, 제306조 제1항.

있는지 여부를 판단하여서는 아니 되고, 변제기가 도래한 채무를 변제하지 아니하고 있거나[83] 변제기에 있는 채무를 변제할 수 없는 지급불능 또는 지급불능의 우려가 있는 상태에 있어야만 회생절차 개시신청을 할 수 있다고 보아야 한다.

지방자치단체가 지급불능 또는 지급불능의 우려가 있는 상태인지 여부에 대한 판단은 지방자치단체의 현금흐름에 대한 종합적인 분석을 기초로 하되, 법률에 따른 지방자치단체의 예산상의 수입은 거의 장래에도 확실하게 보장될 것이므로 일시적인 유동성 부족으로 지방자치단체가 지급불능 상태에 이르게 되는 경우는 드물 것이다. 결국, 예상되는 수입을 모두 고려함에도 재정 상황의 개선을 기대할 수 없는 경우에만 지방자치단체가 지급불능의 상태에 있다고 보아야 할 것이다(김세진 · 장선희, 2010, p. 62).

2) 성실한 신청

채무자회생법 제42조 제2호는 불성실한 회생절차 개시신청을 신청기각사유 중 하나로 열거하고 있다. 불성실한 회생절차 개시신청으로는 회생절차 본래 목적 이외에 다른 목적을 위하여 신청을 하거나 회생절차를 진행하려는 의사 없이 회생절차에 따르는 부수적 효과만을 얻고자 신청을 하는 경우를 들 수 있다(서울중앙지방법원 파산부 실무연구회, 2011, pp. 118-120).

이에 더하여 지방자치단체에 대한 회생절차가 개시되는 경우 그 정치적 · 사회적 파장이 대단히 크고 지역주민의 복리에도 깊은 영향을 미치는 반면, 지방자치단체는 헌법상의 지위로 말미암아 회생절차 개시 후에도 그 권한 행사에 있어 비교적 자유로운 지위를 유지할 수 있어 남용의 우려가 있으므로, 회생절차 개시신청은 지방자치단체에게 주어진 다른 대안이 없는 경우 최후의 수단으로서만 허용되어야 할 것이다. 이러한 측면에서 미연방파산법 제9장도 그 신청요건을 대단히 엄격하게 규정하여 제9장의 신청이 지방자치단체에게 주어지는 최후의 수단인 경우에만 이를 허용하고, 다른 대안을 발견할 수 있었음에도 제9장 신청을 한 경우

83) 채무자가 지급을 정지한 때에는 지급을 할 수 없는 것으로 추정한다(채무자회생법 제305조 제2항). 이하에서는 지급불능이라는 개념 안에 지급정지 역시 포함되는 것으로 본다.

이러한 신청은 불성실한 신청으로서 신청기각사유가 된다고 보고 있다. 이는 우리 채무자회생법에 대한 해석으로도 타당하다고 본다.

지방자치단체는 후술하는 바와 같이 회생절차 개시신청 전 중앙정부 그리고 지방의회와 그 재정위기의 해결을 위하여 성실하게 협의한 후 회생절차 개시신청에 대한 동의를 얻어야 할 뿐만 아니라, 채권자와 합리적인 채무조정안 도출을 위해서도 성실하게 협의하여야 한다. 만일 지방자치단체가 중앙정부 및 지방의회로부터 회생절차 개시신청에 대한 동의를 얻지 못하거나, 별다른 이유 없이 채권자와 채무조정안 도출을 위한 협의조차 시도해 보지 않고 회생절차 개시신청에 이르렀다면, 이는 불성실한 신청으로서 개시신청 기각사유가 된다고 보아야 할 것이다.

다만, 회생절차 개시신청이 불성실한 신청으로서 개시기각사유가 되는지를 판단하기 위해서는 지방자치단체의 주관적 의사, 재정파탄의 범위 및 성질, 신청의 동기와 더불어 지방자치단체가 신청 전 채권자 등과 충분한 협상을 하였는지, 회생절차 개시신청 외에 다른 대안은 없었는지 여부를 고려하여야 할 것이다(Vazquez, 2011, p. 187).

3) 채권자 일반의 이익에 적합

채무자회생법 제42조 제3호는 회생절차에 의함이 채권자 일반의 이익에 적합하지 아니한 경우를 회생절차 개시신청 기각사유 중 하나로 규정하고 있다. 이는 채권자들에게 회생절차보다 더 유리한 다른 대안이 있는 경우에는 굳이 회생절차를 개시하기보다 다른 대안에 의하도록 하는 것이 채권자 일반의 이익에 적합하기 때문이다.

채권자 일반의 이익에 적합하여야 한다는 것은 보통 채권자에게 청산가치를 보장하여야 한다는 의미로 해석되나, 청산가치 산정이 불가능한 지방자치단체의 경우 채권자에게 회생절차 외에 보다 더 유리한 다른 대안이 없는 경우를 의미하게 된다.

4) 중앙정부 및 지방의회의 동의

(1) 중앙정부의 동의

앞서 보았듯이 지방자치단체도 본원적으로는 행정권의 일부로서 지방자치법 또는 지방재정법에 따라 그 사무처리의 적법성 또는 재정운영의 적정성에 관하여 중앙정부에 의한 감독을 받고 있는데, 이와 같은 중앙정부의 감독권은 헌법상의 권력분립의 원칙에 따라 법원이 주도하는 회생절차 내에서도 보장되고 존중되어야 한다. 미연방파산법도 이러한 관점에서 제9장의 신청을 위해서는 제9장 신청이 주법에 의하여 승인되어야 한다고 규정하여 주(州)의 지방자치단체에 대한 감독권을 보장하고 있다.

또한 지방재정법은 재정위기에 처한 지방자치단체의 재정재건을 위해 재정건전화 계획 제도를 두고 있어, 행정안전부 장관에 의한 재정분석 결과 재정위험의 수준이 심각하여 지방자치단체가 재정위기단체로 지정되는 경우, 그 지방자치단체는 재정건전화 계획을 수립하여 행정안전부 장관의 승인을 받은 후 그 이행 상황을 행정안전부 장관에게 보고하여야 한다. 행정안전부 장관은 재정위기단체의 재정건전화 계획의 수립 및 이행 결과가 현저히 부진하다고 판단하는 경우에는 재정상의 불이익을 부여할 수 있고, 재정위기단체는 재정건전화 계획에 의하지 않고는 지방채의 발행, 채무의 보증, 일시차입, 채무부담행위를 할 수 없다. 따라서 재정위기에 처한 지방자치단체가 최후의 수단으로 회생절차 개시신청을 함에 있어 중앙정부와 충분한 사전협의를 거쳐 이에 대한 동의를 얻지 못한다면, 지방자치단체는 회생절차가 개시되더라도 사실상 수행 가능한 회생계획안을 작성하여 제출할 수도 없을 것이다.[84)]

결론적으로, 지방자치단체가 회생절차 개시신청을 함에 있어 중앙정부로부터 이에 대한 동의를 얻지 못한다면 이러한 개시신청은 불성실한 개시신청으로서 신청기각사유가 될 수 있다고 보아야 할 것이다.

84) 박용석(2012), pp. 34-35에서는 미연방파산법 제9장과 같은 회생절차를 도입하되 보다 효율적이고 형평성 있는 회생계획안의 작성을 위하여 재정건전화 계획을 회생계획안의 인가요건으로 삼을 것을 제안하고 있다. 지방자치단체가 회생절차 개시신청을 함에 있어 중앙정부로부터 동의를 얻게 한다면 같은 효과를 얻을 수 있을 것이다.

(2) 지방의회의 동의

지방의회는 지역주민을 대표하여 조례의 제 · 개정 및 폐지, 예산의 심의 · 확정, 결산의 승인 그 밖에 법령에 따라 그 권한에 속하는 사항에 대하여 심리하고 의결한다.[85)]

지방자치법 제124조 제4항은 "지방자치단체는 조례 또는 계약에 의하지 아니하고는 그 채무의 이행을 지체할 수 없다"고 규정하여, 지방자치단체가 채권자들의 동의를 얻지 못하였다면 지방의회가 제정한 조례에 의해서만 채무의 지급유예를 할 수 있도록 하고 있다.[86)] 그렇다면 마찬가지로 지방자치단체가 변제기에 있는 채무를 변제하지 못하고 있는 상태에서 지급유예를 내용으로 하는 채무조정안을 인가받고자 회생절차 개시신청을 하려 한다면 적어도 지방의회의 의결이 필요하다고 보아야 할 것이다. 미국의 경우에도 지방자치단체가 제9장 신청을 함에 있어 보통 공개적으로 지방의회의 의결을 거친다고 한다.[87)]

그러므로 지방자치단체가 지방의회의 의결을 받지 아니하고 회생절차 개시신청을 하였다면 이 역시 불성실한 신청으로 개시기각사유가 된다고 보아야 할 것이다.

4. 회생절차에 의하는 경우 장 · 단점[88)]

1) 장점

(1) 채권행사 금지[89)]

회생절차가 개시되면 개시 전의 원인으로 인하여 생긴 채권에 기한 권리행사

85) 지방자치법 제39조.

86) 표명환(2010), pp. 28-29에서는 지방자치단체의 채무 지급유예 선언은 지방자치법 제124조 제4항과 같은 공법적 규율을 받는 것이므로 채무자회생법의 적용이 배제된다고 주장한다. 그러나 지방자치법 제124조 제4항은 조례와 함께 계약에 의한 채무의 지급유예도 허용하고 있는데, 채무자회생법상의 (지급유예를 내용으로 하는) 채무조정은 기본적으로 채권자들과의 협상 또는 동의를 기초로 이루어지는 집단적 화해의 성질을 갖는 것이므로, 위 조항을 이유로 채무자회생법의 적용이 배제된다는 주장은 선뜻 받아들이기 어렵다. 게다가 위 제124조 제4항만으로는 지방자치단체의 효율적 회생을 도모할 수 없다는 점은 이미 지적하였다(pp. 3-4 참조).

87) 정준영, 「지자체의 회생신청」, 〈법률신문〉, 2012. 7. 2.

88) Glassman(2011), pp. 227-231 참조.

89) 채무자회생법 제58조.

는 금지되므로, 개시 결정을 받은 지방자치단체는 채무조정안을 마련할 시간적 여유를 갖게 된다.

(2) 채무조정

재정위기에 빠진 지방자치단체의 재정재건을 위해 가장 효과적이고 필요한 것은 채무조정이다. 회생절차 외에서도 채무조정은 가능하나, 특히 회생절차에 의하는 경우에는 소수의 버티는 채권자 문제를 해결할 수 있을뿐더러 법원의 강제인가[90]를 통하여 지방자치단체의 채무를 적정한 수준으로 조정할 수 있게 된다.

(3) 미이행 쌍무계약의 해제 · 해지[91]

회생절차가 개시되면 지방자치단체는 개시 결정 전 체결한 미이행 쌍무계약을 계속 유지하는 것이 유리한 경우에는 이를 유지하여 그 이익을 계속 향유하고, 계약을 계속 유지하는 것이 부담이 되는 경우에는 이를 해제하거나 해지하여 불리한 계약의 구속으로부터 벗어날 수 있게 된다. 다만, 미이행 쌍무계약의 해제 · 해지에 있어서도 법원의 허가는 필요 없다.

(4) 보다 자유로운 지위[92]

회생절차가 개시되더라도 지방자치단체의 헌법상 지위로 말미암아 법원의 감독 또는 채권자의 절차 관여의 범위가 대폭 줄어든다. 따라서 지방자치단체는 비교적 자유로운 지위에서 회생절차를 진행할 수 있게 된다.

90) 채무자회생법 제244조.
91) 채무자회생법 제119조.
92) 지방자치단체의 경우 그 헌법상 지위로 말미암아 회생절차에 계속 중인 일반기업보다 비교적 자유로운 지위를 유지할 수 있는 것은 분명하다. 그러나 회생계획안의 인가를 위해서는 원칙적으로 회생계획안에 대하여 채권자들로부터 동의를 구하여야 하고, 중앙정부 및 지방의회의 동의 또한 전제되어야 하므로, 지방자치단체 스스로 절차 내에서 인정되는 권한을 포기하여야 하는 경우가 종종 있을 수밖에 없다.

2) 단점

(1) 과다한 비용

회생절차를 보다 원활하게 진행하려면 변호사, 회계사 등 전문가의 조언 및 도움이 필요하고, 이들을 선임하는 데 많은 비용이 들게 된다.

(2) 금융시장에서의 신뢰 저하

지방자치단체에 대한 회생절차가 개시되면 금융시장에서 그 지방자치단체에 대한 신용평가는 물론 다른 지방자치단체의 신용평가 역시도 하락하게 된다. 금융시장에서의 신용평가가 하락하게 되면 결국 지방자치단체로서는 신규 자금 조달이 불가능하게 되거나 신규 자금 조달비용이 크게 증가하게 될 것이다.

(3) 지역사회에 미치는 부정적인 영향

지방자치단체에 대한 회생절차가 개시되면 지역사회의 미래에 대한 불확실성이 증가하게 되고, 지방자치단체의 직원뿐만 아니라 지역주민의 자긍심을 손상시키며, 대외적으로는 지역사회에 대한 부정적인 이미지를 각인시키게 될 것이다.

5. 법원 및 채권자의 역할

1) 법원의 권한 제한

(1) 보전처분

법원은 회생절차 개시의 신청이 있는 때에는 회생절차 개시신청에 대한 결정이 있을 때까지 채무자의 업무 및 재산에 관하여 가압류 · 가처분 그 밖에 필요한 보전처분을 명할 수 있다.[93] 그런데 지방자치단체는 회생절차가 개시된 경우에도

93) 채무자회생법 제43조 제1항.

그 헌법상 지위로 말미암아 자유로이 재산을 처분할 수 있다. 따라서 법원은 지방자치단체가 회생절차 개시신청을 하였더라도 그 업무 및 재산에 관한 보전처분은 할 수 없다고 본다.

(2) 관리인의 선임

법원은 회생절차가 개시되는 경우 관리인(trustee)의 직무를 수행함에 적합한 자를 관리인으로 선임하여야 하되,[94] 관리인을 선임하지 아니하는 것이 채무자의 회생에 필요하거나 도움이 된다고 법원이 인정하는 경우에는 관리인을 선임하지 아니할 수 있다.[95]

지방자치단체에 대한 회생절차가 개시되었다 하여 법원이 지방자치단체에 대하여 관리인을 선임하는 것은 헌법상 보장된 지방자치단체의 자치권 또는 권력분립의 원칙을 침해하는 것으로 허용될 수 없다. 지방자치단체의 대표자에게 재정적 파탄에 중대한 책임이 있는 경우에도 마찬가지라고 볼 것이다. 미연방파산법 제9장 역시 부인권을 행사하는 경우를 제외하고는 관리인의 선임을 금하고 있다.

(3) 법원의 감독

회생절차가 개시되면 법원은 필요하다고 인정하는 경우에 채무자로 하여금 재산의 처분, 자금의 차입, 미이행 쌍무계약 등에 관해서는 법원의 허가를 받도록 할 수 있고[96] 관리인은 법원의 감독을 받는다.[97] 그런데 지방자치단체에 대해서는 회생절차가 개시된 후에도 지방자치단체의 헌법상 지위로 말미암아, 법원은 지방자치단체의 일상적 사무 및 관리인으로 간주되는 지방자치단체장의 업무를 감독할 수 없다고 본다. 따라서 지방자치단체는 상무의 범위 내 행위뿐만 아니라 상무의 범위를 벗어난 재산의 처분, 자금의 차입행위, 미이행 쌍무계약의 해제 · 해지 역시 법원의 허가를 받지 않고 행할 수 있고, 그 밖에 지방자치단체의 사무처리와 관

94) 채무자회생법 제74조 제1항.
95) 채무자회생법 제74조 제3항. 이 경우 채무자의 대표자를 관리인으로 간주하고 이를 법률상 관리인이라고 한다(채무자회생법 제74조 제4항). 실무상, 일반기업의 경우에도 관리인 불선임을 통하여 기존 경영자가 관리인으로서의 역할을 수행하도록 하는 것이 원칙이다.
96) 채무자회생법 제61조.
97) 채무자회생법 제81조 제1항.

련하여 법원에 보고의무도 부담하지 않는다.

2) 채권자들의 권한 제한

채무자가 주식회사 또는 유한회사가 아니라면 5,000만 원 이상의 금액에 해당하는 채권을 가진 채권자는 회생절차 개시신청을 할 수 있고,[98] 법원이 기간을 정하여 회생계획안 제출명령을 한 경우에는 채권자 역시 같은 기간 안에 회생계획안을 작성하여 제출할 수 있다.[99]

그런데 채권자가 지방자치단체에 대하여 회생절차 개시신청을 하거나 회생계획안을 제출함으로써 지방자치단체의 사무처리에 영향을 주거나 장래의 조세수입 및 재정지출에 관한 지방자치단체의 권한을 간접적이나마 침해하는 것은 허용되지 않는다. 따라서 채권자가 지방자치단체에 대하여 회생절차 개시신청을 하였다면 이는 신청권 없는 자에 의한 신청으로서 각하하여야 하고, 회생계획안을 제출하였다면 회생계획안 배제 결정[100]을 하여야 할 것이다.

채권자협의회는 법원의 결정을 통하여 채권자협의회의 활동에 필요한 비용을 채무자에게 부담시킬 수 있고,[101] 특히 채권자협의회가 법원의 허가를 얻어 법무법인, 회계사, 회계법인 그 밖의 전문가를 선임한 경우 법원은 이로 인한 비용을 채무자에게 부담하게 할 수도 있으나,[102] 지방자치단체에 대하여는 원칙적으로 이와 같은 비용을 부담시키는 것 역시 허용되지 않는다. 다만, 지방자치단체 스스로 이러한 비용 부담에 동의하는 것은 당연히 가능하고, 오히려 지방자치단체가 채무조정안을 작성하여 채권자들로부터 이를 승인받기 위해서는 채권자협의회의의 역할이 대단히 중요하므로 채권자협의회의 실질적 기능 보장을 위해서는 지방자치단체가 전문가 선임비용을 부담하는 것이 바람직할 수도 있을 것이다.

98) 채무자회생법 제34조 제2항 제2호.
99) 채무자회생법 제221조 제1항 제2호.
100) 채무자회생법 제231조.
101) 채무자회생법 제21조 제3항.
102) 채무자회생 및 파산에 관한 규칙 제42조.

3) 주주 또는 지분권자의 권한

지방자치단체에는 주주 또는 지분권자가 존재하지 않기 때문에 주주 또는 지분권자를 전제로 하는 채무자회생법의 규정은 당연히 그 적용이 없게 된다.

6. 회생계획안

1) 회생계획안 제출명령

채무자회생법에 의하면 법원은 채무자의 계속기업가치가 청산가치를 초과한다고 인정하는 경우에만 관리인에게 회생계획안의 제출을 명하게 된다.

이는 회생계획안 제출 단계에서부터 청산가치 보장을 제도적으로 관철하고자 하기 위한 것인데, 이미 언급하였듯이 지방자치단체에 대한 회생절차에 있어서 청산가치 보장은 채권자 일반의 이익에 적합하여야 한다는 원칙의 다른 표현에 불과하다. 따라서 지방자치단체가 회생절차에 의하는 것 외에 채권자에게 보다 더 유리한 다른 대안이 없다면 계속기업가치가 청산가치를 초과하는 것으로 보아, 법원은 회생계획안 제출명령을 할 수 있을 것이다.

2) 인가요건

지방자치단체가 제출한 회생계획안의 인가요건과 관련하여 특별한 주의를 기울여야 하는 부분은 바로 청산가치 보장의 원칙과 수행 가능성[103]과 관련한 부분이다. 앞에서 여러 번 반복하였듯이 청산가치 보장의 원칙은 채권자 일반의 이익에 적합하여야 한다는 원칙의 다른 표현에 불과한 것으로 보아야 하고, 회생계획안의 수행 가능성을 판단함에 있어서는 지방자치단체에 의하여 필수적인 공공서비스가 적정한 수준으로 계속 제공될 수 있다는 전제에서 회생계획안의 수행 가능

103) 채무자회생법 제243조 제2호, 제4호.

성을 평가하여야 하며, 채무조정안이 인가된 후 폐지 결정을 하는 경우에도 파산 선고를 할 수 없으므로 수행 가능성의 요건을 보다 엄밀히 판단하여야 한다.

Ⅳ. 결론

중앙정부에 의한 지방자치단체의 재정재건은 지방자치단체의 방만한 재정운영의 결과를 전 국민에게 전가시키거나, 중앙정부마저 재정 상황이 열악한 경우에는 지방자치단체의 재정재건이 사실상 불가능해지는 등 한계가 있으므로, 그 대안으로 채무자회생법의 회생절차를 통한 재정재건이 가능한지에 대한 검토가 필요하다. 이미 살펴본 바와 같이 지방자치단체는 통치권을 행사하는 공법인으로서 그 파산능력이 부정되기는 하나 그렇다고 하여 회생능력까지 부정된다고 볼 수는 없다. 다만, 회생절차에 있어 현행 채무자회생법을 제한 없이 적용하는 경우 헌법적 차원에서 보장하고 있는 지방자치단체의 자치권 또는 권력분립의 원칙이 침해되는 결과가 발생할 수 있으므로, 지방자치단체가 회생절차 개시신청을 하는 경우에는 채무자회생법을 헌법에 합치하는 방향으로 해석하여 그 적용을 제한할 필요가 있다. 대표적으로, 법원은 지방자치단체에 대하여 회생절차가 개시되더라도 관리인을 선임할 수 없고 지방자치단체의 일상 사무에 대한 감독권도 행사할 수 없으며, 채권자 역시 절차참여가 제한되어 지방자치단체에 대한 회생절차 개시신청, 회생계획안 제출이 금지된다. 이렇게 채무자회생법을 제한적으로 해석 · 적용한다면 굳이 새로운 법률의 제정이나 기존 법률의 개정 없이도 지방자치단체의 회생절차의 이용이 가능해진다.

그러나 지방자치단체의 회생절차를 명시적인 법 규정에 의해서가 아니라 채무자회생법을 제한적으로 해석하는 방법에 의하여 진행하는 것은 해석 과정에서의 불명확성으로 인하여 회생절차 자체의 안정성을 해할 우려가 있는 것 또한 사실이다. 따라서 우리나라도 미연방파산법 제9장과 같은 지방자치단체의 회생절차와 관련된 명시적 규정을 두어 혼란을 제거하는 것이 가장 바람직하다. 만일, 지방자치단체의 회생절차를 위하여 현행 채무자회생법의 개정 작업을 하여야 한다면, 이미 앞에서 논의한 바와 같이 청산가치 보장을 전제로 한 규정, 법원의 관리인 선임 및 채무자 감독에 관한 규정, 그리고 채권자의 절차 관여에 관한 규정을 가장 우선적으로 개정 대상으로서 고려하여야 할 것이다.

무엇보다도 지방자치단체의 재정재건이 회생절차에 따라 이루어지는 경우 지방자치단체는 중앙정부에 책임을 전가함이 없이 변제하여야 할 채무를 합리적으로 조정할 수 있게 된다. 또, 채권자들은 향후 지방자치단체에 신용을 공여함에 있어 보다 신중한 신용평가를 하게 되어 재정운영이 방만한 지방자치단체는 신용을 얻기가 불가능하거나 그에 따른 비용이 크게 증가할 것이고, 반면 건전한 재정운영을 하는 지방자치단체는 그 비용을 절감할 수 있게 되어, 지방자치단체가 자율적으로 건전한 재정운영을 할 수 있게 하는 유인을 제공할 수도 있을 것이다.

다만, 이와 같은 장점에도 지방자치단체에 대한 회생절차가 막상 개시되는 경우 그 정치적 · 사회적 파장은 대단히 클 수밖에 없으므로, 회생절차는 지방자치단체에게 부여되는 마지막 대안으로서만 허용되어야 할 것이다. 법원이 지방자치단체에 의한 회생절차 개시요건을 다소 엄격하게 심사하여야 하는 이유이다.

지방자치단체의 회생절차는 근본적으로 일반기업의 회생절차와 다를 바 없다. 단지 지방자치단체의 헌법상 지위를 적절하게 고려하기만 하면 된다.

권영성, 『헌법학원론』(개정판), 법문사, 2009.

김동희, 『행정법 I, II』(제15판), 박영사, 2009.

김범식 · 박원석 · 송영필, 「지방자치단체의 '재정위기'에 대한 실증분석」, 『지역연구』, 제15권 제1호, 1999, pp. 75-92.

김병준, 『지방자치론』, 법문사, 2012.

김세진 · 장선희, 『독일 지방자치단체의 파산에 관한 연구』, 한국법제연구원, 2010.

박용석, 「지방자치단체의 지불유예(모라토리움) 선언과 도산절차」, 『도산법연구』, 제3권 제1호, 2012.

서울중앙지방법원 파산부 실무연구회, 『회생사건실무(상)(하)』(제3판), 박영사, 2011.

이기수 · 하승수, 『지방자치법』, 대영문화사, 2007.

장선희, 「지방자치단체 파산의 특수성에 관한 연구」, 『세계헌법연구』, 제17권 제1호, 2011, pp. 199-220.

정성호 · 정창훈, 「지방재정 위기와 로컬 거버넌스의 역할」, 『지방행정연구』, 제25권 제2호, 2011, pp. 3-35.

정창훈, 「미국지방자치단체의 지방재정위기관리제도와 시사점」, 『강원법학』, 제32권, 2011, pp. 47-88.

조태제, 『지방자치단체의 파산제도』, 한국법제연구원, 2006.

표명환, 「지방자치단체의 채무지급유예 선언에 관한 법적 고찰」, 『법학연구』, 제40집, 2010, pp. 19-38.

허 영, 『한국헌법론』(전정6판), 박영사, 2010.

Thore Jensen, 「독일지방자치단체의 파산능력」(문병효 역), 『강원법학』, 제32권, 2011, pp. 1-28.

Benvenutii, Peter, "State Law Authorization for a Chapter 9 Filing," in Jo Alice Darden (Ed.), *Chapter 9 Bankruptcy Strategies*, Thompson Reuters/Aspatore, 2011, pp.

35-48.

Bogdanoff, Lee, "Understanding Chapter 9 in Today's Economic Environment," in Jo Alice Darden (Ed.), *Chapter 9 Bankruptcy Strategies*, Thompson Reuters/Aspatore, 2011, pp. 49-66.

Darbey, Patrick *et al.*, *Municipalities in Peril: ABI Guide to Chapter 9*, American Bankruptcy Institute, 2010.

Glassman, Paul, "A Practical Guide to Chapter 9 Municipal Bankruptcy," in Jo Alice Darden (Ed.) *Chapter 9 Bankruptcy Strategies*, Thompson Reuters/Aspatore, 2011, pp. 203-232.

Kevane, Henry, "Deploying the 'Prepacked' Plan of Adjustments in Chapter 9," in Jo Alice Darden (Ed.), *Chapter 9 Bankruptcy Strategies*, Thompson Reuters/Aspatore, 2011, pp. 107-132.

Kimhi, Omer, "Chapter 9 of the Bankruptcy Code: A Solution in search of a Problem," *Yale Journal on Regulation*, vol. 27, pp. 351-395.

McConnell, Michael and Randal Picker, "WHEN CITIES GO BROKE: CONCEPTUAL INTRODUCTION TO MUNICIPAL BANKRUPTCY," Practising Law Institute Commercial Law and Practice Course Handbook Series PLI Order No. A4-4482 March, 1995.

Nicholas, Malito, "Municipal Bankruptcy: An Overview of Chapter 9 and a Critique of the 'Specifically Authorized' and 'Insolvent' Eligibility Requirements of 11 U.S.C.A. §109(C)," *Norton Journal of Bankruptcy Law and Practice*, 2008.

Nicholas, McGrath and JiHun Kim, "THE NEXT CHAPTER FOR MUNICIPAL BANKRUPTCY," *American Bankruptcy Institute*, vol. 27, 2010, pp. 351-395.

Vazquez, Francisco, "Examining Chapter 9 Municipal Bankrutpcies Cases," in Jo Alice Darden (Ed.), *Chapter 9 Bankruptcy Strategies*, Thompson Reuters/Aspatore, 2011, pp. 173-202.

Chapter 7 민사재판 상소율의 국제비교

이동진

Ⅰ. 서론

Ⅱ. 분석 대상 및 방법

Ⅲ. 상소율과 그 국제비교

Ⅳ. 몇 가지 상소율 결정요인의 국제비교

Ⅴ. 요약

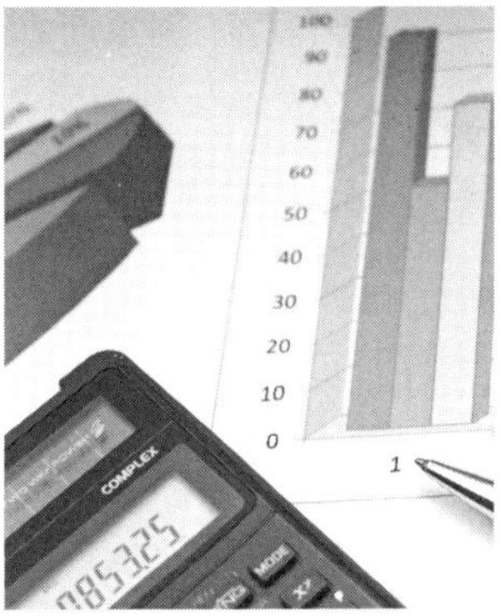

Chapter 7

민사재판 상소율의 국제비교

Ⅰ. 서론

우리나라의 상소율이 어느 정도 수준에 있는가 하는 점은 여러 모로 중요한 지표이다. 이는 그 자체 우리 민사사법의 모습을 보여 주는 정보일 뿐 아니라, 사법정책과 관련하여서도 상당한 의미가 있다. 상소율이 높은 편이고, 따라서 곧바로 어느 정도 낮출 수 있는 여력이 있다면 이를 직접적인 정책목표로 삼을 수 있지만, 만일 그렇지 않다면 상소율을 낮추기 위한 노력 자체가 가능한 것인지부터 따져 보아야 하기 때문이다.

우리나라의 민사재판의 상소율은 어느 정도인가? 지난 십수 년간 –적어도 1990년대 금융위기 이후– 우리 사법부는 민사재판의 상소율이 "지나치게 높다"는 전제 하에 이를 낮추기 위한 여러 민사재판제도 개선방안을 시도 내지 실험해 왔다. 그러나 이러한 인식이 객관적인 사실에 바탕을 둔 것인지는 반드시 분명하지 아니하다. 또 상소율이 "지나치게 높다"고 주장하는 기존 연구들도 무엇보다도 우리의 상소율이 무엇과 비교하여 어느 정도로 높은지를 분명히 하고 있지 아니하다. 이를 분명히 하기 위해서는 일종의 적정 상소율을 상정해야 하는데, 이를 산출하는 것은 여러 모로 어려운 일이다.

이 글에서는 이러한 관점에서 상소율의 국제비교를 시도한다. 일반적으로 적정 상소율을 상정하고 또 이를 산출하는 것이 쉽지 않다면, 차선책으로 우리나라의 민사재판의 상소율을 시계열적으로 분석하여 추이를 살펴보거나, 다른 나라와 비교하는 방법을 생각할 수 있다. 그런데 앞서 본 바와 같이 시계열적인 비교분석의 결과는 우리나라의 상소율이 제법 안정적이라는 것이어서 적어도 그것이 높거나 낮다는 판단을 내리는 데는 별 도움이 되지 않는다. 다른 한편, 우리 민사재판의 상소율이 "지나치게 높다"는 주장 자체가 이미 다른 나라의 민사재판 상소율과의 비교를 암암리에 전제하고 있었던 것으로 생각된다. 이러한 인식은 특히 미국 민사재판의 상소율과 비교한 결과가 아닐까 추측된다. 이러한 점에 비추어 상소율의 국제비교를 통하여 우리 민사재판의 상소율의 위치를 확인할 필요가 있다.

국제비교를 통하여 각 나라의 상소율 수준의 차이가 드러난다면, 무엇이 그러한 차이를 만들어 내는지에도 관심을 가지지 않을 수 없다. 이 글은 이러한 관점에서 각 나라의 상소율 수준과 그 나라의 사법(司法), 특히 민사재판제도 및 재판인력 사이의 관계를 추가로 다루기로 한다. 이는 상소율의 결정요인 분석과 같은 엄밀한 분석을 지향한다기보다는, 서로 다른 제도를 가지고 있는 여러 나라의 상소율을 비교한 결과를 올바르게 해석하기 위한 하나의 보조수단이라고 할 수 있다.

II. 분석 대상 및 방법

우리의 관심이 우리 민사재판의 상소율과 그 사법정책적 함의를 밝히는 데 있는 이상, 분석 과정에 이와 무관한 요소가 개입하는 것을 막을 필요가 있다. 이러한 관점에서, 먼저 비교 대상을 일본, 대만(臺灣), 독일, 프랑스, 영국의 잉글랜드(England)와 웨일즈(Wales) 및 미국의 캘리포니아(California) 주로 한정한다. 모두 인구 규모와 소득 수준, 정치 및 사법체제 등의 관점에서 대체로 비교 가능하고 관련 정보를 입수하기 용이한 나라들이다.

나아가 각 나라의 민사본안사건 중 우리의 단독 및 합의관할사건에 해당하는 것만을 비교하기로 한다. 먼저, 가사 · 행정 및 보전 · 집행 · 도산사건을 제외한 것은, 나라마다 이들 사건의 재판관할과 처리방식, 성격에 큰 차이가 있어 이들을 포괄한 비교에 어려움이 상당하기 때문이다. 이들 사건은 나라마다 통상법원, 즉 사법부 내에서 처리하는지 아니면 특별법원 내지 (독립)위원회를 설치하여 처리하는지, 비송적 성격이 강조되는지, 불복 가능성이 있는지, 심급제도는 어떻게 되어 있는지 등에 큰 편차가 있다. 그리고 이러한 사정으로 말미암아 필요한 통계 자료를 찾을 수 없거나 찾을 수 있다 하더라도 여타의 사법통계와 비교 · 통합하기 어려운 형태로 가공되어 있는 경우가 많다. 다음, 민사사건 중 소액사건을 제외한 것은, 소액재판의 경우 나라에 따라서는 상소를 아예 금지하기도 하고, 소인(素人)법관(lay judge)이 담당하기도 하는 등 제도 간 편차가 심해 비교가 어려울 뿐 아니라, 다수의 나라에서 전체 사건의 수 중 소액사건이 차지하는 비중이 매우 높아, 소액사건을 통계에 포함시키면 소액사건의 통계적 특성이 전체 통계의 특성을 사실상 결정하게 될 위험이 있어, 정책적으로 보다 중요한 단독 및 합의관할사건의 상소율을 파악하기 어려워지기 때문이다. 사법정책의 특면에서도, 특히 전자소송을 시행하기 전까지 소액사건의 압도적 다수를 차지해 온 이른바 금융기관 사건의 경우 여타의 민사사건과는 다른 각도에서 접근할 여지가 없지 않다(김두얼, 2011, pp. 52-54).

나라마다 사법통계 작성방식에 상당한 편차가 있어, 위의 제한된 범위의 사건조차도 통계 자료가 정확히 파악되기 어려운 경우가 적지 않다. 그러나 이미 위 범주 자체가 입수할 수 있는 사법통계의 질과 연구 목적에 비추어 적절한 공통분모를 추출한 결과이므로, 이 연구의 한계에 충분히 주의하는 한, 통계상 비교 대상이 되는 수치를 정확히 식별해 낼 수 없어 일부를 무시한 경우에도 결론 내지 그 방향성 자체에 영향을 주지는 않을 것으로 생각된다.

또 하나의 문제는 '상소율'이다. 상소율은 상소의 대상이 되는 원심의 사건 수(L) 중 실제로 상소된 사건 수(A)의 비율(α, =A/L)로 정의할 수 있다. 그러나 이러한 형태의 통계 자료를 제공하는 나라는 매우 드물다.[1] 현실적으로 다른 나라의 민사재

1) 조사 대상 중에서는 프랑스 정도만이 이러한 자료를 제공하고 있다.

판에 관한 세부적인 자료를 입수하여 분석하기는 곤란하고, 단지 그 나라가 제공하는 사법통계에 의존하는 수밖에 없다. 그러므로 이 글에서는 특정 해의 원심 사건 수와 그 해에 상소심 사건 수의 비율을 상소율의 대체지표로 사용하기로 한다.[2] 제1심 및 상소심의 접수건수가 연중 및 연간 어느 정도 일정하게 유지된다면 이러한 수치도 실제 상소율에 매우 근접하게 될 것이다. 원심 사건 수를 정함에 있어서는 그 해에 '처리'된 사건 수와 '판결'이 선고된 사건 수 모두를 비교 대상으로 삼았다. 이는 판결 이외의 방법(가령 조정, 화해, 취하)으로 처리되는 사건 중 일부는 판결로 하였더라도 상소하지 아니하였을 사건일 수 있다는 가정에 터잡고 있다. 이러한 가정이 타당하다면, 판결된 사건 대비 상소율은 단지 판결 이외의 방법, 가령 조정, 화해에 의한 해결을 사법정책적으로 장려한 결과에 불과할 수 있다. 두 상소율을 모두 비교함으로써 처리방법에 따른 차이를 배제할 때에도 우리나라의 상소율이 높은지 여부를 확인할 수 있다.

상소율의 결정요인과 관련하여 민사소송제도의 차이와 재판인력의 차이를 고려하기로 하였음은 앞서 언급한 바와 같다. 민사소송제도와 관련하여서는 상소제도와 (넓은 의미의) 소송비용을 중심으로 간략히 검토한다. 이 글은 비교법적 연구를 지향하지 아니하므로, 구체적인 법제도에 대한 소개는 최대한 생략하고, 그것이 당사자와 법원에 주는 부담이라는 관점에서 간략히 다루게 될 것이다. 재판인력과 관련하여서는 법관의 수를 비교하기로 한다. 보다 직접적으로 법관의 업무 부담(Case workload)을 비교하면 좋겠지만,[3] 전체 법관 중 특정 업무에 배치된 법관이 몇 명인지 구별해 내기 어렵다. 가령 우리를 포함하여 많은 나라는 조직법상 하나의 법원 내에 민사사건을 처리하는 재판부와 형사사건을 처리하는 재판부, 기타 사건을 처리하는 재판부 등이 포함되어 있고, 심지어 제1심과 항소심이 함께 설치되어 있거나, 하나의 법원 내에 항소심과 상고심이 함께 설치되어 있는 경우도 있다. 각국의 사법통계 자료에는 이러한 정보가 포함되어 있지 않다. 게다가 업무 부담의 주체가 되는 인력의 양과 질도 고르지 않다. 예컨대, 유럽의 여러 나라는 우리나라와 달리 소인(素人)법관을 다수 두고 있고, 직업법관이지만 일한 정도에 따라 보수

2) 공식적으로 상소율 통계를 제공하고 있는 프랑스의 상소율도 이 방법에 따라 다시 산정한다.
3) 독일 등 몇몇 나라는 이러한 통계 자료를 제공한다. 그러나 그 산정방법은 알기 어렵다.

를 받는 파트타임(part time) 법관도 있다. 일본의 판사보(判事補), 미국의 로클럭(law clerk)과 같이 –최고법원이 아니라 하더라도– 법관을 전문적으로 보조하는 인력을 두는 나라도 있다.[4] 이 글에서는 이러한 한계를 고려하여 –전체 사건 중 민사본안 단독 및 합의관할사건의 비율과 전체 법관 중 이러한 사건에 투입되는 법관의 비율이 나라별로 어느 정도 비슷하리라는 가정 하에– 조직법상 제1심, 제2심 및 최상급심 법관의 수와 사건의 수만을 비교해 보기로 한다.

이러한 민사소송의 국제비교에는 여러 한계가 있다. 먼저, 비교 대상을 정확히 식별하는 데 상당한 어려움이 있다. 나라마다 사법통계의 작성 기준이 다르고, 심지어 조사기간 중에도 작성 기준이 바뀐다.[5] 제도도 서로 달라, 가령 노동분쟁의 경우 민사사건인지 행정사건인지 등에 편차가 있다. 어떤 사건이 소송에 의하여 해결되는지 신청 내지 비송절차에 의하여 해결되는지도 반드시 같지 않다. 병합소송이 어느 범위에서 허용되고, 그 중 일부에 대하여 상소가 이루어지는 경우 사법통계에서 어떻게 처리되는지도 분명하지 않으며, 심지어 병합소송이 허용되는지 여부와 그 범위도 다를 수 있다. 이로 인하여 단순한 수치 비교조차도 일정한 수준 이상으로 믿을 만하게 수행하기 어렵다.

다음, 그 결과의 해석과 관련하여서도 상당한 문제가 있다. 한 나라의 상소율에 잠재적으로 영향을 미칠 수 있는 요소는 무수하지만, 어렵지 않게 비교할 수 있는 것은 많지 않다. 가령 국민소득 수준이나 경기변동, 화폐가치 하락 등이 그 나라의 분쟁과 그 해결에 영향을 미칠 수 있다. 대체적 분쟁해결제도(ADR)가 잘 활용되는 경우 소송사건의 일부를 흡수하고,[6] 이로 인하여 이미 소가 제기된 사건 자체가 일정한 선별 과정 –대체적 분쟁해결보다 소송에 의하여야 할 만한 나름의 이유– 을 거치게 되어, 상소율 자체에 편의가 생길 수도 있다. 그러나 이러한 사정은 고려되지 않았다.

4) 재판연구원제도를 도입함에 따라 우리도 이제 제한적으로 이러한 나라에 해당하게 되었다.
5) 일반적으로는 Ietswaart(1990). 김두얼(2011, pp. 61-63)도 우리나라의 사법통계 자료인 『사법연감』에 관하여 비슷한 문제를 제기한다. 다수당사자소송과 그 일부에 대한 상소를 통계상 어떻게 처리하는가 하는 점도 그다지 분명하지 않다.
6) 가령 네덜란드의 경우 매우 넓은 범위에서 대체적 분쟁해결제도(ADR)를 운영하고 있어, 그것이 소송사건의 상당 부분을 흡수하고 있는 것으로 알려져 있다.

포괄적인 국제비교를 시도하는 이 연구의 범위에서 이러한 문제까지 다루기는 벅차다. 지금 단계에서는 이 글의 결과가 이러한 여러 제약을 고려하여 조심스럽게 해석되어야 한다는 점만을 지적해 두고자 한다.

Ⅲ. 상소율과 그 국제비교

1. 대한민국

먼저, 비교의 준거점으로서 우리나라의 민사소송 상소율을 보기로 한다. 조사기간은 2001년 이후로 한정한다. 2001년을 기점으로 합의관할의 범위가 크게 바뀌었기 때문이다(김두얼, 2011, pp. 129f.).

표 7-1 단독관할(소액 제외) 항소율

연도	처리건수	판결건수	판결률(%)	항소건수	판결 대비 항소율(%)	처리 대비 항소율(%)
2001	166,477	103,998	62.47	12,402	11.93	7.45
2002	178,937	113,027	63.17	10,341	9.15	5.78
2003	210,661	137,018	65.04	11,137	8.13	5.29
2004	218,068	142,448	65.32	11,215	7.87	5.14
2005	212,551	136,057	64.01	10,574	7.77	4.97
2006	259,161	186,880	72.11	11,438	6.12	4.41
2007	264,692	186,719	70.54	13,160	7.05	4.97
2008	283,011	199,981	70.66	16,021	8.01	5.66
2009	234,780	150,749	64.21	17,384	11.53	7.40
2010	245,074	156,420	63.83	18,325	11,72	7.48
평균	227,341	151,330	66.14	13,200	8.93	5.86

자료: 『사법연감』(2002-2012).

표 7-2 합의관할사건 항소율

연도	처리건수	판결건수	판결률(%)	항소건수	판결 대비 항소율(%)	처리 대비 항소율(%)
2001	35,552	22,700	63.85	11,538	50.83	32.45
2002	28,001	18,327	65.45	12,340	67.33	44.07
2003	31,939	21,211	66.41	13,073	61.63	40.93
2004	35,163	22,035	62.67	14,477	65.70	41.17
2005	40,930	25,669	62.71	15,422	60.08	37.68
2006	40,633	25,978	63.93	16,569	63.78	40.78
2007	44,359	27,580	62.17	18,725	67.89	42.21
2008	48,880	29,794	60.95	19,945	66.94	40.80
2009	53,387	33,024	61.86	18,781	56.87	35.18
2010	51,897	32,022	61.70	17,912	55.94	34.51
평균	41,074	25,834	63.17	15,878	61.70	38.98

자료: 〈표 7-1〉과 같음.[7]

같은 방법으로 상고율을 산정하면 〈표 7-3〉과 같다.

표 7-3 단독(소액 제외) 및 합의관할사건 상고율

연도	단독관할(소액 제외) 항소심 처리건수	단독관할 (소액 제외) 상고건수	단독관할 항소 대비 상고율(%)	합의관할 항소심 처리건수	합의관할 상고건수	합의관할 항소 대비 상고율(%)
2001	12,490	3,375	27.02	11,538	3,613	31.31
2002	10,341	3,085	29.83	12,340	3,032	24.57
2003	11,137	3,348	30.06	13,073	2,591	19.82
2004	11,215	3,485	31.07	14,477	2,663	18.39
2005	10,574	3,692	34.92	15,422	2,933	19.02
2006	11,438	4,203	36.75	16,569	3,167	19.11
2007	13,160	4,530	34.42	18,725	3,364	17.97
2008	16,021	4,897	30.57	19,945	3,637	18.24
2009	17,384	5,062	29.12	18,781	4,162	22.16
2010	18,325	5,236	28.57	17,912	4,217	23.54
평균	13,209	4,091	30.97	15,878	3,338	21.02

자료: 〈표 7-1〉과 같음.[8]

표 7-4 전체 항소율

연도	처리건수	판결건수	판결률(%)	항소건수	판결 대비 항소율(%)	처리 대비 항소율(%)
2001	202,029	126,698	62.71	23,940	18.90	11.85
2002	206,938	131,354	63.48	22,681	17.27	10.96
2003	242,600	158,229	65.22	24,210	15.30	9.98
2004	253,231	164,483	64.95	25,692	15.62	10.15
2005	253,481	161,726	63.80	25,996	16.07	10.26
2006	299,794	212,858	71.00	28,007	13.16	9.34
2007	309,051	214,299	69.34	31,885	14.88	10.32
2008	331,891	229,775	69.23	35,966	15.65	10.84
2009	288,167	183,773	63.77	36,165	19.68	12.55
2010	296,971	188,442	63.45	36,237	19.23	12.20
평균	268,415	177,164	65.70	29,078	16.58	10.84

이제 단독관할사건과 합의관할사건을 합하여 상소율을 구하기로 한다. 비교법적으로 소송 목적의 값(訴價)의 측면에서 우리의 소액사건과 일반사건의 구분에 해당하는 별도의 재판제도를 두고 있는 나라는 찾기 어렵지 않으나, 단독관할사건과 합의관할사건의 구분에 해당하는 별도의 재판제도를 두고 있는 나라는 찾기 어렵다. 비슷한 제도를 갖고 있는 나라들 사이도 단독관할 범위에 상당한 편차가 있고, 또 조사기간 중 변동도 있었다. 단독재판과 합의부재판에 의미 있는 차이가 있을 수 있음에도 불구하고, 국제비교를 위하여 둘을 합한 값을 구하는 까닭이다.

이상의 자료로부터 다음과 같은 결론을 얻을 수 있다.

첫째, 일반 민사사건의 수는 2001년 20만여 건에서 2006년 이후 대략 30만여 건 내외로 2000년대 전반 급격하게 증가하여 그 수준을 유지하고 있으며, 평균은 26만여 건이다.

둘째, 그 중 평균 65% 이상의 사건이 판결에 의하여 종국(終局)되었다. 특히, 판

7) 김두얼(2011, p. 129)과 항소건수가 다르다. 이 연구에서는 각 『사법연감』의 사건개황에 나온 항소심 처리사건 수를 항소건수로 사용하였다.
8) 항소건수를 처리건수로 한 것과는 달리, 상고건수는 접수건수로 하였다.

표 7-5 전체 상고율

연도	제1심 처리건수	항소건수	상고건수	항소 대비 상고율(%)	제1심 처리 대비 상고율(%)
2001	202,029	23,940	6,988	29.19	3.46
2002	206,938	22,681	6,117	26.97	2.96
2003	242,600	24,210	5,939	24.53	2.45
2004	253,231	25,692	6,148	23.93	2.43
2005	253,481	25,996	6,625	25.48	2.61
2006	299,794	28,007	7,370	26.31	2.46
2007	309,051	31,885	7,894	24.76	2.55
2008	331,891	35,966	8,534	23.73	2.57
2009	288,167	36,165	9,224	25.51	3.20
2010	296,971	36,237	9,453	26.09	3.18
평균	268,415	29,078	7,429	25.55	2.77

주: 처리건수, 판결건수, 항소건수는 각 〈표 7-1〉과 〈표 7-2〉의 값을, 상고건수는 〈표 7-4〉의 두 값을 합한 것이다.

결률이 각 71%, 69.34%, 69.23%로 매우 높았던 2006년부터 2008년이 사건 수가 폭증하였던 시기라는 점이 눈에 띈다. 당시 사건 증가를 주도한 사건이 특히 판결에 의하여서만 해결될 수 있는 특성을 가진 일정 유형의 사건이 아니었다면, 결국 업무부담이 과중해질 경우 판결률이 올라간다는 뜻이고, 이는 판결에 의한 종국보다 그 이외의 방법에 의한 종국에 더 많은 사법자원이 투입되어야 할 가능성을 시사한다.

셋째, 판결사건 대비 항소율은 평균 16.58%이고, 처리사건 대비 항소율은 평균 10.84%으로, 최근에는 12%를 약간 상회하고 있다. 흥미롭게도 판결사건 대비 항소율은 판결률과 어느 정도 역의 상관관계를 보여 준다. 가령 2006년부터 2008년까지는 특히 판결사건 대비 항소율이 낮았다는 것이다. 반면, 처리사건 대비 항소율은 비교 대상 전 기간에 걸쳐 훨씬 적은 편차를 보인다. 이는 판결에 의하지 아니하고 종국된 사건 중 상당수가 판결에 의하여 종국되더라도 항소되지 아니하였을 사건일 가능성을 시사한다.

넷째, 상고율은 전체 항소사건 대비 평균 25.55%, 제1심 처리사건 대비 평균 2.77%이고, 근래 3%를 상회하고 있다.

2. 일본

우리와 가장 가까운 비교 대상인 일본의 경우는 어떠한가?

일본에서 재판권의 분장은 우리 법제와 매우 비슷하다. 즉, 유일한 최고법원으로 최고재판소가 있고, 이 법원이 민사, 가사, 행정 및 형사사건을 모두 담당한다. 가사와 행정사건의 민사사건과의 구분도 대체로 비슷하다. 보전 · 집행 · 도산 기타 신청사건과 본안사건의 구분도 우리와 매우 비슷하다. 그러므로 일본에서 민사본안사건이라고 하면 이는 대체로 우리의 민사본안사건과 같은 것을 의미한다고 할 수 있다.

한편, 하급심으로는 제1심 법원으로 간이재판소와 지방재판소가, 제2심 법원으로 지방재판소와 고등재판소가 있다. 우리와 마찬가지로 소가(訴價)에 따라 간이재판소에서 재판하는 소액사건과 지방재판소 단독판사가 재판하는 사건 및 지방재판소 합의부가 재판하는 사건이 나뉘고, 간이재판소에서 한 재판에 대하여는 지방재판소 합의부에서, 지방재판소에서 한 재판에 대하여는 고등재판소 합의부에서 각 항소심을 담당한다. 그리고 지방재판소 합의부에서 항소심을 한 사건의 상고심은 고등재판소에서, 고등재판소 합의부에서 항소심을 한 사건의 상고심은 최고재판소에서 담당한다.

그 중에서 간이재판소는 소가 140만 엔 미만의 사건만을 관할하고, 전문지식과 자격요건을 갖춘 사람에 한하여 법관이 될 수 있는 것이 아니라 어느 정도의 소양만 있으면 법관으로 임용될 수 있다. 일종의 소인(素人)법관제라고 할 수 있다. 판결보다 조정을 권장한다는 점에서도 그러하다(Zuckerman, 1999, pp. 236f.). 절차에도 약간의 차이가 있다.

환율 수준에 비추어 볼 때 이러한 간이재판소 관할사건은 대체로 우리의 소액사건에 대응한다. 그러므로 이 연구를 위해서는 간이재판소 관할사건을 제외한 나머지 사건[9]의 상소율을 산출할 필요가 있다. 이 경우에는 제1심은 모두 지방재판소에서, 항소심은 모두 고등재판소에서, 상고심은 모두 최고재판소에서 재판하므

9) 일본에서는 이를 통상사건이라고 한다.

표 7-6 일본 제1심 통상법원 민사본안사건 항소율

연도	처리건수	판결건수	판결률(%)	항소건수	판결사건 대비 항소율(%)	처리사건 대비 항소율(%)
2004	148,706	71,428	48.03	16,336	22.87	10.99
2005	135,357	63,362	46.81	15,990	25.24	11.81
2006	143,321	60,765	42.40	15,290	25.16	10.67
2007	172,975	61,368	35.48	15,141	24.67	8.75
2008	192,247	62,072	32.29	15,176	24.45	7.89
2009	214,520	68,516	31.94	15,102	22.04	7.04
2010	227,435	83,796	36.84	17,826	21.27	7.84
평균	176,366	67,330	38.18	15,837	23.52	8.98

자료: 最高裁判所事務總局,『司法統計年譜』1. 民事・行政編(2004-2010).

표 7-7 일본 제1심 통상법원 민사본안사건 상고율

연도	제1심 처리건수	항소 건수	상고 건수	상고 수리 건수[10]	상고(계)	항소 접수 대비 상고율(%)	제1심 처리 대비 상고율(%)
2004	148,706	16,336	2,033	2,244	4,277	26.18	2.88
2005	135,357	15,990	2,048	2,379	4,427	27.69	3.27
2006	143,321	15,290	1,974	2,273	4,247	27.78	2.96
2007	172,975	15,141	1,786	2,083	3,869	25.55	2.24
2008	192,247	15,176	1,796	2,181	3,977	26.21	2.07
2009	214,520	15,102	1,927	2,307	4,234	28.04	1.97
2010	227,435	17,826	2,036	2,485	4,521	25.36	1.99
평균	176,366	15,837	13,600	15,952	4,222	26.66	2.39

자료: 〈표 7-6〉과 같음.

로, 각각의 사건처리에 관한 통계치를 쓸 수 있다.

『사법통계연보』(司法統計年譜)에는 상소율에 관한 정보를 제공하지 아니하므로 그 기초가 되는 자료를 통하여 추산하는 수밖에 없다. 간이재판소의 관할이 90만 엔 이하에서 2004. 3. 31.자로 140만 엔 이하로 상향조정되었으므로, 2004년 이후의

10) 일본은 1996년 민사소송법 개정 이후 권리상고와 허가(재량)상고로 상고를 이원화하였다.

통계만을 대상으로 비교한다.

이로부터 다음과 같은 사실을 확인할 수 있다.

첫째, 일본의 통상사건의 수는 평균 18만 건에 못 미치고, 꾸준히 증가하는 추세에 있으나 2010년에도 22만여 건에 불과하여 -인구차를 고려할 때- 우리보다 상당히 적은 편이다.

둘째, 이에 대한 처리사건 대비 항소율은 평균 9% 정도로서, 근래 감소하는 추세에 있으나, 전체적으로 우리의 그것과 큰 차이를 보이지는 아니한다. 반면, 판결사건 대비 항소율은 평균 23.52%에 이르는데, 이는 판결률이 40%에 미치지 못한다는 사정과 관계되어 있다. 이처럼 낮은 판결률은 법관 수에 비하여 적은 사건 수와도 관련이 있을 수 있다.

셋째, 상고율은 항소 접수 대비 26% 남짓, 제1심 처리 대비 2.4% 정도로 우리의 그것보다 오히려 다소 적은 편이다.

3. 대만

대만(臺灣)은 여러 점에서 우리와 좋은 비교 대상이 된다. 비유럽 내지 비서구 국가로 서구형 사법제도를 갖추고 있고, 인구와 국민소득 수준, 국민정서 등 여러 점에서 일본보다 우리와 더 비슷하다고 인식되고 있다.

대만에서도 민사와 행정사건은 구분되어 있고, 민사사건 중에도 본안사건과 독촉절차 및 보전 · 집행 · 도산 등이 구별되어 있으며, 민사사건과 가사사건도 구별되어 있다. 우리나라와 일본, 대만의 (넓은 의미의) 민사사법제도가 기본적으로 독일법의 영향을 강하게 받았다는 사정과 관련되어 있다고 보인다.

대만의 사법부는 사법원(司法院)을 정점으로, 일반법원으로 최고법원, 고등법원, 지방법원이, 행정사건을 전담하는 특별법원으로 고등행정법원, 최고행정법원, 공무원 징계에 관한 공무원징계위원회를 두고 있다. 민사본안사건 중 소가가 50만 신타이완달러(NTWD) 미만의 사건에 대하여는 간이소송절차가 마련되어 있고, 항소심도 지방법원에서 담당한다. 그 이외의 사건은 지방법원에서 제1심을, 고등법

표 7-8 대만 제1심 통상법원 민사본안사건 항소율

연도	처리건수	판결건수	판결률(%)	항소건수	판결사건 대비 항소율(%)	처리사건 대비 항소율(%)
2001	156,453	105,013	67.12	7,924	7.55	5.06
2002	169,968	114,596	67.42	8,251	7.20	4.85
2003	181,221	129,501	71.46	8,451	6.53	4.66
2004	187,738	143,644	76.51	7,809	5.44	4.16
2005	207,331	163,230	78.73	7,693	4.71	3.71
2006	277,390	221,169	79.73	7,988	3.61	2.88
2007	295,169	236,470	80.11	8,221	3.48	2.79
2008	230,422	174,754	75.84	8,259	4.73	3.58
2009	183,374	131,869	71.91	8,300	6.29	4.53
2010	149,290	102,882	68.91	8,529	8.29	5.71
평균	203,836	152,313	73.78	8,143	5.78	4.19

자료: 司法院統計處編印,『司法統計年譜』(2010).

표 7-9 대만 제1심 통상법원 민사본안사건 상고율

연도	제1심 처리건수	항소심 처리건수	상고건수	항소처리 대비 상고율(%)	제1심 처리 대비 상고율(%)
2001	156,453	7,924	4,589	57.91	2.93
2002	169,968	8,251	4,508	54.64	2.65
2003	181,221	8,451	4,590	54.31	2.53
2004	187,738	7,809	4,729	60.56	2.52
2005	207,331	7,693	4,834	62.84	2.33
2006	277,390	7,988	4,569	57.20	1.65
2007	295,169	8,221	4,978	60.55	1.69
2008	230,422	8,259	5,163	62.51	2.24
2009	183,374	8,300	5,298	63.83	2.89
2010	149,290	8,529	5,161	60.51	3.46
평균	203,836	8,143	4,842	59.49	2.49

자료: 〈표 7-8〉과 같음.

원에서 항소심을, 최고법원에서 상고심을 각 담당한다. 사법원은 이러한 통상적인 분쟁의 상고심을 담당하는 것이 아니라, 법령 해석 및 우리의 헌법소원과 유사한 종류의 사건을 담당하고 있다. 환율 수준을 고려하면 위 50만 신타이완달러라는 간이소송과 통상소송의 구분 기준은 우리의 소액사건과 일반사건의 구분 기준에 대체로 상응한다. 그러므로 이 연구에서는 간이소송 대상 이외의 사건, 즉 통상소송사건에 한하여 상소율을 산정하기로 한다. 이는 대만의 사법통계 자료상으로는 지방법원의 제1심 민사통상소송의 총계, 판결사건 수 및 고등법원의 민사항소사건 수 및 최고법원의 민사상고사건 수에 의하여 산정할 수 있다.

이로부터 다음과 같은 사실을 확인할 수 있다.

첫째, 대만의 간이소송사건을 제외한 나머지 민사본안사건은 평균 20만여 건으로 전반적으로 증가하는 추세에 있었으나 2007년 30만 건에 육박한 이래 급격하게 감소하여 근래에는 2001년 수준인 15만여 건까지 줄어들었다. 이러한 급격한 증감에는 어떤 특별한 원인(event)이 있었으리라고 생각되나, 통계만으로는 구체적인 원인까지 추정하기는 어렵다.

둘째, 대만의 제1심 처리 대비 상고율은 평균 2.49%로, 우리나라나 일본의 그것과 큰 차이를 보이지 않는다. 그러나 항소율은 판결사건 대비로는 평균 5.78%, 처리사건 대비로는 평균 4.19%로서[11] 우리나라나 일본의 절반 수준에 불과하다. 이는 평균 60%에 육박하는, 우리나라나 일본의 2배를 넘는 항소사건 대비 상고율과도 관련되어 있다. 요컨대, 대만의 민사소송에서는 항소를 잘 하지 아니하나, 일단 항소하면 상고까지 할 확률이 매우 높다는 것이다. 이러한 특성이 나타난 원인 또한 통계만으로는 짐작하기 어렵다.

다만 대만의 사법통계는 흥미롭게도, 고등법원의 민사항소심사건에 대하여 '상소사건 유지율'(上訴事件維持率)이라는 통계치를 제공하고 있다. 이 통계치는 특히 근래 들어 정확히 사건이 폭증한 직후 매우 높은 수준으로 올라가고 있다. 어떤 지표에 대한 통계자료를 마련할 것인가 자체가 이미 정책결정자의 관심을 보여 주는 것인 이상, 이러한 지표가 관리되고 있다는 점은 상소심에서 불요불급한 파기

11) 판결사건 대비 항소율과 처리사건 대비 항소율의 차이가 적은 것은 –당연한 이야기이지만– 판결률이 높기 때문이다.

표 7-10 대만 고등법원의 상소사건 유지율

(단위: %)

연도	2001	2002	2003	2004	2005	2006	2007	2008	2009	2010	평균
유지율	68.17	69.32	71.07	72.84	77.24	68.18	81.12	83.96	85.31	86.40	76.36

자료: 司法院統計處編印, 『司法統計年譜』(2010).

를 자제하도록 하는 정책을 강력하게 추진하고 있을 가능성을 시사한다. 대만의 고등법원 상소사건 유지율 통계를 인용해 둔다.

4. 프랑스

프랑스의 민사소송제도는 기본적으로 독일법계에 속하는 우리의 그것과 여러 점에서 다르다. 그러나 바로 그 점 때문에라도 프랑스의 상소율을 비교하는 것이 의미가 있다. 그 동안 여러 연구자들이 관심을 가져온 것은 독일법계와 영미법계의 민사소송뿐이었고, 또 하나의 법권(法圈)인 프랑스법계에는 소홀하였기 때문이다.

프랑스의 법원 조직은 상당히 복잡하다. 헌법사건을 처리하는 헌법원, 행정사건을 처리하는 국사원(國事院)과 같은 특수법원 이외에, 파기원(破棄院)을 정점으로 하여, 대심법원(大審法院), 소심법원(小審法院), 구(區)법원, 상사법원, 농지임대차법원 및 사회보장법원, 노동원을 두고 있다. 상사법원은 상사사건을, 농지임대차법원은 농지임대차(小作)사건을, 노동원은 노동 관련 사건을 다루는 특별법원으로, 모두 민사법원에 속하지만 기본적으로 소인(素人)법관이 주재하며, 조정에 의한 분쟁해결을 추구한다. 사회보장법원은 민간사회보장 서비스에 관한 분쟁을 다루는 민사법원이다.

대심법원과 소심법원, 구법원의 관할은 기본적으로 소가(訴價)에 따른다. 구법원은 소가 4,000유로(Euro) 미만의 사건을, 소심법원은 4,000유로 초과 10,000유로 미만의 사건을 담당하는데, 뒤의 10,000유로 수준은 환율을 고려할 때 대체로 우리의

표 7-11 프랑스 제1심 민사본안사건(대심 · 상사 · 노동) 접수 및 처리건수

연도	대심 · 상사 처리	대심 · 상사 판결	대심 · 상사 판결률(%)	노동원 처리	노동원 판결	노동원 판결률(%)
2004	824,490	624,697	75.77	167,859	83,336	49.65
2005	847,242	656,657	77.51	160,035	82,542	51.58
2006	818,999	631,026	77.05	156,872	81,770	52.13
2007	775,841	595,410	76.74	152,774	78,345	51.28
2008	774,942	593,413	76.58	156,746	83,861	53.50
2009	798,941	588,565	73.67	140,197	71,346	50.89
평균	806,742	614,961	76.22	155,747	80,200	51.51

소액사건의 일부까지 포함한다.

프랑스에서도 각종 집행 및 보전조치(레페레를 포함한다)와 비송사건은 본안사건과 구분된다. 그러나 이 연구의 비교 대상을 직접 식별하는 데는 약간의 문제가 있다. 가사사건이 따로 구분되어 있지 않아, 가사사건을 제외한 민사사건 수를 확정하기가 어렵다는 점이다. 그 이외에 농지임대차법원, 사회보장법원의 사건에 대하여는 판결건수, 상소된 사건 수 등에 관한 자료를 입수할 수 없다.

그러므로 이하에서는 대심법원, 상사법원, 노동원의 민사본안사건만을 대상으로 상소율을 산정하기로 한다. 특히, 상사법원은 전체 관할지역 중 극소수에 설치되어 있고, 그 이외의 지역에서는 대심법원이 상사사건도 관할하므로 통계 자료 중 상사법원에 관한 통계 자료는 대심법원에 관한 통계 자료에 통합하기로 한다. 앞서 설명한 바와 같이 프랑스의 사법통계 자료는 상소율에 관한 정보를 제공하고 있지만, 다른 나라와의 비교 기준의 일관성을 위하여 다른 나라에 대하여 상소율을 산정한 것과 같은 방법으로 다시 산정한다.[12] 아울러 입수할 수 있는 완전한 통계 자료가 2004년부터 2009년까지의 것이므로, 이 기간만을 비교하기로 한다.

이로부터 다음과 같은 결론을 얻을 수 있다.

첫째, 프랑스의 구법원 및 소심법원사건을 제외한 민사본안사건의 수는 우리

12) 프랑스의 사법통계 자료의 상소율과 차이가 있으나, 극히 적다.

표 7-12 프랑스 항소심 민사본안사건(대심 · 상사 · 노동)

연도	대심 · 상사 처리	대심 · 상사 처리 대비 항소율(%)	대심 · 상사 판결 대비 항소율(%)	노동원 항소	노동원 처리 대비 항소(%)	노동원 판결 대비 항소율(%)
2004	104,357	12.66	16.71	48,771	29.05	58.52
2005	108,750	12.84	16.56	52,313	32.69	63.38
2006	106,005	12.94	16.80	49,417	31.50	60.43
2007	106,409	13.72	17.87	46,873	30.68	59.83
2008	113,667	14.67	19.15	48,046	30.65	57.29
2009	115,420	14.45	19.61	45,265	32.29	63.44
평균	109,101	13.54	17.78	48,447	31.14	60.48

표 7-13 프랑스 민사본안사건 전체[13](대심 · 상사 · 노동) 상소율

연도	전체 처리 사건	전체 판결 사건	항소 사건	처리 대비 항소율(%)	판결 대비 항소율(%)	상고 사건	항소심 처리 대비 상고(%)	제1심 처리 대비 상고(%)
2004	992,349	708,033	153,128	15.43	21.63	21,965	14.34	2.21
2005	1,007,277	739,199	161,063	15.99	21.79	18,830	11.69	1.87
2006	975,871	712,796	155,422	15.93	21.80	19,034	12.25	1.95
2007	928,615	673,755	153,282	16.51	22.75	18,232	11.89	1.96
2008	931,688	677,274	161,713	17.36	23.88	18,932	11.71	2.03
2009	939,138	659,911	160,685	17.11	24.35	19,617	12.21	2.09
평균	962,490	695,161	157,549	16.37	22.66	19,435	12.34	2.02

자료: Ministere de la Justice et des Libertes, Annuaire Statistique de la Justice. Édition 2008 (2009) · 2009 (2010).

나라나 일본, 대만보다 훨씬 많은 평균 약 96만여 건이다. 가사사건이 상당수 포함되어 있고, 노동원 사건 중 소가가 낮은 사건이 있을 수 있음을 고려하더라도 그 차이가 워낙 커, 우리나라나 일본, 대만 등보다 훨씬 많은 소송이 제기되고 있다고 할 수밖에 없다.

13) 표에서 '전체'라 함은 대심법원, 상사법원, 소심법원, 노동원의 합계를 말한다. 파기원 상고사건에 관한 통계는 항소심이 어느 법원의 것인지를 구분하고 있지 아니하므로, 파기원 상고사건에는 위 법원의 사건 이외의 사건이 포함되어 있을 가능성이 있다. 그러나 이를 따로 구분할 방법이 마땅치 않아 일단 파기원 민사상고사건 전부를 기초로 상고율을 산정하였다. 일반적으로 소가가 큰 사건이 상고될 가능성이 높으므로, 위 상고율에는 하방편의가 있을 가능성이 있다. 그렇다면 이러한 편의는 아래의 결론에 별 영향을 주지 않을 것이다.

둘째, 프랑스의 일반법원의 판결률은 지금까지 살펴본 나라들에 비하여 꽤 높은 약 75% 선에 이른다. 이 역시 과도한 업무 부담과 관계될 수 있다. 한편, 조정을 우선적으로 추구하는 노동원의 경우 판결률이 약 50%선으로 상당히 낮다. 반면, 노동원 판결에 대한 항소율은 약 60%에 이른다. 이는 다시 한 번 재판 이외의 분쟁해결방법을 추구하는 경우 판결을 선고하였더라도 항소하지 아니하였을 사건이 판결 이외의 방법으로 해결되어 판결 대비 항소율이 상승하게 되었을 가능성을 시사하는 것이다.

셋째, 제1심 전체 처리사건 대비 항소율은 약 16.4%, 판결사건 대비 항소율은 약 22.7%선으로, 우리나라보다 소액사건을 많이 포함하고 있음에도 항소율이 우리나라나 일본보다 상당히 높다. 그러나 항소처리사건 대비 상고율은 약 12.4%로 우리나라나 일본보다 낮고, 그 결과 제1심 처리사건 대비 상고율은 약 2%로 우리나라, 일본, 대만과 비슷한 수준이다.

5. 독일

독일의 법원조직은, 헌법재판기관으로 연방헌법재판소 이외에 일반법원으로 연방대법원, 연방행정법원, 연방재정법원, 연방노동법원, 연방사회보장법원 및 연방특허법원이 있고, 주(Land)별로 각각의 법원에 대응하는 하급심 법원을 두는 구조이다. 그 중 연방행정법원, 연방재정법원, 연방사회보장법원은 대체로 우리의 행정사건에 해당하는 사건을, 연방특허법원은 우리의 특허사건에 해당하는 사건을 관할한다. 또 연방노동법원은 우리의 노동사건에 해당하는 사건을 담당하는데, 우리나라에서 노동사건 중 일부는 민사사건, 일부는 행정사건으로 처리되고 있고, 분쟁의 실질이 같은 경우에도 당사자가 어떤 구제수단을 취하는가에 따라 다른 절차와 법적 형식을 띨 수 있다.[14] 이러한 이유로 일응 이 부분은 비교 대상에서 제외하기로 한다. 결국 우리가 비교해야 할 대상은 연방대법원 및 그 하급심 법원 사건

14) 실제로 근로자가 민사법원과 행정법원 중 그때그때 근로자에게 우호적인 경향을 보이는 법원의 구제절차를 선택하기도 한다.

중 민사사건인 것이다.

독일의 하급심 법원은 구법원, 지방법원 및 고등법원으로 구분된다. 구법원은 소가가 5,000유로 이하인 민사사건과 일정한 가사사건의 제1심을, 지방법원은 소가가 5,000유로를 초과하는 민사사건과 일정한 가사사건의 제1심 및 구법원 사건에 대한 항소사건을, 고등법원은 지방법원 제1심 사건의 항소사건과 구법원 제1심 가사사건 중 일정한 경우의 항소사건을, 연방대법원은 이들 사건의 상고사건을 담당하고 있다. 여기에서 소가 5,000유로는 환율을 고려할 때 우리의 소액과 단독+합의의 구분 기준보다 낮은 것이어서, 지방법원 제1심 사건만 분석 대상으로 삼아도 우리의 소액사건의 일부가 분석에 포함된다. 그러나 소가에 따라 구분된 자료를 구할 수 없으므로, 지방법원 제1심 사건 중 가사사건을 제외한 민사본안사건을 비교 대상으로 삼는다.

한편, 독일의 사법통계는 전체 처리사건 수와 그 중 가압류 · 가처분사건의 수에 관한 정보는 제공하고 있으나, 증서 · 어음 · 수표소송과 기타 본안사건이 아닌 사건의 수에 관한 자료는, 2004년 이후부터는 제공하고 있지 아니하다. 또한 판결사건의 수와 같은 정보도 절차별로 구분되어 있지 아니하다. 그 결과 소수의 친자(親子)사건이 이 수치에 포함되게 되었으나, 이를 통계상 분리하기 어렵다. 이러한 사건이 전체 사건 수에서 차지하는 비중이 상당히 작으므로, 약간의 부정확성을 감수하고 이들을 포함하여 분석하는 수밖에 없다.

아울러 독일의 경우에는 1995년부터 분석 대상에 포함시키기로 한다. 이 기간의 자료를 입수하기 용이하고, 2002년 상소심과 관련된 중요한 개혁이 있었으므로, 그 효과를 확인하는 데에도 도움이 되기 때문이다.

이로부터 다음과 같은 사실을 확인할 수 있다.

첫째, 독일의 제1심 지방법원 관할 민사본안사건의 수는 평균 40만여 건으로, 2003년 43만여 건을 정점으로 다소 감소하고 있다.[15] 우리나라, 일본, 대만보다 사건 수가 많은 편이라고 보인다.

둘째, 판결률은 약 26% 정도로 상당히 낮다. 판결사건 대비 항소율은 우리나라

15) 여기에는 우리나라, 일본, 대만 등에서 제외된 민사본안사건이 아닌 다른 사건이 일부 포함되어 있으나, 다른 한편 본래 비교 대상에 포함되어야 하는 노동사건 중 일부가 제외되었다. 그러나 차이가 워낙 크므로, 독일의 사건 수가 우리보다 더 많다는 결론에는 큰 영향을 주지 않으리라고 생각된다.

표 7-14 독일 제1심 지방법원 민사본안사건 항소율

연도	처리건수	판결건수	판결률(%)	항소건수	판결사건 대비 항소율(%)	처리사건 대비 항소율(%)
1995	401,747	111,412	27.73	64,269	57.69	16.00
1996	414,579	114,739	27.68	66,696	58.13	16.09
1997	423,628	120,041	28.34	69,333	57.76	16.37
1998	412,492	118,618	28.76	69,600	58.68	16.87
1999	392,722	113,378	28.87	66,867	58.98	17.03
2000	392,063	109,345	27.89	63,992	58.52	16.32
2001	403,159	108,756	26.98	63,781	58.65	15.82
2002	401,321	99,617	24.82	56,645	56.86	14.11
2003	418,735	100,358	23.97	56,793	56.59	13.56
2004	425,504	101,488	23.85	57,126	56.29	13.43
2005	430,236	102,891	23.92	57,876	56.25	13.45
2006	402,298	99,563	24.75	57,242	57.49	14.23
2007	377,779	94,619	25.05	54,516	57.62	14.43
2008	363,132	92,670	25.52	53,477	57.71	14.73
2009	359,525	90,997	25.31	53,154	58.41	14.78
2010	369,089	91,768	24.86	53,042	57.80	14.37
평균	399,251	104,391	26.14	60,276	57.71	15.10

나 일본, 대만보다 훨씬 높은 57.7%에 이른다. 제1심 처리사건 대비 항소율도 평균 15% 정도로 우리나라, 일본, 대만보다 상당히 높다. 그러나 판결률이 매우 낮으므로, 판결사건 대비 항소율보다는 상당히 낮다. 아울러 이러한 항소율이 2001년까지 약 16% 내외의 상당히 높은 수준에 있었다가 이후 하락하여 현재 약 14-15% 정도로 유지되고 있음도 주목할 부분이다. 특히, 독일에서 민사소송법, 그 중에서도 항소심 관련 규정의 개정이 있었던 2002년경 항소율이 약 1.6% 하락하였다. 상고율도 2002년을 정점으로(이 해에는 다른 해에 비하여 특히 상고사건이 많았다) 다소 감소하고 있다. 그 중 일부는 민사소송법 개정의 영향이라고 볼 여지가 있다. 그러나 이미 2000년 이후 이미 항소율이 감소하는 추세에 있었다는 점에도 주목할 필요가 있다. 위 항소율 하락폭 1.6% 모두가 다 민사소송법 개정의 영향이라고 보기는 어려울 것이다.

표 7-15 독일 제1심 지방법원 민사본안사건 상고율

연도	제1심 처리건수	항소심 처리건수	상고건수	항소처리 대비 상고율(%)	제1심 처리 대비 상고율(%)
1995	401,747	64,269	5,629	8.76	1.40
1996	414,579	66,696	5,966	8.95	1.44
1997	423,628	69,333	6,364	9.18	1.50
1998	412,492	69,600	6,096	8.76	1.48
1999	392,722	66,867	5,685	8.50	1.45
2000	392,063	63,992	5,745	8.98	1.47
2001	403,159	63,781	5,507	8.63	1.37
2002	401,321	56,645	6,547	11.56	1.63
2003	418,735	56,793	5,890	10.37	1.41
2004	425,504	57,126	5,602	9.81	1.32
2005	430,236	57,876	5,274	9.11	1.23
2006	402,298	57,242	5,285	9.23	1.31
2007	377,779	54,516	5,259	9.65	1.39
2008	363,132	53,477	5,174	9.68	1.42
2009	359,525	53,154	5,152	9.69	1.43
2010	369,089	53,042	5,707	10.76	1.55
평균	399,251	60,276	5,680	9.42	1.42

각 자료: Statistisches Bundesamt, Justizgeschaftsstatistik. Geschaftsentwicklung bei Gerichten und Staatsanwaltschaften seit 1995 (2011).

셋째, 상고율은 항소사건 대비 10%선에 못 미치고, 전체 사건 대비로도 1.5% 정도에 그친다. 상고사건 중 제1심 구법원 관할사건이 일부 포함될 수 있으므로, 이는 상방편의를 내포하고 있을 가능성이 있다.

6. 미국 캘리포니아 주

이제 법계(法界)를 달리하는 미국과 영국의 민사재판 상소율에 관하여 본다.

미국은 연방국가로 일반 민사소송사건의 압도적 다수는 주법원 관할에 속하고, 또 실제로 주법원에서 해결되고 있다. 연방법원의 사법통계와 비교하기보다 주법원의 사법통계와 비교하는 것이 낫다고 생각되는 까닭이다. 그 중에서 인구 규모와 심급제 등에서 우리와 비교하기 용이하다고 생각되고, 사법통계 자료를 입수하기 쉬운 캘리포니아 주를 비교하기로 한다.

캘리포니아 주의 사법부는 (주)대법원과 고등법원, 지방법원으로 구분되어 있고, 원칙적으로 지방법원이 제1심을, 고등법원이 항소심을, 대법원이 상고심을 담당한다. 민사사건과 형사사건, 가사사건 및 집행 · 도산사건 등은 구분되어 있으나, 민사사건과 행정사건 사이의 구분은 반드시 분명하지 아니하다. 소가 25,000달러(dollar) 미만의 사건은 따로 구분되어 있고, 특히 그 중 소액사건에 대한 항소심은 지방법원에서 담당한다. 환율을 고려할 때 25,000달러는 우리의 소액사건의 범위를 다소 넘지만, 큰 차이라고 하기는 어려우므로, 분석의 편의상 이하에서도 소가 25,000달러 이상의 사건만을 비교하기로 한다. 행정사건이 함께 포함되어 다루어지지만, 캘리포니아 주의 사법통계상 민사사건과 구분할 방법이 없고, 또한 전형적인 행정사건은 민사사건에 비하여 그 수가 극히 적기 마련이므로 분석 결과의 방향에 큰 영향을 주지는 않을 것으로 생각된다.

위 자료에서 항소 및 상고사건은 소가 25,000달러 이상의 사건만을 선별한 것이 아니라, 모든 민사사건을 포함한다. 따라서 여기에는 상방편의가 있을 수 있는데, 위에서 보듯이 실제 항소율과 상고율이 매우 낮게 나오는 이상 결론의 방향에 영향을 주지는 아니한다.

위 자료에 비추어 보면, 다음과 같은 결론을 내릴 수 있다.

첫째, 소가 25,000달러 이상의 민사사건은 평균 약 16만여 건 정도이고, 근래에는 거의 20만 건에 육박하고 있다. 이 수치는 캘리포니아와 우리나라 등의 인구 규모의 차이, 위 수치가 우리의 단독관할사건 중 일부를 제외한 것인 점 등에 비추어 볼 때 반드시 우리나라보다 눈에 띄게 작다고 하기는 어렵다.

둘째, 항소율은 4%에도 미치지 못하고, 상고율은 항소사건 대비 약 19%, 제1심 처리사건 대비 약 0.74% 정도에 불과하다. 항소율은 우리나라나 일본의 절반 정도에 불과하고, 독일, 프랑스와 비교하면 3분의 1 이하이며, 대만과 비슷하다. 항소사건 대비 상고율도 다소 낮은 편이고, 그 결과 제1심 처리사건 대비 상고율도 유례

표 7-16 미국 캘리포니아 주 지방법원 소가 25,000달러 이상 민사본안사건 상소율

회계연도	처리건수	항소건수	항소율 (%)	상고건수	항소사건 대비 상고율(%)	제1심 처리사건 대비 상고율(%)
2000-2001	160,302	6,843	4.27	1,309	19.13	0.82
2001-2002	157,993	6,850	4.34	1,274	18.60	0.81
2002-2003	168,705	6,917	4.10	1,329	19.21	0.79
2003-2004	172,613	6,484	3.76	1,202	18.54	0.70
2004-2005	146,015	6,142	4.21	1,142	18.59	0.78
2005-2006	145,325	6,018	4.14	1,263	20.99	0.87
2006-2007	142,353	6,116	4.30	1,186	19.39	0.83
2007-2008	153,545	5,913	3.85	1,135	19.19	0.74
2008-2009	176,192	5,958	3.38	1,091	18.31	0.62
2009-2010	195,335	6,122	3.13	986	16.11	0.50
평균	161,838	6,336	3.92	1,192	18.81	0.74

자료: Judicial Council of California, 2010 Court Statistics Report. Statewide Caseload Trends 1999-2000 Through 2008-2009 (2010, pp. 5, 24, 47) · 2009-2010 (2011).[16]

를 찾기 어려울 정도로 매우 낮다.

한편, 캘리포니아 주의 제1심 민사본안사건 중 소가 25,000달러 초과 사건의 판결률을 산정하기는 어렵다. 이는 해당 사건 중 판결건수에 관한 통계자료를 확보하기 어렵기 때문이다. 그러나 2009-2010 회계연도의 제1심 처리사건 수는 1,113,606건인데,[17] 그 중 변론을 거쳐 종국된 사건은 200,093건으로 17.9%에 불과하였다는 점을 참고할 수 있을 것이다. 일반적으로 인식되고 있는 것처럼 영미계 민사소송에서 판결에까지 이르는 사건의 비율은 상당히 낮은 것이다.

16) 수치가 김두얼(2011, p. 133)과 다소 차이가 난다. 김두얼은 제1심 접수건수와 대비하여 항소율을 산정하였으나, 이 연구에서는 다른 국가와 비교 기준의 일관성을 기하기 위하여 처리건수와 대비하여 항소율을 산정하였기 때문이다.

17) 위 제1심 지방법원 처리사건에 소가가 낮은 사건 214,921건을 보탠 값이다.

7. 영국(잉글랜드 · 웨일즈)

마지막으로 영국(잉글랜드 · 웨일즈)의 민사재판 상소율을 살펴보기로 한다.

영국(잉글랜드 · 웨일즈)에서 민사재판은 그 소가에 따라 구법원 또는 지방법원이 제1심을 관할하고, 구법원 관할사건에 대하여는 지방법원, 지방법원 관할사건에 대하여는 고등법원이 항소심을 관할하며, 상고심은 귀족원(2009년부터는 대법원)에서 담당하고 있다. 구법원 관할사건과 지방법원 관할사건을 구분하는 기준은 소가 15,000파운드(pound)로, 환율을 고려할 때 대체로 우리의 소액사건과 일반사건의 구별 기준에 상응한다. 민사사건과 형사사건이 구분되어 있고, 가사사건도 별도의 재판부에서 처리하고 있어 구분할 수 있다. 집행 · 도산사건도 개략적으로 구분할 수 있다. 반면, 민사사건과 행정사건을 구분하기는 어려운데, 고등법원 사건은 종류별로 사건 수가 나와 있으므로, 전체 민사사건에서 행정사건임이 명백한 사건의 수를 공제하는 방법으로 민사사건의 수를 개산(槪算)하기로 한다. 아울러 2004년부터 2008년까지의 사법통계만을 검토한다. 2009년부터는 종래 상원 내의 조직이었던 귀족원 대신 독립된 최고법원으로 대법원이 설치되어 사법통계의 체제가 바뀌었기 때문이다.

이로부터 다음과 같은 사실을 확인할 수 있다.

표 7-17 영국(잉글랜드 · 웨일즈) 제1심 지방법원 민사본안사건

연도	CD 런던	CD 런던 외	QBD	QBD 해사	QBD 상사	QBD 기술 · 건설	합계
2004	4,049	1,977	14,830	158	947	341	22,302
2005	4,219	1,672	15,317	102	981	340	22,631
2006	4,528	2,025	18,364	105	926	390	26,338
2007	3,534	3,762	18,505	89	839	409	27,138
2008	3,779	5,558	18,253	114	1,003	366	29,073
평균	4,021	2,998	17,053	113	939	369	25,496

주: CD는 Chancery Division, QBD는 Queens's Bench Division을 가리킨다.
자료: Department for Constitutional Affairs, Judicial Statistics. England and Wales for the year 2004 (2005) · 2005 (2006), Ministry of Justice, Judicial and Court Statistics 2006 (2007) · 2007 (2008) · 2008 (2009).

표 7-18 영국(잉글랜드 · 웨일즈) 제1심 지방법원 관할 항소사건

연도	고등법원 항소심 처리사건	고등법원 항소심 조세사건	고등법원 항소심 행정사건	고등법원 항소심 이민사건	고등법원 항소심 사회보장사건	고등법원 민사처리사건
2004	966	16	116	17	150	667
2005	1,103	12	108	250	16	717
2006	1,055	13	107	341	8	586
2007	1,145	11	108	380	7	639
2008	1,225	14	161	415	7	628
평균	1,099	13	120	281	38	647

표 7-19 영국(잉글랜드 · 웨일즈) 제1심 지방법원관할사건 상소율

연도	처리 건수	항소 건수	항소율 (%)	상고	상고 허가	상고 (계)	항소사건 대비 상고율(%)	제1심 처리사건 대비 상고율(%)
2004	22,302	667	2.99	79	164	243	36.43	1.09
2005	22,631	717	3.17	59	186	245	34.17	1.08
2006	26,338	586	2.22	49	172	221	37.71	0.84
2007	27,138	639	2.35	44	155	199	31.14	0.73
2008	29,073	628	2.16	51	163	214	34.08	0.74
평균	25,496	647	2.54	56	168	224	34.66	0.88

자료: Department for Constitutional Affairs, Judicial Statistics, England and Wales for the year 2004 (2005) · 2005 (2006), Ministry of Justice, Judicial and Court Statistics 2006 (2007) · 2007 (2008) · 2008 (2009).[18]

영국의 제1심 지방법원 관할 민사본안사건의 수는 평균 25,000여 건 정도로, 근래 들어 증가하고 있음에도 여전히 30,000여 건 정도에 불과하여, 다른 나라와 비교하기 어려울 정도로 적은 수준에 머무르고 있다.

그에 대한 항소율은 2.5% 정도에 그치고 있고, 상고율도 항소사건 대비 평균 34.66%, 제1심 처리사건 대비 평균 0.88%로 매우 낮다. 항소율은 미국 캘리포니아주보다 훨씬 낮으나, 제1심 처리사건 대비 상고율은 오히려 조금 높다.

18) 귀족원 사건에서는 행정사건이 제외되어 있지 아니하므로, 약간의 상방편의가 있을 수 있다.

8. 소결

지금까지 살펴본 바를 하나의 표로 정리하면 〈표 7-20〉과 같으며, 이로부터 얻을 수 있는 몇 가지 결론은 다음과 같다.

첫째, 판결사건 대비 항소율은 나라마다 매우 큰 차이를 보인다. 반면 제1심 처리사건 대비 항소율의 진폭은 훨씬 작다. 이는 특히 조정 · 화해 등 판결 이외의 방법에 의한 분쟁해결을 정책적으로 강력하게 추진하는 경우, 판결에 의하여 종국되었더라도 항소하지 아니하였을 사건이 판결 이외의 방법으로 종국됨에 따라 그 모수(母數)에서 아예 빠짐으로써 항소율을 왜곡할 위험이 있음을 보여 준다. 선행 연구 중 우리 민사재판의 항소율이 극히 이례적으로 높다고 주장하는 것들은 대개 『사법연감』 등에 실린 판결사건 대비 항소율을 인용하고 있는데, 이러한 지표는 올바른 인식을 호도할 위험이 있다. 항소율 자체만 놓고 보면 더 나은 지표는 처리사건 대비 항소율이라고 보인다.

다른 한편, 판결사건 대비 항소율을 놓고 보더라도 우리나라는 11% 정도로 결코 비교 대상국 중에서 유난히 높은 나라라고 할 수 없다. 비교 대상국 중 우리나라보다 판결사건 대비 항소율이 낮은 나라는 대만 정도뿐이다.[19] 여러 모로 더 적합

표 7-20 상소율 비교

(단위: %)

	우리나라	일본	대만	프랑스	독일	미국 캘리포니아	영국 잉글랜드 · 웨일즈
판결 대비 항소율	16.58	23.52	5.78	22.66	57.71		
제1심 처리 대비 항소율	10.84	8.98	4.19	16.37	15.10	3.92	2.54
항소 대비 상고율	25.55	26.66	59.49	12.34	9.42	18.81	34.66
제1심 처리 대비 상고율	2.77	2.39	2.49	2.02	1.42	0.74	0.88

19) 물론 미국과 영국에 대하여 이 수치를 산정할 수 있었다면, 그 수치가 우리나라의 그것보다 낮았을 가능성이 있다.

하다고 여겨지는 제1심 처리사건 대비 항소율도 우리나라는 미국, 영국, 일본, 대만보다는 다소 높지만 독일, 프랑스보다는 상당히 낮은 수준이다.

결론적으로 우리나라 민사재판의 항소율이 유례를 찾아볼 수 없을 정도로 극히 높다고 볼 만한 증거는 없다.

둘째, 항소(처리)사건 대비 상고율 또한 유의미한 경향을 찾기 어려울 정도로 그 편차가 심하다. 대만이나 영국처럼 항소율이 극히 낮은 나라에서 다소 높게 나타나는 정도이다. 그러나 이 수치 자체가 이미 항소율의 영향을 받을 수밖에 없으므로, 제1심 처리사건 대비 상고율을 비교할 필요가 있는데, 제1심 처리사건 대비 상고율을 보더라도 우리나라의 상고율은 2.77%로 비교 대상국들 중 가장 높은 수준이다. 수치상의 차이가 채 1%에도 미치지 아니하므로 큰 의미가 없다고 여길 수도 있으나, 1-2% 정도밖에 되지 않는 상고율에서 0.2-0.3% 정도의 차이가 반드시 적다고 할 수는 없다. 요컨대, 이유는 별론으로 하더라도, 우리나라는 상고율이 제법 높은 나라에 속한다.

Ⅳ. 몇 가지 상소율 결정요인의 국제비교

1. 민사재판제도의 특성

이와 같은 상소율의 국제적 차이는 어디에서 유래하는가? 이하에서는 비교대상국의 민사재판제도를 간단히 소개하고, 상소율 편차와의 관계를 검토하기로 한다.

합리적인 당사자라면 상소를 통하여 보다 유리한 판결을 받을 가능성, 즉 상소의 기대이익과 상소의 비용을 비교하여 상소 여부를 결정할 것이다(김두얼, 2011, pp. 122ff.). 상소를 통하여 보다 유리한 판결을 받을 가능성은 한편으로는 원심 판결에 오류가 생길 가능성과, 다른 한편으로는 상소심 판결에서 그 오류가 시정될 가능성 및 원심 판결에 오류가 있었던 것은 아니나 상소심에서 부당하게 뒤집혀 더 유리해질 가능성, 그리고 소송 목적의 값 등 소송의 이익에 달려 있다. 그리고 오류가 시정될 가능성은 상소 제한 여부, 상소심의 심판 범위와 관련되어 있다. 다른 한편, 재판 결과와 직접 관계가 없는 상소의 부수적인 이익으로 집행을 지연시킴으로써 얻는 이익을 생각할 수 있다. 상소의 비용으로는 시간의 손실, 재판에 소요되는 변호사비용 기타 비용을 생각할 수 있다. 그러므로 민사재판제도의 관점에서는 원심의 재판이 얼마나 많은 비용이 드는지, 상소가 얼마나 넓게 허용되는지, 상소심의 심판 범위가 얼마나 넓고, 그 판단 기준이 얼마나 엄격한지, 집행정지가 인정되는지 등을 비교해 볼 필요가 있다.

이러한 관점에서 보았을 때 우리나라의 민사재판제도는 상소의 이익이 상당히 큰 편이라고 생각된다. 우리나라의 민사재판제도는, 변호사강제주의를 취하고 있는 것도 아니고, 일반적인 인식에 따르면 재판도 신속한 편이며, 증거개시(開示)(discovery)와 같이 비용이 많이 드는 절차를 예정하고 있지도 아니하다. 또한 항소심의 경우 권리항소를 제한 없이 인정하고 있고, 속심(續審)으로 운영되고 있어 새로운 증거는 물론 새로운 공격방어 방법도 별 제한 없이 제출할 수 있으며, 항소심법관도 독자적으로 정확하게 법률을 적용해야 하므로 원심에 오류가 있는 한 제한 없이 시정되게 된다. 항소에 의하여 집행이 당연히 정지되는 사건은 매우 제한적이지만,[20] 집행정지가 특히 어렵다고 할 수도 없다. 나아가 상고에도 아무런 제한이 없고, 상고심의 심판 범위도 원심의 사실인정에 구속될 뿐 법률적으로는 거의 아무런 제한이 없으며, 원칙적으로 변론을 열거나 새로운 사실 또는 증거조사를 하지 않으므로 상고의 비용도 크다고 할 수 없다. 결국 패소한 당사자로서는 상소심에 의한 시정의 기대이익이 그 비용을 초과할 가능성이 제법 높다.

일본의 경우도 우리와 별 차이가 없다. 증거개시와 같이 큰 비용이 드는 제1심 절차를 두고 있지 않고, 항소에 대한 제한도 없다. 1996년 민사소송법 개정으로 이른바 사후심(事後審)적 심리가 도입되었다는 지적이 있는데, 그 실질에 있어서는 속

20) 가집행선고를 할 수 없는 사건에 한하여 집행이 당연히 정지된다.

심과 다를 바 없고, 복심(覆審)이 아니라는 의미에 불과하다고 여겨진다. 다만, 1996년 민사소송법 개정 이후 상고제한을 도입하여 권리상소와 상고수리(受理)신청의 두 가지 절차를 마련하고, 상고수리신청 사건에 대하여는 상고수리를 거절할 수 있도록 하였다는 점에 약간의 차이가 있을 뿐이다.

대만의 민사재판제도는 독일의 그것과 비슷하다. 즉, 상고에 권리상고와 재량상고(상고허가) 두 가지를 두고 있을 뿐 아니라, 2003년 개정 민사소송법은 항소심에서도 새로운 공격방어 방법의 제출을 상당 부분 제한하여, 이른바 제한적 속심제를 취하고 있다. 그러나 항소제한은 없다.

독일의 경우도, 종래부터 상고는 소가(訴價)가 일정한 금액을 넘는 경우에 한하여 허용되어 왔고, 2002년 개정 민사소송법은 이를 아예 상고허가제로 바꾸었다. 다만, 이것이 소송당사자의 권익을 침해한다는 우려 내지 비난을 피하기 위하여 상고 불허가에 대하여 불복할 수 있는 절차를 규정하였다. 또한 항소심에서는 공격방어 방법의 제출을 상당 부분 제한하여, 이른바 제한적 속심제를 취하고 있을 뿐 아니라, 소가가 일정액에 달하지 않은 사건에 대해 아예 항소도 수리하지 않을 수 있는 제한적 항소허가제를 취하고 있다.

프랑스의 경우 –이 연구에서 고려하지 아니한 일정 소가 이하의 사건 이외에는– 제한 없이 항소할 수 있고, 항소심은 속심으로 되어 있으며, 항소에 집행정지의 효력도 인정된다. 상고제한은 없으나, 파기원의 임무, 즉 법령 해석의 통일의 개념이 매우 엄격하게 해석되는 결과, 가령 계약 해석, 손해배상액의 산정과 같이 우리나라나 일본에서는 최고법원의 심사 대상이 되는 문제도 프랑스에서는 최고법원의 심사 대상이 아니라고 본다. 또 법령과의 합치 여부만 판단하고 당해 사안의 당부에 관하여는 판단하지 아니한다. 그리하여 프랑스에서는 파기원은 제3심이 아니라고 하기도 한다. 이는 결국 적법한 상고이유를 매우 좁히는 결과를 가져오는데, 때문에 파기원에는 과거 심리부를 두어 부적법한 상고를 걸러내 왔고, 심리부를 폐지한 지금도 실무상 비슷하게 운영하고 있다고 한다. 이는 상고허가제와 비슷한 효과를 가져온다.

미국 캘리포니아 주의 경우는 다소 다르다. 항소와 상고 모두 제한은 없는 것으로 보이나, 제1심에서 디스커버리를 거치는 경우가 많아 비용과 시간이 많이 들며, 항소심도 사후심으로 되어 있어 명백한 오류가 있을 때에 한하여 파기하도록 되어 있다.

이러한 점은 영국도 비슷한데, 다만, 원칙적으로 귀족원을 제3심으로 본다기보다는 귀족원에의 상고는 특별한 불복방법이라고 인식되고 있고, 고등법원도 항소허가제를 취하며, 미국처럼 강력한 사후심으로 운영하여, 사실상 이심제를 취하고 있다고 평가된다(梁承泰, 1987; Zuckerman, 1999 등).

이상과 같은 점을 표로 정리하면 〈표 7-21〉과 같다.

먼저, 항소율에 관하여 본다. 항소율이 특히 낮은 나라는 미국, 영국, 대만이다. 그 중 미국과 영국의 경우 제1심이 비용이 많이 들고, 항소심이 강력한 사후심이라는 점이 공통적이다. 이는 제1심의 비용을 감당하지 못하여 소 제기를 꺼리거나 소 제기 후에도 판결에 이르지 아니하고 화해 등으로 분쟁을 종결하여 항소할 기회를 얻지 못하게 될 가능성이 높고, 판결에 이르더라도 항소심이 강력한 사후심으로

표 7-21 민사소송제도와 상소율

(단위: %)

	우리나라	일본	대만	프랑스	독일	미국 캘리포니아	영국 잉글랜드 · 웨일즈
제1심 비용	낮음	낮음(?)[21]	낮음(?)	낮음(?)	낮음(?)	높음	높음
항소요건	제한 없음	제한 없음	제한 없음	제한 없음	제한적 항소허가	제한 없음	항소허가
항소심 운영	속심	속심	제한적 속심	속심	제한적 속심	사후심	사후심
제1심 처리 대비 항소율	10.84	8.98	4.19	16.37	15.10	3.92	2.54
상고요건	제한 없음	상고허가	상고허가	사실상 상고허가	상고허가	상고허가	상고허가
제1심 처리 대비 상고율	2.77	2.39	2.49	2.02	1.42	0.74	0.88

21) 이때의 소송비용은 디스커버리 등의 부담, 소송지연 등을 포괄하는 개념이다. 이 절의 분석은 엄밀한 의미의 소송비용(및 소송기간)의 분석을 포함하지 아니하므로 위 표의 '낮음'과 '높음' 표시는 일반적으로 그 나라가 소송에 많은 비용과 시간이 소요된다고 인식되고 있는지 여부를 소박하게 기술한 것에 불과하다는 점에 주의할 필요가 있다.

운영되고 있어 항소의 기대이익이 별로 크지 아니하므로 항소가 억제되고 있다고 이해해 볼 수 있다.

반면 제한적 속심제와 제한적 항소허가제를 취하고 있는 독일의 경우에도 항소율이 제법 높다는 점은, 당사자에게 불복기회를 널리 부여해 왔고 이를 희생하는 것을 꺼려 온 독일법관의 태도와 2002년 민사소송법 개정 과정에서의 논의가, 결과적으로 제한적 속심제를 속심제와 유사하게, 그리고 제한적 항소허가제를 사실상 권리항소제와 유사하게 운영하게 만들었을 수 있음을 시사한다. 일부 독일 실무가들은 개정 민사소송법 시행 후 업무 부담이 줄어들었다고 보고하고 있으나,[22] 이는 그 무렵 제1심 접수사건 수가 감소되었다는 사정과 더 관련되어 있는 것처럼 보이고, 개정 민사소송법의 시행으로 인한 항소율의 하락이 그다지 크지 않아 보인다.

이러한 관점에서 대만의 특히 낮은 항소율은 잘 설명되지 않는다. 앞 절에서 시사한 바와 같이 정책적으로 항소심의 원심 유지를 강력하게 추진하여, 거의 사후심에 가깝게 운영하고 있을 가능성, 이 연구에서 고려하지 아니한 문화적 특성, 경제사회적 특성 내지 숨은 소송비용 등과 관련되어 있을 가능성이 있다.

다음, 상고율에 관하여 본다. 상고율이 특히 낮은 나라는 미국과 영국이다. 이 점은 낮은 항소율과도 관계되어 있을 것이다. 이들 국가의 항소된 사건 대비 상고율이 특히 낮은 편이 아니라는 점도 이를 뒷받침한다. 그러나 독일, 프랑스는 물론, 일본, 대만조차도 상고율은 우리나라에 비하여 상당히 낮다. 이들과 우리와 가장 큰 차이는 상고허가제의 유무이다. 권리상고제 하에서는 아무래도 상고의 기대이익이 클 것이다.[23]

22) 정선주(2009) 참조.
23) 그러나 다른 한편 우리나라 민사상고심의 파기율이 5-8% 정도에 불과함에도 상고율이 높다는 점은 아울러 상고의 비용도 상당히 적을 가능성을 시사한다.

2. 법관의 업무 부담의 차이

법관의 업무 부담의 차이는 어떠한가? 앞서 언급한 바와 같이 법관의 업무 부담의 차이를 국제비교하는 데는 어려움이 많다. 이 연구에서는 비교 대상 국가에서 하급심 법관을 제1심을 담당하는 법관과 항소심을 담당하는 법관으로 나눌 방법이 마땅치 않다는 점을 고려하여, 우선 하급심 법관 전부와 최고법원 법관의 수를 사건 수와 비교하고, 다시 제1심 사건과 항소심 사건을 지방법원과 고등법원의 법관 수에 따라 비교한 다음, 상고사건의 수와 최고법원 법관의 수를 비교하기로 한다.

먼저 하급심의 업무 부담에 관하여 본다.

일단 각국의 법관 1인당 업무 부담의 차이가 대단히 크다는 점이 눈에 띈다. 우리나라와 항소율 수준이 비슷한 일본, 프랑스, 독일의 경우, 우리보다 다소간 또는 현저하게 많은 수의 법관을 두고 있고, 프랑스의 예를 제외하면 우리보다 현저하게 법관의 업무 부담이 낮음을 알 수 있다. 법관의 업무 부담이 우리보다 특히 낮은 일본, 독일의 경우 판결률도 상당히 낮다는 점을 상기할 필요가 있다. 이는 앞서도 언급한 바와 같이 판결 이외의 방법에 의한 분쟁해결의 비율을 (일정 수준 이상으로) 올리려면 판결에 의한 분쟁해결보다 더 많은 사법자원을 투입해야 함을 시사한다. 반면, 프랑스의 경우 전체 사건 수가 많아 법관의 전체 업무 부담은 비슷한 수준이고, 판결률도 높다.

한편, 우리보다 항소율 수준이 훨씬 낮은 영국과 미국은 우리보다 법관 수가 상당히 많아 업무 부담이 더 적을 가능성이 높아 보인다. 그러나 역시 우리보다 항소율이 상당히 낮은 대만의 경우 법관의 수가 오히려 부족하여 업무 부담이 우리보다 거의 50% 정도 많다. 대만도 판결률이 높은 편에 속한다.

지방법원과 고등법원의 법관 수를 제1심 사건 및 항소된 사건의 수와 비교해 보면 또 다른 특성이 나타난다. 자료를 입수할 수 있었던 대만, 영국, 미국 어느 나라와도 특히 고등법원 법관이 사건 수에 비하여 눈에 띄게 적은 편임을 알 수 있다.

결론적으로, 하급심 법관의 업무 부담과 항소율 사이에 일정한 경향 내지 상관관계를 확인하기는 어렵다. 이와 관련하여서는 두 가지 점을 지적할 필요가 있다. 첫째, 근래 많은 나라에서 사법부를 보다 효율화하기 위한 시도가 행해지고 있다.

표 7-22 하급심 법관의 전체 업무 부담 비교

(단위: %)

	우리나라	일본	대만	프랑스	독일	미국 캘리포니아	영국 잉글랜드 · 웨일즈
소액 제외 본안사건 수	299,794	156,611	285,378	975,871	402,298	143,539	26,924
하급심 법관 수	2,350	2,535	1,505	7,532	20,138	1,735	3,774
업무 부담 지수	100	48	149	102	16	65	6

주: 비교의 편의를 위하여 2006년 자료를 사용하였다(미국 캘리포니아 주의 경우 2006-2007 회계연도). full-time 직업 법관만을 고려하고, 우리나라는 예비판사를, 일본은 명칭에도 불구하고 우리의 배석판사 역할을 하며 일정한 경우 단독판사도 할 수 있는 판사보를 수치에 포함시켰다.[24)]

표 7-23 고등법원 및 지방법원 법관의 업무 부담 비교

(단위: %)

	우리나라		대만		미국 캘리포니아		영국 잉글랜드 · 웨일즈	
	지방	고등	지방	고등	지방	고등	지방	고등
소액 제외 본안사건 수	259,161	40,633	277,390	7,988	142,353	1,186	26,338	586
법관 수	2,037	313	1,164	341	1,630	105	3,666	108
업무 부담 지수	100	100	187	18	69	9	6	4

비교적 규모가 작은 법원을 통폐합하고, 더러는 법관의 수를 줄이는 등이다. 많은 나라에서 이에 대한 대응으로 단독법관의 관할 범위를 넓히는 등의 조치를 취한다. 둘째, 많은 나라에서 법관의 사무 분담이 가중될 때 항소율이 상승하기보다는 사건처리기간이 더 많이 증가하는 경향을 보인다. 이는 법관들이 업무 부담이 가중될 때, 조정 등에 의한 사건해결을 포기하고, 다소간의 사건처리의 지연을 감수하더라도, 판단의 공정성 내지 정확성을 유지하려는 성향이 있음을 시사한다.[25)]

24) 각국의 사법통계 자료 이외에, 특히 유럽 국가의 하급심 법관의 수는, Council of Europe, *European judicial systems Edition 2008* (data 2006). *Efficiency and quality of justice* (2008) 참조. 이 자료는 현재 2010년판까지 공간되어 있으나, 여기에는 독일의 자료가 빠져 있다.

25) 이는 단순히 익숙한 업무수행 패턴에서 벗어나 변화한 업무량에 적응하는 데 시간이 들기 때문일 수도 있고, 법관이 사회화 과정에서 공정성 내지 정확성에 상대적으로 높은 가치를 부여하게 되어, 그것을 희생시키는 것을 덜 선호하기 때문일 수도 있다.

또, 사건처리가 지연되는 경우 그 자체 소송당사자에게 비용으로 작용하여 소송의 이익을 줄임으로써 상소율의 상승을 억제하고 있을 가능성도 있다. 어떻든, 업무 부담의 증가가 항소율에 미치는 영향은 적어도 현재의 자료 수준에서는 뚜렷하게 드러나지 않는다.

다음으로 상고심의 업무 부담에 관하여 본다. 어느 나라에서나 최상급심 법원은 그 나라의 통치구조 전체와 관계된 특별한 의미를 갖고 있어, 그 구성원리와 자격 등에 관하여 보다 강한 통제가 가해지고 있다. 이는 하급심 법관의 경우 업무 부담의 정도에 따라 효율적으로 재배치하는 것이 가능하지만, 최고법원 법관의 경우에는 그러한 재배치가 용이하지 아니함을 의미한다. 이러한 의미에서 최상급심의 사건 부담과 최상급심 법관의 업무 부담은 별도로 고찰할 필요가 있다.

한편, 최상급심 법관의 수준에서도 업무 부담의 국가 간 편차가 극심한데, 특히 이 경우가 하급심보다도 훨씬 심각하다는 것을 알 수 있다.

영국의 귀족원은, 미국 연방대법원과 같이 소수의 법관으로 구성되어 있고, 실제로 극소수의 사건만을 처리하고 있다. 귀족원의 업무 부담은 우리 대법관의 업무 부담의 100분의 1에도 미치지 않는다. 미국 캘리포니아 주 대법원은 극소수의 대법관으로 구성되어 있지만, 비교적 많은 수의 사건을 처리한다. 그러나 그 수준은 우리의 3분의 1에도 미치지 못한다.[26] 일본도 비슷하여, 구조 자체는 우리와 큰 차이가 없음에도 업무 부담은 우리의 약 절반 수준이다. 이는 일본이 우리나라보다 상고율이 다소 낮다는 점과도 관계되어 있지만, 그보다는 전체 사건 수가 우리보다 상당히 적다는 점과 더 큰 관계가 있어 보인다. 반면, 독일, 프랑스 및 대만의 경우 상고사건의 수가 적지 않음에도 불구하고, 최상급심 법관의 수가 매우 많아 최상급심 법관 1인당 사건 부담은 우리나라의 1/10에서 1/3 정도에 그치고 있다.

최상급심의 재판에 대하여는 더는 불복기회가 없어, 항소심과 같은 방법으로 그 성과를 판단할 수 없고, 또 그 기능 내지 목적도 하급심과 상당히 다르다. 그러므로 이러한 비교 결과가 어떠한 의미를 갖는지에 대하여는 별도의 논의가 필요할 것이다. 그러나 일단 위 자료로부터 우리나라의 최상급심 법관의 업무 부담이 다

26) 그럼에도 불구하고, 미국에서는 주대법원의 과중한 업무 부담과 지나친 사건처리 지연이 지속적으로 문제되고 있다.

표 7-24 최상급심 법관의 업무 부담 비교

	우리나라	일본	대만	프랑스	독일	미국 캘리포니아	영국 잉글랜드 · 웨일즈
상고건수	7,429	4,222	4,842	19,435	5,680	1,192	56
최상급심 법관 수	14	15	70	125	125	7	12
1인당 담당사건 수	530	281	69	155	45	170	5

주: 상고건수는 평균치를 사용한다. 최상급심 법관의 수가 조사기간 중 변동한 경우 역시 평균값 등을 참작하여 비교한다.

른 나라에 비하여 극도로 과중한 편이고, 그 원인이 다소간 높은 상소율과 비교적 많은 소송건수, 그리고 소수의 대법관으로 구성된 최상급심의 구성원리의 상호작용의 결과라는 점은 확인할 수 있다.

3. 소결

비교 대상 국가 사이의 상소율의 차이는, 부분적으로는 민사재판제도의 차이에 의하여 설명될 수 있을 것으로 보인다. 상소의 허용 범위와 상소심의 심사 범위를 넓게 할수록, 제1심 절차에 소요되는 유 · 무형적 비용이 많을수록 상소율이 유의미하게 하락하는 경향을 보인다. 법관의 업무 부담에도 비교 대상 국가 사이에 상당한 편차가 나타나고 있으나, 적어도 현재 사건 부담 하에서는 상소율과 관련하여 직접적인 상관관계를 확인할 수 없다.

이를 앞 절의 결론과 관련하여 살펴본다면 다음과 같은 뜻이 된다. 우리의 약 11% 정도의 항소율, 2.77%의 상고율은, 우리나라의 현행 민사재판제도를 전제할 때, 더더욱 반드시 높은 수준이라고 할 수는 없다.

V. 요약

이 글의 핵심적인 결론은 다음과 같이 요약될 수 있다.

여러 나라의 상소율에 뚜렷한 차이를 만들어 내는 요소는 주로 소송비용과 상소심의 심사 범위 내지 기준의 축소, 즉 (강력한) 사후심화이다. 이를 수반하지 않는 상소제한이나 법관의 업무 부담의 증감은 국제비교만으로 식별될 수 있을 정도로 뚜렷한 차이를 만들어 내는 것 같지는 않다.

이러한 점에 비추어 우리와 비슷한 제도를 갖고 있는 나라와 비교해 보면, 우리의 민사재판 항소율은 일본 등보다는 다소 높지만 프랑스나 독일보다는 오히려 낮아, 우리의 항소율이 상대적으로 뚜렷하게 높은 수준이라고 단정할 만한 근거가 없음이 드러난다. 그 동안 주로 비교 대상이 되어 온 것으로 보이는 미국의 경우 우리와 민사소송제도와 소송환경의 차이가 크고, 그 점이 상소율에 큰 영향을 주었을 가능성 또한 높아 적절한 비교 대상이 되기 어렵고, 일본도 우리보다 인구 대비 소송 수가 훨씬 적은 반면 우리와 비슷하거나 오히려 많은 수의 법관을 두고 있어 법관의 업무 부담이 다소 가벼울 뿐 항소율 자체에 큰 차이가 있는 것은 아니다. 항소율 수준이 절대적으로 높다는 인상을 주는 대표적인 지표인 판결사건 대비 항소율조차도 다른 나라와 비교해 반드시 우리가 높다고 단정하기 어려울 뿐 아니라, 이 지표 자체가 판결 이외의 방법에 의한 분쟁해결을 장려하는 경우 상소율을 왜곡할 가능성이 있다는 점에서 상소율 수준을 비교하기에 적절한 지표도 아니다.

반면, 우리의 민사재판 상고율은 국제적으로 다소 높은 수준이고, 제1심 처리사건 대비 상고율은 더욱 그러하다. 그러나 이때 보다 문제는 최고법원 법관의 업무 부담 수준이 우리의 경우 터무니없을 정도로 높은 수준에 이른다는 점이다. 우리 대법원이 소수의 대법관으로 구성되어 있는 반면, 전체 사건 수는 많은 편이고, 상고율도 높은 편이기 때문이다. 대법원의 구성을 바꾸거나, 전체 사건 수를 줄이거나, 상고를 제한하는 대책이 필요할지 모른다. 여기에서는 전체 사건 수가 증가하는 원인에는 여러 가지가 있을 수 있고, 법원의 재판이 다른 분쟁해결 방법보다 더 효율적이어서일 수도 있으므로, 적어도 국민경제적 차원에서 소송건수가 증가한다는 것이 반드시 부정적인 의미를 갖는다고 단정할 수는 없다는 점만을 지적해 두기로 한다.

참고문헌

김두얼, 『경제성장과 사법정책: 법원정책, 형사정책, 법조인력정책의 실증분석』, 해남, 2011.

梁承泰, 「上告許可制의 根據와 背景에 관한 小考」, 『法曹』, 제36권 제4호, 1987, pp. 32-45.

정선주, 「효율적인 항소심 운영을 위한 개선방안」, 『民事訴訟』, 제13권 제1호, 2009, pp. 348-371.

Barendrecht, M., K. Bolt, and M. de Hoon, *Appeal Precedure: Evaluation and Reform*, 2006.

Council of Europe, *European judicial systems Edition 2008* (data 2006). *Efficiency and quality of justice*, 2008.

Ietwaart, H., "The International Comparison of Court Caseload: The Experience of the European Working Group," *Law & Society Review*, 24(2), 1990, pp. 571-594.

Zuckerman, A., *Civil Justice in Crisis: Comparative Perspective of Civil Procedure*, 1999.

Chapter 8 경영범죄와 기업성과

김두얼

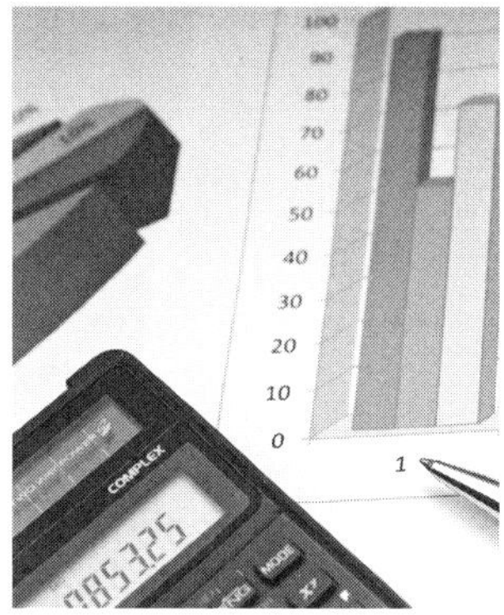

Chapter 8

경영범죄와 기업성과

Ⅰ. 서론

산업혁명 이래로 인류는 규모의 경제(economies of scale)를 달성할 수 있는 생산기술을 광범위하게 개발하여 이용함으로써 역사상 유례 없는 생산 증대와 물질적 풍요를 이룩하였다. 생산을 수행하는 주체인 기업조직의 변화는 대량생산기술의 활용이 낳은 가장 근본적인 변화 중 하나였다. 대규모 생산에 필요한 기계나 설비의 가동을 위해서는 여러 사람들의 협업이 있어야 하였고, 이를 관리 · 감독하려면 많은 인력이 요구되었기 때문에 근대사회의 기업들에서 흔히 볼 수 있는 것과 같은 경영위계조직(managerial hierarchy)이 등장하였다. 아울러 기계나 생산설비 등을 마련하려면 막대한 자본이 필요한데, 아무리 돈이 많은 사람도 혼자 이러한 재원을 확보한다는 것은 불가능하였다. 여러 사람의 자본을 모을 경우 투자자 모두가 기업경영과 관련된 의사결정에 일일이 참여하는 것은 비효율적일 수 있기 때문에 투자자 가운데 경영을 담당하는 대표자를 선임하게 되었고, 궁극적으로는 기업에 있어 소유와 경영의 분리로 발전하였다. 많은 학자들은 소유권을 갖지 않은 전문경영자가 경영위계조직의 최상위에 위치해서 기업을 경영하는 현상을 근대 경제의 특징을 가장 잘 보여 주는 모습으로 지적해 왔다.[1)]

이처럼 소유와 경영의 분리에서 비롯된 전문경영인의 등장과 확산은 경영의 전문화 등을 통해 경제성장에 크게 기여하였지만, 경영자와 소유주의 이해가 불일치하는 데서 비롯되는 여러 가지 복잡한 문제들도 야기하였다. 기업소유자들은 성과급제도나 스톡옵션 등 다양한 수단을 이용해서 경영자로 하여금 소유주의 이익과 일치하는 방향으로 행동하게끔 유도하며, 동시에 여러 가지 통로를 통해 경영자의 행동을 감시 · 감독함으로써 소유주의 이익에 반하는 행위를 예방하고자 노력한다. 이러한 노력에도 불구하고 경영자가 자신의 임무를 태만히 할 경우 소유주는 경영자를 해임하게 되는데, 해임은 경영자의 임무태만이나 횡령 등으로 야기될 수 있는 심각한 피해를 예방하는 데는 미약한 처벌일 수 있다. 경영자의 배임이나 횡령행위에 대한 처벌 수단이 적절하게 갖추어지지 못할 경우 투자자들은 자신들의 재산이 적절하게 보호받지 못한다고 우려하여 투자를 꺼릴 수 있는데, 이는 규모의 경제를 실현하는 생산기술의 활용 자체를 가로막음으로써 기업의 성장은 물론 국가경제 전체의 발전을 저해할 수 있다. 이러한 연유로 오늘날 세계 각국은 경영자의 배임 및 횡령 행위에 대해 피해액 환수와 같은 민사적 조치뿐 아니라 형사적 처벌까지 명문화함으로써 배임이나 횡령을 사전에 예방하는 법적 장치들을 제공하고 있다. 우리나라의 경우에도 상법에 배임에 대한 금지와 함께 배임행위에 대한 형사처벌을 정의하고 있으며, 경영자의 충실의무 등을 상법에 추가함으로써 배임에 대한 책임을 묻는 근거를 보다 강화하고 있다.[2]

하지만 국가가 경영자의 배임행위를 형법에 의거해서 처벌하는 데는 많은 어려움이 따른다. 경영행위의 속성상 경영자가 소유주의 이익을 위해 최선을 다해 의사결정을 하고 회사를 경영하였는지 판가름하기 어렵기 때문이며, 설사 경영자가 자신의 직분을 충실히 이행하지 않았다는 정황이 포착되더라도 법정에서 이를 입증하기란 용이한 일이 아니기 때문이다. 이러한 이유로 다른 나라들에서와 마찬가지로 우리나라의 경우에도 경영자의 업무상 배임에 대한 형사적 처벌의 법리가 적정한지, 또는 국가가 배임죄를 적절하게 적용하고 있는지에 대해서 많은 논란이 있어 왔다. 특히, 이러한 논란은 그간 우리 경제의 성장 과정에서 제도의 미비나 미

1) 선구적 논의로는 Berle and Means(1932), Galbraith(1958), Chandler(1977) 등을 참조.
2) 법적 규정에 대한 상세한 내용은 본문 제II절 참조.

성숙 등으로 인해 불가피하게 초래된 여러 가지 불합리한 관행 등을 어떻게 평가하고 처벌할 것인가와 같은 문제들과 맞물려 복잡한 양상을 띠면서 전개되었다.

이처럼 많은 논란이 제기되고 있는 중요한 문제이면서도 경영자의 배임이나 횡령에 대한 형사법의 적용 및 처벌과 관련된 기존의 논의는 대개 법리논쟁에 치우쳤고, 관련 사건들에 대한 실태파악은 제대로 이루어지지 못하였다. 경영자의 배임 및 횡령과 관련된 범죄가 얼마나 발생하고 있으며 피해액은 얼마나 되는지, 그리고 경영자 피의자에 대한 검찰의 수사 및 처벌이 장 · 단기적으로 기업의 영업성과에 어떤 영향을 미치는지 등에 대한 체계적인 증거 수집과 분석은 사실상 전무하였다. 실태파악에 근거하지 않은 논란은 적지 않은 혼란과 문제점들을 야기하였는데, 가장 대표적인 것이 아마도 경영자의 배임 혹은 횡령에 대한 수사가 기업활동에 미칠 부정적 영향에 대한 논란일 것이다. 어떤 기업의 경영자가 배임이나 횡령으로 인해 조사를 받고 이 사실이 언론에 보도될 경우, 경영자에 대한 수사와 처벌이 환부를 도려내는 수준을 넘어 기업 자체에 악영향을 끼칠 수도 있다는 우려가 일상적으로 제기되고 있으며, 심지어는 기업에 대한 수사를 반대하는 주장으로까지 발전하는 경우들이 있다. 이러한 우려가 갖는 취지를 충분히 인정하더라도 불법행위에 대한 처벌을 명문화한 법의 정당성과 이를 집행하는 당위성을 고려한다면, 경영자에 대한 수사나 처벌의 철폐와 같은 극단적 처방을 강변하기보다는 부작용을 최소화하는 방안을 마련하는 것이 현실적으로 필요한 조치일 것이며, 경영범죄에 대한 실태파악은 이런 측면에서 필수불가결하다고 판단된다.

본 연구는 우리나라에서 발생하고 있는 기업경영자의 배임 및 횡령범죄에 대한 실증적 파악의 첫걸음이다. 본 연구는 기업경영자가 투자자의 이익에 반해서 의사결정을 하거나 회사 재산을 빼돌리는 행위 등으로 인해 기소된 사건들을 경영범죄로 규정하고, 우리나라에서 발생하는 경영범죄와 관련해서 두 가지를 파악하고자 한다. 첫째는 경영범죄의 실태이다. 지금까지 검찰 등 관련 부처에서는 경영범죄 관련 정보를 체계적으로 관리하지 않았기 때문에 경영범죄가 얼마나 일어나며, 경영범죄가 발생하는 기업들은 어떤 특징을 가지고 있는지, 그리고 피해액은 얼마나 되는지에 대한 총체적인 파악은 이루어지지 못하였다. 본 연구는 2004년에 1심 판결이 이루어진 전체 형사사건 가운데 경영범죄에 해당하는 사건들이 얼마나 되는지를 파악하고, 이 사건들의 판결문을 이용해서 범죄의 일반적 양상들을 살펴볼 것이다. 둘째는 경영범죄 발생 기업의 경영성과 추이이다. 경영범죄가 해당 기업의 기업성과에 어떤 영향을 미치는지, 경영자 피의자에 대한 수사와 재판이 이루어진 이후 기업의 경영성과는 어떻게 변모해 가는지, 그리고 이러한 변화들의 원천은 무엇인지를 조사하기로 한다.

이상에서 열거한 문제를 다루기 위해 제II절에서는 우선 경영범죄에 대한 정의를 제시할 것이다. 경영자의 범법행위와 관련해서는 국내외에서 다양한 연구들이 있어 왔고 이들은 경영범죄를 다양한 방식으로 정의하고 분석하여 왔다. 하지만 이러한 접근들은 대부분 현재 우리나라에서 발생하고 있는 경영범죄의 양상을 파악하기에는 적절하지 않은 측면들이 있기 때문에 경영범죄라는 새로운 개념 정의는 여러 가지 면에서 유용하다. 제III절에서는 본 연구를 위해 사용하게 될 두 자료, 즉 경영범죄 파악에 사용될 검찰 데이터베이스와 경영범죄 발생 기업의 영업성과나 기업특성 등을 파악하는 데 사용될 한국신용평가정보의 KIS-DATA 자료를 소개하기로 한다. 제IV절에서는 경영범죄의 실태와 경영범죄 관련 기업의 일반적 특징 등을 개괄할 것이다. 사건이 얼마나 일어났는지, 경영범죄 발생 회사들은 어떤 특징을 가졌는지, 경영범죄로 인한 피해 규모는 얼마나 되며 그에 대해 경영자들에게 어떤 형량이 부과되었는지 등을 제시하기로 한다. 제V절에서는 경영범죄에 대한 재판이 해당 기업의 경영성과에 미친 영향을 분석하기로 한다. 어떤 경영자가 기소되기 이전에 그 기업의 상황은 어떠하였으며, 수사와 재판 기간 동안 기업성과는 어떻게 바뀌는지, 그리고 재판이 종료된 이후 기업은 수사 이전과 비해서 경영성과가 어떻게 변화하였으며 그 원인이 무엇인지 등을 분석하기로 한다. 마지막으로 제VI절에서는 논의를 요약 · 정리한다.

II. 연구 대상의 설정 및 기존 연구 검토

1. '경영범죄'의 정의

기업의 최고의사결정자인 경영자가 기업을 경영하는 과정에서 상호작용을 하게 되는 주체는 크게 보면 투자자, 근로자, 거래기업 및 경쟁기업, 제품구매자, 그리고 일반국민으로 나누어 볼 수 있다. 만일 경영자가 이들과 명시적 혹은 묵시적으로 맺은 계약을 위반하였을 경우 국가는 민사적 책임에 대한 판단과 집행을 넘어 형사적 책임을 묻기도 한다. 예를 들어, 경영자가 근로자에게 지급하기로 한 임금을 정당한 이유 없이 체불하게 되면, 국가는 민사적 책임을 따지고 임금 지급을 강제하는 데 그치는 것이 아니라 근로기준법에 따라 경영자를 형사처벌한다. 임금체불이 경영자와 근로자 간에 맺은 사적 계약의 위반임에도 불구하고 국가가 개입하는 것은 사적 계약의 이행을 강제하는 정도가 높아지는 것이 국가경제의 기본질서를 확립하고 경제가 성장하는 데 중요하다고 판단하기 때문이다.

본 연구는 이상에서 열거한 여러 차원 중 경영자가 주식보유자나 채권보유자 같은 투자자와 체결한 계약을 위반하였을 때 국가가 형사적 책임을 묻는 경우를 분석 대상으로 한다. 본 연구에서는 경영자가 투자자의 이익에 반해서 저지르는 범법행위를 경영범죄(managerial crime)라고 정의하고, 경영범죄의 양상 및 원인 그리고 경영범죄가 회사의 성과에 미치는 영향 등을 종합적으로 다루고자 한다.[3)]

실정법에서 경영범죄의 처벌에 적용되는 대표적인 죄목은 업무상 배임과 업무상 횡령이다. 민법 제681조는 위임계약에 있어 "수임인은 위임의 본지에 따라 선량한 관리자의 주의로써 위임사무를 처리하여야 한다"고 명시한 뒤, 상법 제382조에 이사가 회사와의 관계에 있어서 위임에 관한 규정을 준수해야 한다고 서술하고 있다. 최근에는 상법 제382조의3에 "이사는 법령과 정관의 규정에 따라 회사를 위하

3) 이 정의에서 경영자는 회사의 최고의사결정자로서 흔히 회장, 사장, 대표이사 등의 직책을 수행하는 사람 혹은 이에 상응하는 권한을 행사하는 사람을 가리킨다.

여 그 직무를 충실하게 수행하여야 한다"는 조항을 추가함으로써 이사의 충실의무를 보다 명확히 하였다. 이러한 의무를 수행하지 못할 경우에 대해 상법 제622조는 발기인, 이사 및 임원 등이 "그 위임에 위배한 행위로써 재산상의 이익을 취득하거나 제3자로 하여금 이를 취득하게 하여 회사에 손해를 가한 때에는 10년 이하의 징역 또는 3,000만 원 이하의 벌금에 처한다"는 처벌 규정을, 제625조에는 회사 재산을 위태롭게 하는 행위들에 대해 5년 이하의 징역 또는 1,500만 원 이하의 벌금형과 같은 처벌 규정을 두고 있다.[4] 이러한 민법상의 규정에 상응하여 형법에는 회사경영진의 배임과 횡령에 대해 국가가 형사적 책임을 명문화하였는데, 보다 구체적으로는 업무상 횡령 그리고 업무상 배임으로 지칭한다.[5] 나아가 업무상 횡령 그리고 업무상 배임 등으로 야기된 피해액이 5억 원 이상인 경우에 대해서는 특정경제범죄 가중처벌 등에 관한 법률(이하 '특경가법')을 적용해서, 피해액이 5억 원 이상 50억 원 미만일 경우에는 3년 이상의 유기징역에, 50억 원 이상인 때는 무기 또는 5년 이상의 징역에 처하도록 규정하고 있다.[6]

이처럼 실정법상 경영자가 투자자와 관련해서 저지르는 범죄에 대한 명확한 조항이 있음에도 불구하고 연구의 대상을 업무상 배임 및 업무상 횡령에 해당하는 사건이라고 부르는 대신 새로운 용어를 도입하는 것은 간편한 이름이 줄 수 있는 편의성이라는 이점과 아울러, 범죄의 내용이 경영범죄의 정의에 부합하면서도 실제로는 업무상 배임이나 업무상 횡령 이외의 죄목이 적용되는 경우들도 포괄하기 위함이다. 예를 들어, 경영자가 자신의 이익을 위해 주가조작을 시도하였을 경우, 이는 다수 주주들에게 피해를 끼치는 배임행위이지만 실제 법 적용에서는 증권거래법 위반이 적용될 수 있다. 또, 회계조작을 통해 은행이나 투자자로부터 부당하게 돈을 빌리는 경우 사기 등의 죄목이 적용된다. 이와 같이 죄목이 아니라 사건의 내용이 경영자의 배임 및 횡령에 적용되는 사건을 지칭한다는 점을 명확히 한다는 점에서 경영범죄라는 개념의 사용은 필수불가결하다.

경영범죄는 경제학, 경영학 혹은 법학에서 일반적으로 사용되어 오던 용어는

4) 이 밖에도 보다 세분화된 의무들이 제시되어 있는데, 이사의 의무에 대한 상세한 논의로는 이철송(2005), pp. 581-631 등을 참조.
5) 형법 제356조는 "업무상의 위임에 위배하여 횡령이나 배임의 죄를 범한 자에게는 10년 이하의 징역 혹은 3,000만 원 이하의 벌금에 처하"도록 하고 있다.
6) 특정경제범죄 가중처벌 등에 관한 법률 제3조.

그림 8-1 경영범죄, 화이트칼라 범죄, 그리고 기업범죄 간의 관계

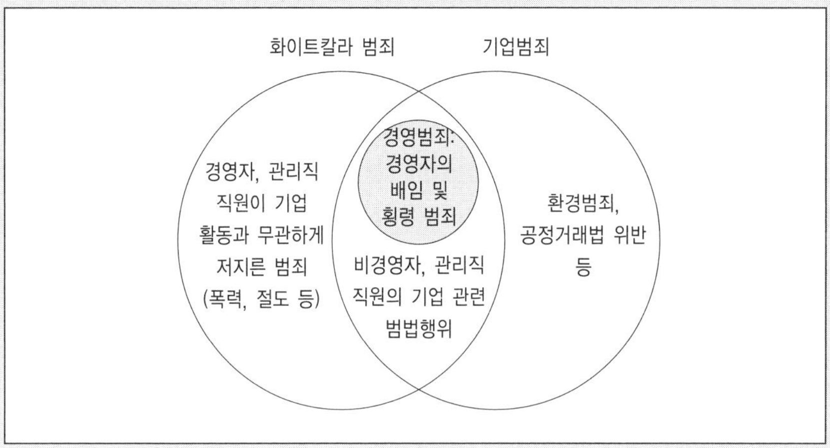

아니다. 기업경영 및 경영자와 관련된 기존의 연구들에서는 그 동안 기업범죄(corporate crime, corporate illegality), 경제범죄(economic crime), 화이트칼라 범죄(white-collar crime)와 같은 개념들을 사용해 왔다. 이 개념들은 연구자에 따라 여러 가지 의미로 사용되어 왔기 때문에 일의적으로 정의하고 논의하기는 쉽지 않지만, 한 가지 명확한 것은 이들은 대개 경영범죄보다 외연이 넓다는 것이다(〈그림 8-1〉 참조). 예를 들어, 기업범죄라는 개념이 사용되는 맥락을 보면 대부분 기업 내부자가 기업에 손실을 가하는 행위를 한 경우와, 아울러 기업이 자신의 이익을 위해 공정한 경쟁의 법칙을 위반하거나 사회에 해악을 가하는 경우를 모두 포괄한다.[7]

화이트칼라 범죄의 경우도 마찬가지다. 이 개념을 처음 주창한 에드윈 서덜랜드(Edwin Sutherland)의 연구를 보면, 화이트칼라 범죄를 "명망과 높은 사회적 지위를 가진 사람이 그의 직책과 관련해서 저지르는 범죄"라고 정의한 뒤, 주를 통해 화이트칼라가 지칭하는 대상이 기업경영자임을 명확히 하고 있다.[8] 이러한 정의는 범

7) Arlen(1998).
8) Sutherland(1983), p. 7 및 주 7).

죄 주체라는 면에서 경영범죄와 일치한다고 할 수 있지만 서덜랜드가 화이트칼라 범죄의 사례로 열거하고 분석한 범죄들은 기업, 특히 대기업의 위법행위 일반을 포괄적으로 열거하고 있기 때문에 사실은 기업범죄에 보다 가까운 측면이 있다.[9] 나아가 서덜랜드 이후의 많은 연구들은 화이트칼라 범죄의 대상을 관리직 일반으로 확대하여 사용하는 경우가 많다. 이런 연유로 본 연구의 대상인 경영범죄를 화이트칼라 범죄라고 지칭할 경우 여러 가지 혼란을 불러일으킬 가능성이 있다.[10]

마지막으로 경영범죄의 정의 및 대상과 관련해서 명확히 할 점이 있다. 먼저 경영범죄는 경영자가 투자자에 대해 저지른 범법행위이므로, 경영자가 회사경영과 관련해서 저지른 범죄일지라도 피해 대상이 투자자가 아닌 경우는 배제한다. 예를 들어, 첫째로 기업이 제품의 판매를 조건으로 구매자에게 대금을 받은 뒤 제품을 인도하지 않았다거나 혹은 제품 구매 후 대금 지급을 하지 않는 경우는 경영범죄로 취급하지 않는다. 둘째로 소규모 건축 관련 투자사기 역시 경영범죄에서 배제한다. 주택 혹은 상가 분양을 미끼로 투자를 유치한 뒤 약속을 지키지 않는 경우 이것은 투자자에 대한 배임으로 볼 수도 있다. 단, 본 연구에서는 이러한 유형의 사건들 중 소규모 사건들은 단순 사기로 보고 가급적 다루지 않기로 한다. 셋째로 자본의 대출이 업무인 금융기관에서 발생한 업무상 배임 및 업무상 횡령 사건들, 예를 들어 저축은행이나 신용협동조합의 경영자가 부당대출이나 횡령 등을 행한 경우들 역시 배제하기로 한다. 이는 연구의 대상을 비금융기업들에서 발생한 경영범죄로 한정함을 의미한다.

2. 경영범죄의 발생 원인과 이론적 문제들

경영범죄가 발생하는 가장 근본적인 원인은 경영자와 투자자 간의 이해관계가 일치하지 않는다는 사실이다. 경영자와 투자자는 서로가 지향하는 목적이나 행동

9) Sutherland(1983), p. 14. 한편, 화이트칼라 범죄의 정의와 관련된 보다 상세한 논의로는 최인섭 · 최영신(1994), pp. 21-26 참조.

10) 예를 들어, 최인섭 · 최영신(1994)은 Coleman 등의 정의를 수용해서 화이트칼라 범죄를 "존경받고 합법적인 직업 활동을 하는 과정에서 개인이나 집단에 의해 저질러진 법률 위반"이라고 규정한다. 이러한 정의는 너무 외연이 넓어서 경영범죄에 초점을 맞춘 연구에 적용하기에는 적합하지 않다.

의 유인이 다르다. 만일 계약 체결에 드는 거래비용이 없고 계약조건의 이행 여부에 대한 완벽한 감시와 처벌이 가능한 이상적 상황이라면, 투자자와 경영자는 완전한 계약을 체결하고 이것을 강제함으로써 소위 '주인-대리인 문제'(the principal-agency problem)를 해결할 수 있을 것이다. 하지만 모든 상황을 고려한 완전한 계약을 체결하는 것은 매우 어려우며, 감시와 처벌을 통해 이를 강제하는 것 역시 많은 비용을 수반한다.[11]

이러한 문제를 해결하기 위해 투자자는 경영자와의 계약에서 임금 수준, 주식 배당 등 현실적으로 가능한 여러 가지 유인을 이용해서 경영자로 하여금 투자자가 원하는 방향으로 행동하도록 유도하며, 아울러 경영자가 실제로 최선을 다해 소유주들의 이익을 위해 일하는지를 다양한 방식으로 감시 · 감독한다. 여기에 더해서 많은 국가들은 경영자의 심각한 배임행위에 대해서는 민사적 책임을 넘어 형사처벌을 가할 수 있다는 법적 근거를 제공한다. 이는 경영자가 배임행위를 할 때 감내해야 할 비용을 높임으로써 경영자로 하여금 보다 충실하게 투자자와의 계약을 이행하도록 하기 위함이다.

그런데 경영범죄에 대한 내용을 형법에 명문화하고 국가가 적발하고 조사 · 처벌하는 데에는 여러 가지 복잡하고 어려운 문제들이 얽혀 있다. 우선 경영자의 어떤 행동을 경영범죄행위로 규정할지에 대한 기준을 설정하기가 모호할 수 있다. 경영자와 투자자 간에는 유인불일치성(incentive incompatibility)이 존재할 수밖에 없는데, 경영자가 투자자의 의사를 어느 수준까지 어기는 것을 배임이라고 볼 것인지 정하는 것이 쉽지 않을 수 있다.

둘째, 경영범죄에 대한 기준을 명확히 하더라도 실제 상황에서 경영범죄가 발생하였는지 판별하는 것은 용이하지 않다. 예를 들어, 어떤 회사의 주식가격이 크게 하락하여 회사 주주들이 손해를 입었다고 하자. 과연 주식가격 하락이 경영자의 경영실패 때문인지 아니면 상황 변화로 인한 불가피한 결과인지를 어떻게 가려낼 것인가? 현실적으로 경영자의 경영 관련 의사결정을 제3자가 직접 관찰하는 것은 사실상 불가능하기 때문에 이와 같은 주가 하락이 경영자의 책임인지 파악하는 것은 쉽지 않으며, 나아가 경영자가 의도적으로 비밀리에 저지르는 불법행위 등을

11) 계약이론에 대해서는 Hart(1995) 등을 참조.

파악하는 것은 매우 어렵다. 실제로 많은 경영범죄들이 사전에 포착되기보다는 어떤 기업이 매우 안 좋은 상황에 빠져든 이후 그 원인을 추적하는 과정에서 드러나곤 하는 것도 이러한 요인에 기인한다.

셋째, 검찰 등이 경영자 피의자를 수사하고 처벌하는 것 자체가 그 기업을 곤경에 빠뜨릴 수 있다. 경영자가 배임 등의 죄목으로 수사 및 재판 등을 받게 되면 회사경영을 제대로 수행하지 못하게 되어 장·단기적으로 영업실적이 저조해질 수 있다. 아울러 경영자가 수사를 받는다는 사실이 알려질 경우 해당 기업에 대한 기대가 악화되어 주가 하락이나 투자유치 부진 등이 발생할 수 있는데, 이는 범죄사실과는 무관하게 혹은 그 이상으로 회사에 악영향을 야기할 수도 있다.

마지막으로, 이와 같은 일반적인 문제들에 더하여 우리나라의 경우 경제성장과정에서 제도나 여건상 어쩔 수 없이 경영범죄에 해당하는 행위를 경영자가 할 수밖에 없었던 측면이 존재하였다. 예를 들어, 과거에 기업경영을 위해서는 정치적 후원이 불가피한 상황이 존재했었고, 이에 대한 반대급부로 경영자가 뇌물이나 정치자금 등을 제공할 경우 여기에 사용된 속칭 비자금에 대해서는 배임·횡령 등의 혐의로 수사나 처벌이 이루어지기도 하였다. 이처럼 과거에 법과 제도가 미비하고 사회 여건이 미성숙한 상황에서 발생한 탈법행위들을 과도하게 처벌하는 것은 기업활동을 위축시킨다는 지적이 이어져 왔다. 물론 이러한 행위들의 불가피성만을 강조하고 정상참작해야 한다는 논리 역시 미래지향적인 접근이라고는 보기 어렵기 때문에 논란이 계속 이어지고 있다.

3. 경영범죄에 대한 기존 연구 검토

이상에서 논의한 문제점들과 관련해서 법학계에서는 경영범죄에 대한 처벌의 타당성 등 법리적 측면에 대해 많은 논의를 전개하여 왔다.[12] 하지만 경영범죄 처벌에 대한 이론적 문제와 비교해서 경영범죄의 실태를 파악하려는 노력은 매우 부

12) 강동범(1995), 조국(2007), 이상돈(2005, 2007), 설민수(2007) 등 참조.

족하였다. 물론 화이트칼라 범죄, 기업범죄 혹은 경제범죄 등 경영범죄와 유사하거나 경영범죄를 포함하는 범주들을 연구한 작업들은 꾸준히 이어져 왔다.[13] 하지만 이 연구들로부터 경영범죄가 얼마나 일어나고 실상이 어떤지를 알아내기는 불가능한데, 그것은 이 연구들이 사용한 원천 자료 자체가 경영범죄에 대한 정보를 담고 있지 않기 때문이다. 대검찰청이 발간하는 『범죄분석』이나 대법원이 발간하는 『사법연감』 등 범죄실태에 대한 분석들이 주로 참조하는 통계 자료들은 배임이나 횡령처럼 개별 죄목에 대한 발생건수만을 제시하고 있을 뿐 경영범죄를 판별할 수 있는 정보, 예를 들어 범죄를 저지른 피의자가 경영자 여부인지에 대한 별도의 통계를 제시하고 있지 않다.

물론 이런 가운데서도 참여연대(2006), 경제개혁연대(2007a, b)는 2000년대에 신문 등에 보도된 대기업 관련 배임 및 횡령 관련 사건들을 파악한 뒤, 경영자에 대한 처벌 내용을 분석함으로써 경영범죄의 범주에 근접하는 범죄들의 현황을 제시하였다. 단, 이 연구들은 자료의 제약 등으로 인해 대상을 대기업들로 한정함으로써 경영범죄 자체의 양상을 포괄적으로 제시하지는 못한다는 점, 경영범죄에 대한 법원의 형량에 초점을 맞추고 있기 때문에 경영범죄와 기업성과 간의 관계 같은 문제들을 폭넓게 다루지 못했다는 점 등을 한계로 지니고 있다.

미국에서는 기업범죄(corporate crime)가 기업의 경영성과와 어떤 관계를 가지는지에 대해 상대적으로 활발한 분석이 진행되어 왔다.[14] 하지만 이 연구들은 기업범죄 일반, 즉 경영범죄뿐 아니라 반독점법 위반이나 환경 관련 법규 위반 등 회사가 피고가 되는 경우들을 모두 합해 분석하고 있기 때문에 본 연구에의 직접적인 시사점을 도출하기에는 한계가 있다. 이러한 점을 감안할 때 경영범죄에 초점을 맞춘 본 연구는 정책적인 측면에서뿐만 아니라 학술적으로도 중요한 작업이라고 할 수 있다.

13) 이상철(1992), 최인섭(2002, 2003) 등은 범죄 일반의 양상을 개괄하면서 경제범죄나 경제범죄 등을 다루고 있으며, 최인섭 · 최영신(1994), 장영민 · 조영관(1993), 박강우(1999), 김광준 · 원범연(2002), 이천현(2003), 유병규(2004) 등은 화이트칼라 범죄, 기업범죄, 경제범죄 등을 다루었다.

14) Baucus and Near(1991), McKendall and Wagner(1997), Alexander and Cohen(1996), Baucus and Buacus(1997) 등 참조.

Ⅲ. 경영범죄 분석 자료

경영범죄에 대한 총체적 이해를 위해서는 경영범죄가 얼마나 일어나고 있으며 이 중 얼마가 고소 · 고발되고 있는지, 그리고 고소 · 고발된 사건 중 얼마만큼이 기소가 되며 이 사건들이 어떻게 처리되는지를 파악하고, 단계별로 기업의 상태가 어떻게 변화하며 장기적으로는 경영성과가 어떻게 바뀌게 될지를 살펴보는 것이 이상적이다. 불행하게도 이 가운데 많은 부분은 자료의 제약으로 인해 파악이 어렵다. 우선 경영범죄가 얼마나 일어나고 있는지를 파악하는 것은 불가능하기 때문에, 경영 관련 불법행위들 가운데 고소 · 고발 등을 통해 검 · 경에 알려진 사건들이 파악 가능한 경영범죄 사건 수의 상한을 형성한다고 할 수 있다. 그런데 현재 경찰과 검찰이 사용하고 있는 전산자료 체계 하에서는 이 사건들 전수를 파악하는 것이 쉽지 않다. 아직까지는 검 · 경의 전산 자료에 피고인이 경영자인지 그리고 사건이 기업경영과 직접 관련된 배임 혹은 횡령 사건인지 여부를 별도로 분류해서 관리하지 않고 있기 때문이다.

결국 고소 · 고발된 사건들의 수사 자료 혹은 이 사건들 중 기소된 사건들의 판결문처럼 사건기록의 검토를 통해서만이 경영범죄 여부를 확인할 수 있다. 매년 수십만 건의 범죄사건이 발생한다는 점을 고려해 볼 때 판결문이나 수사 자료를 이용해서 경영범죄 사건을 판별하려면 전략적인 접근이 필요하다. 아울러 경영범죄 사건과 관련 기업을 확인하더라도 범죄 발생을 전후로 이 관련 기업들의 경영성과가 어떠했는지를 파악하려면 별도의 자료를 참조해야 한다. 본절에서는 경영범죄 파악에 사용될 검찰의 전산 자료 및 판결문 자료를 기술한 뒤 이 자료를 이용해서 경영범죄를 판별하는 접근법을 제시하고자 한다. 그 후 경영범죄에 연루된 기업들의 경영성과 파악에 사용될 기업의 전산 자료를 소개하기로 한다.

1. 경영범죄 자료 및 경영범죄의 판별

본 연구에서는 검찰 전산 자료(이하 '검찰 DB')와 판결문 자료를 이용해서 2004년에 1심 판결이 이루어진 경영범죄를 판별하고 분석하기로 한다. 여기서 검찰 DB는 검찰이 사건관리를 위해 사용하는 전산 자료 가운데 기소된 피고인들의 수사 및 재판 과정과 관련된 정보를 담고 있는 부분을 지칭한다. 〈부표 8-1〉은 검찰 DB 가운데 본 논문의 분석과 직접적으로 관련이 있는 주요 항목들을 열거하고 내용을 예시하였다. 2004년은 지나치게 최근 자료를 분석할 때 생길 수 있는 현실적 문제를 피한다는 점, 2008년 금융위기로 인한 요인들을 배제함으로써 보다 나은 분석 결과를 확보한다는 점 등을 고려해서 고른 연도이다.

검찰 DB를 이용하면 특정 연도에 재판을 통해 선고를 받은 모든 피고인들의 목록을 확보할 수 있다. 단, 앞서 언급한 바와 같이 검찰 DB는 경영범죄 사건을 별도로 관리하고 있지 않으며, 경영범죄를 판별하는 데 필요한 두 가지 정보, 즉 피고인이 범죄 당시 어떤 직장에서 어떤 직책으로 근무하고 있었는가와, 사건이 어떤 내용의 것인지에 대한 상세한 정보를 담고 있지 않다. 따라서 경영범죄에 해당하는 사건을 판별하려면 각 사건들의 판결문을 읽어 보아야 하는데, 모든 사건들의 판결문을 읽고 경영범죄 해당 사건을 찾아 내는 것은 불가능하기 때문에 전략적인 접근이 필요하다.

본 연구에서는 죄목을 이용해서 경영범죄일 가능성이 높은 사건과 그렇지 않은 사건들을 대별한 뒤, 해당 사건의 수에 따라 판결문을 전수조사하거나 표본조사를 통해 경영범죄를 가려내었다. 죄목은 범죄 내용을 집약적으로 보여 주는 변수이기 때문에 경영범죄를 판별하는 중요한 지표가 된다. 단, 〈부표 8-1〉에 보여 준 바와 같이 검찰 DB는 개별 피고인에게 적용된 죄목 모두가 아니라 대표 죄목 하나만을 뽑아서 입력해 두고 있기 때문에, 업무상 배임이나 업무상 횡령처럼 경영범죄와 직접적으로 관련된 범죄만을 뽑아서 볼 경우 자칫 이러한 죄목들이 대표 죄목은 아니면서도 내용상 경영범죄에 해당하는 사건들을 놓칠 수 있다. 따라서 증권거래법 위반처럼 범죄의 내용이 경영범죄에 해당할 가능성이 높은 죄목 모두를 대상으로 경영범죄에 해당하는 사건을 판별해 내는 작업이 필요하다. 이를 위해서

표 8-1 경영범죄 판별을 위한 죄목 분류 및 조사방식

	검찰 DB상의 대표 죄목	사건 수	경영범죄 여부의 판별방식	비고
제1군	특경가법(배임) 특경가법(횡령)	332	전수조사	특경가법(배임) 126건 특경가법(횡령) 206건
제2군	제1군을 제외한 특경가법 적용 사건들	589	전수조사	특경가법(공갈) 5건 특경가법(사금융알선) 7건 특경가법(사기) 396건 특경가법(수재) 32건 특경가법(알선수재) 111건 특경가법(재산국외도피) 6건 특경가법(저축관련부당행위) 3건 특경가법(증재) 29건
제3군	업무상 배임, 업무상 횡령, 조세범처벌법, 증권거래법 위반		표본조사	
제4군	나머지 형사 구공판사건		조사하지 않음	

주: 사건 수는 2004년에 1심 재판이 종결된 사건 수를 지칭함.

는 전체 죄목들을 경영범죄와의 관련이라는 측면에서 분류해 보는 것이 유용하다. 〈표 8-1〉은 전체 범죄를 네 개 군으로 나눈 결과를 제시하였다. 이 중 살인, 강도, 군 관련 사건처럼 경영범죄와의 관련이 매우 낮은 죄목들을 모은 제4군을 배제한 나머지 세 개 범주들에 해당하는 사건들로부터 경영범죄 사건을 찾아 내는 작업을 수행하기로 한다.

우선 제1군에 해당하는 사건들은 피고인의 대표 죄목이 특정경제범죄가중처벌법인 사건들 가운데 특경가법(배임), 특경가법(횡령)에 해당하는 것들이다. 경영자가 저지른 배임과 횡령은 그 자체가 경영범죄이다. 단, 업무상 배임과 일반배임, 업무상 횡령과 일반횡령은 서로 다른 죄목으로 설정되어 있고 특경가법상에서도 별도로 언급하고 있지만, 검찰 DB의 죄목 분류에 있어서는 특경가법이 적용된 업무상 배임 · 횡령과 일반배임 · 횡령을 구분하지 않고 모두 특경가법(배임)과 특경

가법(횡령)으로 표시하고 있다. 따라서 제1군에 해당하는 모든 사건들이 아니라 이 중 경영자가 업무와 관련해서 저지른 범죄가 경영범죄에 해당한다고 할 수 있는데, 이들은 판결문을 읽고 판별할 수밖에 없다.

제2군은 특경가법이 적용된 사건들 중 배임과 횡령 이외의 사건들로, 제1군만큼은 아니지만 정황상 다른 죄목들보다는 경영범죄일 가능성이 상대적으로 높은 죄목들이다. 예를 들어, 특경가법(사기)가 적용된 사건들 중 상당수는 회계조작 등을 통해 은행과 같은 금융기관으로부터 돈을 빌리는 행위가 사기로 처벌되는 경우이기 때문에 경영범죄의 정의에 부합한다. 아울러 어떤 경영자가 경영범죄를 저지를 경우 여러 죄목들이 적용되는 경우가 많은데, 대표 죄목이 특경가법(사기)로 되어 있는 사건의 판결문을 보면 종종 특경가법(배임)이나 특경가법(횡령)이 동시에 적용되어 있음을 발견하게 되며, 사건의 내용도 경영범죄의 정의에 부합하는 경우가 적지 않다. 또, 특경가법은 피해액 규모가 클 때 적용된다는 점을 감안한다면, 특경가법이 적용된 범죄들은 경영자가 회사와 관련해서 벌인 범죄일 확률이 상대적으로 높은 범죄들이라고 할 수 있기 때문에 특경가법(증재)나 특경가법(재산국외도피) 등 모든 죄목들을 검토해 보는 것이 필요하다.

제3군은 특경가법 외의 범죄 가운데서 경영범죄일 가능성이 높은 죄목에 해당하는 사건들로, 특경가법이 적용되지 않은 업무상 배임 및 업무상 횡령 사건, 그리고 조세범처벌법, 증권거래법 위반에 해당하는 사건들이다. 업무상 배임이나 업무상 횡령이 적용된 사건들은 특경가법이 적용된 업무상 배임 및 업무상 횡령 사건과 비교해서 피해액이 적다는 점이 다를 뿐, 죄목 자체는 경영범죄와 매우 밀접한 관련이 있다. 조세범처벌법 및 증권거래법 위반의 경우는 어떤 피고가 특경가법(횡령) 및 특경가법(배임)으로 기소되었을 때 자주 함께 적용되는 죄목들이다. 따라서 이런 죄목에 해당하는 사건들의 경우 내용상 경영범죄일 가능성이 높으며, 대표 죄목은 아닐지라도 기소된 죄목들 중 업무상 배임, 업무상 횡령, 그리고 사기 등이 있고 범죄 내용이 경영범죄에 해당할 가능성이 높다.

제1, 2, 3군의 사건들을 검토함에 있어, 우선 제3군 해당 사건들의 경우에는 사건 수가 너무 많기 때문에 전수조사가 불가능하다. 검찰 DB에서 대표 죄목이 제3군의 죄목들에 해당하는 사건들을 모두 뽑은 뒤 이들로부터 무작위 표본을 추출하여 판결문을 통해 경영범죄 해당 사건을 추적하였는데, 조사 결과 경영범죄에 해당하는 사건들은 발견하기 어려웠다.[15] 예를 들어, 특경가법이 적용되지 않은 일반 업무상 배임과 업무상 횡령 사건들의 경우, 대부분 경영진이 아닌 일반직원 혹은 관리직이 저지른 경우들이기 때문에 경영범죄와는 거리가 먼 것으로 나타났다.[16] 조세범처벌법이나 증권거래법의 경우에도 내용상 경영범죄와 연관된 사건들은 거의 발견되지 않았다. 따라서 제3군 해당 사건은 분석에서 배제하기로 결정하였다.

제3군과는 달리, 제1군과 제2군 해당 사건은 비교적 사건 수가 적기 때문에 전수조사가 가능하다. 따라서 2004년에 종국 처리된 사건 가운데 제1군과 제2군에 해당하는 사건들, 즉 검찰 DB상 대표 죄목이 특경가법 사건들로 기록된 사건들을 전수조사해서 내용상 경영범죄의 정의에 해당하는 사건 전체를 대상으로 경영범죄의 양상을 파악하고 해당 기업들의 경영성과 변화 양상을 살펴보기로 한다.

〈그림 8-2〉는 조사하게 될 2004년의 특경가법 적용 사건들이 최근의 추이 속에서 어떤 위치에 있는지를 보여 준다. 우선 (A)는 특경가법 해당 사건 수와 피고인 수의 추이를 보여 주고 있다. 사건 발생 기준으로 볼 때 특경가법 사건은 2001년경 약 500건 수준이던 것이 빠른 속도로 증가해서 2006년에 이르러서는 3배 수준인 1,500건에 육박하고 있으며, 검거사건 기준으로도 유사한 양상이 나타나고 있다. 사건당 검거인원은 2001년 1,200명 수준이던 것이 2006년에는 3,000명을 넘어섰는데, 사건당 검거인원은 2명을 약간 상회하는 수준에서 안정된 양상을 보이고 있다. 〈그림 8-2〉 (B)는 특경가법 해당 사건 중 가장 비중이 큰 사기 · 횡령 · 배임 사건의 추이를 보여 주는데, 이 사건을 합하면 전체 특경가법 사건의 약 80%를 차지한다.[17] 사기사건은 단일 항목으로서는 가장 큰 비중을 차지하고 있는데, 2005년에 80% 가까운 급격한 증가를 함으로써 (A)에 나타난 것과 같은 2005년 사건 증가를 주도한 요인이었다. 횡령과 배임의 경우에도 꾸준한 증가 양상을 보여 주고 있어

15) 대략 5% 표본을 뽑아 내어 검토하였다.

16) 이러한 양상이 나타나는 중요한 이유는 피해액 규모이다. 즉, 일반직원과 경영자가 저지르는 업무상 배임 및 횡령 범죄들의 피해액 규모를 비교해 볼 때, 일반직원의 범법행위는 일반업무상 배임이나 업무상 횡령이 적용될 가능성이 높은 데 비해 경영자가 저지른 범죄는 특경가법이 적용될 가능성이 높다. 아울러 규모가 작은 기업의 경우에는 기업소유자가 곧 경영자인 경우가 많기 때문에 경영자 차원의 대리인 문제 자체가 발생할 가능성이 적다. 즉, 규모가 큰 기업일수록 투자자와 경영자 간의 대리인 문제가 발생할 확률이 높고, 기업의 규모가 크기 때문에 범죄에 해당할 만한 행위의 규모 혹은 피해액의 규모도 크다는 점이 이상과 같은 결과를 가져왔다고 할 수 있다.

17) 〈표 8-1〉은 2004년 사건종류별 사건 수를 제시하였다.

그림 8-2 특정경제범죄가중처벌법 해당 사건 추이(2001-2006년)

자료: 대검찰청, 『범죄분석』, 각 연도.

서, 이들 역시 2006년경에는 2001년과 비교해서 2배 가까이 증가했음을 보여 주고 있다. 경영범죄와 특경가법 간의 관계를 고려해 볼 때, 이상과 같은 특경가법 해당 사건의 증가 추이는 경영범죄의 증가도 시사하고 있다는 점에서 경영범죄에 대한 실태파악의 중요성을 확인해 준다고 할 수 있다.

2. 기업경영 성과 자료

경영범죄로 피소된 경영자를 가진 기업이 경영범죄와 이에 대한 수사 및 재판을 겪는 과정에서 어떤 성과 변동을 경험하는지 파악하려면 기업의 경영 상태를 보여 주는 자료가 필요하다. 우리나라 기업들의 현황을 담고 있는 자료는 여러 가지가 있지만, 그 중 가장 포괄적인 것으로 알려진 한국신용평가정보(주)가 작성하는 KIS-DATA 자료를 사용하기로 한다.[18)]

2004년 말 기준으로 볼 때 KIS-DATA 자료에 수록된 비금융기업은 약 13만 개이다(〈표 8-2〉 참조). KIS-DATA에 수록된 기업정보들은 회사가 여러 가지 방식으로 수집한 내용들이기 때문에 양과 질 모두에서 큰 편차가 있는데, 회사의 특성과 정보의 출처 등에 따라 한국증권선물거래소의 상장기업(이하 상장기업), 등록기업, 코스닥 상장기업, 외감기업, 그리고 기타 일반기업 등 다섯 종류로 나누어 볼 수 있다. 이 중 상장기업과 코스닥 상장기업은 각각 한국증권선물거래소와 코스닥시장에 상장되어 주식이 거래되는 기업들로, 거래소 규정 등에 따라 손익계산서, 재무제표 등을 정기적으로 공개하고 있기 때문에 정보가 가장 정확하고 풍부한 기업들이라고 할 수 있다. 등록기업은 비공개기업이지만 금융위원회에 자료를 보고하고 있기 때문에 상장회사에 준하는 상세한 기업정보 확보가 가능하다. 외감기업은 자본금 70억 원 이상의 기업들로 회사 외부의 감사를 받는 기업들이며, 비교적 객관적인 기업정보가 어느 정도 주기적으로 제공되고 있다. 마지막으로 그 외의 일반기업들인데, 이들에 대한 정보는 한국신용평가정보(주)가 가능한 한 여러 가지 출처

18) 기업의 상태를 보여 주는 포괄적인 자료로는 광공 센서스나 서비스 사업체 센서스와 같이 통계청이 전수조사하는 자료가 있다. 통계청은 이 자료들을 공개하고 있기 때문에 연구 목적으로 다양하게 사용되고 있으나, 사업체의 이름이 제공되고 있지 않기 때문에 경영범죄 연루 회사와 연결해서 사용하는 것은 불가능하다.

표 8-2 KIS-DATA 수록 기업 수(2004년 12월 31일 기준)

분류	내용	기업 수	비고
상장법인	한국증권선물거래소에 상장되어 주식이 거래되는 법인	617(29)	
등록법인	증권거래법상 일정한 요건을 충족하는 법인으로서 공정한 유가증권의 발행과 기업내용의 공시를 위하여 금융위원회에 등록된 비공개법인	1,356	
코스닥 상장법인	코스닥에 상장되어 주식이 거래되는 기업들	861(48)	
외부감사기업	외부감사를 받는 기업으로, 자산 총액 70억 원 이상의 법인	10,983	
기타	이상에 열거한 기업들 외에 한신평정에서 자료를 수집한 기업들	120,128	폐업 4,078, 피흡수합병 113개사 포함
합계		133,945	

주: 상장 및 코스닥 상장기업 수는 관리종목을 포함한 것이며, 괄호 안은 관리종목 수임.
자료: 본문 참조.

로부터 수집한 것들이기 때문에 주기가 일정하지 않으며 내용의 신뢰도 역시 앞에 열거한 기업들에 비해 상대적으로 떨어진다.

KIS-DATA 자료를 이용해서 기업성과를 분석하려면 먼저 경영범죄 관련 기업들을 KIS-DATA로부터 찾아 내는 작업이 필요하다. 동명의 기업들이 존재함을 고려할 때 가장 바람직한 것은 사업체등록번호를 이용해서 두 자료를 연결하는 것이겠지만, 판결문에는 기업의 사업체등록번호나 법인등록번호가 기재되어 있지 않다. 이러한 문제를 해결하기 위해 KIS-DATA에서 경영범죄 관련 기업의 상호와 관련된 모든 기업을 뽑아 낸 뒤, 기업체 대표이사나 경영진의 이름, 회사주소지, 종사업종 등 양쪽 자료에 기록되어 있는 정보들을 대조해서 확인하였다.

KIS-DATA는 현재 우리나라에서 기업분석에 사용되는 자료 가운데 포괄적인 자료로 평가되고 있지만 본 연구와 관련해서는 치명적인 약점도 안고 있다. 그것은 KIS-DATA가 기업이 공시 등을 통해 공개한 자료들을 보여 준다는 사실이다. 기업들은 경영 상태가 악화될 경우 회계조작 등을 하기 때문에 회계 관련 정보 혹은 이에 근거한 주가 등에 근거할 경우 당시의 상황을 제대로 파악하지 못할 수 있다. 따라서 범죄 당시나 범죄 이후의 상황을 정확하게 이해하기 위해서는 이 자료를 매우 조심해서 다룰 필요가 있다. 이와 관련된 상세한 논의는 필요할 경우 자료의 분석 과정에서 진행하기로 한다.

Ⅳ. 경영범죄 개요

본절에서는 2004년에 1심 재판이 종결된 특경가법 사건들 가운데 경영범죄의 정의에 해당하는 사건들을 판별하고 이들의 일반적 양상을 개괄하기로 한다. 경영범죄에 해당하는 사건 수 및 피의자 수가 얼마나 되며, 어떤 기업들이 연루되었는지, 그리고 피해액 규모가 어느 정도이며 이에 대해 어떤 형량이 선고되었는지가 주요 내용이 된다.

1. 경영범죄 사건 수와 피의자 수

경영범죄 수가 얼마나 되는지 여부는 사건 수와 피의자 수 두 가지 기준으로 파악해 볼 수 있다. 〈표 8-3〉에 제시된 바와 같이 2004년에 1심이 종국 처리된 형사공판사건 가운데 경영범죄 범주에 해당하는 사건에 연루된 기업 수 혹은 경영범죄 건수는 총 128건이며, 경영범죄 사건에 연루되어 기소된 피의자는 총 276명이다.[19]

19) 본 연구에서 사건 하나는 1개의 기업에서 발생한 경영범죄를 의미한다. 즉, 128건의 사건이 발생하였다는 것은 128개 기업에서 경영범죄가 발생하였음을 지칭한다. 이 점을 명확히 하는 이유는 경영자 피의자가 복수 회사의 경영자로 근무하면서 이들 회사들이 함께 경영범죄 사건에 연루되는 경우가 적지 않기 때문이다. 예를 들어, 한 경영자가 A와 B 두 회사를 경영하고 있는데 A회사의 자산을 이사회의 동의를 거치지 않은 채 B회사를 위해 사용한다고 하자. 이 경우 판결문에는 두 회사 모두가 등장하게 되는데, 이런 상황에서 경영범죄 해당 기업을 지칭할 때는 A회사를 언급하는 것으로 한다. 이는 본 연구의 목적이 경영범죄의 발생 및 이에 대한 처벌과 관련해서 해당 회사의 투자자들이 얼마나 피해를 보고 있는지를 파악하는 것이기 때문이다.

표 8-3 경영범죄 사건: 2004년 1심 종국사건

항목	사건 수 및 피고인 수	비고
경영범죄 발생 기업 수	128	
피고인	276	
기업경영자	240	회장, 사장, 대표이사, 이사, 감사, '실질적 운영자' 등
간부급 직원 및 일반직원	25	부장, 팀장, 과장, 일반직원 등
기타	11	법인 4, 자연인 7

자료: 본문 참조.

이는 2004년에 1심이 종국 처리된 형사공판사건 205,665건의 0.06%, 해당 사건의 총 피고인 237,070명의 0.12%에 해당한다.[20]

〈표 8-3〉은 경영범죄 연루 피고인들의 직함별 분포를 보여 주고 있다. 회사의 경영자, 즉 회장, 사장, 대표이사 같은 직함을 가지고 있거나 판결문에서 실질적 경영자로 지칭한 사람이 240명으로 전체 피고의 87% 가량을 차지하며, 대략 사건당 1.9명의 경영자가 피소되었다.[21] 나머지 36명은 부장, 과장 등과 같은 관리직 직원이나 일반직원들이 연루된 경우, 공무원이 뇌물을 받는 등의 행위로 검거된 경우, 혹은 회사법인이 피고가 된 경우 등이다.[22] 경영범죄 분석과 관련해서 핵심은 경영자 신분의 피의자인 240명일 것이므로, 이하에서는 별다른 언급이 없을 경우 피의자는 이들 경영자 피의자들을 지칭하는 것으로 한다.

2. 경영범죄 연루 기업의 규모 및 산업 분포

경영자가 경영범죄로 기소된 기업들의 일반적 특성을 살펴보기 위해 KIS-DATA 자료를 이용해서 해당 기업의 상장 여부, 규모, 산업 등을 살펴보기로 한다.

20) 총사건 수 및 피의자 수는 『사법연감』(2005), p. 848 참조.
21) 한 사건에 복수의 기업이 연루될 수 있기 때문에 사건당 2명 이상의 경영자가 피소될 수 있으며, 1개 기업만 연루되더라도 다수의 임원이 피소될 수 있기 때문에 복수의 경영자가 가능하다.
22) 일반적으로 법인은 형사법의 대상이 되지 않지만, 주식회사의 외부감사에 관한 법률과 같은 경우는 회사에 대해서도 적용된다.

표 8-4 경영범죄 발생 기업의 기업공개 여부

	2001	2002	2003	2004
상장	23(9)	19(6)	17(8)	14(6)
등록	2	4	5	6
코스닥	17	14	12 (1)	5 (2)
외감	11	16	15	20
기타	22	19	16	11
정보 없음	53	56	63	72
합계	128	128	128	128

주: 상장, 코스닥에서 괄호 안은 관리종목 수임.
자료: 본문 참조.

먼저 〈표 8-4〉는 2001년부터 2004년 사이에 경영범죄 발생 기업들이 〈표 8-2〉의 항목 중 어디에 해당하는지를 살펴본 것인데, 2001년의 경우 128개 회사 가운데 23개가 상장회사였다. 이는 2001년 전체 비금융 상장회사 650개의 약 3.5%에 해당한다. 이들 경영범죄 발생 기업 중 상당수는 경영 상황 악화 등으로 인해 상장이 폐지되거나 폐업 · 합병 등으로 인해 아예 소멸되어 버리는데, 그 결과 2004년에 와서는 상장회사가 14개로 줄어들게 된다. 코스닥의 경우에도 2001년에 17개인 회사가 2004년이 되면 5개로 줄어들게 된다. 이러한 회사 퇴출 양상은 경영범죄가 경영성과에 미치는 영향을 해석하는 데 중요한 정보를 제공하는데, 이에 대해서는 다음 절에서 자세히 다루기로 한다.

〈그림 8-3〉은 경영범죄 발생 기업의 규모를 자산 총액을 통해 살펴본 것이다.[23] 128개 기업 가운데 약 50% 가량에 대해 기업 규모 관련 정보를 얻을 수 있는데, 규모가 확인된 기업들의 자산 총액과 매출액을 보면 100억-1,000억 원인 회사들의 빈도가 가장 높다. '미상'에 해당하는 나머지 기업들은 대개 자산 총액이나 매출액이 10억 원 미만인 기업들이라고 볼 수 있다. 이러한 점들을 감안하면 경영범죄 발생 기업의 자산 및 매출액은 10억 원을 전후로 한 수준에 중위수가 위치하고

23) 매출액도 매우 유사한 양상을 보이는데, 이와 관련해서는 김두얼(2008) 참조.

그림 8-3 경영범죄 발생 기업의 기업 규모: 자산 총액

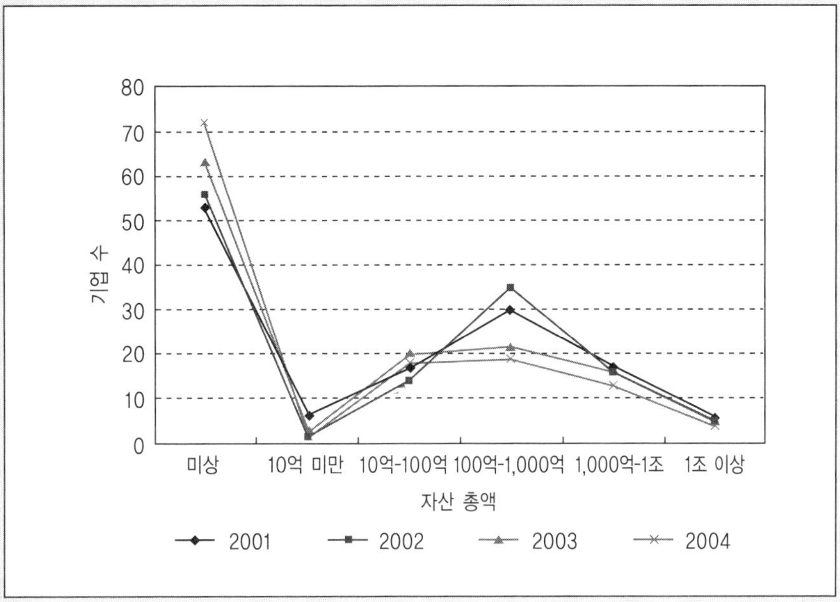

오른쪽 꼬리가 긴 형태의 로그노말 분포와 같은 모양을 보일 것으로 추정된다.[24)]

한편, 〈표 8-5〉는 경영범죄 발생 기업 가운데 상장, 등록, 코스닥 상장회사들의 산업별 분포를 보여 준다. 범죄 발생 기업의 수라는 측면에서는 제조업이 코스닥 이상 범죄 발생 기업의 절반 이상을 차지하고 있다. 하지만 산업별 전체 회사 수 대비 범죄 발생 기업의 비율을 계산해 보면 제조업의 경우는 산업별 기업 수 대비 범죄 발생 기업의 비율이 평균치인 대략 0.9-1.3% 수준으로 나타나는 데 비해, 건설업의 경우는 경영범죄 발생 기업의 비중이 이보다 훨씬 높은 5.7-8.6%로 나타난다. 건설산업의 어떤 산업적 특성 때문에 이와 같은 양상이 나타나는지에 대해서는 향후 범죄예방과 관련해서 면밀한 검토가 이루어질 필요가 있다.

24) 임직원의 분포 양상도 기본적으로 이와 유사한데, 이에 대해서는 김두얼(2008) 참조.

표 8-5 경영범죄 발생 기업의 산업별 분포

	2001		2002		2003		2004	
	기업 수	비율(%)	기업 수	비율(%)	기업 수	비율(%)	기업 수	비율(%)
제조업	21	1.3	20	1.1	20	1.2	15	0.9
건설업	9	8.6	6	5.8	7	7.0	6	5.7
도소매업	1	0.5	1	0.4	1	0.5	1	0.5
운수업	0	0.0	0	0.0	0	0.0	1	2.3
정보서비스업	5	0.8	4	0.6	2	0.3	0	0.0
기타	2	0.8	2	0.7	2	0.8	1	0.4
합계	38	1.3	33	1.1	32	1.1	24	0.8

주: 비율은 상장, 등록, 코스닥 회사 전체 가운데 해당 산업에 속하는 회사 수 대비 해당 산업 경영범죄 발생 기업 수임.
자료: 본문 참조.

3. 경영범죄의 내역 및 피해액

〈표 8-6〉은 경영범죄에 해당하는 사건들로 피소된 경영자들이 어떤 죄목으로 기소되었는지를 보여 준다. 경영자 피의자의 경우, 적용된 죄목 중 특경가법(횡령), 특경가법(배임)이 180건으로 전체 430건 가운데 42%를 차지하며, 그 뒤를 이어 특경가법(사기)도 16%에 해당하는 68건을 차지한다.[25] 이 밖에도 다양한 죄목들이 열거되어 있으나, 특경가법(횡령), 특경가법(배임), 특경가법(사기)에 비해서는 상대적으로 중요성이 떨어진다.

이러한 죄목들이 적용된 범죄들의 내용을 보다 명확하게 파악하고자 판결문을 통해서 실제 어떤 행위들이 처벌받았는지를 피해 대상과 피해 형태 등을 기준으로 네 가지 유형으로 구분해 보았다(〈표 8-7〉 참조). 우선 회사자산 유용의 경우로, 경영자가 근무하는 회사의 자산을 이사회 등의 동의 없이 사용함으로써 직접적인 피해를 준 경우이다. 여기에는 횡령이 대표적이며, 불법대출 혹은 계열사 부당지원 등이 포함된다. 둘째는 부당담보 제공의 경우로, 경영자가 계열사 지원을 위해 자신

25) 이 밖에도 중요한 사건들이 증권거래법 위반, 업무상 배임 등인데, 이 죄목들이 대표 죄목으로 기록된 사건들이 경영범죄일 가능성에 대해서는 이미 조사하였음을 제III절에서 밝혔다.

표 8-6 경영범죄 관련 피고인들의 죄목 및 죄목별 해당자 수

	경영자	관리직 및 직원	기타	합계
특경가법(횡령)	105	14	3	122
특경가법(배임)	75	7	2	84
특경가법(사기)	68	6		74
업무상 횡령	24	3		27
증권거래법 위반	22	2	4	28
사기	13	1		14
업무상 배임	11	2		13
주식회사의 외부감사에 관한 법률 위반	8			8
사문서 위조	7	1		8
상법 위반	7	1		8
특경가법(알선수재)	6		1	7
뇌물공여	5			5
배임증재	5			5
정치자금에 관한 법률 위반	5			5
조세범처벌법 위반	5	1		6
기타	64	13	4	81
합계	430	51	14	495

자료: 본문 참조.

이 근무하는 회사의 자산을 부당하게 담보로 제공한 경우이다. 부당담보 제공을 회사자산 유용과 구분한 것은 피해액 파악방식이 다르기 때문이다. 회사자산 유용의 경우는 판결문에 피해액이 명확히 제시되지만, 부당담보 제공의 경우는 보증액 혹은 담보제공액에 상당하는 피해액으로 제시된다는 차이가 있다. 사건당 피해액 집계에 있어 이 둘을 단순합산하는 것은 자칫 피해액을 과대평가하는 결과를 가져올 수 있기 때문에 별도로 파악하는 것이 적절하다. 셋째는 불법차입으로, 은행 등과 같은 투자자에게 회계조작 등의 거짓 정보를 통해 대출함으로써 피해를 가한 경우이다. 앞서 두 경우가 주주들에게 피해를 끼친 경우라면 불법차입은 채권자에게 피해를 가한 경우라는 점에서 구분된다. 마지막으로 직접 투자자는 아니지만 보증회사에게 회계조작 등을 통해 보증채무를 부담하게 한 경우를 들 수 있다.

〈그림 8-4〉는 경영범죄로 인해 경영자가 투자자에게 끼친 피해액의 분포를 보

표 8-7 불법행위의 유형

명칭	내용
1. 회사자산 유용	
횡령 및 부당지출	회사자산을 개인적 목적으로 유용한 경우 혹은 회사자산을 부당한 용도로 지출한 경우
불법대출	이사회의 의결 등과 같은 절차를 거치지 않은 채 회사자산을 타인에게 대출하는 경우
계열사 부당지원	대금회수가 어려운 부실화된 계열사 등에 대해 자금을 대여하거나 불필요한 물품 구입 등을 통해 편법지원하는 경우. 또는 현재 소유 · 운영하는 회사의 경영난을 회피할 목적으로 다른 기업을 인수한 뒤, 그 기업의 자산을 회사 A에 지원하는 경우
2. 부당담보 제공 및 부당채무 보증	이사회의 의결 등과 같은 절차를 거치지 않은 채 회사자산을 부당하게 담보로 제공하거나 계열사 혹은 타회사의 채무를 보증함
3. 불법차입(대출사기)	회계장부 조작 등을 통해 은행 등으로부터 돈을 빌리거나 회사채를 판매한 경우
4. 보증채무 부과	회계장부 조작 등을 통해 보증회사에 보증채무를 부담하게 함

여 준다. 한 회사가 초래한 총피해액을 산정해 보려면 판결문에 열거되어 있는 피해액들을 합산해야 하는데, 앞서도 언급한 것처럼 피해액 가운데는 횡령액처럼 피해액이 직접 나와 있는 경우도 있지만 나머지 경우는 보증액이나 대출액이 제시되고 이에 '상당'하는 피해가 발생하였다고 기록되어 있기 때문에, 이 값들을 단순 합산하는 것은 어렵다. 따라서 상당액으로 제시된 피해액을 적절하게 할인해서 피해액 자체가 직접 제시된 경우와 합산하는 작업이 필요한데, 할인율의 선택 역시 쉬운 문제는 아니다. 이런 이유에서 일단 〈그림 8-4〉 (A)에서는 〈표 8-7〉에 제시한 유형별로 피해액의 분포를 분리해서 살펴보았다. 두드러진 사실은 회사자산 유용이 발생한 기업이 96개로 절대수적 면에서 가장 많으며, 피해액 규모는 중위수 기준으로 평균 20억 원 수준에 있다는 점이다(〈부표 8-2〉 참조). 다른 범죄들보다 회사자산 유용에 해당하는 경우들이 상대적으로 훨씬 크다는 점은 사건별 피해액을 합산하는 데 있어 할인율 선택이 그다지 큰 문제가 아닐 수 있음을 시사한다. 즉, 〈그림 8-4〉 (A)에 나타난 바와 같이 회사자산 유용의 절대적 규모가 크기 때문에 할인율과

그림 8-4 경영범죄로 인한 피해액 분포: 2004년 1심 선고 사건

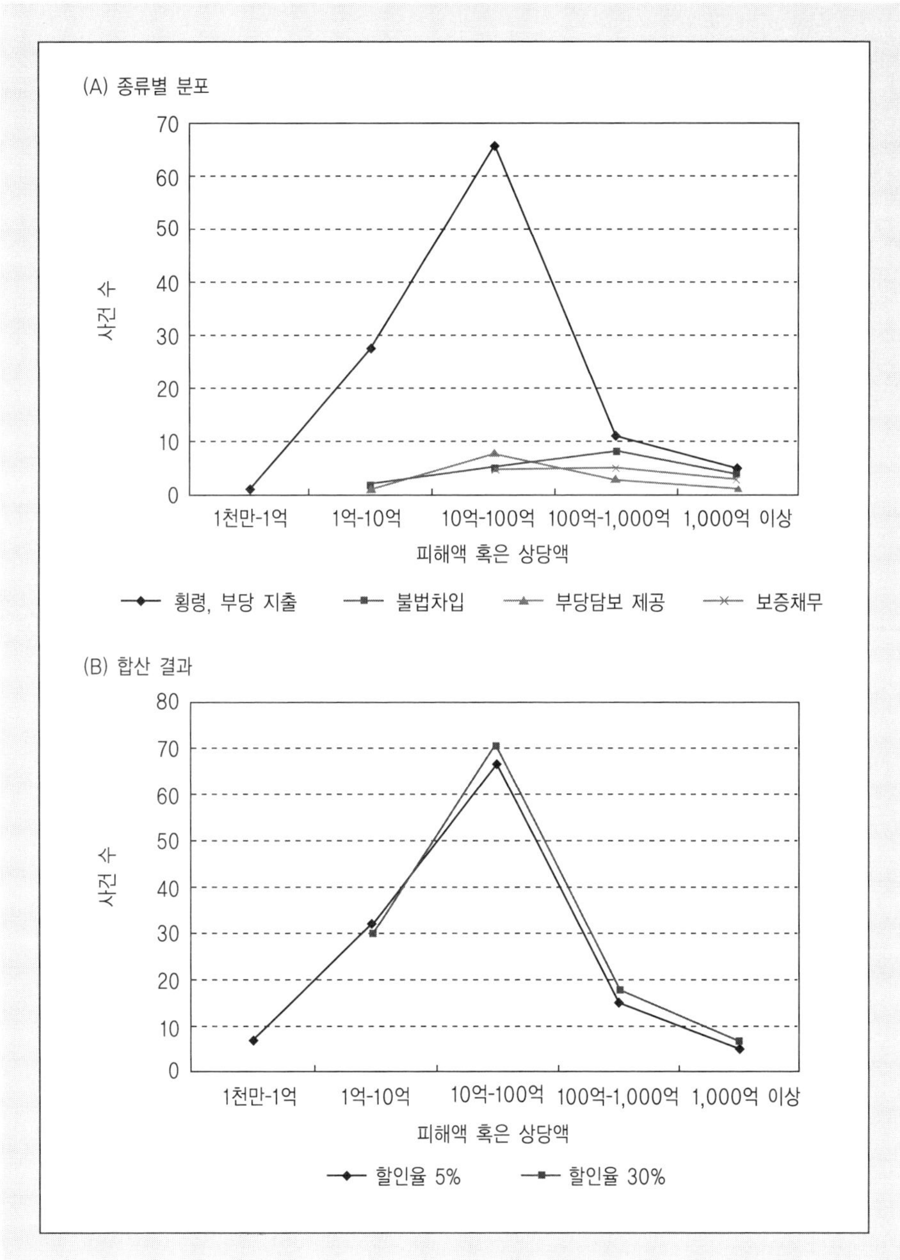

자료: 본문 참조.

는 상관없이 피해액 분포는 회사자산 유용의 분포에 수렴할 것이기 때문인데, 〈그림 8-4〉 (B)는 이를 확인해 준다.

이러한 피해액 계산 결과는 경영범죄의 심각성을 파악하는 데 중요한 시사점을 제공한다. 앞서 〈그림 8-3〉 등에서 본 바와 같이 경영범죄 발생 기업의 평균 회사자산 규모나 매출액 규모가 10억 원 안팎에 있음을 감안한다면, 경영범죄로 인한 피해액 규모는 회사의 자산이나 매출액보다 평균 2배 가까운 수준임을 의미하기 때문이다. 이처럼 큰 규모의 피해가 발생할 경우 해당 기업은 온전한 영업활동을 유지하지 못하게 되어 기업성과가 악화될 것이 예상된다. 경영범죄로 인한 경영성과 악화와 피의자에 대한 수사와 처벌 이후 회사 상황의 변동에 대해서는 제Ⅴ절에서 상세히 다루기로 한다.

4. 경영범죄에 대한 선고형량

마지막으로 이상과 같은 경영범죄들에 대해 법원은 어떤 판결을 내리고 있는가를 살펴보기로 한다. 〈표 8-8〉과 〈그림 8-5〉는 경영범죄 연루 피의자들에 대한 선고 내용 및 형량 분포를 제시하였다. 경영자 피의자에 대한 선고 결과를 보면, 240명 가운데 223명에 대해 징역형이 선고되었는데, 형량의 분포를 보면 약 74%에 해당하는 178명이 13-36개월 사이에 분포하고 있다.[26] 이 가운데 62.3%에 해당하는 139명이 집행유예를 선고받았으며, 집행유예 기간은 25-36개월이 가장 많은 것으로 나타났다.

그 동안 경영범죄와 관련해서는 피해 규모에 비해 형량이 낮다는 비판이 일반적으로 제기되어 왔다. 특히, 참여연대(2006), 경제개혁연대(2007a, b), 이승준(2006) 등은 신문기사 및 『사법연감』 등을 분석하여 경영범죄에 대해 높은 집행유예 선고율이 내려지고 있음을 지적하였다. 나아가 집행유예 선고 대상으로 편입시키려고 감경규정을 무리하게 적용하고 있음을 지적하였다.[27]

26) 경영자의 평균형량은 평균 28개월, 중위수는 24개월이다.
27) 이승준(2006), p. 115.

표 8-8 경영범죄의 집행유예 비율, 2004년 1심 선고 사건

	경영자피의자				비경영자 피의자	2004년에 처리된 1심 형사사건 전체
	합계	상장회사 관련 사건	등록사건 및 코스닥 상장회사 관련 사건	일반기업 관련 사건		
피고인 수	240	55	35	150	36	237,070
징역형	223	54	34	135	28	132,927
실형	84	18	15	51	6	48,940
집행유예	139	36	19	84	22	83,987
기타	17	1	1	15	8	104,143
집행유예 비율(%)	62.3	66.7	55.9	62.2	78.6	63.2

주: 집행유예 비율(%)=$100\times\frac{\text{집행유예}}{\text{징역형}}=100\times\frac{\text{집행유예}}{\text{실형+집행유예}}$.

상장, 등록 및 코스닥, 일반 구분은 2001년도를 기준으로 구분한 것임.

비경영자에는 회사가 4건 포함되어 있음. 기타는 벌금형 및 무죄를 지칭함.

자료: 대법원, 『사법연감』, 2005, p. 848 및 본문 참조.

경영범죄 피의자의 형량에 대한 이상의 분석 결과는 대체로 이러한 지적과 일관된 결과를 보여 준다. 회사 규모와 경영범죄로 인한 피해액을 비교해 보면 범죄 사실에 비해 형량이 지나치게 낮다는 지적은 명확하게 드러난다. 아울러 형사사건 일반의 집행유예 비율과 비교해 보면 경영범죄 피고인들에 대해 집행유예 선고가 지나치게 많이 이루어지고 있다는 주장 역시 확인된다. 즉, 2004년에 1심이 처리된 전체 형사사건 가운데 징역형이 선고된 피고인들 중 집행유예가 선고된 경우는 63.2%로, 경영자들에 대한 집행유예 비율 62.3%와는 큰 차이를 보이지 않는다. 피해 규모가 크다는 점, 그리고 큰 피해 규모 때문에 가중처벌법이 적용되고 있음에도 불구하고 이처럼 경영범죄 피의자들에 대한 집행유예 비율이 일반형사사건 수준과 크게 다르지 않다는 것은 양형이 죄질에 비해 낮은 수준으로 이루어지고 있음을 의미한다.[28] 향후 경영범죄의 본질과 이에 대한 적정한 양형 수준이 무엇인지에 대한 보다 심도 있는 논의가 필요하다고 판단된다.

28) 아울러 경영범죄에 대해 법원이 집행유예를 선고할 목적으로 검찰의 구형량에 비해 판결형량을 지나치게 낮추고 있는지 여부를 점검해 볼 필요가 있는데, 이를 위해서는 사건별 검찰 구형량과 선고형량을 비교하는 작업이 필요하다. 불행히도 검찰 DB에는 검찰 구형량에 대한 자료가 적절하게 제공되고 있지 않기 때문에 검토가 불가능하였다.

그림 8-5 1심 자유형 선고형량 분포 및 집행유예 건수

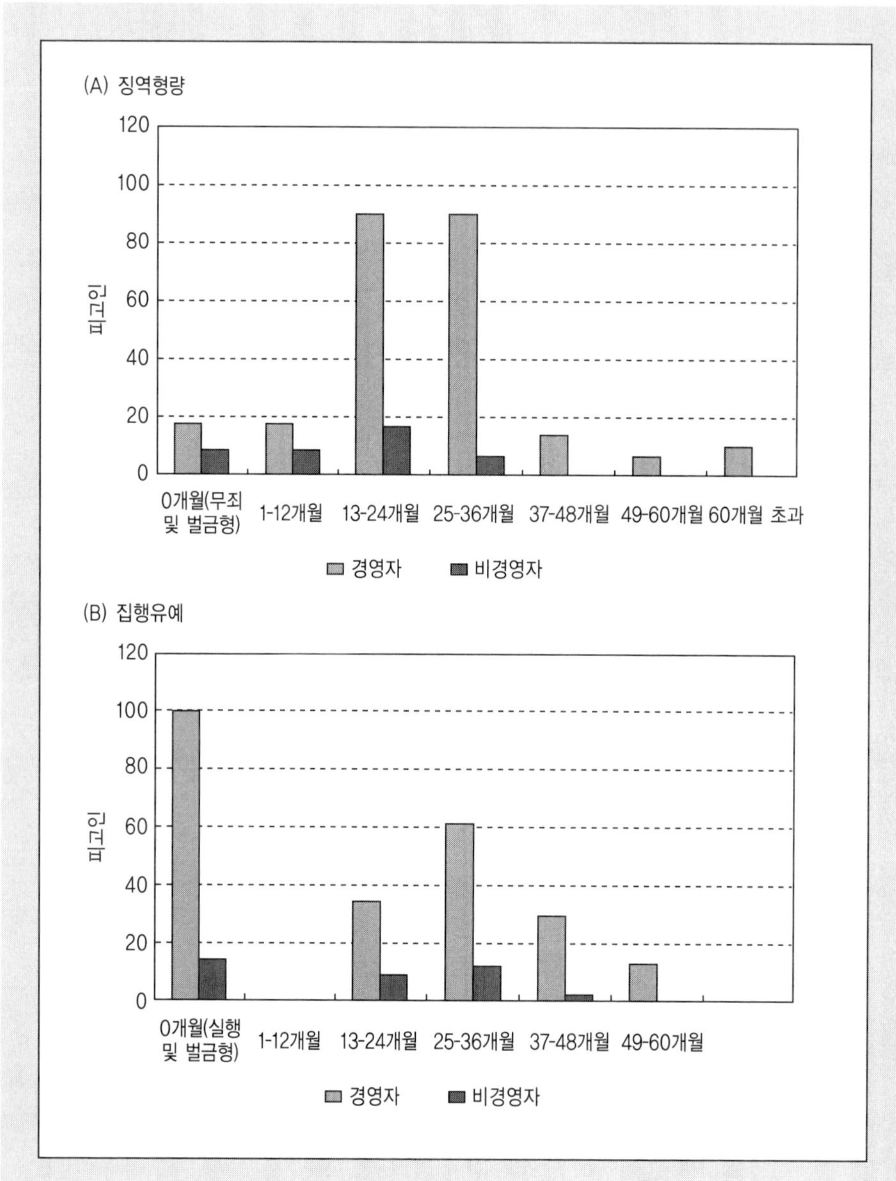

자료: 본문 참조.

V. 경영범죄 발생 및 처벌이 기업경영 성과에 미친 영향

본절에서는 경영범죄의 발생, 그리고 이에 대한 수사 및 처벌이 해당 기업의 경영성과에 어떤 영향을 미치는지를 살펴보기로 한다. 이 문제를 다루려면 경영범죄 발생 기업의 장기적인 경영성과 지표를 확보한 뒤, 경영범죄로 인한 피해가 전면화되는 시기의 회사 상황을 파악하고 그 전후와 비교해서 분석하는 것이 유용하다.

1. 경영범죄 발생과 경영성과 간의 관계에 대한 추론

기업 i가 j년도에 이룩한 경영성과가 그 기업에서 발생한 경영범죄와 어떤 관련을 맺고 있는지를

$$\pi_{ij} = f(V_{ij};\, G_{ij}, Z_{ij}) \qquad (1)$$

π_{ij}: 기업 i의 j년도 경영성과 지표(예를 들어, 수익률)
V_{ij}: 경영범죄로 인해 경영자가 기소되고 재판에 회부되었는지 여부.
기소 및 재판시 V_{ij}=1, 그 외는 V_{ij}=0
G_{ij}: 기업의 특성(기업 규모 등)
Z_{ij}: 기업이 속한 산업의 특성

과 같은 함수관계로 나타내 보기로 하자. 이때 경영범죄와 관련해서 해당 기업의 경영성과 변동은 경영범죄가 기업의 경영성과에 영향을 미치는 시점인 t기, 그 이전과 이후 시기인 t–1기와 t+1기로 삼등분해 볼 수 있다. 여기에서 t기를 어떻게 설정하는가가 핵심적이면서도 어려운 문제인데, 본 연구에서는 편의상 2003년에서 2004년에 걸친 2년을 t기로 잡고 그 전후를 각각 t–1, t+1기로 잡고자 한다. 2004년에 1심 재판이 종료된 사건들의 경우, 이 사건에 대한 수사가 이루어지고 기소가 되는 시점은 대략 2003년경부터라고 볼 수 있다. 그런데 범죄사실이 여러 통로를

통해 인지되고 수사가 이루어지는 시점은 대략 경영범죄로 인한 피해가 전면화되는 시기와 일치할 것이라고 상정해 볼 수 있다는 점에서 2003-2004년은 경영범죄로 인한 피해가 기업성과에 반영되는 시기로 해석해 볼 수 있다.[29]

경영범죄 발생 기업의 경영성과는 시기 구분 자체가 전제하고 있는 것처럼 세 시기에 각각 다음과 같은 양상을 보일 것으로 추론해 볼 수 있다. 먼저 $t-1$기에는 경영범죄 발생 기업의 경영성과는 다른 일반기업들과 큰 차이를 보이지 않을 것이다. 따라서

$$\pi_{i,\,t-1}(V_i,\, _t{=}1)=\pi_{i,\,t-1}(V_i,\, t{=}0). \qquad (2)$$

둘째로 t기는 정의한 바와 같이 경영범죄로 인해 해당 기업의 경영성과가 악화되는 시점이다. 따라서 π_{ij}는

$$\pi_{i,\,t}(V_i,\, _t{=}1)<\pi_{i,\,t}(V_{i,\,t}{=}0) \qquad (3)$$

과 같은 관계가 나타날 것을 예상해 볼 수 있다. 마지막으로 경영범죄에 대한 재판이 이루어져서 경영진이 교체되고 회사가 정상화될 경우, 경영범죄 발생 기업은 일반기업들과 유사한 성과를 보일 것이다. 따라서 범죄에 대한 재판 및 처벌 이후의 기간인 t+1기의 경우,

$$\pi_{i,\,t+1}(V_i,\, _t{=}1)=\pi_{i,\,t}+1(V_{i,\,t}{=}0) \qquad (4)$$

과 같은 결과를 추론해 볼 수 있다.

29) 이와 같이 t기를 설정할 경우, t기의 경영성과 변동에는 경영범죄의 영향과 아울러 수사 및 재판 자체의 부담이 경영성과에 미치는 영향이 반영되어 있게 되는데, 과연 얼마만큼이 경영범죄 때문이고 얼마만큼이 수사 및 재판에 따른 부담 때문인지 식별하기 어렵다는 문제가 발생할 수 있다. 이 문제는 실증적으로 규명해 보아야 할 문제이므로, 본절의 제3항에서 다루기로 한다.

2. 추론의 검증

이상의 추론을 검증해 보려면 기업의 경영성과 지표인 π_{ij}를 측정해야 한다. 기업의 경영성과를 재는 데는 다양한 지표들이 사용될 수 있겠지만, 가장 보편적으로 사용되는 것 중 하나가 이자 및 법인세차감전순이익(earnings before interest and tax: EBIT), 즉

$$\text{EBIT}=\text{세전순이익}+\text{이자비용} \quad (5)$$

이다.[30] 그런데 EBIT의 절대액은 기업 규모에 따라 차이가 있기 때문에 이 값을 기업의 규모를 반영하는 지표로 나눈 수익률을 계산해서 평가에 사용하는 것이 일반적이다. 분모로 사용되는 값으로는 여러 가지가 사용될 수 있지만 그 가운데 자산총액을 이용해서 계산한 값은 자산수익률(return on asset: ROA)이라고 정의하며,

$$\text{ROA}=\frac{EBIT}{\text{자산 총액}}\times 100 \quad (6)$$

과 같이 계산한다.

참고로 〈그림 8-6〉은 KIS-DATA 수록 기업 가운데 상장, 등록, 코스닥 상장기업의 ROA와 EBIT 대 매출액의 중위수 추이를 보여 주며, 〈부표 8-3〉에는 각 지표 계산을 위해 KIS-DATA의 어떤 항목을 사용하였는지를 명시하였다.[31] 두 지표 모두 1991-2000년 기간 동안에는 약 6-7%, 2001-2007년 기간에는 5% 수준에서 안정된 양상을 보여 주고 있다. 상장, 등록, 코스닥 기업별 수익률 추이를 나누어 살펴보면, 2000년을 전후로 한 평균수익률의 하락이 주로 코스닥 기업들의 평균수익률 하락에 기인한 것으로 나타난다. 경영범죄 발생 기업의 수익률 변동을 평가함에 있어서는 이와 같은 시장의 전체적인 움직임을 감안하는 것이 필요하다.

경영범죄와 경영성과 간의 관계에 대해 위에서 제시한 추론은 여러 가지 방식으로 검증해 볼 수 있는데, 우선 〈그림 8-7〉에서는 $t-1$, t, $t+1$ 세 시점을 대표하는

30) 식 (5)와 (6)의 정의들은 한국은행(2008), pp. 29-55를 따랐다.
31) 이하에서 사용되는 모든 변수들에 대해서도 별다른 언급이 없는 한 부표에 사용한 변수 이름을 밝혀 두었다.

그림 8-6 KIS-DATA 수록 기업들의 수익률 추이(중위수)

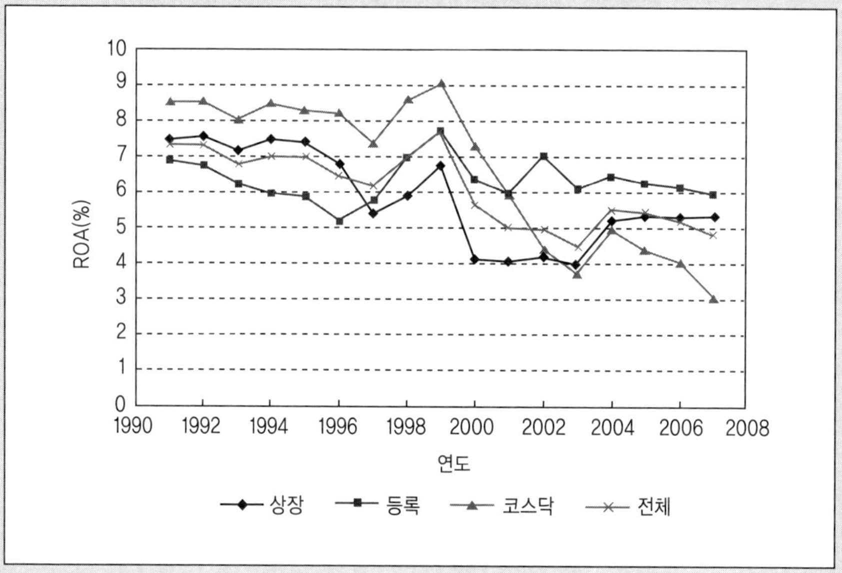

자료: 본문 참조.

의 수익률 분포를 비교해 보았다. 2001년의 경우, 전체 기업의 분포는 −10-10%를 중심으로 정규분포에 가까운 모양을 보이고 있는데, 경영범죄 발생 기업들의 경우도 분포가 사실상 동일하다. 이는 범죄 초기 혹은 범죄 발생 이전에는 일반적인 기업 분포와 큰 차이가 없음을 보여 준다. 2003년의 전체 기업의 수익률 분포는 (A)와 크게 다를 것이 없지만 경영범죄 발생 기업의 수익률은 크게 악화된 결과를 보여 준다. 즉, 전체 기업의 경우 −10% 미만인 기업이 전체 기업의 20%를 넘지 않는 데 비해 경영범죄 발생 기업의 경우에는 약 50%를 차지한다. 재판이 종료된 이후인 2007년의 분포를 보면, 경영범죄가 발생했던 기업들의 수익률 분포는 (A)에서처럼 전체 기업과 거의 유사한 형태가 된다. 결국 〈그림 8-7〉은 앞서 제시한 수익률에 대한 추론과 일관된 결과를 보여 준다.[32]

〈그림 8-8〉은 〈그림 8-7〉의 내용을 다른 각도에서 보여 준 결과이다. 즉, 경영범

32) EBIT 대비 매출액도 유사한 양상을 보이는데, 여기에 대해서는 김두얼(2008) 참조.

그림 8-7 경영범죄 발생 기업의 수익률(ROA) 분포 및 일반기업과의 비교

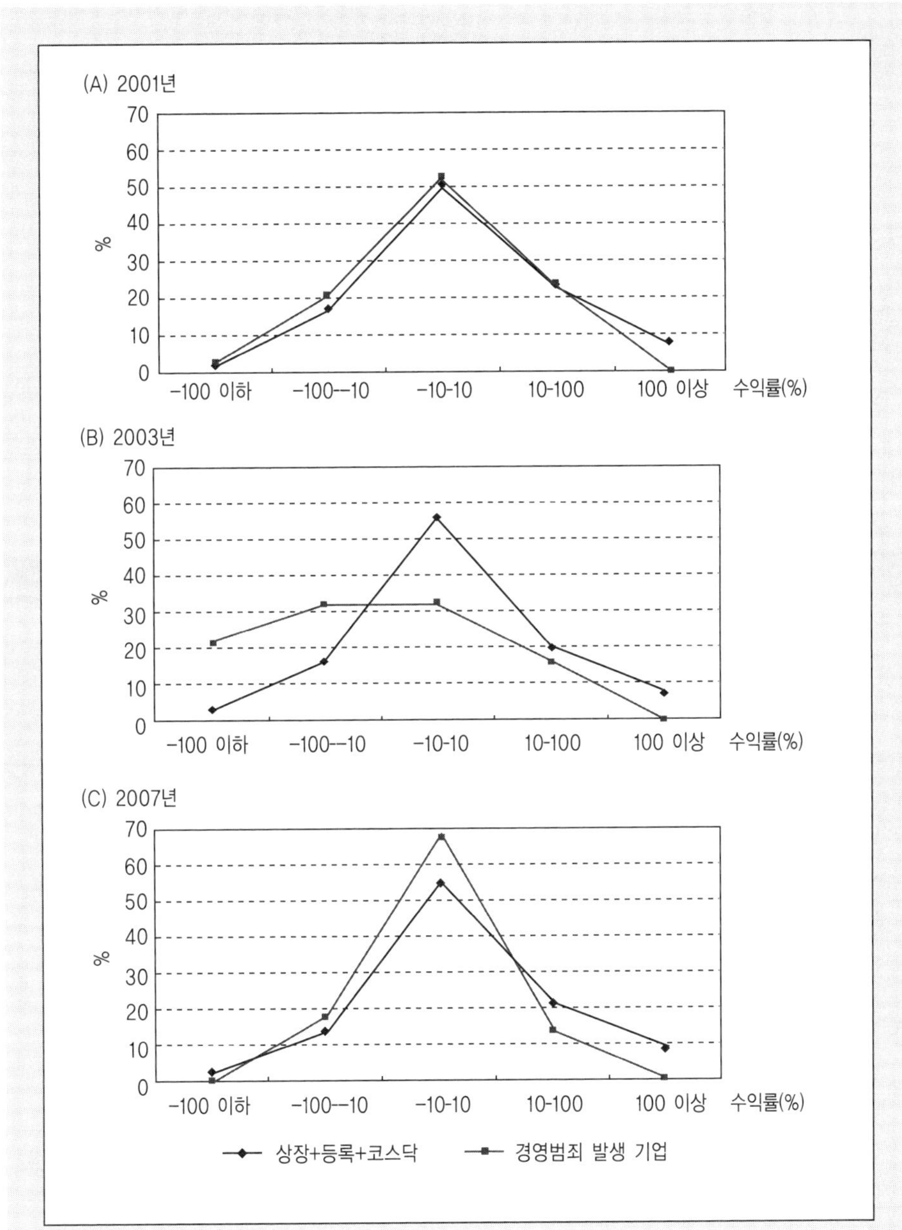

자료: 본문 참조.

죄 관련 기업들의 평균적인 ROA 값이 시장 전체의 ROA 평균 수준과 비교해서 얼마나 되는지를 보여 주는 지표로

$$\text{ZROA}=\frac{median(ROA_{\text{경영범죄 관련 기업}})}{median(ROA_{KIS-DATA})} \tag{7}$$

를 상정해 볼 수 있다. Z가 1일 경우, 경영범죄 발생 기업의 수익률이 일반기업과 차이가 없음을 의미하며, 이 값이 1보다 작아질수록 해당 연도 경영범죄 발생 기업의 영업성과가 더 열등함을 보여 준다. 그리고 Z의 시계열적 움직임을 통해서 경영범죄와 기업성과 간의 관계에 대한 추론을 검증해 볼 수 있다.

〈그림 8-8〉은 1991년부터 2007년까지의 기간 동안 Z_{ROA}가 움직이는 추이를 보여 준다. 두 지표는 유사한 움직임을 나타내고 있는데, 뚜렷하게 세 시기를 보여 준다. 첫 번째는 범죄기소 및 재판이 일어나기 전인 $t-1$기, 즉 2002년까지의 기간으로

그림 8-8 전체 기업 대비 경영범죄 관련 기업의 수익률

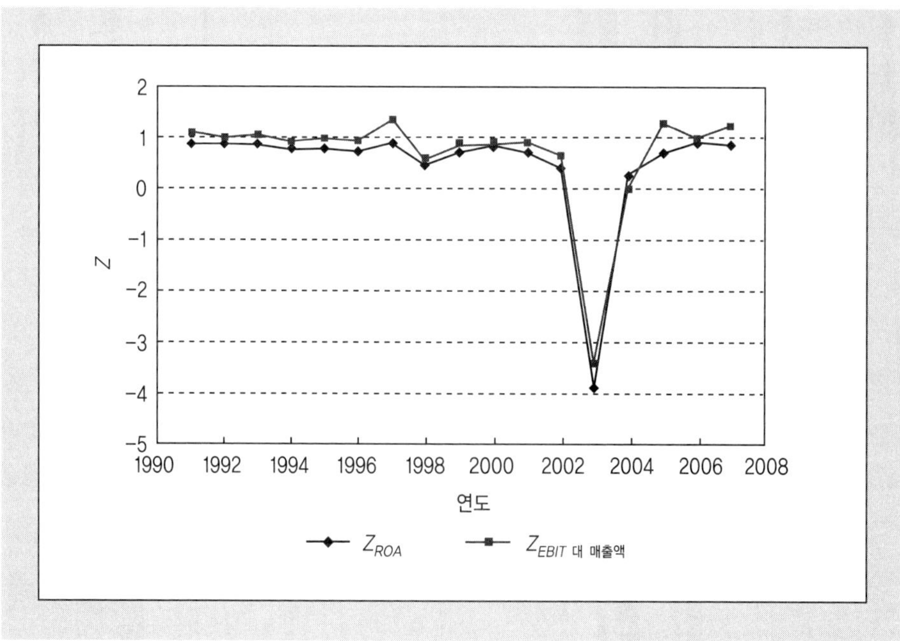

자료: 본문 참조.

경영범죄 관련 기업의 수익률이 시장평균 수준과 큰 차이를 보이지는 않는다. 두 번째는 t기에 해당하는 2003, 2004년 기간으로, 이 시기에는 Z가 −3에서 −4 값까지 큰 폭으로 떨어지는 양상을 보인다. 마지막으로 t+1기인 2005년 이후의 기간인데, Z는 2006, 2007년에 이르러서는 1에 근접하는 빠른 회복 추이를 보여 준다.

〈그림 8-7〉, 〈그림 8-8〉에서 살펴본 내용을 보다 명확히 하기 위해 회귀분석을 실시하였다. 회귀분석은 기본적으로는 이상의 분석과 동일한 것이지만, 기업의 규모나 산업과 같이 기업의 수익률에 영향을 미치는 주요 변수들을 통제한 이후에도 이상과 같은 결과가 여전히 나타나는지를 확인해 볼 수 있다는 장점이 있다. 〈표 8-9〉는 회귀분석 결과이다. 식 (1)과 (2)는 기업범죄 발생 기업 가운데 상장, 등록, 코스닥시장에 해당하는 기업들만을 대상으로 분석한 것인데 (1)은 연도더미만 넣어 측정한 것이고, (2)는 여기에 기업규모변수와 주식시장등록더미를 추가한 것이다. (3), (4), (5)는 상장, 등록, 코스닥 회사 전체를 관측치로 하고 경영범죄 발생 기업에 대해 더미변수를 부여해서 측정한 것으로, 기업들의 특성을 통제하는 변수들의 포함 여부에 따라 세 가지 형태로 나누었다.

분석 결과를 보면 경영범죄 발생 기업의 연도별 수익률 변동을 보여 주는 범죄발생기업더미의 경우 2003, 2004년을 제외한 다른 연도들이 기준 연도인 2001년과 통계적으로 유의한 차이를 보이지 않는 데 비해 2003, 2004년에는 통계적으로 유의한 차이를 가진 것으로 나타나며, 계수의 부호와 크기 역시 앞서 그림에서 본 내용들과 대체로 일관된 양상을 보여 준다. 이상의 회귀분석 결과는 회사의 규모나 산업처럼 회사의 수익률에 영향을 미치는 변수들을 통제하고 보더라도, 범죄로 인한 피해가 전면화되는 시기에 경영범죄 발생 기업의 평균수익률이 급격히 떨어지지만 범죄에 대한 수사와 재판이 종료된 이후에는 평균수익률이 일반기업 수준으로 회복된다는 추론을 지지한다.

3. 수익률 변동의 원천

그런데 이상과 같은 검정 결과는 t기에 평균수익률이 하락하게 되는 원인은 무

표 8-9 경영범죄 발생 기업의 수익률에 대한 회귀분석 결과

(종속변수=ROA)

		(1)	(2)	(3)	(4)	(5)
범죄발생기업더미	2002	4.285 (28.122)	16.001 (24.862)	4.102 (16.009)	−4.041 (14.247)	−1.652 (14.218)
	2003	−100.742 (28.122)***	−76.028 (25.085)***	−100.473 (16.015)***	−103.456 (14.247)***	−101.59 (14.225)***
	2004	−28.639 (30.561)	−28.245 (27.339)	−29.407 (18.467)	−33.735 (16.433)**	−34.076 (16.402)**
	2005	−8.217 (31.400)	−3.3 (28.658)	−10.79 (19.284)	−4.892 (17.558)	−6.017 (17.525)
	2006	4.644 (31.400)	−8.856 (28.468)	1.656 (19.285)	−4.586 (17.159)	−6.31 (17.132)
	2007	6.838 (31.400)	−13.979 (28.621)	5.768 (19.285)	0.54 (17.160)	−1.444 (17.133)
기업규모	ln(자산 총액)		66.933 (10.823)***		−1.141 (0.866)	0.281 (0.899)
	ln(매출 총액)		−24.04 (9.627)**		7.775 (0.843)***	7.68 (0.856)***
	ln(종업원 수)		−23.941 (10.794)**		−0.869 (0.843)	−1.263 (0.865)
주식시장등록더미	상장회사		4.904 (21.326)			−12.147 (1.868)***
	코스닥회사		26.097 (24.143)			−11.552 (1.465)***
연도더미				포함	포함	포함
산업더미						포함
상수		−4.534 (19.014)	−689.956 (122.273)***	−5.332 (1.743)***	−113.191 (8.173)***	−133.759 (9.472)***
관측치 수		192	191	18,259	17,429	17,429
R^2		0.1	0.31	0.00	0.03	0.03

주: 범죄발생기업더미는 어떤 기업이 2004년에 1심 선고를 받은 기업인 경우에는 해당 기업의 모든 연도 관측치에 대해 1, 그 외의 기업들은 0을 부여하였다. 괄호 안의 숫자는 표준오차임.
*** 1% 수준에서 유의함, ** 5% 수준에서 유의함, * 10% 수준에서 유의함.

그림 8-9 경영범죄 발생 기업 중 영업을 지속하는 기업의 수

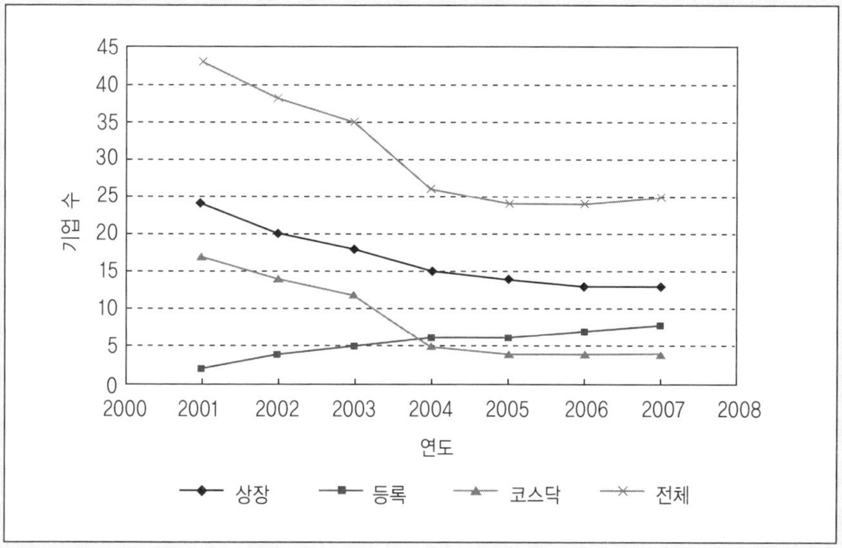

자료: 본문 참조.

엇이며, 평균기업성과가 t+1기에 회복되는 원인이 무엇인가라는 추가적 문제를 제기한다. 이 문제에 답하기 위해서는 평균수익률 변동의 원천을 추적해 보는 것이 유용하다. 평균수익률 변동이 발생한 원천은 크게 경영정상화 효과와 기업퇴출효과 두 가지로 나누어 볼 수 있다. 경영정상화 효과란 경영범죄 발생 기업에서 범죄를 저지른 경영자를 제거할 경우 경영이 정상화되어 경영성과 지표가 좋아지는 효과이다. 기업퇴출효과란 기소와 재판을 전후로 경영성과가 심각하게 악화된 기업들이 퇴출되기 때문에 t+1기에 경영범죄 발생 기업의 평균수익률이 올라가게 되는 경향이다.

이 두 가지 요인들이 어떻게 작용하였는지 살펴보기 위해 존속기업과 퇴출기업을 구분한 뒤, 각각의 수익률 분포를 분석하였다. 이를 위해 편의상 2007년까지 존속한 22개 경영범죄 발생 기업을 존속기업, 그 이전에 퇴출한 기업들을 퇴출기업이라 지칭하기로 한다. 〈그림 8-9〉는 2004년 경영범죄 연루 기업 중 영업을 지속하

그림 8-10 경영범죄 발생 기업 중 생존기업과 퇴출기업의 수익률 분포(2003년)

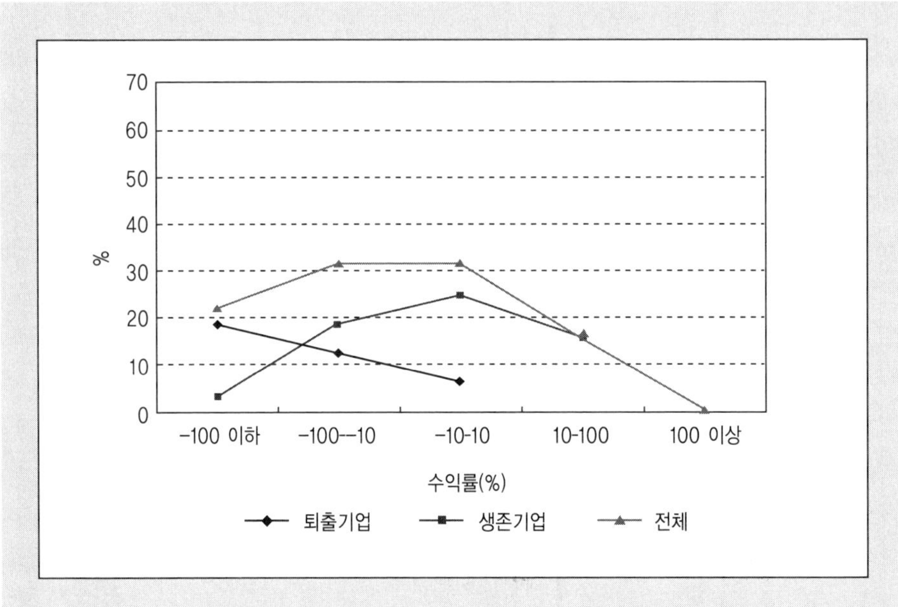

자료: 본문 참조.

는 기업의 수를 연도별로 헤아려 본 것이다. 영업활동을 수행하는 기업 수는 계속 줄어들어서 2001년 43개이던 것이 2007년에는 22개로 줄어드는 것을 확인할 수 있는데, 이들 22개 기업이 존속기업, 나머지가 퇴출기업에 해당한다.

〈그림 8-10〉은 앞서 살펴본 〈그림 8-7〉의 (B)에서 제시한 경영범죄 발생 기업의 2003년 수익률 분포를 퇴출기업과 존속기업으로 분리해서 제시한 것이다. 존속기업의 평균수익률은 비교적 종모양에 가깝지만, 퇴출기업들은 수익률이 대부분 −10% 이하에 존재하는 양상을 보여 준다. 이는 t기에 있어 퇴출기업들의 평균수익률이 존속기업들보다 훨씬 낮으며, 이들의 제거가 t+1기의 평균수익률 상승에 주요한 요인으로 작용하고 있음을 보여 준다.

〈그림 8-11〉은 같은 내용을 Z값의 움직임을 통해 살펴본 것이다. 먼저 생존기업의 경우, 2000년대의 Z값이 1 근처에서 움직이고 있음을, 즉 일반기업들과 큰 차이가 없음을 보여 준다. 이에 비해 퇴출기업들은 2002년이면 Z값이 0 이하가 되고

그림 8-11 전체 기업 대비 경영범죄 발생 기업의 수익률: 생존기업과 퇴출기업

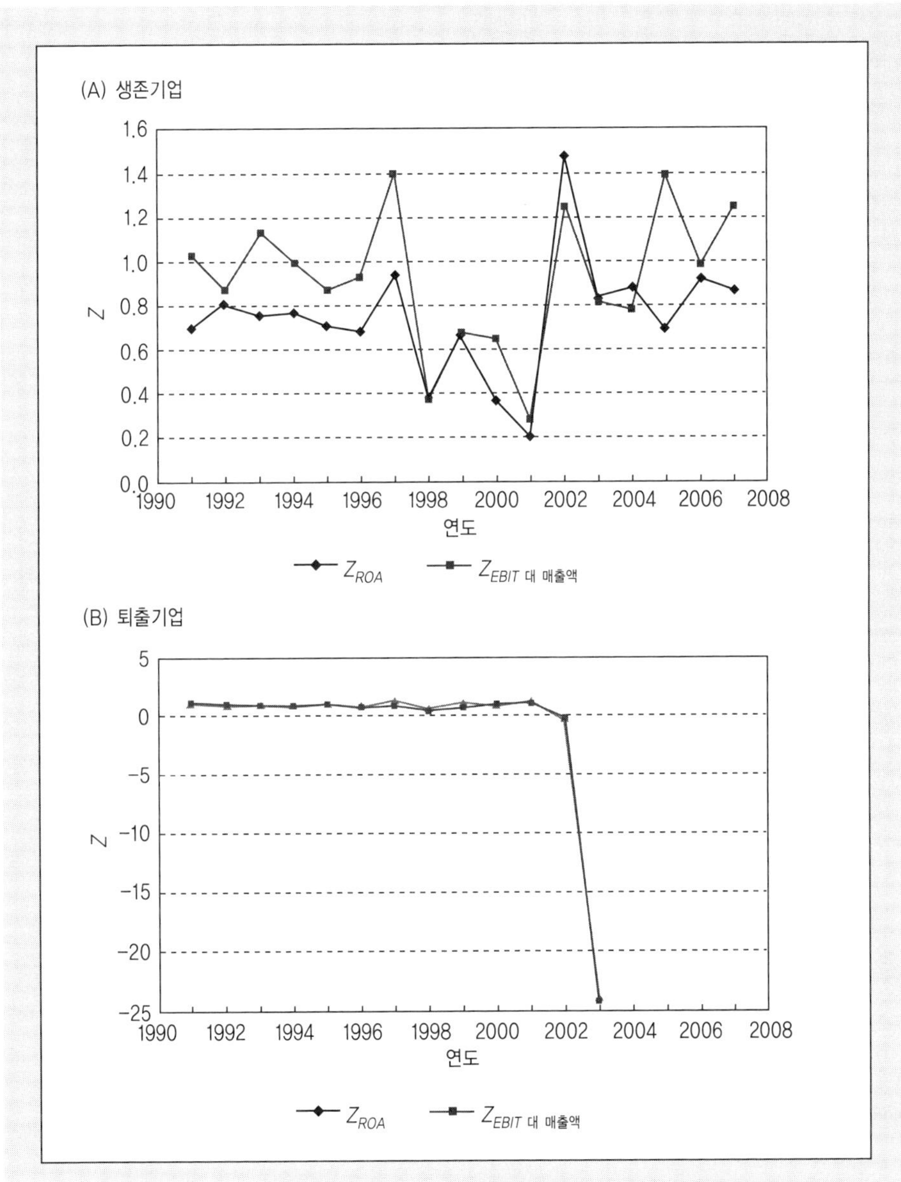

2003년에는 큰 폭으로 하락하는 것을 볼 수 있다. 결국 평균수익률의 회복은 경영정상화 효과보다는 퇴출효과를 통해 나타난 결과임을 시사한다. 〈표 8-10〉과 〈표

8-11〉은 이상의 내용을 회귀분석을 통해 살펴본 결과인데, 관측치의 부족 등으로 인해 일관된 해석을 도출하기는 어렵지만, 존속기업들 가운데서도 수익률의 하락을 경험한 기업들이 존재함을, 즉 경영정상화 효과가 작용하지 않았다고 단정하기는 어려움을 시사한다.

이상의 해석과 관련해서 한 가지 문제가 되는 것은 t기의 평균수익률 하락과 이 시기를 전후로 한 기업 퇴출에 있어 경영범죄에 대한 수사 및 재판에 따른 부담이 얼마나 작용했는가 하는 점이다. 이 문제에 대해 직접적인 답을 구하기는 어려운데, 그것은 경영범죄로 인한 경영성과 변동과 기업 수사로 인한 경영성과 변동을 분리해서 측정하는 것이 매우 어렵기 때문이다.[33] 한 가지 가능성은 검찰의 수사를 받았지만 재판에서 무죄 선고를 받은 기업들의 성과를 측정한 뒤 다른 일반 경영범죄 발생 기업의 성과와 비교해 보는 것이다. 그럴 경우 무죄 선고 기업의 경영성과 변동은 수사 및 재판에 따른 경영성과 변동, 그리고 두 집단 간의 경영성과 차이는 경영범죄에 의한 경영성과 변동분으로 해석될 수 있을 것이기 때문이다. 불행히도 2004년 재판에서 무죄 선고된 사건 수가 매우 적기 때문에 이러한 실험을 할 만한 자료를 확보하기는 어렵다.[34]

비록 명확한 답을 제시하기는 어렵지만 몇 가지 정황증거는 경영범죄로 인한 피해 자체가 t기의 수익률 하락을 초래한 본질적인 문제임을 보여 준다. 첫째는 피해 규모이다. 앞서 〈그림 8-3〉, 〈그림 8-4〉 등에서 본 바와 같이 경영범죄로 인한 피해 규모는 회사의 총자산이나 총매출액을 고려할 때 큰 규모인 것으로 나타난다. 적어도 본 논문이 정의한 경영범죄에 해당하는 수준의 사건들에서는 피해 규모가 이처럼 심각하기 때문에 해당 기업의 경영성과 악화는 검찰의 수사 등이 없더라도 필연적으로 나타나는 현상이라고 볼 수 있다. 둘째는 〈그림 8-11〉 (B)에 제시한 퇴출기업의 Z값 변동 추이이다. 퇴출기업들의 경우, 경영범죄에 대한 수사와 재판 등이 기업경영에 본격적으로 영향을 미치는 시점 이전이라고 할 수 있는 2002년에

33) 달리 표현하자면, 수사가 실제로 진행된 기업들에 대해 수사가 진행되지 않았더라면 어떤 결과가 초래되었을까를 상정해 봄으로써 수사 및 재판에 따른 경영성과 변동을 분리 측정해 보는 반사실적 실험(counterfactual experiment)을 실시하는 것은 자료의 제약으로 인해 매우 어렵다.

34) 물론 이처럼 무죄 선고가 적다는 것은 검찰의 기소가 보수적으로 이루어진 결과라고 볼 수도 있는 측면이 있으며, 이는 역으로 범죄가 상대적으로 미약한 기업이 수사를 받는 경우는 많지 않음을 시사한다고 해석해 볼 수도 있다. 그럴 경우, 과도한 수사로 인한 문제의 가능성은 상대적으로 적다는 정황증거로도 이해할 수 있다.

표 8-10 경영범죄 발생 기업 중 생존기업의 수익률에 대한 회귀분석 결과

(종속변수=ROA)

		(1)	(2)	(3)	(4)	(5)
범죄발생기업더미	2002	1.432 (11.571)	−4.068 (10.093)	8.011 (21.317)	−4.387 (18.979)	−3.563 (18.942)
	2003	−23.17 (11.263)**	−22.16 (9.775)**	−15.052 −20.235	−20.836 −18.013	−20.378 −17.983
	2004	−15.766 (11.128)	−16.847 (9.761)*	−9.583 (19.753)	−15.845 (17.583)	−16.395 (17.550)
	2005	−2.584 (11.128)	−5.566 (9.795)	1.71 (19.757)	−4.84 (17.585)	−5.72 (17.552)
	2006	−2.114 (11.004)	−5.158 (9.751)	1.656 (19.306)	−4.539 (17.186)	−6.005 (17.158)
	2007	0.08 (11.004)	−2.462 (9.787)	5.768 (19.307)	0.581 (17.187)	−1.144 (17.160)
기업규모	ln(자산 총액)		−10.618 (4.355)**		−1.206 (0.867)	0.282 (0.900)
	ln(매출 총액)		18.217 (4.097)***		7.853 (0.845)***	7.767 (0.857)***
	ln(종업원 수)		−3.404 (3.861)		−0.941 (0.844)	−1.346 (0.866)
주식시장등록더미	상장회사		−0.396 (6.789)			−12.549 (1.870)***
	코스닥회사		0.475 (9.638)			−11.724 (1.467)***
연도더미				포함	포함	포함
산업더미						포함
상수		2.224 (7.964)	−112.237 (47.956)**	−5.332 (1.745)***	−113.065 (8.188)***	−134.706 (9.486)***
관측치 수		144	144	18,259	17,429	17,429
R^2		0.06	0.33	0.00	0.02	0.03

주: 범죄발생기업더미는 어떤 기업이 2004년에 1심 선고를 받은 기업인 경우에는 해당 기업의 모든 연도 관측치에 대해 1, 그 외의 기업들은 0을 부여하였다. 괄호 안의 숫자는 표준오차임.
*** 1% 수준에서 유의함, ** 5% 수준에서 유의함, * 10% 수준에서 유의함.

표 8-11 경영범죄 발생기업 중 퇴출기업의 수익률에 대한 회귀분석 결과

		종속변수=ROA			종속변수=EBIT 대 매출액		
		(1)	(2)	(3)	(1)	(2)	(3)
범죄 발생 기업 더미	2002	−0.969 (24.089)	−3.436 (21.420)	1.257 (21.368)	−59.77 (369.262)	20.125 (74.201)	19.879 (74.162)
	2003	−240.902 (26.014)***	−239.209 (23.133)***	−234.521 (23.077)***	−198.393 (398.763)	−205.931 (80.135)**	−204.967 (80.093)**
	2004	−166.744 (51.941)***	−157.072 (46.189)***	−154.193 (46.066)***	−111.241 (974.934)	−170.594 (195.883)	−174.016 (195.707)
기업 규모	ln(총자산)		−1.457 (0.861)	−0.025 (0.894)		−79.972 (3.013)***	−79.463 (3.134)***
	ln(총매출)		7.851 (0.840)***	7.79 (0.852)***		120.266 (2.968)***	123.179 (3.019)***
	ln(종업원)		−0.698 (0.836)	−1.138 (0.858)		−30.771 (2.902)***	−34.327 (2.985)***
상장 기업 더미	상장기업			−12.089 (1.863)**			−9.347 −6.47
	코스닥 상장기업			−11.365 (1.460)**			−2.985 −5.07
연도더미					포함	포함	포함
산업더미							포함
상수		−3.122 (0.893)***	−110.488 (8.132)***	−131.289 (9.438)***	−28.932 (13.743)**	−561.703 (28.245)***	−593.408 (32.829)***
관측치 수		18,259	17,429	17,429	18,135	17,418	17,418
R^2		0.01	0.03	0.04	0.00	0.10	0.10

주: 범죄발생기업더미는 어떤 기업이 2004년에 1심 선고를 받은 기업인 경우에는 해당 기업의 모든 연도 관측치에 대해 1, 그 외의 기업들은 0을 부여하였다. 괄호 안의 숫자는 표준오차임.
*** 1% 수준에서 유의함, ** 5% 수준에서 유의함, * 10% 수준에서 유의함.

Z값이 이미 크게 하락해서 0 이하로 내려간다.[35)]

이는 경영범죄 발생 기업의 경영성과 악화가 기업 수사가 아니라 경영범죄 자체로 인해 이미 상당 수준 진행되어 있음을 보여 준다. 이 문제에 대해서는 향후 보다 충분한 자료를 확보해서 심층적인 분석이 이루어질 필요가 있겠지만, 수사 및

35) 2002년도의 Z_{ROA}와 $Z_{EBIT\text{대 매출액}}$은 각각 −0.28, −0.40이다.

재판으로 인해 초래되는 경영상의 문제는 경영범죄 자체의 심각성에 비할 때 경영성과 변동을 초래하는 본질적인 요인으로 보기는 어렵다고 판단된다.

Ⅵ. 결론

기업경영자의 배임 및 횡령은 피해 규모나 파급효과 등을 고려할 때 매우 중요하게 다루어져야 할 범죄이다. 특히, 우리 경제가 성장하고 기업 규모도 증대되면서 소유와 경영의 분리가 확대되어 가는 추세에 있기 때문에, 경영범죄를 예방하고 처벌하는 활동의 필요성은 그 어느 때보다 높아졌다. 이러한 시급성에도 불구하고 경영범죄의 실태를 면밀하게 파악하고 대비하는 노력은 드물었다. 이러한 문제점을 해소하고자 본 연구는 기업의 경영자가 기업경영과 관련해서 배임 혹은 횡령의 죄를 범한 것을 경영범죄라 정의하고, 검찰의 사건목록 및 판결문을 이용해서 경영범죄의 실태를 파악한 뒤 경영범죄에 대한 기소와 재판을 전후로 해당 기업의 경영성과가 어떻게 변동하는지를 분석함으로써, 경영범죄와 같은 주요 범죄가 경제에 미치는 영향을 파악하였다.

경영범죄는 다양한 죄목으로 기소될 수 있겠지만, 판결문을 통한 분석 결과 본 연구의 정의에 부합하는 경영범죄 사건들은 특경가법 적용 사건들에 집중되어 있는 것으로 나타났다. 2004년에 1심 재판이 종료된 특경가법 사건들 중 총 128건이 경영범죄인 것으로 나타났으며, 이 사건들의 피해 규모는 중위수 기준으로 20억 원 수준이었다. 이러한 피해 규모는 절대액 기준에서도 큰 것이지만, 경영범죄 발생 기업의 총자산이나 매출액 평균 규모가 10억 원 안팎임을 감안한다면 회사 규모에 비해서도 적지 않다고 평가된다. 법원은 경영자 피의자들에게 평균 24개월의 징역형을, 그리고 이 가운데 66% 정도에게 집행유예를 선고하였다. 그 동안 경영범죄와 관련해서는 범죄의 심각성이나 피해 규모에 비해 형량이 지나치게 낮으며 그나마 집행유예 선고가 많이 이루어지고 있다는 비판이 제기되어 왔는데, 이상의 결과는 이러한 주장을 확인해 준다. 향후 경영범죄의 본질이 무엇이며 이에 대한 적절한 양형은 어떤 수준에서 이루어져야 하는지에 대한 심도 있는 논의가 전개되어야 할 것이다.

이상과 같은 실태파악에 이어, 본 연구는 경영범죄에 대한 수사와 재판이 해당 기업의 경영성과에 미치는 영향을 분석하였다. 경영범죄가 발생한 기업들 가운데 상장, 등록, 코스닥 상장이 된 기업들의 수익률 변동 추이를 분석한 결과, 수익률은 다음과 같이 세 시기를 두고 변동해 감을 확인하였다. 먼저 경영범죄에 대한 수사 및 재판이 이루어지기 이전 시기에는 경영범죄 발생 기업의 수익률이 일반기업과 큰 차이가 없었다. 그러나 범죄로 인한 피해가 드러나면서 경영자 피의자에 대한 수사가 이루어지고 재판이 진행되는 기간, 즉 본 연구와 관련해서는 2003, 2004년 동안에는 범죄 발생 기업의 평균수익률이 크게 악화되는 것으로 나타났다. 이와 같은 수사기간 동안의 경영 악화가 수사 및 재판 자체가 야기한 부담에 따른 결과일 가능성을 배제할 수는 없지만, 피해 규모나 수익률 변동 추이 등 여러 가지 정황으로 볼 때 경영범죄로 인한 피해 자체가 성과 악화의 일차적인 요인으로 추정된다. 수사와 재판이 종료된 이후 경영범죄 발생 기업의 평균수익률은 일반적인 기업들의 평균 수준으로 회복되었는데, 이러한 회복을 주도한 요인은 경영범죄로 인해 경영성과가 심각한 수준까지 악화된 기업들의 퇴출이었다.

본 연구는 경영범죄의 실태와 경영범죄 발생 기업의 성과 변동 등에 대해 여러 가지 중요한 사실들을 밝혔다는 점에서 의의가 있다. 그러나 시간적 · 자료적 제약으로 인해 경영범죄와 관련된 많은 중요한 문제들을 아예 다루지 못하거나, 다룬 문제들의 경우에도 심층적 분석을 수행하지 못한 측면이 있다. 이러한 한계들 중 상당수는 본 연구가 사실상 경영범죄에 대한 첫 번째 체계적 접근이라는 점에 기인한다. 경영범죄의 심각성과 파급효과 등에 비추어 볼 때 향후 경영범죄 관련 자료들이 보다 체계적으로 관리되고 이러한 자료들에 근거한 심도 있는 분석이 많이 배출될 필요가 있다. 확고한 실증적 근거와 풍부한 이해에 근거해서 경영범죄 관련 정책 입안이 이루어지고 범죄가 예방되어서 우리 경제의 성장에 기여할 수 있기를 기대한다.

[부록]

부표 8-1 검찰 DB의 주요 항목 및 예시

항목	내용
피의자 성명	김OO
대표 죄목	특정경제범죄가중처벌법(배임)
사건번호	oooooo
법원사건번호	oooooo
확정일자	2004년 O월 O일
자유형	24개월
집행유예	36개월
선고벌금액	0원

부표 8-2 피해액의 평균과 중위수

		평균	중위수	관측치수
회사자산 유용		195.4	21.2	96
불법차입		544.4	115.9	19
부당담보 제공		681.7	52.0	13
보증채무		603.5	150.0	15
합계	할인율 5%	183.4	19.5	126
	할인율 30%	239.5	22.0	126

자료: 본문 참조.

부표 8-3 KIS-DATA 변수명

	KIS-DATA		
	논문코드	항목코드	원래 항목명
세전순이익	손익계산서(M12)	8000	법인세비용차감전계속사업이익(손실)
이자비용	손익계산서(M12)	6110	이자비용
총자산	대차대조표(M11)	5000	자산총계
총매출액	손익계산서(M12)	1000	매출액

자료: KIS-DATA.

참고문헌

강동범, 「경제범죄와 그에 대한 형법적 대응」, 『형사정책』, 제7호, 1995, pp. 6-37.

경제개혁연대, 「우리나라 법원의 화이트칼라 범죄 양형 분석 – 법원의 집행유예 선고율을 중심으로 –」, 『경제개혁리포트』, 2007-8호, 2007a.

______, 「우리나라 법원의 화이트칼라 범죄 판결의 양형 사유 분석 – 유죄선고를 받은 화이트칼라 범죄자들은 어떤 이유로 풀려나는가 –」, 『경제개혁리포트』, 2007-9호, 2007b.

김광준 · 원범연, 『한국의 신종 기업범죄의 유형과 대책』, 연구보고서 02-08, 한국형사정책연구원, 2002.

대한상공회의소, 『최근 우리사회의 경제범죄 실태와 정책과제』, 2005.

______, 『최근 우리사회의 경제범죄 실태와 정책대응과제』, 2007.

박강우, 『기업범죄의 현황과 정책분석』, 연구보고서 99-23, 한국형사정책연구원, 1999.

유병규, 『기업지배구조와 기업범죄』, 연구보고서 04-40, 한국형사정책연구원, 2004.

이상돈, 『윤리경영과 형법』, 신영사, 2005.

______, 「투자자보호 정책에 복속한 경영형법? – '기업범죄 통제에 있어서 형법의 역할과 한계. 업무상 배임죄 배제론에 대한 응답' 에 대한 토론 –」, 『형사법연구』, 제19권 제3호, 2007 가을, pp. 187-194.

이상철, 『범죄발생의 추세분석』, 연구보고서, 한국형사정책연구원, 1992.

이승준, 「화이트칼라 범죄에 대한 집행유예」, 『법학연구』, 제16권 제3호, 2006, pp. 101-124.

이천현, 『경제범죄의 새로운 양상과 대응방안』, 연구보고서 02-03, 한국형사정책연구원, 2003.

이철송, 『회사법강의』, 제12판, 박영사, 2005.

설민수, 「M&A의 한 방법으로서의 LBO에 대한 규제, 그 필요성과 방법, 그리고 문

제점: 대법원의 2004도7027 판결에 대한 또 다른 시각: 미국의 사해행위 취소와 한국의 배임죄 규제의 비교」, 『사법논집』, 제45집, 2007, pp. 1-112.

장영민 · 조영관, 『경제범죄의 유형과 대처방안』, 연구보고서, 한국형사정책연구원, 1993.

조　국, 「기업범죄 통제에 있어서 형법의 역할과 한계 – 업무상 배임죄 배제론에 대한 응답 –」, 『형사법연구』, 제19권 제3호, 2007 가을, pp. 163-186.

참여연대, 『2000년 이후 배임횡령 범죄 기업인 범죄 판결사례 조사』, 참여연대 이슈리포트 2006-07-03, 2006.

최인섭, 『한국의 범죄발생추세분석 1964~2001』, 연구보고서 01-03, 한국형사정책연구원, 2001.

______, 『한국의 범죄추세분석』, 연구보고서 02-03, 한국형사정책연구원, 2003.

최인섭 · 최영신, 『화이트칼라범죄에 관한 연구 – 유형과 사례분석을 중심으로 –』, 연구보고서, 한국형사정책연구원, 1994.

한국은행, 『2007년 기업경영분석』, 2008.

Alexander, Cindy and Mark Cohen, "New Evidence on the Origins of Corporate Crime," *Managerial and Decision Economics*, 17(4), July-August 1996, pp. 421-435.

Baucus, Melissa and David Baucus, "Paying the Piper: An Empirical Examination of Longer-Term Financial Consequences of Illegal Corporate Behavior," *The Academy of Management Journal*, 40(1), February 1997, pp. 129-151.

Baucus, Melissa and Janet Near, "Can Illegal Corporate Behavior Be Predicted? An Event History Analysis," *The Academy of Management Journal*, 34(1), March 1991, pp. 9-36.

Berle, Adolf and Gardiner Means, *The Modern Corporation and Private Property*, Harcourt, Brace & World, Inc., 1932.

Chandler, Alfred, *The Visible Hand: The Managerial Revolution in American Business*, Harvard University Press, 1977.

Cohen, Mark, "Theories of Punishment and Empirical Trends in Corporate Criminal Sanctions," *Managerial and Decision Economics*, 17(4), July-August 1996, pp.

399-411.

Galbraith, John, *The Affluent Society*, Houghton Mifflin, 1958.

Hart, Oliver, *Firms, Contracts, and Financial Structure*, Oxford University Press, 1995.

McKendall, Marie and John Wagner, III, "Motive, Opportunity, Choice, and Corporate Illegality," *Organization Science*, 8(6), November-December 1997, pp. 624-647.

Sutherland, Edwin, *White Collar Crime: The Uncut Version*, New Haven: Yale University Press, 1983.

필자 소개(가나다 순)

권창환: 의정부지방법원 고양지원 판사
김두얼: 명지대학교 경제학과 교수
김정현: 고려대학교 미디어학부 교수
김형태: KDI 연구위원
양민호: 서울중앙지방법원 판사
이동진: 서울대학교 법학전문대학원 교수
이호준: KDI 연구위원
조병구: 창원지방법원 진주지원 부장판사
최준규: 한양대학교 법학전문대학원 교수

법경제학: 이론과 응용[Ⅲ]

초판1쇄 인쇄 2014년 10월 1일
초판1쇄 발행 2014년 10월 10일

편저자 김두얼 · 양용현
발행인 노현철
발행처 도서출판 해남

출판등록 1995. 5. 10 제 1-1885호
주소 서울특별시 서대문구 충정로 38-12(충정로 3가) 우리타워 6F
전화 739-4822 **팩스** 720-4823
이메일 haenamin30@naver.com
홈페이지 www.hpub.co.kr

ISBN 978-89-6238-080-4 93320